조선의 잡지

조선의 잡지

진경환 지음

18~19세기 서울 양반의 취향

소소의책

⊙ 일러두기

1. 이 책의 내용은 기본적으로 『경도잡지』 「풍속」 편의 19개 항목을 토대로 하였다.
2. 다만, 논의와 서술의 편의상 크게 4장으로 재정리한바, 애당초 19개 항목의 순서는 따르지 않았다.
3. 재정리한 4개 장은 '의관 갖추어 행차할 제', '품에 살고 품에 죽고', '먹는 낙이 으뜸일세', '멋들어지게 한판 놀아야지'다.
4. 제1장에는 건복巾服·마려馬驢·혼의婚議·가도呵導·유가遊街를, 제2장에는 제택第宅·문방文房·화훼花卉·발합勃鴿을, 제3장에는 주식酒食·다연茶烟·과과果瓜·기집器什·시포市舖를, 제4장에는 유상遊賞·성기聲妓·시문詩文·서화書畫·도희賭戲를 담았다.
5. 새로운 글이 시작되는 모든 부분의 첫머리에는 『경도잡지』의 해당 원문을 번역하여 실었다.

　이 책은 2003년도에 기획된 것이었다. 2년여의 시간을 들여 그해 11월에 『서울·세시·한시』를 펴낸 즈음이었다. 『서울·세시·한시』는 『동국세시기東國歲時記』를 지은 홍석모洪錫謨(1781~1857)가 서울의 세시풍속을 총 126수의 칠언절구로 노래한 한시를 지어 묶은 『도하세시기속시都下歲時紀俗詩』를 번역하고 거기에 상세한 주석을 단 책이다. 『서울·세시·한시』를 펴낸 계기는 2000년에 한국전통문화대학교에 자리를 잡으면서 학교의 특성상 내 전공인 고소설에만 몰두하기 어려웠던 사정 때문이었다. '중세사회의 삶과 문화'라는 과목을 개설하여 2001년 1학기와 2002년 1학기에 걸쳐 유득공柳得恭(1748~1807)의 『경도잡지京都雜志』, 김매순金邁淳(1776~1840)의 『열양세시기洌陽歲時記』, 홍석모의 『동국세시기』를 차례로 읽어나갔고, 그 결과를 책으로 엮어낸 것이다. 덕분에 세시풍속 관련 서적을 꽤 읽을 수 있었다.

　그런데 『서울·세시·한시』는, 물론 해설과 설명이 붙기는 했지만 기본적으로 자료집의 성격을 강하게 띠고 있다. 참고하여 인용한 원전 텍스트가 170여 개나 된다. 이렇게 나름 기초를 닦아놓고 보니 은근 이것들을 엮어 이야기로 만들어보자는 욕심이 생겨났다. 마침 강명관 선생의 『조선의 뒷골목 풍경』이 나와 공전의 히트를 치면서, 나도 한번 저런 생활사 서술에 도전해보자는 욕망에 사로잡혔던 것이다. 그러다가 조선시대 생활사 관련 서적들이 쏟아져 나오게 되자 나는 그만 위축이 되고 말았다.

그래도 늘 마음 한편에는 나도 저런 이야기들을 잘 엮어낼 수 있다는 생각을 지우지 못하고 언젠가는 반드시 뜻을 이뤄보겠다고 다짐했다. 새롭게 구득한 자료를 하나둘씩 모으면서 기회를 엿보았지만, 이번에는 시간이 너무 흘러 뒷북을 치는 게 아닌가 하는 우려를 떨쳐버리기 어려웠다.

모아둔 자료들이 감당하기에 어려울 정도로 쌓여가자, 이제는 정말 어떻게 손을 대볼 엄두조차 나지 않았다. 그런 와중에서도 조선 최초의 세시풍속지인 『경도잡지』, 그중에서 「풍속」편을 거듭 읽으면서 이 텍스트를 뼈대로 삼아보면 큰 어려움 없이 뭔가 이뤄낼 것 같다는 생각이 들었다. 말하자면 당대인이 마련해둔 골격에 기대어 살을 붙여보자는 심산이었던 셈이다. '18~19세기 서울 양반의 취향'이라는 부제를 단 이 책 『조선의 잡지雜志』는 이런 우여곡절 끝에 세상에 나올 수 있었다.

알려진 대로 『경도잡지』 「풍속」편은 19개 항목을 통해 18~19세기 서울 양반의 생활 모습을 잘 묘사하고 있다. 지나치게 짧은 서술이 다소 안타깝기는 하지만, 유득공은 당시의 생활상을 발 빠르게, 그리고 군더더기 없이 핵심적으로 잘 포착해내고 있는 것이다. 그 항목은 다음과 같다. 건복巾服, 주식酒食, 다연茶烟, 과과果瓜, 제택第宅, 마려馬驢, 기집器什, 문방文房, 화훼花卉, 발합鵓鴿, 유상遊賞, 성기聲妓, 도희賭戱, 시포市舖, 시문詩文, 서화書畫, 혼의婚議, 유가遊街, 가도呵導. 의식주부터 취미와 놀이, 유흥과 공부, 그리고 의례까지 당대 양반의 생활 거의 모든 부분을 두루 담아내고 있다.

이 책을 서술하면서 의외의 성과도 있었다. 기왕에 번역되어 출간되거나 인터넷으로 서비스되고 있는 내용들 중 많은 부분에서 심각한 오류들이 발견되었던 것이다. 그것을 2015년과 2016년에 걸쳐 "『경도잡지』 「풍속」편 번역의 오류 문제"와 "『경도잡지』 「세시」편 번역의 오류 문제"라는 글로 제출한 바 있다.

이 책은 조선 후기 양반의 생활 모습을 묘사하는 일종의 생활사 성격을 갖고 있지만, 거기에 한 가지 덧붙이고 싶은 게 있다. 이 책이 고전 텍스트의 번역과 주석의 방식에서 한 번쯤 생각해볼 수 있는 새로운 예시를 보여줄지도 모른다는 점이다. 과욕이겠으나, 전통문화를 공부하면서 원문 텍스트를 직접 접하기 어려운 이들을 많이 보아온 나에게 그런 소망은 대단히 소중한 것이다.

이 책은 기본적으로 대중교양서로 기획되었지만, 여러 부문의 전공자들에게도 조금이나마 도움을 주고자 전문적인 내용도 담았다. 그것은 주로 거의 1,000개에 달하는 '주(미주)'에 들어 있다.

　　마지막으로 한마디 덧붙인다. 이 책은 연전 교내 연구비를 받아 진행하려고 기획했던바, 전공이 다양한 심사위원 다섯 명 전원이 낙제점을 주어 뜻을 이루지 못했다. 원체 변변치 않은 작업이기는 하지만, 이 분야에 거의 문외한에 가까운 교수들이 일시에 낙제점을 준 것에는 불순한 음모 같은 것이 작용했다고 생각한다. 연구비 지원 여부를 결정하는 담당자가 바뀌자, 이 출간 계획은 '우수한 내용'으로 인정되어 연구비 지원이 확정되었다. 학문을 학문으로 보지 않고 사감을 앞세워 사갈시하고 배척한다면, 그 죄과는 부끄럼 없이 그런 짓을 저지른 이들에게 고스란히 되돌아간다는 점을 상기시키고, 앞으로 그런 일이 다시는 일어나지 않도록 경계한다는 의미에서 여기 적어두기로 한다.

　　이 책이 나오기까지 여러분의 도움이 있었다. 제일 크게는 『경도잡지』를 함께 읽어준 한국전통문화대학교 학생들이다. 까다로운 수업에 성의를 다해 임해준 수강생들에게 고마움을 전한다. 그리고 잘 팔리지 않을 책을 내준 소소의책 박남숙 대표님께 감사의 말씀을 드린다.

　　이번에 찍는 초판 3쇄는 여러 군데 잘못된 곳을 고치고 다듬었기 때문에 일종의 개정판이라고 할 수 있겠다. 이 교정 작업에 큰 도움을 주신 식물 전문가 조민제 변호사와 고려대학교 한문학과 송혁기 교수께 감사의 말씀을 전한다. 혹시라도 이 책을 인용하고자 하는 분들께서는 이번 교정본을 참고해주시기 바란다.

소부리 엿바위에서

진경환 씀

차례

⊙ 서문 _ 005

제1장
의관 갖추어
행차할 제

제2장

폼에 살고
폼에 죽고

제3장
먹는 낙이
으뜸일세

제4장
멋들어지게
한판 놀아야지

제1장

의관 갖추어
행차할 제

쓰개와 의복의 종류, 말과 나귀 등 탈것, 장가가고 시집가는 행렬, 양반의
행차, 그리고 과거 급제 축하연 등을 담고 있다.

① 머리끝에서 발끝까지

사부士夫는 평상시에 대개 복건幅巾, 방관方冠, 정자관程子冠, 동파관東坡冠을 쓰고, 조사朝士는 당건唐巾을 쓴다. 길거리에서는 갓笠子을 쓰고, 당혜唐鞋와 운혜雲鞋를 신는다. 유자儒者는 도포道袍를 입는데 조사의 상복常服도 같다. 무관武官의 상복은 직령直領이다.

겨울에는 모선毛扇을 든다. 모선은 두 손잡이를 담비 턱의 누런 털로 대나무 마디 모양으로 감싸고, 거기에 검은 비단緞 한 폭을 잇대어 만든다. 수달 가죽으로 손잡이를 감싸기도 한다. 모선은 손을 따뜻하게 하거나 얼굴을 보호하려고 든다. 봄과 가을에는 한 폭의 깁紗을 잇대어 먼지를 막는 데 쓰고, 노루 가죽으로 손잡이를 감싼다.

웃옷에는 손칼을 차는데, 코뿔소의 뿔, 바다거북의 등딱지, 침향沈香, 검은 물소 뿔, 화리華黎로 그 자루와 칼집을 만든다. 혹은 자루에 오동烏銅을 새겨 넣은 것도 있는데, 이것은 왜倭의 제작법이다.

여항의 부녀자는 녹색의 규의袿衣를 입는데, 길거리에서는 별도의 옷으로 머리와 얼굴을 가린다.

갖가지 쓰개

조선시대의 양반들은 어떤 차림새였을까? 『경도잡지京都雜志』에서 이 절의 제목이 남자가 정식으로 갖추어 입는 의관衣冠을 의미하는 '건복巾服'으로 되어 있지만 실제 내용은 쓰개, 신발, 옷, 모선, 손칼 등을 두루 다루고 있으며, 마지막으로 부녀자의 차림새도 간략히 설명하고 있다. 여기에서 거론된 것이 당시 양반 복장의 전부는 물론 아니다. 『경도잡지』의 저자 유득공柳得恭(1748~1807)은 그중 자신에게 가장 흥미롭게 다가온 몇몇에 대해 거론하고 있다. 그 취사선택의 기준이 무엇인지 정확히 알 수는 없지만, 추측건대 자신의 취향이나 기분에 맞는 몇 가지 대상을 선별하되 당시의 유행을 특히 강조하여 거론하는 방식을 취하고 있는 것으로 보인다.

먼저 남성 양반의 쓰개에 대해 살펴보자. 쓰개, 곧 관모冠帽는 시대에 따라 그 명칭과 종류가 다양한데, 형태상으로 보아 크게 관冠, 모帽, 갓笠, 건巾으로 나눈다. '관'은 이마에 두르는 부분 위에 앞에서 뒤로 연결되는 다리가 있는 것이고, '모'는 머리 전면을 싸는 것, '갓'은 챙이 있는 것, '건'은 한 조각 천으로 싸는 가장 간단한 형태의 것이라고 말할 수 있다.

사부士夫는 평상시에 대개 복건幅巾, 방관方冠, 정자관程子冠, 동파관東坡冠을 쓴다고 했다. 그런데 각각의 쓰개는 구체적으로 어느 때, 어떤 장소에서 사용되었을까? 대상이 개인의 취향 등과 긴밀히 연관된 쓰개이니, 반드시 어떤 규정 같은 것이 있어서 엄격하게 차별 적용된 것 같지는 않다. "복건이니 정자관이니 동파관이니 여러 명색이 있기는 하지만, 각자 쓰고자 하는 대로 쓰"[1]는 것이다. 그러나 모양과 이름이 다른 만큼 용도도 달라, 어느 정도의 구분은 있었다고 보는 것이 자연스럽다.

복건은 검은 헝겊으로 위는 둥글고 뾰죽하게 만들고, 뒤에는 넓고 긴 자락을 늘어지게 대며, 양옆에는 끈이 있어서 뒤로 돌려 매게 한 쓰개다.

복건에 대해서는 크게 두 가지 관점이 대립하고 있다. 우선 다음 언급에서 보듯이, 대개 주위의 시선을 의식할 필요 없이 한가로이 노닐 때 복건을 착용한 것으로 보인다.

복건을 쓰고 베잠방이[2]를 입고서 난간 위에 기대고 있노라면 높은 산과 멀리 흐르는 물, 떠 있는 구름과 노니는 새와 짐승, 또는 물고기들이 모두 자유롭게 와서 내 흥취를 돋운다. 청려장靑藜杖[3]을 짚고 나막신을 끌고 뜰아래에서 조용히 거니노라면, 푸른 연기는 절로 멈춰 있고 맑은 바람은 때때로 불어온다. 소나무와 전나무에서는 바람 소리가 들리고, 온갖 울긋불긋한 꽃들은 향기가 온통 가득하니, 자유롭게 육신을 잊어버리고 한가롭게 조물주와 노닐 수 있어라.[4]

"김취려金就礪(1526~?)[5]가 복건과 심의深衣[6]를 지어 보내자 선생께서 말씀하시기를, '복건은 중들이 쓰는 두건과 같아서 쓰기에 온당치 못한 것 같구나' 하시고는 심의를 입고 정자관을 쓰셨다"[7]고 한 데서 보듯이, 이황李滉(1501~1570)은 점잖은 선비 혹은 학인學人의 차림으로 복건이 적절치 않다고 생각했던 것으로 보인다. 지금 천원권 지폐에는 1974년에 이유태李惟台(1916~1999)가 그린 이황의 초상이 들어 있다. 여기서 퇴계는 복건 차림인바, 근거는 없어 보인다. 다시 말하겠지만, 이는 사상·문화사적으로 깊이 따져보아야 할 문제다.

천원권 지폐에 그려진 이황의 초상

최남선崔南善(1890~1957) 역시 복건을 설명하면서 "본래 중국에서도 특수한 복색이거니와 조선에서는 더욱 괴망에 가까운지라 일반화할 까닭이 없어서 극소수인 괴유怪儒 이외에 이를 착용하는 이가 없어졌"[8]다고 한 바 있다.

그러나 반드시 그랬던 것만은 아니다. "복건은 본디 선왕先王의 법복法服이 아니며, 주공周公·중니仲尼·자하子夏·자유子游도 언급한 적이 없습니다. 한漢나라 때의 일폭一幅 건巾은 도둑놈들이나 썼던 것으로, 조건皁巾[9]이나 녹책綠幘[10]과는 다른 것입니다. 진晉나라 사람들은 풍정風情이 수더분하고 호탕해서 귀천에 구별을 두지 않았으므로 복건이 마침내 사대부의 복장이 되었습니다. 그리고 주자朱子(1130~1200)에 이르러 『가례家禮』에 기록하여 마침내 예복이 되었습니다"[11]

라고 한 정약용丁若鏞(1762~1836)의
증언은 근거가 있는 역사적 고찰
로 보인다. 송대宋代에 이르러 사
마광司馬光(1019~1086)이 복건과 심
의를 근무할 때 입는 정복인 상
복常服[12]으로 착용했는데, 이를 주
자가 『가례』에 추천해 올린 이후
유학자들 사이에 널리 퍼지게 되
었다는 것이다.

이렇게 볼 때 조선 유학의 거
봉인 송시열宋時烈(1607~1689)의 복
건 차림 초상은 사상사적으로 대
단히 중요한 의미, 곧 조선에서 주
자학朱子學이 융성한 것과 깊이
관련되어 있다고 할 수 있다. 송시
열은 공자, 맹자, 주자와 같이 성
인聖人에게 부여하는 '자子'를 붙
여 송자宋子라고 부를 정도로 유
학사상 대단한 인물이었다.[13]

복건에 심의를 한 송시열의 초상(국보 제239호, 국립중앙박
물관 소장)

복건의 제작 방법을 당파와 관련하여 설명한 연구가 있다. 이황이 복건을 중
의 모자라 하고 대신 "정자관을 쓴 이후로, 남인들은 이황의 선례에 따라 200년
가까이 복건을 착용하지 않았다"고 한 것이다. 그러나 "초상화를 보면, 남인인
허목許穆(1595~1682)이 복건과 심의를 착용한 것이 발견되고 있어"[14] 일률적으로
단정해 말하기는 어렵다.

또 복건이 "조선시대에 주자학의 전래와 더불어 유학자들이 심의와 함께
유가儒家의 법복法服으로 숭상하여 착용하게 되었으나, 그 모습이 매우 괴상하
여 일반화되지는 못했고, 소수의 유학자들에 의해서만 조선 말기까지 이어졌

다"[15]는 주장도 있다. 반反주자학적 입장에 섰던 박세당朴世堂(1629~1703)과 주자
성리학의 화이관과 명분론에서 벗어나 북학北學을 외친 박지원朴趾源(1737~1805)
을 '극소수의 괴유'라고 한다면, 그럴 수도 있겠다. 그러나 현재 전해오는 19세
기 초상화만 일별할 때, 유명한 이채李采(1745~1820)의 초상화[16]를 비롯하여 흥선
대원군興宣大院君(1820~1898), 변종락邊宗洛(1792~1863), 유인석柳麟錫(1842~1915) 등
의 초상화에서도 주인공은 여전히 복건을 쓰고 있다. 육당의 말처럼 '극소수의
괴유'나 썼던 것이 아닌 것이다.

복건은 사람이 죽어 염殮을 할 때 망자亡者에게 씌운 쓰개이기도 했다. 이
언진李彦瑱(1740~1766)이 죽자 성대중成大中(1732~1809)이 이덕무李德懋(1741~1793)
에게 그 소식을 전하면서 이런 말을 한다. "복건 하나를 부의로 보냈소."[17] 복건
을 부의로 보냈다는 것이다. 이에 대해 이덕무는 "족하께서 복건을 부의로 보
낸 것은 예의를 안 것입니다"[18]라고 답신을 보냈다.[19] "치상治喪은 한결같이 『가
례』를 따랐고 사상례士喪禮를 참조했으며, 심의深衣와 복건幅巾을 써서 염殮을
했"던 것이다.[20]

복건은 그것 하나만 썼던 것은 아니고, 그 위에다 흑립黑笠, 곧 갓을 덧쓰기
도 했고, 점차 원래의 용도와 다르게 쓰여 오늘에 이르게 된다. 즉 "새로 관례冠
禮한 서방님이 초립 받침으로 쓰거나 하고, 그나마도 관례식冠禮式 때에만 한하
게 되고, 다시 일전一轉하여 아동배兒童輩의 장식적 쓰개로 이용되어서 유아가
'돌'을 잡히면 복건을 만들어 씌워서 이를 예쁘게 보고, 이로부터 미관전未冠前
까지는 세시歲時나 예석禮席에 있는 성장盛裝에 이를 예모禮帽로 착용하는 풍風이
생겼"[21]다.

이런 전언도 있다. "옛날에는 홑으로 만들었는데, 윤증尹拯(1629~1714)이 두
풍頭風을 괴로워하여 두터운 비단을 안에 덧댔다. 여기에서 복건이 처음 생겨
났다."[22]

방관은 조선시대의 양반들이 평상시 집 안에서 맨상투 바람을 면하기 위해
서 쓴, 사면이 편평하고 네모진 쓰개로 사방관四方冠이라고도 한다.

내가 그때 방관에다 통이 넓은 소매의 상복常服을 입고 있었다. 난공蘭公[23]이 "이 것이 곧 수재秀才[24]의 상복입니까?"라고 묻기에 내가 그렇다고 했다. 난공이 "제 도制度가 고아하다"라고 하자, 내가 "우리들의 의복은 모두 명나라에서 물려받 은 것이다"라고 했다.[25]

홍대용이 1766년 2월 1일 항주杭州에서 과거를 보러 북경 건정호동乾淨胡同 천승여관天陞旅館이라는 곳에 와 있는 중국의 진사進士 반정균潘庭筠(1742~?) 등과 나눈 필담 중 일부이다. 여기서 반정균은 담헌을 수재秀才라고 부르는데, 그 수재 가 입던 상복 중 하나가 바로 방관이다.

그런데 방관을 상복常服 중 하나라고만 하기엔 좀 부족한 점이 있다. 대다수 의 양반이 평상복으로 방관을 썼던 것은 아니었기 때문이다. 여기서 김홍도金弘 道(1745~?)의 「포의풍류도布衣風流圖」를 보자.

방관을 쓰고 있는 사람을 그린 「포의풍류도」(개인 소장)

"흙벽에 종이창 내어 평생토록 벼슬하지 않고 노래 부르리紙窓土壁, 終身布衣, 嘯詠基中"라는 화제畵題가 달린 「포의풍류도」에서 당비파唐琵琶를 켜고 있는 사람은 방관을 쓰고 있다. 이 그림의 주인공이 홍대용이라면[26], 홍대용이 박지원과 음악을 화제로 자주 모임을 가진 시기가 1772년 전후이니[27], 이때 그의 나이는 대략 30대 후반에서 40대 초반 사이가 된다. 그렇다면 방관은 높은 식견을 지녔고, 아울러 풍류를 즐길 줄 아는 "선비들이 비교적 즐겨 썼"[28]던 것이 아닌가 추측해볼 수 있다.[29]

그러나 소론少論의 영수였던 윤증, 이조판서와 대제학을 지낸 이인엽李寅燁(1656~1710), 서예가이자 양명학자로 유명한 이광사李匡師(1705~1777) 등도 초상에서 사방관을 쓴 노년의 모습을 보여주고 있어, 이 역시 일률적으로 단정하기는 어렵다.

정자관은 선비들이 평상시에 쓰던 말총으로 만든 관인데, 위는 터지고 산

망건

탕건

채용신(蔡龍臣, 1850~1941)이 그린, 정자관을 쓴 황현의 초상(보물 제1494호, 개인 소장)

동파관을 쓴 이채의 초상(보물 제1483호, 국립중앙박물관 소장)

모양의 층이 둘 또는 셋으로 되어 있다. 송나라 때 정호程顥(1032~1085)·정이程頤(1033~1107) 형제가 즐겨 썼다고 해서 붙여진 이름이다. 애초에 망건網巾[30]을 쓰고 다시 탕건宕巾[31]을 쓴 다음, 그 위에 덧보태어 쓰는 것으로 실내나 가정에서 갓을 쓰는 번거로움을 덜기 위함이었는데, "복건은 중들이 쓰는 두건과 같아서 쓰기에 온당치 못한 것 같구나 하고는, 심의를 입고 정자관을 썼다"고 한 퇴계의 전례에서 보았듯이, 양반의 위엄을 나타내기 위해 즐겨 썼다.

그런데 "죽거든 얼굴과 손을 씻겨라. 염습斂襲은 입고 있는 옷에 삼베옷과 검정 띠를 가하여 성복盛服으로 삼아라. 관은 정자관을 사용하여라"[32]고 한 데서 보듯이, 정자관은 망자亡者의 쓰개로 사용되기도 했다.

동파관은 사부士夫가 평상시에 쓰던 관으로, 송나라 때의 대표적인 시인인 소동파蘇東坡(1036~1101)가 썼던 관이라 하여 그렇게 불렀다. 명나라 때 우리나라에 전래된 것으로 보이며, 문인·선비들이 한가히 지낼 때 쓰던 쓰개다. 사방관의 옆에 위로 올라가는 수收[33]가 덧달린 형태다. 망건 위에 탕건을 하고 그 위에 썼다.

"동파관은 조선 중엽 이후의 선비들이 여러 가지 시부詩賦를 지어 읊을 때 쓰던 관"[34]이었던 것만은 아니었다. 사신使臣으로 나가던 역관譯官이 착용하기도 했다.

정사正使³⁵는 국서國書³⁶를 받들고 있으므로 흑단령黑團領³⁷의 관복을 입었으며, 수역首譯³⁸·제술관製述官³⁹·서기書記⁴⁰·장무관掌務官⁴¹도 모두 흑단령을 입고, 군관軍官은 군복 차림에 칼을 차고 모시고 섰다. 부사副使⁴²는 와룡관臥龍冠⁴³에 학창의鶴氅衣⁴⁴를 착용하고, 당상堂上⁴⁵ 역관은 동파관에 도포⁴⁶를 착용했다.⁴⁷

각자 취향에 따라

조사朝士⁴⁸는 당건唐巾을 썼다 고 했다. 당건은 모체帽體의 앞면 이 사모紗帽와 같이 2층으로 턱이 졌고, 뒤쪽 중심에 천布帛으로 된 끈 두 개를 아래로 드리운 형태의 중국 쓰개인데, 우리나라에서 언 제부터 사용했는지는 확실치 않 다. 당나라 황제의 초상에서 흔히 보듯이, 이 사모는 원래 사대부의 것은 아닌 것 같다. 명나라 때에 는 사인士人이 썼다는데, 우리나 라의 관모 중에 당건이라는 이름 은 없으나 조선 전기 백관의 사모 가 당건과 매우 흡사한 형태여서 대개 당건은 사모를 지칭한 것으 로 보인다. 사모는 조선시대 백관

강세황의 자화상(1782년, 보물 제590-1호, 국립중앙박물관 소장)

이 주로 상복常服에 착용하던 쓰개인데 혼례 때에는 서민에게도 착용이 허용되 었다.

사모에 대해서는 이유원李裕元(1814~1888)이 간명하게 설명하고 있다.

이제신李濟臣(1536~1583)이 말하기를, "우리나라 사모의 제도는 중국과 서로 같지 않다. 원래 국초에는 좌우에 뿔이 없었는데 나중에 검은 끈을 늘어뜨리게 되었는바, 보기에 인정이 없어 보여 공고公故[49]로 출입하는 외에는 사대부들이 항상 충정관沖正冠[50]을 썼다. 그런데 명종 병인년(1566)에 박충원朴忠元(1507~1581)이 연경燕京에서 중국의 양사모凉紗帽 제도를 보고는 값을 주고 사 가지고 돌아온 후부터 그 제도가 중국과 같게 되었다"고 했다. 이수광李睟光(1563~1628)은 "지금의 사모는 본래 당건의 옛 제도로서 여기에 다리軟脚를 만들어 아래로 늘어뜨렸고 뒤쪽에는 대쪽을 붙여서 썼다"고 했다.[51]

당건, 곧 사모는 상복喪服으로 쓰이기도 했다. 이익李瀷(1681~1763)은 아내를 잃고 상을 치를 때 위에 베로 만든 건布巾을 겹친 당건을 쓰고 있었다.

방에 들어가서 성호 선생께 절을 올리니 일어나서 답례하기를 매우 공손히 하셨다. 눈을 들어 바라보니, 보통 사람보다 큰 키에 수염이 아름다웠고 눈빛이 사람을 쏘아보았다. 머리에 당건을 썼는데 검은 명주로 된 두 끈이 뒤로 2~3자 남짓 늘어져 있었으며, 당건 위에는 포건을 겹쳐 썼으니, 대개 지난 5월에 실내室內의 상을 당했던 것이다.[52]

길거리에서는 갓을 쓴다고 했다. "갓은 원래 우구雨具[53]로, 후에 산笠[54]과 성질이 같았다. 갓의 최고형最古形은 지금의 삿갓으로, 그 재료는 대나무와 삿蘆을 겸용했다. 삿으로 만든 것은 삿갓, 대나무로 만든 것은 대갓이라 했는데, 후에 관모의 제도가 발달하여 대우와 양태를 가지게 되어, 옛날 갓을 통칭 삿갓이라 구별하게 되었다."[55]

갓의 모양과 체제는 시대에 따라 변화했다. 다음 기록은 16~17세기 갓의 변모 양상을 잘 설명해주고 있다.

조극선趙克善(1595~1658)이 이르기를, "우리나라 사인士人과 서인庶人이 쓰는 갓은 대臺의 높낮이가 시대에 따라 변화했다. 『후청쇄어鮗鯖瑣語』에 '관디冠帶'와 의복의 제도는 시대적인 선호에 따라 점차적으로 변화하여 은연중에 세도世道와 서로 부합되어왔다. 중종 말년 사인이나 서인이 항상 쓰는 갓의 모양은 대가 매우 두텁고 높고 컸으며 갓의 평아 坪兒(챙)는 매우 좁았다. 당시 사람들이 '호박冬瓜 같은 대 위 떡切餠 같은 평아'라고 불렀는데, 여전히 옛사람의 소박하고 신실한 뜻이 남아 있었다. 명종 초에 김순고金舜皐(1489~1574)가 경상우병사慶尚右兵使가 되었을 때 예전의 갓 제도는 쓰기에 불편하다 하여 우모雨帽를 예전 제도에 따라 증감하였는데, 그 몸체가 매우 경쾌하여 한때 좋아들 하였다. 그 몸체의 모습은 곧 변하였지만 당시 사람들은 또한 김순고체金舜皐體라고 했다. 그 뒤로 점차 정수리 쪽이 매우 낮아져 마치 밥그릇이나 뚜껑을 엎어놓은 것과 같고 주변의 평아는 매우 넓어져 거의 작은 우산을 펼쳐놓은 것과 같아 완연히 중의 갓과 같았다. (……) 선조 중년에 갓의 제도가 다시 정수리 쪽을 높게 만드는 것으로 변하여 말년에 이르러서는 정수리 쪽이 매우 높아지고 주변의 평아는 매우 좁아졌다. 그러다 광해군 초년 이후 점차 그 제도가 변하여 마침내 주변은 매우 넓고 정수리 쪽은 매우 낮아졌으니, 곧 이른바 덮개 같은 대臺에 떡판案盤 같은 평아가 되었다. 근래 수년 사이에 갓이 또 변하였는데, 그 변화가 점진적이어서 처음에는 변하는 것을 깨닫지 못하고 또 누구에게서 비롯되어 변하게 되었는지도 몰랐다. 그런데 계미년(1643), 갑신년(1644) 이래로 대가 갑자기 높고 커졌으며 평아는 그대로 매우 넓었는데, 어떻게 하여 이렇게 되었는지는 알 수 없다"고 했다.[56]

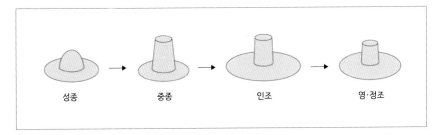

성종 → 중종 → 인조 → 영·정조

조선시대 갓의 변모

이렇듯 그리 길지 않은 약 100년의 기간 동안 갓의 유행 변화는 상당히 다양하고도 급격했다. 그만큼 갓에 대한 관심이 높았음을 말해준다.

참고로 유형원柳馨遠(1622~1673)은 "갓을 없애고 관冠과 건巾으로 대체"[57]하자고 주장했다. 형식을 싫어하고 실질을 존중하는 실학자다운 발상인 것 같지만, 사실은 중국 의관의 제도를 따라야 마땅하다면서 그렇게 말했다.[58]

마지막으로 다시 한번 강조하고자 한다. 쓰개는 제각각 쓰는 목적과 기능을 가지고 있었지만, 어디까지나 개인의 취향이 우선이라는 점이다. 네 사

김홍도의 『풍속도병(風俗圖屛)』 중 2-1 「송하위기」(프랑스 국립기메 동양박물관 소장)

람이 등장하는 김홍도의 『송하위기松下圍碁』를 보자. 두 사람은 바둑을 두고, 다른 두 사람은 '관전'을 하고 있다. 그런데 네 사람의 쓰개가 모두 다르다. 왼쪽 아래에서 시계 방향으로 갓, 방건, 탕건, 복건이다. 갓을 쓴 사람은 손님인 것 같지만, 나머지는 그 손님을 맞이하여 바둑을 두고 있다. 그렇게 보아도 방건, 탕건, 복건을 같은 공간에서 동시에 착용하고 있는 것이다.

당초무늬 당혜, 구름무늬 운혜

다음은 신발이다. 신은 크게 화靴와 이履로 나누어지는데, 요즘의 장화처럼 신목이 붙어 있는 것을 화라 하고, 신목이 짧은 것은 이라 했다. 다시 이는 신 둘레의 높이인 운두가 낮은 혜鞋, 나무를 파서 만든 나막신履, 어머니나 할머니의 상喪에 상제喪制가 신는 엄짚신 구屨 등 종류도 많다.[59] 『경도잡지』에서는 특별히 당혜唐鞋와 운혜雲鞋만 언급했다.

먼저 당혜를 보자. "당혜는 코와 뒤꿈치에 당초문唐草文[60]을 놓아 만든 마른 신으로, 안은 융 같은 푹신한 감으로 하고 거죽은 가죽을 비단으로 싸서 만든다. 먼저 넝마를 쌀풀로 부附하여 배악비[61]를 만들고, 여기에 사슴 가죽을 붙인다. 이것을 오려 가죽 마름질을 하고 눈[62]을 새김질하여 당초문을 마련한다. 마름질한 가죽으로 울타리를 지어 신발 둘레인 도리를 돌리고 눈을 놓은 다음 안을 감치고 바닥을 붙여서 창을 건다."[63]

운혜는 앞부리와 뒤꿈치에 구름무늬를 새긴 마른신으로 온혜溫鞋라고도 한다.

그런데 이 당혜와 운혜는 대개 여자의 신으로 알려져 있다. "궁중을 비롯한 상류층 부인은 운혜나 당혜를 신고, 서민이나 하류층은 짚신을 신었"[64]다는 것이다. 그러나 다음 두 예에서 보듯이 반드시 그랬던 것만은 아니다.

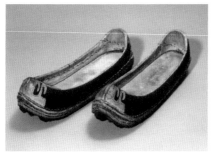

당혜

운혜

연복燕服[65]의 갖춤으로는, 칠립漆笠(우리나라 풍속에는 모자에 차양이 있는 것을 입쏬이라 칭한다)·호박영琥珀纓(추울 때는 공단 貢緞을 쓰며 당하관은 대모 玳瑁로 한다)·검은 말총 건黑騣巾(貂皮)·호항護項(서피鼠皮로 만들며 호피 동정을 단다)·복건(쓰개는 비단으로 만든다)·망건(금·옥으로 관자 貫子를 만든다)·창의·도포 道袍(청색 또는 백색으로 한다)·붉은 실띠紅條帶(약간 좁은 것)·당혜·모선 毛扇(초피와 무늬 있는 비단으로 만든다)이 바로 그 것입니다.[66]

군사 제도는 나라에 있어 중한 바인데, 근래 각 영營에는 폐단이 없는 곳이 없고 그중에서도 용호영龍虎營의 금군 禁軍[67]이 가장 심하다. 처음 설치했을 때야 어찌 혹시라도 이러하였겠는가. 100명이라도 당해낼 만한 용기를 지니고 두 사람 몫 을 해내는 무예를 지니고서, 집에 있을 때에는 물금패勿禁牌[68]를 차고 번番을 설 때는 당운혜唐雲鞋를 신으며, 등급은 정직正職과 같고, 절은 반드시 대청 위에서 한다.[69]

조정에서 상복常服 차림으로 관원은 당혜를 신었으며, 궁중을 지키고 임금 을 호위·경비하는 친위병들 역시 숙직이나 당직을 설 때 당혜나 운혜를 신었던 것이다.

참고로 태사혜太史鞋라는 것이 있었는데 이것은 남자, 특히 양반 계층의 나이 든 사람이 상복常服에 신던 마른신의 일종이다. 조선 말기에는 왕이 신기 도 했는데[70], 울[71]을 헝겊이나 가죽으로 하고 코와 뒤축에 흰 선문線紋을 새겨 넣었다.[72]

'두루 막힌' 두루마기

이번에는 복장이다. 유자儒者 혹은 유생儒生, 곧 유학儒學을 공부하는 선비는 도포道袍를 입는다고 했다. 도포는 선비들이 평상시에 입던 겉옷으로, 조선 중기

김홍도의 「평안감사향연도」 중 '연광정연회도(練光亭宴會圖)' 세부.(국립중앙박물관 소장) 구경꾼들 모두 도포를 입고 있다.

1906~1907년에 우리나라를 여행한 헤르만 산더(Hermann Sander, 1868~1945)가 촬영한 안주시장의 모습. 장터에 나온 사람은 대부분 흰색 바지저고리, 두루마기 차림새이다.

이후에 많이 입었으며 관리들도 관청에 나아갈 때를 제외하고 사사로이 외출할 때에 주로 착용했다.

도포의 유래에 대해서는 여러 설이 있지만, 이덕무가 '중僧의 외투'에서 비롯되었다고 추론[73]한 이래 그의 손자인 이규경李圭景(1788~?)도 "중국 중의 상의와 조선 중의 장삼長衫이 다 도포와 함께 모양이 같음을 지적하여, 도포가 승복僧服에서 왔다고 부연했는데, 도포라는 명칭을 생각해보아도 본래 속인俗人의 옷은 아닌 것 같다"[74]고 했다.

그런데 이 도포는 조선 후기로 갈수록 서민도 즐겨 입었다. 정확히 말하면, 서민의 도포는 두루마기라고 부른다. 도포는 소매가 넓지만 두루마기는 비교적 좁다. 도포는 뒷부분이 터져 있고, 그 위를 다시 전삼展衫[75]이 덮고 있다. 그래서 도포를 입고 걸으면 뒤의 전삼이 바람에 날려 펄럭이면서 유유자적한 인상을 준다. 반면에 두루마기는 터진 부분 없이 '두루 막힌' 옷이라고 할 수 있다.

> 현재 백정 따위의 천한 사람들도 모두 도포를 입는바, 도포 속에는 반드시 창의氅衣[76]가 있고 창의 속에는 반드시 장유長襦[77]가 있는데, 이 세 가지 옷의 제도는 모두 소매가 넓고 깁니다.[78] 베와 비단으로 이런 따위의 소매가 넓고 긴 옷을 만드는 것은 몸을 따뜻하게 하고 몸을 가리는 데에 소용되는 것이 아닙니다. 몸을 따뜻하게 하고 몸을 가리지도 못하면서 해져서 버린다면, 이는 하늘이 내린 물건을 함부로 버리는 것이니 어찌 될 일입니까. 넓은 소매와 긴 옷깃을 줄인다면 포백 값이 싸질 것이고, 베와 비단 값이 싸지면 추위에 떠는 자와 헐벗은 자가 좁은 소매와 짧은 옷깃의 옷을 얻어 입어 즐거워할 것입니다.[79]

이는 다산 정약용이 현실에 맞게 복제服制를 정하자고 한 제안 중 일부이다. 여기서 18~19세기에 도포가 더 이상 유생 등 양반 계층의 전유물이 아님을 알 수 있다.

다음으로 조사朝士의 상복常服, 곧 근무복이다. 상복은 왕과 왕세자, 문무백관이 평상시에 집무할 때 입는 정복正服이다. 왕과 세자의 상복은 익선관翼善冠[80]에

채제공(蔡濟恭) 초상(금관조복본, 이명기 그림, 1784년, 보물 제1477호, 개인 소장)

조선시대 옷깃의 형태

곤룡포袞龍袍[81] 차림이고, 문무백관의 상복 차림은 사모紗帽, 단령團領[82], 흉배胸背[83], 띠帶[84], 화靴[85] 등이다. 상복에 사모를 한다는 것은 조선왕조 통치의 기틀이 된 기본 법전인 『경국대전經國大典』에 규정되어 있지만, 그 차림은 이미 고려 우왕禑王 13년(1387)에 중국에서 도입되었다.[86] 『경국대전』에서는 관복官服을 제복祭服·조복朝服·상복常服·공복公服으로 구분하고 있다. 제복은 제사를 지낼 때 입는 예복이고, 공복은 신하가 임금을 뵙거나 임금에게 감사謝恩할 때 또는 부임赴任을 앞두고 인사拜謝를 올릴 때, 왕세자에게 축하 인사賀禮를 할 때, 중궁과 왕세자에게 감사드릴 때 관冠·띠帶·홀笏[87]·패옥佩玉 등과 함께 착용했으며, 계급에 따라 색이 달랐다. 조복은 왕이나 문무백관이 설날 아침이나 동짓날 등의 축하 인사 때, 또는 제사 등 의식 때 착용하던 예복으로 가장 화려한 옷이다.

한편 무관은 직령을 입는다. 직령은 단령團領의 옷깃이 둥근 데 비해 옷깃이 곧게 생겼다는 데서 나온 이름이다. 세종 때 단령이 관복으로 승격된 후 직령은 천인과 서민의 옷이 되었다. 양반층은 세조 때부터 잔치 때의 연거복燕居服으로 입기 시작했으나, 주로 별감이나 향리들이 상복常服으로 입었다. 그러나 후대로 갈수록 이런 제약이 허물어지고 있음을 고종高宗의 유품 중 직령으로 된 장의長衣가 잘 말해주고 있다.

그런데 이런 견해도 있다. "단령은 본래 오랑캐의 복식에서 나왔다. (……) 옛날에는 대체로 옷깃이 모났다. (……) 요즘 옷은 모두 옷깃이 둥그니 몽골의 풍습에 물든 것이 고쳐지지 않은 듯하다."[88]

모선 들고 장도 차고

겨울에는 모선毛扇을 든다고 했다. 여기서 말하는 모선은, 예컨대 깃털 등으로 둥글게 만든 부채를 말하는 것이 아니라 추위와 먼지를 막는 방한 도구의 일종이다. 모선에 대해서는 『경도잡지』에 자세하게 나와 있으니, 여기서는 그 용례 하나를 들어보기로 한다.

임금이 모화관慕華館[89]에 거둥하여 청나라 사신을 전송했다. 이날 바람이 몹시 불고 추우니, 임금이

19세기 화가 성협(成夾)의 『풍속화첩』 중 부분.(국립중앙박물관 소장) 양반이 겨울철 방한모(防寒帽)인 남바위 위에 갓을 덧쓰고 모선을 들고 있다.

추위를 이기지 못하여 진선문進善門[90] 안에다 가마를 멈추게 하고, 가마 위 사면의 휘장을 내리도록 명했다. 승지承旨 유명현柳命賢(1643~1703)이 나아와 말하기를, "위엄威儀에 관계됨이 있어 내릴 수 없습니다"라고 했다. 임금이 또 모선을 찾아서 바치도록 명하니, 김석주金錫胄(1634~1684)가 자신이 쥐고 있던 모선을 바

쳤다. (······) 임금이 궁에 돌아오자 대신에게 이르기를, "한기寒氣가 사람을 침범하여, 만약 모선이 없었다면 아마도 견딜 수 없었을 것이다"라고 했다.[91]

이 모선은 혼례를 올릴 때, 남자들이 자신의 얼굴을 가리는 가리개로 쓰기도 했다. 이것은 천의 양쪽에 손잡이 대를 끼워서 두루마리처럼 양쪽을 말아 쥘 수 있었는데, 그것을 펴면 가리개가 되었다. 혼례 때에는 붉은색 천을 사용했고, 사모관대紗帽冠帶를 차려입은 신랑이 초행길에 말 위에 올라앉아 얼굴을 가리는 차면선遮面扇으로 사용하기도 했다.

상중喪中인 사람이 외출할 때에

조선 말기 화가 김준근(金俊根)의 『기산풍속화첩(箕山風俗畫帖)』 중 「신부 신랑 방에 드는 모양」.(비엔나 민족학박물관 소장) 신랑이 차면선을 들고 있다.

는 가늘게 쪼갠 대나무를 엮어서 큰 삿갓 모양으로 만든 방립方笠에 포선布扇을 들었다. 상주부채, 곧 상선喪扇, 소선素扇이라고도 부른 이 포선은 대나무로 양쪽에 자루를 만들고 그 자루에 장방형의 무명을 붙였는데, 근신謹愼하는 의미로 얼굴을 가린 차면선의 하나이다.

다음은 몸치장으로 옷에 차는 장식물인 패물佩物 중 소도小刀, 곧 손칼이다. 여러 패물이 있었지만, 『경도잡지』에서는 그중에서도 손칼을 대표적인 패물로 꼽았다. 몽골의 영향으로 생긴 이 손칼은 호신용으로 지니거나 주머니칼로 쓴 작은 칼이다. 그런데 '장식한 칼'이라는 의미에서 장도粧刀라고도 하듯이, 손

여러 가지 화려한 손칼들

칼은 호신용이라기보다는 장식용, 그것도 매우 사치스러운 패물이었다.[92] 여성이 정절을 지키는 데 사용한 것으로 잘 알려진 은장도銀粧刀 역시 호신용이라기보다는 사실은 노리개 중 하나였다.

19세기에 만들어진 것으로 추정되는 한글 장편가사 「한양가漢陽歌」에는 이런 대목이 보인다.

옥장도玉粧刀 대모장도玳瑁粧刀 빛 좋은 삼색 실로 꼰 술 푼 술 갖은 매듭 변화하기 측량없다.[93]

옥석과 패물 등을 파는 도자전刀子廛과 마로저자[94]에서 팔리고 있는 물건들을 소개하는 부분이다. 이렇듯 장도는 온갖 모양의 실로 꼬고 매듭을 달아 노리개 혹은 패물로 팔리고 있었다.

이 장도의 칼자루와 칼집을 만드는 데 쓰인 재료들이 예사롭지 않다. 은은 물론이고 옥, 코뿔소의 뿔, 바다거북의 등딱지玳瑁甲, 침향과 화리[95], 검은 물소 뿔 등 모두 쉽게 구하기 어려울 뿐 아니라 국내에서 생산되지 않는 희귀한 상품들이었다.

장도는 노리개나 패물이니 남성도 지니고 다녔다. 「한양가」에서 조선 후기 한양 유흥계의 주역이었던 별감別監[96]의 복색을 묘사하면서, "밀화장도蜜花粧刀 백옥장도白玉粧刀 안팎으로 비껴 차고"[97]라고 했다. 장도를 허리에 차면 패도佩刀, 주머니 속에 넣으면 낭도囊刀라 했으니, 별감들은 패도를 차고 다닌 것이다.

장옷과 곁눈질

마지막으로 부녀자의 옷차림이다. 『경도잡지』에서는 여항의 부녀자가 녹색의 규의袿衣를 입는다고 했다. 여항은 여염閭閻이라고도 하는데, '여염집'이라는 표현에서 알 수 있듯이 일반 백성의 살림집이 많이 모여 있는 곳을 말한다. 규

신윤복의 「장옷 입은 여인」(국립중앙박물관 소장)

의는 "긴 저고리인데, 속명 장의長衣다. 여항 부녀자의 윗옷이다".[98] 장의는 보통 장옷이라고 한다.

장옷은 조선시대에 부녀자가 외출할 때 얼굴을 가리기 위해 사용한 쓰개이다. 초기에는 서민 부녀자만 사용했고, 후대로 오면서 사족士族의 부녀자도 착용했다. "초록색 명주明紬로 지은 긴 옷으로 머리와 얼굴을 가리는데 종아리까지 내려간다. 이 장옷이 언제부터 시작되었는지 기록에 없으니 알 수 없다."[99] 세조 때 양성지梁誠之(1415~1482)가, 여자가 장옷 입는 것을 금지해달라고 상

김홍도의 『단원풍속도첩(檀園風俗圖帖)』 25폭 중 25 「노상파안(路上破顔)」.(보물 제27호, 국립중앙박물관 소장) 말을 탄 양반이 부채로 얼굴을 가린 채 장옷 입은 여인을 훔쳐보고 있다.

신윤복의 「처네 쓴 여인」(국립중앙박물관 소장)

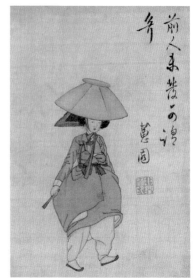

「원행을묘반차도(園幸乙卯班次圖)」 반차도(班次圖) 부분.(서울대학교
규장각 소장) 너울을 쓴 나인들이 말을 타고 가고 있다.

신윤복의 「전모 쓴 여인」(국립중앙박물관 소장)

소했지만[100], 그 유행을 막지는 못했다. 이는 부녀자들이 성장盛裝 시 머리 위에
덧들이는, 머리숱을 많아 보이게 하려고 덧넣은 딴머리인 가체加髢[101]가 여러 번
금지되었지만, 결국은 살아남은 것과 같다.

　　장옷과 비슷한 것으로 처네가 있다. 처네는 천의薦衣라고도 쓰는데, 장옷에
서 파생된 것으로, 형태는 작은 치마처럼 네모진 폭에 맞주름을 깊게 잡아 허리
에 끈을 달았다. 장옷보다 짧고 폭도 좁으며, 소매가 없는 것이 장옷과 다른 점이
다. 일본의 민속학자 아키바 다카시秋葉隆는 처네를 "함흥, 북청 등의 기녀들이
입는" 옷이라면서 "겉은 다홍색에 연두색 안을 넣어 솜을 두어 네모지게 만들어
머리에 쓰고 이마 쪽에서 매고 목 부분에서 끈으로 묶는다"[102]고 했다.

　　너울羅兀 역시 장옷과 유사한 것인데, 조선 초기에는 궁중과 양반집 여인들
이 사용하다가 후기로 오면서 궁중가례宮中嘉禮와 능행陵行 때 또는 궐내에서 착
용했다. 형태는 갓笠子 위에 사각형의 천을 씌운 것으로 위보다 아래가 약간 넓
은 자루형이고, 길이는 어깨까지 오며, 눈 위치에 밖을 내다볼 수 있도록 비치는

옷감을 댔다.

이 너울을 쓰게 된 것은 15세기부터다. "옛날 우리나라 부인들은 머리에 덮는 쓰개치마를 사용하지 않았다. 세종 때 현암眩庵 기건奇虔(?~1460)이 새로운 의복을 만들어 올렸는데, 세간에서 너울이라고 하는 물건이다."[103]

이 밖에도 전모氈帽라는 것이 있다. 전모는 외출할 때 사용한 쓰개로, 우산처럼 펼쳐진 테두리에 살을 대고 종이를 바른 뒤 기름에 절여 만들었다. 『가례도감의궤家禮都監儀軌』중의 행렬도를 보면, 의녀醫女와 기행나인騎行內人들이 전모를 착용하고 있어 궁중에서 사용한 예를 볼 수는 있지만, 사대부 집안의 부녀자들이 사용한 예는 찾아볼 수 없다. 다만 신윤복申潤福의 풍속도로 미루어 멋을 내기 좋아하는 기녀들이 나들이용으로 사용했음을 알 수 있다. 현재 전하고 있는 조선 말엽의 전모는 박쥐, 태극, 나비 등의 예쁜 무늬와 수壽, 복福, 부富, 귀貴 등과 같은 글자를 써넣어 매우 장식적이다.

장옷과 관련된 흥미로운 증언도 있다.

어떤 사람은 길에서 고운 옷 입은 부인을 만나면 반드시 머리를 돌리어 주시하고, 심지어는 궁인宮人의 유모帷帽[104] 드리운 것이나 여염집 여인의 규의 걸친 것도 반드시 곁눈질하니 그것은 누추한 버릇이다. 마땅히 멀리 피하고 절대로 곁눈질하지 말아서 나의 몸을 삼가 가져야 한다.[105]

김홍도의 『단원풍속도첩』 25폭 중 13 「모연」(국립중앙박물관 소장)

여성을 엿보는 남자의 호기심 어린 시선은 어느 시대나 마찬가지인가 보다.

　그런데 서민 부녀자 중 일부는 이 장옷을 거추장스럽게 여기기도 한 듯하다. 김홍도의 「모연募緣」에서 보듯이, 장옷을 머리에 이고 있는 부녀자의 모습이 보이기도 한다. 중세의 억압과 차별이 서서히 걷히고 있는 조짐 중 하나라고 할 수 있겠다.

❷
견마 잡혀 말을 타고

붉은색 말을 절다截多, 밤색의 말을 구랑勾郎, 붉은색과 흰색이 섞여 있는 말을 부루夫婁, 검은색 말을 가라加羅, 누런색 말을 공골公鶻, 검은색 갈기가 있는 누런 색 말을 고라高羅, 털빛이 붉고 갈기와 꼬리가 검은 말을 가리온加里溫, 뺨에 줄이 있는 말을 간자間者라고 한다. 이는 본디 만주어滿州語인데, 우리나라 사람들이 개시開市 때 들여온 것이다.

말을 타는 사람은 보통 견마잡이를 오른쪽에 두는데, 당상관堂上官은 왼쪽에 하나 더 세운다. 그 고삐는 매끈하고도 길다. 유생들은 나귀 타기를 좋아하고, 조사朝士들도 탈 수 있지만, 무관武官이 타면 조롱을 받는다.

말도 말도 많고 많군

말의 종류를 나열하고 있다. 절다截多, 구랑勾郎, 부루夫婁, 가라加羅, 공골公鶻, 고라高羅, 가리온加里溫, 간자間者 등 여러 종류의 말이 언급되고 있다. 이는 1779년경에 한학검찰관漢學檢察官 이담李湛과 청학검찰관淸學檢察官 김진하金振夏 등이 펴낸 만주어 겸 한어漢語 사전인 『한청문감漢淸文鑑』에 따른 것으로[1], 모두 만주어이다. 이덕무에 따르면, "우리나라 사람들이 말馬을 말秣이라 부르는데,

중국 마아馬兒의 호칭이다. 우리나라 시골에서는 또 바꾸어 몰毛乙이라고 부르는데, 이것은 만주어이다".[2] 참고로 조선시대의 몽골어 학습서인 『몽어유해蒙語類解』[3]의 '달리는 짐승走獸' 항목에는 다음과 같이 서술되어 있다.(중국어·한국어·몽골어 순서)

靑馬	총이물	보로모리[4]
赤馬	절짠물	절더모리
黃馬	공골물	홍골모리
黑馬	가라물	하라모리
紅紗馬	부루물	부구룰모리[5]
栗色馬	굴형물	쿠렁모리
線臉馬	간쟈물	할쟌모리[6]
海騮	ᄀ리온물	하리군모리[7]

몽골어 역관 이최대(李最大, 1708~?)의
『몽어노걸대(蒙語老乞大)』(1741)

「방목도(放牧圖)」〔작자 미상, 15~16세기, 일인(日人) 소장〕

　　몽골어와 만주어에 대해서는 아직 정확한 이해가 부족한 실정이다. "옛사람이 말 기르기를 소중히 여겼지만, 그 빛깔을 구별하지 않아서 무엇이라고 지적해서 부를 수 없는 따위가 아주 많다"[8]고 한 데서 보듯이, 조선시대에도 사정은 크게 다르지 않았던 모양이다.

　　대표적으로 부정확한 번역의 예를 하나 들어보자. 세조가 수양대군 시절

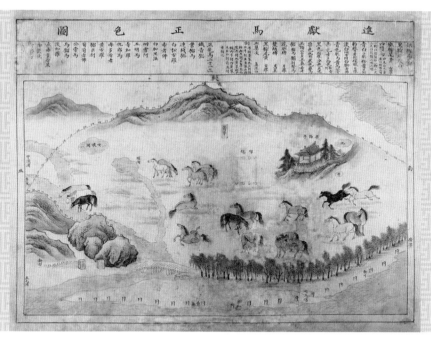

「진헌마정색도(進獻馬正色圖)」 중 '목장지도'.(1663년, 보물 제1595-2호, 국립중앙도서관 소장) 중랑천에 걸쳐 있는 살곶이다리가 보인다.

단종을 폐위시키고 왕위에 오르던 10년 전의 일을 회상하면서 "가마솥을 걸어 놓고 화살을 쏘아 맞힌 절따마가 무척 마음에 들지만 난을 다스린 황부루를 특히 잊지 못하겠다"[9]고 했다 한다. 그런데 여기서 절따마는 정확한 번역이 아니다. 원문에는 유騮로 되어 있는데, 그것은 검은색의 갈기와 꼬리가 있는 붉은빛의 말[10]로, 붉은색 말인 절따말이 아니라 월따말을 가리키는 것이다. 물론 아래의 전언에서 보듯이, "적색赤色으로 생긴 것은 유騮라고 했는데, 속칭 적다赤多이다"[11]라고 한 것은 상세하게 지적한 것이 아니라 붉은빛 계통의 말을 대개 절따라고 부른다는 정도의 언급으로 보면 된다.

일일이 열거하여 설명하는 것이 번잡하기에, 말의 명칭에 대해서는 다음 두 자료를 들여다보는 것으로 대신한다.

「류계세마도(柳溪洗馬圖)」.〔작자 미상, 17~18세기, 일인(日人) 소장〕다양한 종류의 말들이 보인다.

빛깔이 흰 말은 다만 백마白馬라고 했는데, 빛이 희면서 검은 털이 섞인 것은 속칭 설라白羅 하고, 빛깔이 검은 것은 여驪라 했는데, 세속에서는 가라加羅라 한다. 철색鐵色으로 생긴 것은 철鐵, 적색赤色으로 생긴 것은 유騮라고 했는데, 속칭으로는 적다赤多라 하며, 붉은 털과 흰 털이 섞인 것은 하騢라고도 하고 또는 자백마赭白馬라고도 했는데, 세속에서는 부로不老라 한다. 적흑赤黑색으로 생긴 것은 오류烏騮, 자흑紫黑색으로 생긴 것은 자류紫騮라 했고, 푸른 털과 흰 털이 섞여 총청색蔥靑色으로 생긴 것은 총驄, 푸른 털과 검은 털이 섞인 것은 철총鐵驄, 푸르고 검은 빛깔에 물고기 비늘처럼 얼룩진 것은 연전총連錢驄이라고 했다. 그리고 여백잡모驪白雜毛가 섞인 것은 보駂라고도 하고 또는 오총烏驄이라고도 했으며, 음백잡모陰白雜毛가 섞인 것은 인駰 또는 이총泥驄이라고 했는데, 음陰은 얕게 검은빛이라 하였고, 창백잡모蒼白雜毛가 섞인 것은 추騅라고 했는데, 창蒼은 얕게 푸른빛이라고 했다. 누른 털과 흰 털이 섞인 것은 비駓라고도 하고 또는 도화마桃花馬라고도 하며, 누런 빛깔에 흰빛이 나타나는 것은 표驃라 했다. 등마루가 검은 것은 속칭 골라骨羅라는 것이고 갈기와 몸뚱이 빛이 다르게 된 것은 속칭으로 표表라 하였으며, 눈이 누른 것은 속칭으로 잠불暫佛이고 이마가 흰 것은 구駒라 하기도 하며 또는 대성戴星이라고도 했다. 갈기가 어설프고 이가 성긴 것은 속칭 간자間者, 주둥이가 흰 것은 속칭 거할巨割이라는 것이다.[12]

백마는 흰빛, 토골마兎鶻馬는 흰 데에 붉은 털이 있는 말, 청마는 총이말, 분청粉靑은 뽀얀 총이말, 사청沙靑은 백흑색이 섞인 총이말, 철청鐵靑은 철청 총이말, 회청灰靑은 잿빛에 흰 총이말, 낙피마駱皮馬는 추마말, 홍마紅馬는 절다말, 율색마栗色馬는 굴형말, 은종마銀鬃馬는 갈기와 꼬리가 흰 절다굴형말, 홍사마紅紗馬는 부루말, 흑마는 가라말, 조류棗騮는 오류말, 황마는 황색, 즉 공골말, 흑종黑鬃은 황색 갈기와 꼬리가 검은 고라말, 해류海騮는 가리온말, 은태銀駘는 흰 데에 누른빛이 있는 말, 표화豹花는 도화잠불말, 점자마點子馬는 잡색 반점이 있는 말, 화마花馬는 얼룩말, 옥안玉眼은 골이 눈 말, 옥면玉面은 낯이 흰 말, 소취소안燒嘴燒眼은 눈·코가 붉은 말, 선검線瞼은 설간자말, 옥정玉頂은 소태성말, 은제銀蹄는 네 발이 흰 말, 고제孤蹄는 후빌족 말이다.[13]

다양한 말이 있었지만 그중에서도 잘생긴 말, 못난 말이 있었다. 잘생긴 말들은 늘 그림의 소재가 되었다. 여러 종류의 「팔준도八駿圖」가 남아 전한다. 그중에서 이성계의 애마 유린청游麟靑이 유명하다. "함흥에서 났고, 올라兀喇를 빼앗고 해주에서 싸우고 운봉에서 이길 때 탄 말이다."[14] 왜구와 싸우다가 화살 세 개를 맞고 죽자 이성계는 유린청을 석조石槽에 넣어 묻었다. 후에 세종은 당대 최고의 화가 안견安堅에게 유린청을 그리도록 하고 박팽년朴彭年(1417~1456), 신숙주申叔舟(1417~1475) 등 집현전 학사들에게 찬시讚詩를 짓게 했다.[15] 성삼문成三問(1418~1456)이 지은 찬시는 이렇다.

유린청이여 몸이 봉우리같이 우뚝 솟았으니 / 순하면서 굳세니 동(銅)의 영기로세 / 어진 상서 들취내어 임금을 받들었고 / 나이 들수록 기예도 성숙하네 / 사방으로 간악한 무리들을 짓밟아 나라가 편안하네 / 삼십일 년 그 영기를 빛내고 / 죽어서 돌구유 남아 있어 큰 이름을 떨치니 / 유린청이여! 그 덕 어찌 다 말하리[16]

반면에 흉상(凶相), 곧 나쁜 인상을 주는 말이 있다. 사람을 태우고 짐을 싣는 막중한 일을 담당해야 했는데, 그 말이 혹여 성질이라도 부리면 난감해진다. 말이 물고 뒷발로 차면 치명적인 상처를 입기도 한다.

「유린청」(국립중앙박물관 소장)

머리 희고 몸 검은 것과 목 희고 눈망울이 뿌연 것과, 얼굴이 짧고 고리눈과 살이 비끼고 눈이 깊고, 흰 것이 목으로부터 입으로 들어간 것이 이름이 적로(的盧)니 종(奴)이 타면 객사하고, 주인이 타면 저자(市)에 버린다 하니 몹시 흉한 말이니 집에 두지 말라. 왼편 옆구리에 흰 털이 곤두섰으면 이름이 대도마(大刀馬)이니 주인에게 나쁘다. 흰 말이 네 발 검은 것, 검고 누른 말, 입 흰 것이 다 흉하고, 뒷다리 둘 흰 말이 아낙네를 죽이고, 눈 아래 살이 없으면 사람을 문다. 말은 화축(火畜)이니 마구간이 남쪽이 마땅하고 북쪽은 좋지 못하다. 말이 사람을 물거든 백강잠(白殭蠶)[17]을 갈아서 입 안팎에 바르면 안 문다. 만일 이빨에 닿으면 여물을 먹지 않을 것이니 뽕잎을 섞어 먹이라.[18]

견마잡이 거덜 났네

다음은 견마잡이다. 견마잡이는 거덜巨達이라고도 했는데, 사람이 탄 말이나 당나귀를 끄는 마부를 일컫는다. 견마는 원칙적으로 문무관에게만 허용되었지만, 후대에는 민간에서도 유행하여 양반이라면 최소한 과하마果下馬라도 타야 체면이 섰는데, 그때에도 반드시 견마를 잡혔다. 과하마는 우리나라 토종인 조랑말의 일종으로, 그것을 타고서 과실나무 아래를 지나갈 수 있을 정도로 작다는 뜻이다. 결국 아무리 보잘것없는 말을 타더라도 반드시 견마잡이를 붙여야만 체면이 섰다는 것이다. 먼 길을 갈 때에는 마방馬房에서 말을 빌려 타야 했는데, 그때도 견마잡이는 반드시 따라왔다. 그런데 견마잡이는 말만 잘 몰았던 것이 아니고, 지리도 잘 알고 있어 대단히 편리했다.

김홍도의 「안릉신영도(安陵新迎圖)」 중 부분.(1786년, 국립중앙박물관 소장) 모든 말에 견마잡이가 붙어 있다.　과하마를 타고서 견마잡이를 데리고 있는 양반

그런데 『경도잡지』에서 특히 문제 삼고 있는 것은 견마잡이의 위치와 숫자이다. 조정에서 임금을 알현하는 등의 의례에서 당상堂上의 교의交椅[19]에 앉을 수 있는 고위 관직의 당상관들은 견마잡이 둘을 둘 수 있었다. 말 오른쪽과 왼쪽에 한 사람씩 세워두고 가야 권위가 선다는 말이겠는데, 지나친 허세가 아닐 수 없다. 예나 지금이나 이렇게 거들먹거리는 고위 관리는 참으로 꼴불견이다.[20]

"박연암의 『열하일기熱河日記』에 우리나라 사람들의 말 타는 법을 논하여,

'오른쪽 한쪽만 경마[21]를 잡히는 것도 불가한데, 하물며 왼쪽마저도 경마를 잡힌단 말인가. 문신도 경마 잡혀서는 안 되는데 더구나 무신임에랴' 하였는데, 실로 명언이다. 내가 일찍이 일본 사람의 「방야도方野圖」를 보았더니 앵두꽃이 활짝 피었는데 말을 타고 나란히 나아가는 꽃놀이하는 여인들은 모두 좌우에서 경마를 잡히고 있었다. 또 사신을 따라 일본에 갔던 여러 서기書記들에게 들으니, 남자라도 좌우에 경마를 잡힌다고 했다. 우리 풍속은 불행하게도 일본과 비슷하니, 부끄러운 일이다. (……) 중국 사람들은 일찍이 우리나라 사람들에게, '너희 나라 말은 등짝에 한 사람을 태운 채 입에도 한 사람을 물고 가니, 어쩌면 그리도 힘이 센가?' 하였으니, 말을 타고 경마 잡히는 것을 비웃는 말이다."[22]

박제가朴齊家(1750~1805)는 한 걸음 더 나아가 견마잡이 자체가 필요치 않다고 역설한다.

> 말을 타면서 견마잡이를 쓰는 것은 올바른 법이 아니다. 말이란 것은 사람을 태워서 걷는 데 힘을 들이지 않기 위한 물건이다. 이제 우리나라에서는 한 사람을 말에 태우고 또 한 사람을 고생되게 걷도록 한다. 말은 빨리 달리기 위해 사용하는 물건이다. 이제 사람에게 끌려 다니느라 한 번에 몇 리를 내달리거나 하루에 1천 리 길을 달릴 수 없다. 전쟁터에 나가 적진을 달릴 때, 늘 견마잡이에게 끌려 다니던 말은 위급함에도 끌지 않으면 명령을 따르지 않는다. 전투에서 반드시 패하는 길이다.[23]

한편 견마잡이들도 덩달아 허세를 부려 서로들 더 좋은 고삐를 가지려 했다. 질 좋은 매끈한 가죽으로 만들어 번쩍번쩍 광을 내고 거들먹거리고 다녔던 모양이다. '거덜 났다'는 말이 여기서 생겨났다. 견마잡이 주제에 우쭐하고 다니니, 그나마 알량한 재산이나 살림 같은 것이 여지없이 허물어지거나 없어진다는 뜻이다. 조선 초기에는 품계에 따라 안장이나 고삐 등 마구馬具 장식에 차등을 두었지만 점차 지켜지지 않았다. 이는 담뱃대 길이를 길게 하고 물부리의 재질을 고급으로 꾸미던 사치 풍조와 다르지 않다.

거덜을 이야기하면서 말 거간꾼, 곧 말을 팔고 사는 사람 사이에서 흥정을 붙이던 마장馬駔을 거론한 박지원의 소설 「마장전馬駔傳」을 언급하지 않을 수 없다. 「마장전」은 벗 사귀는 도를 논하면서, 말 거간꾼의 권모술수를 강하게 비판했다.

말 거간꾼이나 집주름[24]이 손뼉을 치고 손가락으로 가리켜 보이는 짓이나, 관중管仲과 소진蘇秦이 닭, 개, 말, 소의 피를 바르고 맹세했던 일은 신뢰를 보이기 위한 것이다. 어렴풋이 헤어지잔 말만 들어도 가락지를 벗어 던지고 수건을 찢어버리고 등잔불을 돌아앉아 벽을 향하여 고개를 떨구고 울먹거리는 것은 믿을 만한 첩임을 보이기 위한 것이요, 가슴속의 생각을 다 내보이면서 손을 잡고 마음을 증명해 보이는 것은 믿을 만한 친구임을 보이기 위한 것이다. 그러나 콧잔등까지 부채로 가리고 좌우로 눈짓을 하는 것은 거간꾼들의 술책이며, 위협적인 말로 상대의 마음을 뒤흔들고 상대가 꺼리는 곳을 건드려 속을 떠보며 강한 상대에겐 협박을 하고 약한 상대는 짓눌러서 동맹한 나라들을 흩어버리거나 분열된 나라들을 통합하게 하는 것은 패자覇者와 유세가들이 이간하고 농락하는 권모술수이다.[25]

말 거간꾼의 술수와 술책의 핵심은 아첨과 참소이다. 박지원은 「마장전」을 짓는 이유를 다음과 같이 밝혔다.

오륜 끝에 벗이 놓인 것은[26] / 보다 덜 중시해서가 아니라 / 마치 오행 중의 토土가 / 네 철에 다 왕성한 것과 같다네[27] / 친親과 의義와 별別과 서序에 / 신信 아니면 어찌하리 / 상도常道가 정상적이지 못하면 / 벗이 이를 바로잡나니[28] / 그러기에 맨 뒤에 있어 / 이들을 후방에서 통제한다네 / 세 광인[29]이 서로 벗하며 / 세상 피해 떠돌면서 / 참소하고 아첨하는 무리를 논하는데 / 그들의 얼굴이 비치어 보이는 듯하네[30]

나귀는 아무나 타나

양반 중에서 특히 유생은 나귀 타는 것을 좋아했다. 말이 흔하지 않기도 했고, 나귀는 말보다 덜 빠르지만 말보다 안전했으며, 무엇보다도 유생이 타고서 점잖게 체면을 차릴 수 있어서 선호했던 것으로 보인다. 그래서 수많은 기려도騎驢圖와 기려시騎驢詩, 곧 나귀를 타고 가는 그림과 시가 만들어졌다.[31]

「달마도達磨圖」로 유명한 김명국金明國(1600~?)의 「기려도」를 보자. 느릿느릿 나귀를 타고 선비는 조용히 생각에 잠겨 있다. 말을 탔다면, 이런 자세를 취하기는 어렵다. 어울리지도 않는다. 자유분방한 일생을 산 문인 권필權韠(1569~1612)의 「기려도에 붙여」라는 시는 그 선비의 심정을 읊은 것 같기도 하다.

김명국의 「기려도」(개인 소장)

> 석양에 푸른 나귀 타고
> 가슴속 회포는 홀로 새긴다
> 저물녘 구름 천 봉우리엔 눈이니
> 어느 곳인들 시 짓기에 맞지 않으랴[32]

그런데 말이나 나귀 같은 탈것에서도 문무의 차별이 있었다. 무관은 나귀를 탈 수 없었다. "무인 집안의 자제들이 대부분 교만하여 출입할 때 거의 복건을 쓰고 나귀를 타고 다닌다"[33]는 문신의 힐난이 쟁쟁하다. 이는 물론 차별이기도 하였겠지만, 한편으로 생각하면 느리고 작은 나귀를 타고서야 어찌 무인일 수 있겠는가. 선비는 점잖게 나귀를 타고, 무인은 용맹스럽게 말을 타야 제격인 것이다. 그런데 다음에서 보듯이 지위를 막론하고 무인에게 견마잡이를 허용하지 않은 것은 지나친 처사이다. "조선 중엽에 중국의 규례에 따라 왕명으로 무신의 견마잡이를 금했다. 오늘날 법사에서 규제를 하지만 한두 달 만에 흐지부지되고 만다. 우리나라의 금령禁令이 이처럼 제대로 실행되지 못하니, 고려공사삼일高麗公事三日이라는 속담이 생겨날 만도 하다."[34]

명마보다 백락

말 이야기를 하면서 춘추전국시대 초나라의 백락伯樂 손양孫陽을 빼둘 수는 없다. 백락은 말을 감정하는 상마가相馬家였다. 초나라 왕이 백락에게 천리마를 구해오라고 지시했다. 백락이 길을 나선 후 아무리 찾아도 천리마를 구할 수 없었다. 어느 날 소금장수의 수레와 마주쳤다. 소금수레를 끄는 말은 비쩍 마르고 볼품없이 생겨 아무 짝에도 쓸모없어 보였다. 그런데 백락은 단번에 그 말이 천리마임을 직감했다. 불세출의 천리마로 태어나 왕을 태우고 세상을 호령했어야 할 말이 보잘것없는 먹이를 먹고 비쩍 마른 채 소금 수레를 끌고 있는 모습을 보자 백락은 절로 측은지심

청대 전풍(錢灃)의 「백락상마도」

이 들어 입고 있던 베옷을 벗어 말의 잔등을 덮어주었다. 그러자 말은 자신을 알아주는 데 감격하여 길고 우렁차게 울었다. 백락이 소금장수에게서 사온 말을 보여주자 초나라 왕은 크게 화를 냈다. 좋은 말을 구해오라 했더니 웬 비루먹은 말 한 마리를 끌고 왔냐는 것이었다. 이에 백락은 며칠만 기다려보라고 했다. 백락이 제일 좋은 먹이와 마구간을 내주어 그 말을 힘써 보살피니 곧 비쩍 말랐던 예전 모습은 온데간데없이 위풍당당한 천리마의 모습을 되찾았다. 초나라 왕이 몹시 기뻐하며 그 말 위에 올라타 채찍을 한 번 휘두르니 말은 그 길로 천 리를 질주했다 한다. 백락상마伯樂相馬, 곧 백락이 말을 잘 본다는 말이 여기서 생겨났다.

이런 사람이니 그에 얽힌 이야기가 적지 않다. 백락일고伯樂一顧도 그중 하나다. 백락이 한 번 뒤돌아본다는 뜻이다. 어느 날 말을 팔려는 사람이 백락을 찾아와 말 감정을 부탁했다. 그 사람은 꼭두새벽부터 말을 팔려고 나왔지만 아무도 그의 말을 사려 하지 않자 난감한 지경에 놓여 있었다. 간곡한 부탁에 못 이겨 따라나선 백락의 눈에 비친 그 사람의 말은 생각보다 훨씬 좋은 준마였다. 놀란 백락은 자기도 모르는 사이에 감탄하는 표정으로 한동안 말을 바라보다가 아깝다는 표정을 짓고는 그 자리를 떠났다. 그러한 백락의 행동을 본 사람들이 앞다투어 그 말을 사려 했고, 말 주인은 처음에 생각했던 값의 열 배가 넘는 돈을 받고 말을 팔 수 있었다.

백락이 말을 잘 보았다면, 백아伯牙는 사람을 잘 알아보았다. 춘추전국시대의 이름난 거문고 연주가인 백아와 종자기鍾子期는 가까운 벗이었다. 종자기는 늘 백아가 연주하는 곡을 듣고 백아의 마음속을 알아채곤 했다. 백아가 산을 오르는 생각을 하면서 연주하면 종자기는 '태산과 같은 연주'라 말하고, 흐르는 강물을 생각하며 연주하면 '흐르는 강의 물소리가 들리는 것 같다'고 얘기했다. 이에 백아는 진정으로 자신의 소리를 알아주는 사람은 종자기밖에 없다 하였고, 여기에서 자신을 잘 이해해주는 둘도 없는 친구에 빗대는 지음知音이란 말이 생겨났다. 자신을 알아주던 종자기가 병으로 세상을 떠나자, 백아는 자신의 연주를 더 이상 알아주는 사람이 없다며 거문고의 현을 끊고 다시는 연주하지 않았

「유하백마도」(해남 녹우당 소장)

다고 한다. 백아절현伯牙絶絃이다.

남겨진 그림들을 보면, 윤두서尹斗緒(1668~1715)는 아마 백락이었을 가능성이 농후하다. 그렇지 않고서야 그의 말 그림들, 특히 「유하백마도柳下白馬圖」가 그렇게 운기생동運氣生動할 수는 없기 때문이다. 윤두서가 도달한 경지는 사실주의적 정신의 매진으로서 가능했던 것임을 남태응南泰膺(1687~1740)이 잘 말해주고 있다.

말을 그린 것은 장년에 이르러서인데 마구간 앞에 서서 종일토록 주목하여 보기를 몇 시간이나 계속한 다음, 무릇 말의 모양과 의태意態를 마음의 눈으로 꿰뚫어보아 털끝만큼도 비슷함에 의심이 없는 연후에야 붓을 들어 그렸다. 그렇게 그린 그림을 참모습과 비교해보고서 터럭 하나라도 제대로 안 되었으면 즉시 찢어버리고, 반드시 참모습과 그림이 서로 어울린 다음에야 붓을 놓았다. (……) 형상과 물체가 더욱 핍진하고 더할 수 없이 정교하고 섬세하며 그 정묘함이 묘妙의 경지에 이르렀다.[35]

그런데 이렇게 자꾸 수준을 높이면 범인凡人들은 따라잡기 어렵다. 사실 보통 사람들 중에도 백락에 버금가는 사람이 많을 것이다. 예전에 말을 남에게 맡길 때 '하루 먹을 콩은 주지 않아도 좋지만, 하루에 빗겨야 할 빗질은 잘 좀 해주시오'라고 했다 한다. "이것은 말갈기를 빗질하는 것보다 절실한 바람이 말에게

는 없음을 극명하게 표현한 말이다."[36] 그래서인지 옛날에 말을 그린 그림 중에는 세마도洗馬圖, 곧 냇가에서 말을 씻어주는 장면이 많다. 김홍도, 윤두서, 장승업 등의 세마도를 보면, 말을 씻어주는 이의 손길이 여간 정성스럽지 않다. 김홍도가 써넣은 글귀에서도 그 분위기를 느껴볼 수 있다.

봄에는 문밖 푸른 못에 말을 씻기고
밤에는 누대에 촛불 켜 객을 맞는다[37]

최근 발견된 김희겸(金喜謙)의 「석천한유도(石泉閑遊圖)」.(1748년, 예산전씨 종가 소장) 석천(石泉)은 전일상(田日祥, 1700~1753)의 호이다.

김홍도의 「세마도」(개인 소장)

③ 장가들고 시집가네

신랑은 백마를 타는데, 자주색 비단으로 된 단령團領을 입고 서대犀帶를 띠고 겹날개가 달린 사모를 쓴다. 행렬 앞에는 청사등롱靑紗燈籠 네 쌍을 배치한다. 기럭아비鴈父는 붉은색 갓에 검은 단령을 입고서 기러기를 받들고 천천히 앞서 걸어간다. 관청의 하인들을 빌려와 행차를 모시게 한다.

신부는 황동黃銅으로 정수리를 장식한 팔인교八人轎를 타는데, 그 사면에는 발을 드리운다. 그 앞에 청사등롱 네 쌍과 안보案袱 한 쌍을 배치시키는데, 대추와 포 그리고 옷상자와 경대는 머리에 이고 간다. 고운 옷을 입혀 예쁘게 단장한 계집종 열두 명은 부용향芙蓉香을 높이 받들고 짝을 지어 앞에서 인도한다. 유모는 검은 비단으로 만든 너울을 쓰고 말을 타고 뒤를 따른다. 역시 관청의 하인들이 행렬을 호위하여 거리를 누비며 간다.

혼인 축하

『경도잡지』에서는 혼인의 의의랄까, 혼례 절차 같은 것은 말하지 않는다. 혼례식에서 신랑 신부의 행차 규모와 그 모습에 대해서만 묘사하고 있다. 혼인은 인륜지대사라는 근엄한 설교나 혼례 절차를 둘러싼 이론적 천착 같은 것에는 관심이 없다. 혼례식 날 볼 수 있는 행렬, 구체적으로는 신랑의 초행初行과 신부의 신행新行에만 초점을 맞추고 있는 것이다. 『경도잡지』의 서술 원칙, 말하자면 현상의 묘사에 철저하게 눈을 들이대는 객관적인 태도를 유지하고 있다. 우리도 유득공의 관점을 따라 당시 혼인 풍습 중 가장 성대하고 화려했던 신랑 신부의 행렬에 주목해보자.

그런데 한 가지 분명히 해둘 것이 있다. 요즘은 남녀가 부부가 되어 가정을 이루는 것을 '결혼'이라고 하지만, 사실 그것은 옳은 표현이 아니다. '혼婚'이라는 말에는 신랑이 신부의 집으로 간다는, 말하자면 장가든다는 뜻이 들어 있다. 그리고 '인姻'은 신부가 의지하여 사는 곳, 곧 신랑의 집을 의미한다. 요컨대 '혼인'이라는 말에는 '신랑은 장가들고, 신부는 시집간다'는 의미가 다 들어 있는 것이다. 그런데 '결혼'이라고 하면 신랑이 장가간다는 뜻만 있게 된다. 신부는 그저 신랑이 드는 장가의 부속물이 되고 마는 것이다. 이렇게 보면 페미니즘이 강한 영향력을 행사하고 있는 오늘날, 혼인 대신 결혼이라는 말을 쓰는 것은 대단히 잘못된 것이다. 혼인을 단지 어르신들이나 쓰는 옛말로 치부해서는 안 되는 이유이다. 신부 측에 내는 축의금 봉투에 '축 결혼'이라고 쓰면 '장가드는 것을 축하한다'는 뜻이 되니, 어처구니가 없어도 한참 없는 노릇이다. 어느 소개서를 보니, 참으로 가관이다. '축 결혼'은 신랑 측에, '축 화혼祝 華婚'은 신부 측에 쓴다'는 것이다.

요컨대 '혼인을 축하합니다' 정도로 쓰는 것이 제일 무난할 것 같다. 너무 어려운 말을 찾아 쓰기보다는 '행복한 가정 꾸리시길 바랍니다'라거나 '아름다운

'축 결혼' 봉투들

판박이 예식장

가정 이루어 행복하십시오'라고 쓰는 게 낫지 않을까 싶다. 예절도 시대에 따라 적절히 변화해가야 한다. 시대가 크게 바뀌었는데도 '예법을 지키자'면서 근엄하게 과거의 습속을 강요하는 것은 시대착오일 뿐이다. 잘 모르면서 어려운 말을 써서 우스꽝스러워지는 것보다는 축하하려는 심정을 솔직하게 쓰는 편이 오늘날의 예절에 더 부합하는 일이다. 우리가 그렇게 만들어나가면 된다.

그러나 더욱 중요한 것은 부조금 내는 풍습을 과감히 바꾸는 일이다. 예식을 치르려면 비용이 많이 드니 십시일반으로 도운다는 생각이겠지만, 그것도 간소하고 작은 예식으로 해결할 수 있다. 많은 사람을 불러 똑같이 꾸며놓은 공간에서 거의 같은 절차로 판에 박은 듯이 혼례식을 치르는 건 사실 보기에 딱하고 민망하다. 무리해서라도 화려하게 예식을 치르려는 천박한 풍습은 반드시 척결해야 한다. 우리가 간소하고 소박하지만 진정성이 담긴 예식으로 만들어나가면 문제는 해결된다.

신랑은 백마를 타고

신랑이 혼례를 올리려고 신부의 집으로 가는 것을 초행初行이라고 한다. 혼례 날 아침 신랑은 말을 타고 신부의 집으로 간다. "남자가 먼저 움직여 여자의 집으로 가는 것은 강유剛柔의 이치를 따른 것이다. 남자는 굳세기 때문에 강剛이고, 여자는 부드럽기 때문에 유柔이다. 강의 덕은 앞으로 나아가는 것을, 유의 덕은 물러서는 것을 위주로 한다."[1] 물론 과거의 유습이다. 지금 이렇게 생각하고 실천하는 사람은 점점 줄어들고 있다.

『경도잡지』는 신랑의 초행을 묘사하면서, 먼저 신랑은 백마를 탄다고 했다. '백마'라고 하면 즉각 "다시 천고의 뒤에 / 백마 타고 오는 초인이 있어 / 이 광야에서 목놓아 부르게 하리라"는 이육사의 「광야」가 떠오른다. 백마는 뭔가 신비한 느낌을 준다. 아마도 현실적으로 귀하기 때문일 것이다. 일생일대의 한 사건인 혼인에서 신랑이 백마를 타는, 정확히는 빌려 타는 건 신랑의 비범함을 두드

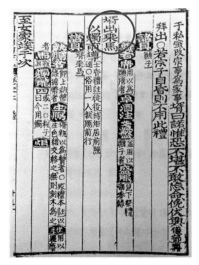

『증보사례편람』

러지게 보여주는 중요한 장치로서 충분하다.

그러나 반드시 백마일 필요는 없었다. 혼인과 관련된 여러 근거를 밝힌 문헌들을 두루 찾아봐도 백마에 관한 기록은 없다. 조선시대의 관혼상제와 관련하여 두루 참고되었던 『증보사례편람增補四禮便覽』에는 다만 "신랑은 나가 말에 오른다壻出乘馬"[2]고만 기록되어 있다. 이것은 정약용의 『가례작의嘉禮酌儀』에서도 마찬가지다. "신랑이 말을 타면 횃불을 든 두 사람이 앞에 선다"[3]고 했을 뿐이다.

이왕이면 다홍치마라고, 백마라면 더 좋지 않겠느냐는 생각이 반영되었다고 보면 좋겠다. 과거 급제자도 백마를 타고 금의환향해야 더 멋지고 훌륭해 보여서 그리했을 것이다. 그러나 무엇보다도 조선 후기의 사치와 허례허식 풍조가 중요한 이유였을 것이다. 따라서 그것을 순결이니 순수니 하는 관념과 결부시켜 신부의 웨딩드레스를 흰색으로 만드는 것과 동일시해선 안 된다. '백의민족' 운운하는 것은 전주의 비빔밥이 최치원의 삼교합일 사상과 풍류도에 근원을 두고 있다고 주장하는 것만큼이나 생뚱맞기 때문이다.

신랑은 자주색 비단으로 된 단령을 입는다고 했다. 비단이라 했지만, 정확히 말하면 '초綃'다. 알려진 대로 비단은 그 종류가 상당히 많은데 대개 여덟 가지로 정리된다. 금錦·능綾·단緞·라羅·겸縑·사紗·견絹·주紬가 그것이다. 쓰이는 곳이 모두 다르다. 이 중에서 '초'는 마지막의 '주'에 해당된다. 이 '주'는 삶아 익히지 않은 생사生絲를 꼬아서 만들어 질긴 편이라 외출복, 겉옷 등에 많이 사용되는 비단이다. 자줏빛이라 했으니 보통 사람들이 평상시에는 입을 수 없는 빛깔의 옷이다. 거기다 단령을 입는다고 했다. 단령은 주로 문관이 착용했던 둥그런

깃의 관복으로 품계에 따라 홍, 청, 녹 등으로 구별했다. 그러니 신랑이 자줏빛 비단의 단령을 입었다는 것은 관복 중에서 최고로 좋은 옷을 입었다는 말이 된다.

게다가 서대犀帶를 한다고 했다. 사진에서 보는 서대는 조선 후기의 문신 심동신沈東臣(1824~?)이 참판으로 있을 당시에 착용했던 것이다. 서대란 조복朝服을 입을 때 허리에 두르던 허리띠로, 물소 뿔로 장식한 것인데 1품의 관리가 착용했다. 물소 뿔로 된 띳돈이 달려 있는데, 띳돈은 공복에 칼을 차도록 만들어 띠에 단 갈고리 모양의 쇠를 말한다. 서대 안은 청색 비단으로 싸서 만들었다. 보통 당상관堂上官이라고 하면, 조정에서 의식을 행할 때

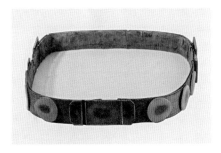

서대(중요민속자료 제2-7호, 단국대학교 석주선기념미술박물관 소장)

붉은 도포를 입고 대청 위 의자인 교의交椅에 앉을 수 있는 관리로 문신은 정3품 통정대부, 무신은 정3품 절충장군 이상의 품계를 가진 자를 말한다. 그런데 1품 관리가 착용하는 서대를 둘렀으니, 어마어마한 장식이 아닐 수 없다.

겹날개(혹은 꼬리)가 달린 사모를 쓴다고도 했다. 사모의 날개는 길고 짧은 것, 아래로 늘어지거나 곧은 것, 안으로 휘어지거나 빳빳한 것, 무늬가 있거나 없는 것 등으로 다양하게 변화한다. 대체로 날개는 하나였는데 간혹 날개가 두 개인 사모도 보인다. 말하자면 특별한 것이다.

행렬 앞에는 청사등롱靑紗燈籠 네 쌍을 배치한다고 했다. 청사등롱은 청사초롱이다. "조선 후기에 왕세손이 사용하였고, 일반에서는 혼례식에 사용하였다. 일반인들이 혼례식에 청사초롱을 사용하였으므로 청사초롱은 곧 혼례식을 의미하는 뜻으로 통용되었다. (……) 혼례식에 청사초롱이 쓰이게 된 것은 조선 후기부터이다. 조선 초부터 사서인士庶人들은 혼례 때 자초刺燭를 사용하였으나 밀랍이 귀하고 값이 비싸 구하기 힘드므로, 이익李瀷이 대로 틀을 하고 깁紗을 씌워 내부에 기름등잔을 넣게 만든 등롱을 고안하여 혼례에 사용할 것을 장려하였다. 그 뒤부터 자초 대신 사등롱이 사용되기 시작하였고, 초가 양산되면서 유등

대신 초를 넣은 초롱이 사용되었던 것으로 보인다. (……) 이 청사초롱은 신랑이 말을 타고 신부 집으로 떠날 때와 신부가 가마를 타고 시집올 때 길을 비추어 주는 것으로 (……) 청사초롱의 홍색은 양陽을 상징하며 청색은 음陰을 상징한다. 우리나라는 예로부터 우주 만물이 음양의 조화로 이루어졌다고 믿어 혼례식에 사용하는 초롱도 이러한 음양을 나타내는 청홍의 배색을 하였던 것이다."[5]

청사초롱 네 쌍을 배치한다고 했는데, 반드시 그랬던 것은 아니다. 앞에서 본 『사례편람』에서도 "초롱 : 네 개(혹은 두 개) ○ 정자椗子는, 지금은 초를 쓴다고 했다"[6]고 하여, 형편에 따라 두 개에서 네 개까지 사용했다. 김준근金俊根의 그림 「장가가고」에서는 등롱이 두 개다. 그러니 신랑의 차림새와 함께 『경도잡지』에서 말하고 있는 네 개의 등롱은 최고最高의 사례다. 또 『사례편람』에서는 "머슴이 횃불을 들고 앞에서 길을 밝힌다"[7]고 했다. 이것은 앞길에 있을지 모를 사악한 기운을 물리친다는 의미를 지녔다. 그런데 횃불이든 등롱이든 모두 어두운 저녁에 필요한 물건이다. 이로 보아 혼례는 저녁에 치렀음을 재차 확인할 수 있다.

그 뒤로는 안부雁夫·雁父, 곧 기럭아비가 기러기를 들고 뒤따른다. 원래는 살아 있는 기러기에 색깔이 있는, 삶지 않은 명주실인 생명주生明紬로 얽어맸는데, 후에는 나무를 깎아 대신했다. 보통 기러기를 쌍으로 들고 가는 것으로 알고 있지만, 실제로는 한 마리만 들고 갔다.

그런데 왜 하필 기러기인가? 기러기가 네 가지 덕을 가졌다고 여겼기 때문이다.

(기러기) 작은 것은 안雁이오, 큰 것은 홍鴻이니 네 가지 덕이 있다. 즉 추우면 북으로부터 남형양에 그치고, 더우면 남으로부터 북안문北安門에 돌아가니 그 신信이요, 날 때 차례가 있어 앞에서 울면 뒤에서 화답하니 그 예禮요, 짝을 잃은즉 다시 짝을 얻지 않으니 그 절節이요, 밤에는 무리 지어 자고 하나같이 순경하고 낮에는 갈대를 먹으로 주살繒繳을 피하니 그 지혜인고로 예폐禮幣하는데 쓴다.[8]

김준근의 「장가가고」

나무기러기(서울역사박물관 소장)

청사등롱

주립

기럭아비의 행색 또한 범상치 않
다. 붉은색 갓에 검은 단령을 입었다고
했다. 붉은색 갓은 주립朱笠으로 군복의
일종인 융복戎服을 입을 때 머리에 갖추
어 쓴다. 옻칠을 한 주립에는 호수虎鬚
를 전후좌우에 꽂고, 정자頂子를 장식하
고 패영貝纓을 드리웠다. 호수는 호랑이

수염이라는 말이지만 꼭 그런 것은 아니고 호랑이 수염만큼 뻣뻣한 털을 말하는데, 주립의 네 귀에 세워 꽂는다. 정자는 갓의 머리 부분으로 금, 은, 옥 등으로 장식을 했고 거기에 패영, 즉 산호, 호박, 밀화, 대모玳瑁, 수정 따위를 꿰어 만든 갓끈을 드리웠다. 그러나 실제 혼례식을 묘사한 그림들에서 주립에 그런 장식을 한 경우는 보이지 않는다.

여하튼 그 붉은 갓과 검은 단령은 선명한 색의 대비를 통해 강한 인상을 주었다. 한마디로 기럭아비도 신랑 못지않게 복장이 화려했던 것이다. 신랑의 장모에게 기러기를 바쳐 혼인을 맹세하는 전안례奠雁禮를 행하는 데 그 정도의 격식은 차려야 했을 것이다.

『경도잡지』에서 말하는 신랑의 행차를 가장 잘 보여주는 그림이 있다. 김홍도의 그림을 후에 모사한 것으로 보이는 「모당평생도慕堂平生圖」 8폭 병풍 중 '육

김홍도의 「모당평생도」 중 '육례영상'(서울옥션)

례영상六禮迎相'이다. 여기에 보면, 우선 신랑은 백마를 타고, 자주색 비단으로 된 단령을 입었으며, 근엄하게 서대를 착용했고, 비록 겹날개가 달린 사모는 아니지만 어엿하게 사모를 쓰고 있다. 앞의 김준근 그림에서 보듯, 대개는 차면선으

로 얼굴을 가리는데 여기서는 그러지 않았다. 게다가 호위군이 일산日傘까지 받쳐 들고 있다. 행렬 앞에는 군인 복장을 한 서리 넷이 청사등롱 네 개를 들고 섰으며, 붉은 갓에 검은(여기서는 초록색으로 보인다) 단령을 입은 기럭아비가 기러기를 조심스레 품에 안고 있다. 관청에서 데려온 하인들이 말을 모는 등 행차를 모시고 있다. 일산을 받쳐 든 호위군 옆에서는 하녀가 가체加髢를 성대하게 쓰고 얌전히 걷고 있다. 신랑 뒤에는 장옷을 입은 유모가 말을 타고 따르고, 맨 뒤에는 후행後行이라 하여 신랑의 친구가 복건에 갓을 덧써서 잔뜩 멋을 낸 뒤 나귀를 타고 따라가고 있다.

길가 초가에는 들창이 열려 있고 버드나무가 한창 물이 올라 있는 것으로 보아, 때는 꽃 피고 새 우는 봄날이다. 그런데 버드나무 아래 오리가 놀고 있는 상황에는 중요한 이야기가 숨어 있다. 버드나무는 한자로 '류柳'라 하는데, 이는 석류를 나타내는 '류榴'와 음이 같다. 석류는 다자多子를 의미한다. 오리는 '압鴨'이라 쓰는데, 거기에는 '갑甲'이 들어 있다. 이것은 물론 과거에서 1등으로 급제함을 뜻한다. 오리 두 마리를 그린 것은 소과小科와 대과大科에 연달아 합격하라는 기원이다. 요컨대 아들 많이 낳아 출세하라는 소원을 그렇게 담아낸 것이다.

김홍도의 「신행」

청사초롱 앞에 선, 갓을 쓴 네 사람은 마중을 나온 신부 측 안내인들이다. 한마디로 『경도잡지』에서 말한 농가籠街야말로 적확한 표현이다. 농가는 "수레를 호위하는 모양이 매우 성대함을 말"하는데, "권근의 시에, '궁문 향해 관원들 구름처럼 모여드는데, 많은 사람들 밝은 임금 보좌한다네. 여러 정사 공적을 이루었고, 뛰어난 인재들 모두 특출하구나. 거리에 가득 갈도喝道[10] 소리 쉴 새 없이 들리니, 관리들 퇴청하느라 한창 분주하구나'"[11]라고 하였다.

이에 비하면 김홍도의 「신행」은 간소하다고 할까, 아니면 단출하다고 할까? 참고로 이 그림에 '신행'이라는 제목을 붙인 건 잘못되었다. 기러기아비의 존재 등으로 볼 때, '초행'이라 해야 옳다.

신부는 팔인교 타고

신부 집에서 혼례를 끝낸 다음에 신랑은 신부를 데리고 자기 집으로 간다. 그것을 신행新行 혹은 우귀于歸라고 한다. 신부가 시집으로 들어가는, 말하자면 '시집을 가는' 것이다. 대개 혼례를 치른 날 바로 우귀를 하는 당일우귀當日于歸 혹은 사흘 뒤 시집에 가는 삼일우귀三日于歸를 행했다. 신랑이 성복盛服을 했으니 신부도 그리해야 어울린다. 신랑이 백마를 탔다면, 신부는 팔인교를 탔다. 팔인교는 글자 그대로 여덟 명이 메도록 만든 가마이다. 요즘 말로 하면 대형 세단이다. 사실 이 가마는 공주나 옹주가 탔던 '덩'이라는 것이다. 덩은 한자로 덕응德應인데 반절反切로, 곧 앞글자의 '더'와 뒷글자의 'ㅇ'을 합쳐서 그렇게 적었다. 이 덩은 왕과 왕비, 그리고 왕세자가 타는 연輦에 버금가는 가마였다. 그래서 일반인은 엄두도 내지 못하는 가마인데, 혼례식에서는

덩

연

빌려주기도 한 모양이다. 물론 대갓집에 한정되었을 것이다. 혼례식을 묘사한 옛 그림에서 덩을 탄 신부는 찾아보기 어렵다. 김준근의 「시집가고」에서 보듯이, 대개는 4인교이다. 그런데 이 그림에서는 가마 위에 호피를 얹었다. 물론 호피는 사악한 기운을 물리쳐 신성한 분위기에서 혼인이 이루어지기를 바라는 마음에서였겠지만, 사실은 사치스러운 치장이었다. 아무리 그렇게 꾸몄다 해도 꼭대기를 황동으로 꾸민 '덩'과 비교될 수는 없었다.

김준근의 「시집가고」

가마 앞에는 역시 청사등롱 네 개를 세웠다고 한다. 그런데 그런 사례를 보여주는 그림은 찾아볼 수 없다. 대신 어디에서든 안보案袱 한 쌍은 배치시킨다. 대추와 포 같은 음식이나 신부가 사용할 옷가지나 화장품 등을 보자기에 싸서 머리에 이고 가는 것이다. 그런데 그들의 손에 붉은 천과 푸른 천이 들려 있다. 이것은 양과 음의 조화를 염원하는 행위이다. 한편 『경도잡지』에서는 옷상자와 경대를 머리에 이고 간다고 했는데, 이것은 대단히 성대한 예식에 해당한다.

거기에다 '열두 하님'이라고 해서 고운 옷을 입혀 예쁘게 단장한 계집종 열두 명으로 하여금 부용향芙蓉香을 높이 받들고 짝을 지어 앞에서 인도하게도 했다. 역시 최고급 혼례식이 아닐 수 없다. 부용향은 혼례 때 사용하는 향으로 주위를 정화하고 잡귀를 없앨 목적으로 피우는데, 손가락 굵기로 초와 비슷한 형태이다. 부용향은 감송향甘松香, 모향茅香, 백급白芨, 삼내三柰, 소뇌小腦, 영릉향零陵香, 정향丁香, 침향沈香, 팔각향八角香, 백단白檀을 가루 내어 물에 반죽한 다음 젓가락만 하게 향대條를 만들어 그늘에 말려 태운다[12]고 하는데, 남아 있는 실물은 보기 어렵다.

유모가 따르기는 신랑의 경우와 마찬가지인데, 이때 유모는 너울羅兀을 쓴다. 앞에서 설명했듯이, 너울은 장옷과 유사한 쓰개이다. 신부의 신행 역시 '농가'하기는 마찬가지였다.

신택권申宅權(1722~1801)은 「성시전도 의제시 백운고시城市全圖 擬製詩 百韻古詩」에서 혼례식 풍경을 이렇게 노래했다.

옥동이 붉은 초롱 들고 있는 곳 뉘 집 혼사이며
금빛 안장에 백마 탄 사람 누구의 자식인가
길고 짧은 홍사초롱 앞세우고 가니
길가에서는 휘황한 불빛 먼저 보려고 다투네
삼일 동안 예를 행한 새 색시
팔인교는 금곡지 떠날 차비하네
남색 도포 입고 따르는 한 무리의 서리
비단 치마에 고운 화장한 여덟 쌍의 여종
장가들고 시집가는 데 화려함을 자랑하고[13]

이것은 대체로 부유한 상층의 경우에 해당하는 일이었다. 정약용이 말했듯이, 실제로 "가난한 선비의 집에서 어떻게 그렇게 할 수 있겠는가?"[14] 정약용은 이익의 글 「척제비리지속滌除鄙俚之俗」, 곧 '비루하고 조악한 풍속을 깨끗이 없애자'는 글을 인용해 근거 없는 관행과 허례허식 따위를 배척하고자 했다. 그중 몇 가지만 요약 정리해본다.

- 옥으로 만든 동자童子로 향을 받들게 해 탁자 위 남쪽과 북쪽에 진설하는데, 요망하다.
- 신랑이 대문에 도착하면 신부 집에서는 반드시 종들에게 명하여 고삐를 바꿔 잡게 하여 때로 싸움이 일어나기도 하니, 이 또한 의미가 없는 것이다. 꾸짖어 중지시켜야 한다.
- 합근合졸의 예를 행할 때 붉은 끈으로 양쪽 술잔과 술받침대를 연결한다. 부녀자 가운데 복이 있는 사람이 그 끈을 다스리는데, 이를 '해홍사解紅絲'라고 한다. 이것은 반드시 소설가들의 월하노인月下老人의 고사에서 유래한 것일 터인데도 잘못을 답습하여 고치지 않는다. 몹쓸 것이니 따라 해서는 안 될 것이다.
- 신랑 신부가 술을 마시고 나면 소년이 반드시 탁자 위의 밤톨을 집어 신랑에게 권하여 맛보게 하는데, 이 역시 무슨 까닭인지 모르겠다. 곧바로 폐하여 의심이 없도록 해야 할 것이다.

요컨대 근거도 없이 행해지는 쓸데없이 번다한 절차나 행위는 과감하게 없애야 한다는 말이다. 나는 이 말을 귀담아들어야 한다고 생각한다. 오늘날 행해지는 의례 중 가장 시급히 고쳐야 할 것이 바로 '결혼식'이다. 상투와 키치와 과소비와 허세의 상징인 이 제도를 철저히, 그리고 시급하게 개혁해야 한다.

4

물렀거라, 양반님 나가신다

재상이나 시종신의 행차를 알리는 가도呵導 소리는 웅장하고 맑고 거세기가 각기 다르다. 그 앞을 지나가거나 말을 타고 있거나 담뱃대를 물고 있거나 소매를 저으면서 지나가거나 꿇어앉지 않은 자들은 길가의 집에 잡아 가두었다가 죄를 묻는다.

초헌軺軒이나 말을 타고 문을 드나들 때마다 종들이 일제히 '삷우白右'라 외치는데, '우'라고 한 것은 '위'를 뜻한 것이고, '백'은 쓰개가 상인방門楣에 부딪힐까 염려해서 하는 말이다. 그래서 이후에도 그 풍습은 없앨 수 없는 의절儀節이 되었다.

꼴 보기 싫어 피맛골

가도呵導는 왕이나 고관대작이 행차할 때 앞길을 트기 위해 종들이 물러서라고 외치는 소리를 말한다. 그 종들 혹은 그들이 행하는 일을 대개 갈도喝道 혹은 가금呵禁이라 했다. '물러서라' 외치는 소리를 벽제辟除라고도 했는데, 보통 '벽제를 잡는다'고 했다. '물렀거라' 혹은 '에라, 게 들어섰거라'고 외쳤고, 왕이 행차할 때는 '시위~'라고 소리쳤다. 그것을 권마성勸馬聲이라고도 했다.

가도 소리가 제각기 달랐다고 한 것을 보니, 모시는 양반님의 위세에 따라 하인들의 목소리도 다양했나 보다. 가도는 원래 길을 열고 불결한 것을 치우기 위한 것이었는데, 나중에는 왕이나 벼슬아치의 위엄을 과시하는 의례로 굳어졌다.

『경도잡지』에서 "가도 소리는 웅장하고 맑고 거세기가 각기 다르다"라고 했는데, 「한양가」에 그 사정이 자세히 묘사되어 있다.

김홍도의 「모당평생도」 제5폭 부분. 평안감사가 초헌(軺軒)을 타고 행차할 때, 오른쪽 가운데 부분에 한 사람이 납죽 엎드려 있고, 옆의 사람은 양반이어서 고개만 숙이고 있다.

의정부 삼상三相네는 애민하사愛民下士하는 모양
평교자平轎子 늦은 줄에 낮은 키 별구종別驅從이
고이 여며 가오실 제 호피虎皮꼬리 땅을 쓴다
대로 결은 파초선芭蕉扇을 햇빛을 반쯤 가려
벽제도 크지 않고 행보도 완완緩緩하다
거룩타 서불장개署不張盖 상위上位의 도리로다.[1]

어려운 말이 많이 나오지만, 이 대목에서 중요한 것은 "벽제도 크지 않고 행보도 완완하다"는 말이다. 의정부의 삼상은 영의정, 좌의정, 우의정 등 정1품관을 말하니, 이들 고위 관료의 행차에서는 벽제 소리가 그리 크지 않았고, 그 행렬도 느릿느릿 여유가 있었음을 알려준다. 그렇게 해서 더욱 위엄을 차렸다고 하겠다.

호기 있는 대사마大司馬는 백보 밖에 인배引陪 세고
건장한 뇌자牢子 기수旗手 원앙진鴛鴦陣 작대作隊하여
쌍쌍이 벽제 소리 날래고도 영렬하다
외바퀴 높은 초헌軺軒 키 큰 구종驅從들이
손을 들어 밀어갈 제 좌우의 색구色鷗 견배牽陪
호한豪悍한 별배別陪들이 날개로 벌여 서서
세 층 벽제 소리 기구器具도 엄위嚴威할사[2]

여기서도 우리가 주목하는 것은 벽제 소리다. 이것은 대사마, 곧 병조판서의 행차를 묘사한 것인데, 벽제 소리가 "날래고도 영렬하다"고 했다. 영렬하다는 말은 뛰어나고 용맹스럽다는 뜻이다. 한마디로 벽제 소리가 강하고 웅장했다는 말이다. 더구나 그 소리가 "세 층"이라 했으니, 높고 낮은 소리가 대단히 강렬했음을 알려준다. 그래야 병조판서의 행차답다 하겠다.

그런데 가도 소리를 들으면, 말이나 나귀를 타고 있는 자들은 냉큼 내려 꿇어앉아야 했다. 그 소리를 듣고도 모른 척한다면, 엄벌을 면치 못한다. 특히 그 앞에서 담배를 피우는 자는 치도곤을 당하게 마련이다. 담배는 얼른 숨겨야 하고 고개는 납작 숙여야 했다. 하물며 감히 소매를 저으면서 활보하는 자는 용서치 않았다.

행차가 무사히 지나가야 하니, 그런 자들은 일단 양반 어르신네의 눈에 띄지 않게 얼른 잡아채어 가두어둬야 했다. 행차가 지나간 뒤에 그들을 기다린 것은 무시무시한 형장刑杖이었다. 그러니 상책은 그 행차를 못 본 체하거나 피하는 것이다. 피맛골은 그렇게 해서 탄생했다.

> 길에서 벼슬아치의 갈도 소리를 듣거든 (……) 빨리 말에서 내리고, 도보로 갈 경우에도 역시 으슥한 곳에 몸을 숨겨 갈도를 피하라.[3]

허름한 술집과 밥집이 줄지어 있는 서울 종로의 뒷골목 이름이 피맛골이다. 예전에 서민들이 거드름 피우는 양반들을 보기 싫어 피해 다니던 골목이었다. 당시로서는 일종의 해방구인 셈이었는데, 지금은 재개발로 그나마 역사의 뒤켠으로 사라져버렸다.[4]

"길 양쪽서 주의朱衣가 피마를 외치는 가운데"[5]라는 말에서 보듯이, 원래 피마避馬는 길을 가다가 자기보다 품계가 높은 관리를 만났을

지금은 사라진 피맛골

때 말에서 내려 길을 피하여 경의를 표하라고 강제하거나 스스로 그렇게 하는 일이었다. 그런데 서민들은 아예 자리를 피해 그 거들먹거리는 꼴을 보려 하지 않았다는 말로 바꿔 썼다. 같은 말도 누가, 어느 계층에서 쓰느냐에 따라 그 의미가 달라진다.

산자관원이면 어때

물론 양반네들이 모두 다 거들먹거리기를 좋아했던 건 아니다. 대개 완장을 차면 그 맛을 즐기게 마련이지만, 그래도 양심이라는 것이 조금이라도 있는 이들은 그런 풍경을 비웃기도 했다.

고려시대의 문인 박효수朴孝修(?~1377)는 "솔 사이로 갈도하며 멀리 스님 찾아오니 / 봄도 다해 산꽃이 반이나 떨어졌네"[6]라고 노래했다. 작가 자신이 자신을 자조적으로 표현한 말이지만, 여하튼 "갈도가 살풍경임을 모름지기 알아야 한다"[7]는 것이다. 살풍경殺風景은 글자 그대로 풍경을 해친다는 말로, 경물을 감상하는 격조가 낮아서 남의 흥취를 깨는 행위를 말한다.[8] 몰풍경沒風景이라고도 하는데, 조재삼趙在三(1808~1866)은 "풍류의 죄과罪過"[9]라고 했다.

조선 전기의 문신으로 이조참판에 오른 정석견鄭碩堅(1444~1500)은 산자관원 山字官員[10]으로 유명하다. 정4품인 홍문관 응교應敎로 있던 정석견은 "의기가 곧아 작은 예절에 구애되지 않았다. 홍문관에는 본래 위에서 내려준 하인인 구사丘 史는 없고 자기네 노비 하나만 있었다. 그러므로 관원이 된 이는 으레 다른 관사에서 구사를 빌려 거느리고 다녔다. 그가 홍문관의 응교가 되어서는 홀로 구사를 빌리지 않고, 다만 납패鑞牌를 단 하인에게 출입 시 앞길을 인도하도록 하며, 자기는 가운데에 자리하여 말을 타고 종 하나만 뒤따르게 할 뿐이었다. 길가에 있는 사람들이 손가락질하면서 '산자관원'이라 하고, 동료들도 '구사 하나쯤 빌리는 게 무엇이 의리에 해롭기에 이렇듯 위의를 차리지 못하는가' 희롱하였다. 이에 공은 웃으면서, '남에게 구사를 빌리는 것은 눈앞의 일이요, 호위하는 종이 많고 적은 것은 등 뒤의 일인데, 보이지 않는 것을 위하여 앞에서 남에게 빌리는 것은 나는 할 수 없다. 차라리 산자관원이 되었으면 되었지, 구사 빌리는 것은 원하지 않는다'고 하였다".[11]

홍문관에는 따로 구사가 없었다. 그래서 행차할 때 대개 구사를 빌려 쓰곤 했는데, 허식을 싫어한 정석견이 구사를 빌리지 않고 다닌 것을 험담했다는 이야기다. 요즘 말로 하면 '그래, 너 참 잘났다' 정도의 손가락질 되겠다. 정석견은 그런 희롱 따위는 너끈히 견뎌낼 수 있었다. 그런데 이러한 능관能官, 곧 검소하지만 능력이 많은 관리를 놀려대는 사회는 이미 허물어져가고 있다고 보아야 한다. 자그마한 완장이나마 차게 되면 우선 대접을 받고 위세를 떨쳐보려는 요즘의 너절하고 못난 관료들이 새겨들어야 할 일화가 아닐 수 없다.

삶우, 삶우!

대문이 낮아 말이나 가마를 타고 집 안으로 들어가기가 곤란해 어떤 장치가 필요했다. 특히 당상관堂上官[12]이 타는 초헌軺軒은 외바퀴가 달린 수레 형태의 가마로 대단히 높아 일반 대문으로는 출입하기가 어려워 솟을대문을 설치했을 뿐만 아니라 바퀴가 통과할 수 있도록 문턱도 없앴다.[13]

초헌은 명거命車, 목마木馬, 초거軺車 등 여러 이름으로 불린다. 긴 줏대[14]에 외바퀴가 밑으로 달려 있고, 앉는 데는 의자와 비슷하게 생겼으며, 발을 얹어놓도록 고안되었고, 위는 꾸미지 않았다.

두 개의 긴 채가 달려 있어 앞뒤에서 사람이 잡아끌고 밀게 되어 있다. 바퀴는 쇠로 덧입혀 튼튼하게 강도를 주었고, 줏대 등은 물푸레나무, 참나무 등과 같은 단단한 목재를 이용했고, 그 위에 소 힘줄을 어고, 곧 부레풀이나 아교풀로 부착하여 강도와 탄력을 높였다.

의자는 사슴 가죽으로 등받이와 방석을 만들고, 맨 앞부분과 의자 바로 뒤쪽에 가로대를 꿰어놓아 이것을 잡아끌고 밀도록 했으며, 맨 뒤쪽에서는 줏대를

김준근의 「대신 금관 조복한 모양」. 조복(朝服)을 입은 관리가 초헌(軺軒)을 타고 있다.

잡고 보조를 맞추게 되어 있다. 보통 여섯에서 아홉 명이 한 조를 이루어 운반한다. 궁중용은 붉은 칠을, 사대부의 것은 검은 칠을 했으며 크기도 달랐다.[15]

　박제가는 이 초헌이 실용적이지 않다고 비난했다.

우리나라에서는 2품 이상의 문신이 바퀴 한 개가 달린 높은 수레를 타는데 이것을 초헌이라고 부른다. 이 수레는 바퀴가 작고 높이는 한 길이나 되어 멀리서 바라보면 사다리로 지붕을 오르는 모양이기 때문에 위태위태하기가 말할 나위가 없을 뿐만 아니라 이 수레를 움직이는 데에는 다섯 사람이 아니면 불가능하다. 또 그 뒤를 따르는 사람이 반드시 필요하다. 옛날 수레를 사용할 때에는 수레 한 대를 이용하여 사람 여섯을 실었는데, 초헌은 수레를 사용하면서 여섯 사람을 걷게 하고 한 사람만 탄다. 여기에 대해 귀한 사람이 천한 사람을 부리는 것은 천지의 변함없는 법칙이요 고금에 통하는 이치라고 강변하는 자가 있다. 그러나 나는 이렇게 말한다. 귀천의 분별이란 이런 것을 두고 말하는 것이 아니다. 옛날의 제왕은 귀천을 구별할 때에도 우선은 실용을 앞세우고 그다음에 격식을 차렸다.[16]

초헌은 단지 집 대문에서만 장애가 되었던 게 아니다. "자리가 높아서 좁은 골목길에서는 추녀 끝에 이마를 부딪힐까 여간 조심스럽지 않았다. 영조 때는 어떤 재상이 골목길을 다니기 불편하다고 남의 집 서까래를 잘랐다는 말이 나돌아 조사하여 파직하도록 한 일도 있었다."

"초헌을 타고 대문을 들어갈 때에는 대문의 위쪽 상인방, 곧 문의 위쪽에 기둥과 기둥 사이를 가로지르는 나무에 이마를 부딪히는 수가 있어 수행하는 종들이 일제히 '삶우白右' 하고 위를 살피라고 소리를 질러 주의를 환기시키는 것이 관례였다 한다."[17]

'삶우'는 '숣다'와 '위'가 합쳐진 말이다. '숣다白'는 '사뢰다, 여쭙다'는 뜻이다. 그 용례가 "자손지경子孫之慶을 신물神物이 솔ᄫᅵ니"라고 한 용례가 『용비어천가龍飛御天歌』에 처음 보인다. '자손이 대대로 경사를 맞이할 것임을 신물이 아뢰니'라는 뜻으로, '신물'인 용이 세종의 4대조인 도조度祖에게 예언을 내려주었다는 말이다. 얼마 전까지만 해도 '주인 백白'이라는 말이 쓰였는바, 그때의 '백'이 바로 '숣다'라는 의미다. '우右' 역시 '위'의 이두식 표기다. 결국 '삶우'는 '위를 (살피기를) 아룁니다'라는 뜻이다.

"이런 풍속은 조선 말까지 이어져 고종 때 대궐 안에서 왕이나 왕비, 공주가 가마를 타고 갈 때에도 턱진 곳이나 좁은 길에서는 조심해서 살피라고 수행 내관이 '시위~! 시위~!' 하고 길게 소리를 질렀는데, 가마가 부딪히지 않게 옆의 담장을 잘 보라고 지르는 소리를 '옆 장 봐'라고 불렀다 한다."[18]

5

어사화 입에 물고 신나게 놀아보세

진사가 급제했다는 방문榜文이 걸리면 세악수細樂手, 광대廣大, 재인才人을 거느리고 유가遊街를 한다. 광대란 창우倡優를 말하는데, 비단옷을 입고 초립草笠에 채화綵花와 공작의 깃털을 꽂고 어지러이 춤을 추면서 재담을 늘어놓는다. 재인은 줄을 타고 재주를 넘는 등 온갖 유희를 벌인다.

용문에 오르다

지금도 시골 마을에 가면 간혹 마을 어귀에 "경축, 이장님 둘째아들 ○○ 합격" 같은 현수막이 걸려 있다. 그 아들의 합격은 그 집안뿐만 아니라 마을 전체의 경사다. 그 아들의 부모는 입이 귀에 걸린 채 돼지 한 마리 정도는 쾌척하고, 덕분에 마을 사람들은 종일토록 마시고 노래한다.

조선시대 출세의 유일한 통로였던 과거 급제는 최고의 영광이었다. 그야말로 등용문登龍門이었다. 등용문은 '용문龍門에 오른다'는 뜻으로, "선비로서 그의 인정을 받은 사람을 용문에 올랐다고 한다"[1]는 『후한서後漢書』의 전언에 근거를 둔다. 여기서 '그'는 후한 말의 이응李膺(110~169)을 말하는데, 이응은 퇴폐한 환관들과 맞서 싸우며 기강을 바로잡으려고 노력한 정의파 관료였다. 당시 환관 무리는 이응의 이야기만 들어도 벌벌 떨었고, 청년 관리들은 그와 만나는 것을 용

「약리도(躍鯉圖)」(작자 미상, 개인 소장)

문에 오른다고 하여 큰 영광으로 여겼다. 해당 구절에는 이런 주석이 붙어 있다. "황하黃河 상류의 하진河津을 일명 용문이라고 하는데, 흐름이 매우 빠른 폭포가 있어 고기들이 오를 수가 없다. 강과 바다의 큰 고기들이 용문 아래로 수없이 모여들지만 쉽게 오르지 못하는데, 오르는 놈은 용이 된다."[2] 이렇게 해서 만들어진 등용문이라는 말이 나중에는 '과거에 급제한다'는 뜻으로 변했다.

저 용문을 통과하지 못한 수많은 물고기들은 점액點額이라 했다. 점은 상처를 입었다는 뜻이고 액은 이마를 의미하니, 점액은 용문에 오르려 애를 썼지만 바위에 부딪혀 이마에 상처를 입고 다시 떠내려가는 물고기를 말한다. 오늘날도 수많은 점액들이 가슴에 '다윗의 별'을 찍고 다녀야 했던 히틀러 치하의 유대인처럼 자그마한 희망도 없이 어둠 속을 헤매고 있다. 이들에게 백거이白居易의 시를 들려주고 싶다. "용 되는 것이 물고기로 사는 것보다 좋지만은 않다 爲龍未必勝爲魚."[3]

어변성룡魚變成龍, 곧 물고기가 변해서 용이 된다는 말처럼 과거에 합격하느냐 못하느냐는 인생을 뒤바꿔놓는 '한 방'이었다. "인간의 영욕이 이 순간에 결정되니, 인생사 구름과 진흙처럼 피차가 달라지"[4]는 것이다. 구름과 진흙처럼 달라진다는 말은, 급제한 사람은 구름을 타고 낙방한 사람은 진흙탕을 밟고 다닌다는 뜻이다.

그러므로 과거 급제는 모든 노력을 경주해서 마침내 도달해야 할 인생 최대의 목표였다. 조선시대의 양반이 누릴 수 있는 가장 이상적이고도 행복한 인생 행로를 표현한 그림으로 「평생도平生圖」가 있다. 대개 여러 폭의 병풍에 그려져 잔치가 벌어질 때 펼쳐놓는다. 대표적인 것으로 김홍도의 「모당평생도慕堂平生圖」(1781)가 있는데, 모당慕堂 홍이상洪履祥(1549~1615)의 일생을 그렸다. 돌잔치를 그린 '초도호연初度弧筵'에서 시작해 해로한 부부의 '회혼식回婚式'까지 총 여덟 폭으로 이루어진바, 그 세 번째가 과거에 급제하여 잔치를 벌이는 '응방식應榜式'이다.

게 두 마리, 열매 달린 연꽃

과거 급제의 기원은 대단히 간절한 것이어서, 그 소망을 담은 그림을 서로 주고받곤 했다.

김홍도의 「해탐노화蟹耽蘆花」가 대표적이다. 게 두 마리가 갈대꽃을 물고 있는 그림이다. 게는 갈대를 먹지 않는다. 이렇게 그린 것은 갈대를 의미하는 '노蘆'가 중국어로 발음하면 '려臚'와 비슷하기 때문이다. 그런데 '려' 자의 부수는 '고기 육肉'이다. 이는 장원급제한 사람에게 임금이 내리던 귀한 음식을 말한

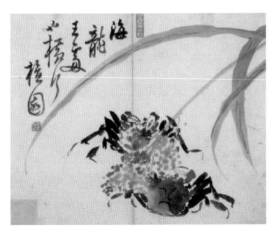

김홍도의 「해탐노화」(간송미술관 소장)

다. 장원급제자가 임금을 알현하고 임금이 내린 음식을 받는, 최고의 영예를 뜻하는 것이다.[5] 게 두 마리가 갈대꽃을 입에 문 것은 소과小科와 대과大科를 모두, 게다가 우수한 성적으로 통과하라는 기원이다. 게는 등껍질이 딱딱하니 한자로 하면 갑甲이 되기 때문이다. '갑을병정무기경신임계甲乙丙丁戊己庚辛壬癸'에서 보듯이, 갑

은 육십갑자六十甲子에서 위의 단위를 이루는 요소인 천간天干의 처음이다.[6] 곧 1등이라는 뜻이다.[7]

이와 같은 그림으로 「일로연과一路連科」(작자 미상)가 있다. 학 한 마리와 열매 달린 연꽃인 연과蓮菓를 함께 그렸다. 학 한 마리를 뜻하는 '일로一鷺'는 '함께' 혹은 '모두'의 의미를 지닌 '일로一路'로, '연과蓮菓'는 '연이은 과거'인 '연과連科'로 변했다. 연이은 과거란 위에서 말한 소과와 대과를 말한다. 이렇게 볼 때, 일로연과는 소과와 대과에 단번에 모두 급제하라는 의미가 된다. 생원과 진사를 합해 평균 약 6.4퍼센트만 문과에 합격[8]하였다니, 그 기원과 소망은 대단히 간절한 것이었다.

심사정의 「노련도(鷺蓮圖)」(서울대학교박물관 소장)

그런데 소과는 무엇이고 대과는 또 무엇인가? 조선시대의 과거시험 절차와 내용은 상당히 복잡해 별도의 논의가 필요하지만, 간단히 말하면 소과는 성균관에 입학할 자격을 부여하는 생원진사시生員進士試를, 대과는 문과 또는 동당시東堂試를 말한다. 생원이나 진사가 된 다음에 문과에 응시해 급제하는 것이 일반적인 코스였다. 『경도잡지』에서 "진사가 급제했다는 방이 걸리면" 운운한 것은 바로 이 과정을 말하는 것이다.[9]

삼현육각 울리며 삼일유가

과거 급제자, 곧 신래新來[10]의 석차는 1등부터 성적순으로 나열하지 않고 갑

·을·병으로 삼등분했다. 예를 들어 문과 합격자 33명의 경우 갑과에는 세 명, 을과에는 일곱 명, 병과에는 스물세 명이 배정되었다. 갑과의 1등을 장원壯元, 2등을 방안榜眼, 3등을 탐화探花라 했다.

합격자가 발표된 후, 일관日官이 택한 길일에 경복궁의 정전正殿인 근정전勤政殿에서 방방의放榜儀를 거행하고, 의정부 또는 예조에서 축하연인 은영연恩榮宴을 열어주며, 다음 날 문과 급제자들이 장원의 집에 모인 후 궁궐에 들어가 임금에게 인사하는 사은례謝恩禮를 행하고, 그다음 날에는 모두 문묘文廟에 참배하고 배향된 성현들에게 오늘 행사를 고하는 알성례謁聖禮를 하며, 마지막으로 3일 동안 시가를 돌며 잔치를 벌이는 문희연聞喜宴을 행한다. 아울러 선배의 집을 찾아다니면서 평소의 가르침에 감사하는 회문례回門禮, 급제자가 시관試官을 초대하여 감사를 표하는 은문연恩門宴, 지방 출신이 금의환향하면 그 지방의 수령이 급제자의 부모를 초청해 열어주던 영친의榮親儀 등을 행하기도 한다.

창방의唱榜儀라고도 하는 방방의에서는 문반과 무반의 고위 신하들이 시립侍立하고

『화성행행도팔첩병(華城行幸圖八疊屛)』 중 제2폭 「낙남헌방방도(洛南軒放榜圖)」.(1795년, 보물 제1430호, 리움박물관 소장) 정조의 화성 행차 3일차 오전에 과거시험을 실시한 뒤 같은 날 오후 합격자를 발표하고 시상하는 장면을 그렸다.

급제자들의 가족이 참관하는 가운데 급제자를 차례로 호명하여 문과 급제자에게 주는 합격증서인 홍패紅牌, 종이꽃으로 복두幞頭 뒤에 꽂고 명주실로 잡아매어 머리 위로 휘어 넘겨 입에 무는 어사화御賜花, 장원급제한 사람이 타는 수레에

세우던 일산日傘인 개蓋, 주과酒果 등을 하사한다. 어사화의 꽃은 문관이 33송이, 무관이 28송이였다고 하는데, 그 유래는 자세히 알 수 없다.

지금 문관이 꽃 서른세 송이를 꽂는 것은 파루종罷漏鐘을 삼십삼천三十三天에 맞춰 서른세 번 치는 수에 맞춘 것이고, 무관이 스물여덟 송이를 꽂는 것은 인경종

「과거은영연도」.(1580년, 일본 양명문고 소장) 왼쪽에 무과 급제자 38명, 오른쪽에 문과 급제자 12명이 앉았고, 맨 앞줄에는 각각의 장원이 나와 앉아 있다. 아래에는 합격자 명단 등이 적혀 있는데, 이항복(李恒福, 1556~1618)의 이름도 보인다.

人定鐘 이십팔수二十八宿에 맞추어 스물여덟 번 치는 수에 맞춘 것이라고 한다. 그러나 언제 이것이 시작되었는지 또 무슨 뜻이 있는지는 알 수 없다. 지금은 사모 옆으로 겹겹이 돌아가면서 어사화를 꽂아서 만든다.[11]

은영연을 보여주는 그림이 현재 일본의 양명문고陽明文庫에 소장되어 있는 바, 「과거은영연도科擧恩榮宴圖」가 그것이다. 영의정, 우의정 외에 시험관들이 참석한 가운데 급제자들을 위해 기녀妓女들이 춤을 추고, 악공樂工들이 연주를 하며, 재인才人들이 접시돌리기 등의 재주를 부리고 있는 장면을 그렸다. 합격자들이 문과와 무과로 나누어 좌우에 앉아 있고, 그 맨 앞줄에 장원을 차지한 두 사람이 앉아 있다.

그런데 은영연은 조선시대에 생겨난 제도로 알려져 있다. 예를 들어 국립국어원의 『표준국어대사전』은 은영연을 이렇게 설명하고 있다. "『명사』『역사』 조선시대에, 과거에 급제한 사람의 영예를 축복하여 임금이 내리던 연회. 의정부에서 베풀었다." 그러나 이색李穡(1328~1396)이 "기유년 이후로는 중국 제도를 모방하여 / 향시와 전시를 중서성 규례대로 치르고 / 유사가 주선하여 은영연을 성대히 베푸니"[12]라고 노래한 데서 보듯이, 은영연은 고려시대에도 이미 행해지고 있었다. 이 시에서 기유년은 1369년이다.

방방의가 행해진 뒤에는 임금의 은혜에 감사하는 사은례를 올렸고, 공자를 모신 문묘에 가서 알성례를 올렸다. 또 조상의 덕을 기리기 위해 사당에 고사告祀를 지내고, 선산을 찾아가 소분掃墳[13]을 했다.

과거 급제를 축하하는 행사 중에서 뭐니 뭐니 해도 문희연이 제일 흥겨웠다. 방방의, 은영연, 사은례, 알성례 등 엄숙하고도 근엄한 축하연 혹은 의례를 모두 마친 후에 마지막으로 시가를 돌며 잔치를 벌이는 축제인 문희연은 도문연到門宴이라고도 불렀다.

장원랑壯元郞 개蓋를 주고 그 남은 신은新恩들은
사복마司僕馬 좋은 말에 무동舞童을 주어 내보내니

궐문 밖 나올 적에 기구器具도 장하도다

(……)

화류춘풍 대도상에 세마치 길군악에

무동은 춤을 추고 벽제辟除[14] 소리 웅장하다

(……)

남녀노소 관광하고 누가 아니 칭찬하리[15]

그 축제는 3일 동안 이루어져 삼일유가三日遊街라 불렀다. 『경도잡지』에서 말하듯, 이때 세악수細樂手[16], 광대廣大, 재인才人을 거느리고 유가遊街, 곧 거리행진[17]을 한다. 광대란 창우倡優를 말하는데, 비단옷을 입고 누런 초립草笠에 채화綵花와 공작의 깃털을 꽂고 어지러이 춤을 추면서 재담을 늘어놓는다. 재인은 줄을 타고 재주를 넘는 등 온갖 유희를 벌인다. 이 장면은 김홍도의 「모당평생도」 중 '응방식'에 자세히 묘사되어 있다.

맨 앞에는 붉은색 천으로 싼 홍패를 들고 가고, 다음으로 삼현육각三絃六角, 곧 피리 둘, 대금, 해금, 장구, 북으로 이루어진 악대, 그리고 그 뒤로 광대와 재인들이 따른다. 마지막으로는 앵삼鶯衫[18]

김홍도의 「모당평생도」 중 '응방식'(국립중앙박물관 소장)

을 입고 어사화를 복두帳頭에 꽂은 급제자가 위풍당당하게 말을 타고 간다.

광대19가 늘어놓는 재담은 구체적으로 말하면 재담소리인데, 재담과 소리를 섞어가면서 일정한 줄거리를 엮어나가는 연희다. 우리나라에서 가면극이나 인형극, 그리고 줄타기와 땅재주넘기 등 놀이판에 갈 때면 흔히 '재담을 들으러 간다'고 한다. 놀이판에서 연희자演戲者가 서술하는 사설詞說 중 재치 있고 재미있게 꾸며지고 변형되는 일인독백一人獨白이나 2인의 대화, 3인 이상의 다각적인 대화가 재담이 된다. 재담을 할 때는 연희자가 그 내용에 알맞게 표정을 짓고 음성을 달리하며 적절한 손발 동작을 취해야 한다. 축소와 과장, 또는 관객의 허점을 찌르는 착상이나 무심히 지켜보는 관객을 끌어들이는 기교가 등장하기도 한다.

곧이어 살펴볼 '줄타기'에서의 재담 하나를 들어보자.

악사 매호씨 : 허 그놈, 투가리맛보다 장맛이 더 좋구나.

줄광대 : 에잇끼놈! 아랫도리 도는 놈이 웬 반말이냐! 자, 이번에는 거미가 줄을
　　　　늘이는데 양발을 늘이는 거렷다.

악사 매호씨 : 허 그놈, 낙동강 오리알 떨어지듯 뚝 떨어질 줄 알았더니 메주가
　　　　재주로구나.20

서울 지역의 재담소리는 20세기 초에 극장 무대에까지 오른 공연물이었다. 1910년대에 박춘재朴春載(1883~1950)는 광무대, 단성사 등 대중 공연장에 「장대장타령」, 「장님타령」을 올리면서 많은 인기를 누렸다. 「장님타령」 중 한 대목을 들어보자.

최영숙 : 여보 장님.

백영춘 : 뭐? 장님? 거 누구요?

최영숙 : 나예요.

백영춘 : 나라니, 나가 누구야?

최영숙 : 아휴, 나라니까요.

백영춘 : 허허이, 난 여기 있는데 누가 자꾸 나라는 거야?

최영숙 : 아, 여기 나란 말이에요. 나!

백영춘 : 헤헤이, 어디 난가 한번 만져볼까? (남자가 여자를 더듬는다.)

최영숙 : 아니 이놈의 영감탱이가! 어딜 이렇게 더듬어?

(……)

백영춘 : 아 이런 망할 놈의 여편네 같으니라고, 아가리가 수채구녕이로구먼.

최영숙 : 뭐라고요? 이것 봐요, 점쟁이!

백영춘 : 왜 내 이름이 점쟁이냐?

최영숙 : 아니 그럼 남의 집 여자 보고 아가리가 뭐야~ 아가리가!

백영춘 : 아가리가 뭐긴 뭐야, 아가리는 존대한 말이다.[21]

김준근의 「광대 줄타고」(명지대학교 LG연암문고 소장)

　　재인은 줄을 타고 재주를 넘는 등 온갖 유희를 벌인다. 재인은 재주를 넘거나 익살스러운 동작으로 사람을 웃기며 풍악을 맡거나 가창을 하던 천민 계급을 말한다. 이들이 언제부터 생겨났는지는 정확하지 않지만, 고려 말의 유목민 집단인 타타르軀軀의 후예인 무자리, 곧 수척水尺으로부터 시작된 듯하다. 이 집단은 일정한 거처 없이 떠돌며 재주, 풍악, 잡가 등의 활동을 하면서 사냥과 수공업으로 생활했다.

김준근의 「솟대장이 놀고」(함부르크 민족학박물관 소장)

재인은 온갖 놀이를 했는데, 『경도잡지』가 언급한 것은 줄타기와 재주넘기다. 줄타기는 답삭희踏索戱라고 한바, 줄 타는 연희자를 줄광대라 했고 그들이 공연하는 광경을 광대줄, 광대줄판, 판줄 등이라 지칭했다. 조선시대에 줄광대는 궁중 연희나 양반집, 부잣집, 여유 있는 잔칫집 혹은 마을의 축제에 초청을 받아 공연했고, 그 기능도 우수했던 것으로 전해진다.

우리나라 줄타기 세상에 없는 것이라
줄 위를 걷고 공중에 거꾸로 서는 것이 거미가 매달린 듯[22]

조선 말기에 이르러 광대줄타기와 그 용어는 점차 약해지고, 남사당패의 어름줄타기가 줄타기의 명맥을 이었다. 어름은 줄타기의 은어이다. 얼음판같이 매끄럽고 위험한 곳에서 하는 놀이라는 의미에서 이렇게 붙인 것이다. 광대줄은 대개 낮에 놀고, 어름줄은 밤에 놀았다. 줄타기는 연기(기예)와 재담으로 진행되었다. 광대줄타기의 줄연기로는 앞걸음질, 종종걸음, 외홍잽이, 옆쌍홍잽이, 외무릎꿇기, 외무릎풍치기, 외무릎꿇고 가새트름 등 다양한 기술이 있었다. 반면 어름타기에는 앞으로가기, 장단줄, 거미줄늘이기, 뒤로훑기, 콩심기, 참봉댁 만아들, 억척에미 화장사위, 처녀총각 등이 있었다.[23]

다음은 재주넘기다. 재주넘기는 몸을 공중에 날려 위아래로 휘돌리는, 공중제비 같은 연기다. 재주넘기의 원문은 "근두筋斗", 곧 곤두박질과 관련된 말이다. 남사당패나 솟대쟁이패들이 노는 살판에는 세 명이 등장한다. 살판은 열두 가지 땅재주 중 하나로 제일 마지막 재주다. 살판이란 말은 꼰두쇠들이 이 재주를 넘으면서 '잘하면 살판, 못하면 죽을 판'이란 말에서 따왔다고 한다. 그만큼 위험한 기예라는 얘길 터. '곤두박질친다'는 곤두를 하다 실수하여 처박히는 모양새를 이름이니, 이 기예가 얼마나 위험한지를 방증하는 말이다.[24] 참고로 장길산은 곤두박질에 일가견이 있었다. "조선 숙종 때에 간악한 도적 장길산이 서도에 출몰하였다. 장길산은 본

「평양도」 10폭 병풍.(서울대학교박물관 소장) 아래쪽 능라도에서는 당시의 명창 모흥갑(牟興甲)의 공연 장면이 묘사되어 있다.

래 광대로 곤두박질을 잘하는 자이다."[25]

    이런 많은 놀이들 중에 삼일유가에서 가장 인기 있었던 것은 단연 판소리였다. 19세기의 문인이었던 유만공柳晩恭(1793~?)이 당시 서울의 풍속을 노래한『세시풍요歲時風謠』에 그런 사정이 잘 드러나 있다.

    춘방이 나자마자 광대를 가려 뽑고
    명창을 데려다가 좋은 밤을 고른다네
    영산을 부르고 나면 연희가 벌어지니
    기이하고 빼어난 춘향가 한 마당[26]

    춘방은 봄에 보는 과거인 춘시春試의 합격자 명단이 붙은 것을, 영산은 판소리를 부르기 전에 광대가 목을 풀고 판의 분위기를 고조시키기 위해 부르는 노래인 허두가虛頭歌를 말한다. 당시에도「춘향가」가 대단한 인기였나 본데, 그 전 바탕을 다 부르지는 않았을 테고, 어느 특정 부분만 따로 불렀을 것이다. 어떤 대목이었는지 궁금하다.

가난한 아버지는 잔치 대신 시 한 수

    삼일유가를 치르려면 돈이 많이 들었다. 당연하지 않은가? 요즘 식으로 하면 가수도, 개그맨도 부르고 댄서들도 동원해야 하니 돈이 만만찮게 들었을 것이 분명하다. 그래서 빚을 진 양반네도 있었던 모양이다. 궁궐과 관청에 각종 그릇을 납품하는 공인貢人 지규식池圭植이 쓴『하재일기荷齋日記』(1891~1911)에 이런 말이 전한다.

    석촌 김 교관 댁 이 학관學官의 부름을 받고서 정 선달先達 현도와 함께 가니, 교관의 도문연에 쓸 돈 1,500냥을 빚 얻어달라고 말하였다. 딱 잘라 거절하기 어려

워서 마땅히 주선해보겠다고 답하여 고하고 돌아왔다.[27]

빚을 얻어 잔치를 벌였던 것이다. 그래서 뜻있는 선비들은 그것을 금지해달라고 상소를 하기도 했다.

대과와 소과를 방방放榜한 뒤 3일 동안 유가하고 문희연을 베푸는 것은 곧 평상시에 해오던 일입니다만, 이렇게 엄청난 흉년을 당한 때에 관례대로 따를 수만은 없는 일입니다. 유가하는 일이야 갑자기 그만두게 할 수는 없다 하더라도 창기唱妓에게 풍악을 잡히는 창악娼樂이나 연회를 베푸는 설연設宴 따위는 일체 금단하여 재난을 걱정하는 뜻을 보이소서.[28]

물론 흉년을 당해서 올린 상소이지만, 반드시 그런 것만은 아니었을 것이다.

사헌부司憲府 지평持平 민휘閔暉가 와서 아뢰었다. "올해 흉년이 들었는데, 금주禁酒를 하는 것은 백성들의 소비를 줄이고자 한 것입니다. 청컨대 유가遊街를 금하게 하소서" 하니, 임금이 말하기를, "생원生員·진사進士는 금할 수 있으나, 문·무과文武科는 금할 수 없다".[29]

아무리 흉년이 들었더라도 대과에서 장원급제한 '기쁨'을 나라에서도 강제로 금지시킬 수는 없었다. "유가하는 일이야 갑자기 그만두게 할 수는 없다"는 현실론이 만만치 않았던 것이다.

경제 사정이 어려운 집안에서 삼일유가는 참으로 오랫동안 골칫거리였음에 분명하다. 그래서 어느 집안에서는 잔치를 열어주는 대신에 글로 축하의 뜻을 전하기도 했다.

나라 풍속에 과거에 오르면, 반드시 광대놀이를 베푸는데 소리와 재주를 논다. 집 아이가 올 봄에 합격한 기쁨을 듣고 그 원풀이를 하려는데, 집안이 심히 가난하여 한바탕의 놀이를 갖추어 차릴 수가 없어 서울에서 노는 풍물놀이인 유가의 모습을 듣보고 이에 흥취를 되살리기에 옅지 않아, 그 소리와 모양을 본떠서 잠간 두어 운을 노래로 불러 같이 글을 하는 친구에게 화답을 위촉하니 모두가 약간의 장이 되었다.[30]

송만재宋晩載(1788~1851)는 아들 송지정宋持鼎(1809~1870)이 1843년에 진사에 합격했지만 집안이 가난하여 문희연을 열 수 없게 되자 시로써 대신한바, 그것이 바로 광대들의 놀이를 묘사한 50수의 한시 「관우희觀優戲」다.[31]

가난한 아버지가 아들에게 준 헌시는 이렇게 시작한다.

재주 놀면 판을 치는 광대 놀이판
길게 뽑는 소리 바탕 광대와 비슷
꼭두각시 재주꾼의 갖가지 재간
익살스러운 한두 마당 적어 볼까나[32]

그래서 적은 놀이들은 영산회상靈山會相, 가곡, 십이가사, 어룡만연지희魚龍蔓延之戲, 불 토해내기, 포구락抛毬樂, 사자무, 처용무, 유자희儒者戲, 요요기拗腰技, 판소리 단가, 판소리, 재주넘기, 칼춤, 줄타기, 솟대타기 등이다.

영산회상은 고려시대부터 내려오는 속악俗樂의 하나로 석가여래가 설법하던 영산회靈山會의 불보살佛菩薩을 노래한 악곡이고, 가곡은 속가俗歌인 가사나 시조처럼 사람의 감정을 드러내지 않고 아정雅正하게 노래하는 정가正歌이며, 십이가사는 가곡처럼 기악 또는 장구 반주에 맞춰 노래 부르는 열두 곡의 가사이고, 어룡만연지희는 일종의 동물가장놀이이며, 불 토해내기는 입에서 불을 토해내는 묘기이고, 포구락은 공을 구멍에 넣는 놀이이며, 사자무는 사자의 탈을 쓰고 추는 춤이고, 처용무는 신라 헌강왕 때의 처용설화處容說話에서 비롯된 가면무이며, 유자희는 다 떨어진 의관에 온갖 추태를 연출하여 축하연의 즐거움으로 삼는 놀이이고[33], 요요기는 허리를 뒤로 꺾어 입으로 비녀를 물어 올리는 재주이며, 판소리 단가는 판소리를 부르기 전에 목을 풀고 판의 흥을 돋우는 노래이고, 솟대타기는 긴 장대 꼭대기에 올라가 물구나무를 서는 등 여러 가지 재주를 부리는 놀이이다.

아들의 과거 급제를 축하해주려는, 가난한 아버지의 눈물겨운 사연이 담긴 「관우희」 50수는 조선 후기 놀이문화의 거의 전모를 담고 있어 특히 소중하다.

고약하고도 지독하네, 그놈의 신고식

어느 조직에 새로운 구성원이 들어오면 소위 신고식이란 것을 한다. 조선시대의 과거 급제자들도 마찬가지였다. 지금보다 더하면 더했지 덜하지 않았다.

등과登科한 신은新恩들을 차차로 불러 올려
(……)
사온賜醞 삼배三盃하신 후에 얼굴에 희묵戲墨하고[34]

김준근의 「신은 실네 짓는 모양」(함부르크 민족학박물관 소장)

여기서 주목해야 하는 것은 희묵이라는 말이다. 신래의 얼굴에 먹칠을 해대는 것이다. 김준근의 그림 「신은 실네 짓는 모양」을 보면 그 정황이 상세하게 묘사되어 있다. '신은 실네'는 '신은 신래新恩新來'로 신은은 임금에게 새롭게 은혜를 입었다는 말이고, 신래는 새롭게 과거에 합격하여 온 사람, 곧 신참자를 뜻한다. 고려 말에 실력으로 정당하게 합격하지 않고 소위 '빽'으로 합격한 귀족 자제들의 버르장머리를 잡는 데서 시작된바, 신참자를 골탕 먹이는 이 풍습은 그 유래가 상당히 오래되었음을 알 수 있다.

고려 말년에 과거가 공정하지 못하고, 과거에 뽑힌 사람이 모두 귀한 집 자제로 입에 젖내 나는 것들이 많아, 그때 사람들이 분홍방紛紅榜이라 지목하고 분격하여 침욕侵辱하기 시작하였다 한다.[35]

'분홍방'은 나이 어린 권문의 자제들이 분홍 저고리를 입고 입에서는 젖내가 날 정도였다고 한 데서 비롯한 말이다.

『고려사高麗史』에서 "우왕 때 성균관시成均館試를 부활시켰다. 윤취尹就가 시험을 주관하여 세도가의 젖내 나는 어린아이들로 모두 선발하니 당시 사람들이 빈정대며 홍분방紅粉榜이라 하였다"고 하니, 바로 감시監試이다. 본래는 먹 가루를 가지고 가서 그들을 욕보였다. 지금은 새로 급제한 자들의 얼굴에 먹 가루를 칠하는 것이 마침내 통례가 되었다.[36]

희묵에서 더 나아가 먹물을 마시게도 했다. 음묵飮墨이다. "양나라에서는 진사 시험에 응시하였다가 불합격한 자에게는 먹물 한 말을 마시게 했다. 지금 낙방한 사람을 가리켜 음묵이라고 하는 것은 여기에서 유래한 것이다. (……) 지금의 불학무식不學無識한 몰자비沒字碑[37]에게 '먹을 갈아 배 속에 부어줘야 한다'라는 말도 여기에서 유래하였다."[38]

정약용의 전언에 따르면, 이 신고식은 단지 희묵이나 음묵 정도로 끝나지 않왔다.

방榜을 걸어서 이름을 부르면 선배라는 자가 골목에 들어와서 새로 뽑힌 이를 연이어 부르고 뒷짐을 지고 나와서 맞이한다. 밀치고 당기며 욕을 보이는데 하늘을 우러러 크게 웃게 하기도 하고 땅에 엎드려서 엉금엉금 기게도 하며 방게 걸음과 부엉이 울음 등 기괴한 모습을 짓게 하는 등 하지 않는 짓이 없다. 끝에 가서는 진한 먹에 붓을 적셔서 먼저 한쪽 눈에 먹칠하여 통령通鈴이라 이르고, 다른 쪽 눈마저 칠하여 쌍령雙鈴이라 한다. 또 코에 칠하고 입에 칠하고 눈썹과 수염에 칠한 다음 많은 사람에게 조리를 돌려서 웃음거리를 제공한다. 이에 온 낯에 칠해서 먹돼지墨猪라 부르며, 그 위에 다시 흰 밀가루를 뿌려서 재시체灰尸라 하는데, 그런 짓을 당하는 자는 영광으로 여기고, 보는 자는 부러워한다.[39]

신참자를 웃음거리로 만드느라 별의별 짓을 다 시켰다. 이런 일도 있었다. 대궐 문루에 보면 여러 동물의 형상이 늘어서 있다. 십신十神 잡상雜像이다. 그 이름들이 특이하다. 대당사부大唐師傅, 손행자孫行者, 저팔계猪八戒, 사화상沙和尙, 마화상麻和尙, 삼살보살三殺菩薩, 이구룡二口龍, 천산갑穿山甲, 이귀박二鬼朴, 나토두羅土頭다. 신참자들이 오면 그 십신을 외우게 했는데, "단숨에 열 번을 외우지 못하는 사람은 참여를 허락하지 않았다"[40]고 한다.
사헌부에서는 더 지독했다.

새로 들어온 사람을 신귀新鬼라 하여, 여러 가지로 욕보인다. 방 가운데서 서까래만 한 긴 나무를 신귀에게 들게 하는데, 이것을 경홀擎笏이라 한다. 들지 못하면 신귀는 선생 앞에 무릎을 내놓으며 선생이 주먹으로 그를 때리고, 윗사람으로부터 아랫사람으로 내려간다. 또 신귀에게 물고기 잡는 놀이를 시키는데, 신귀는 연못에 들어가 사모紗帽로 물을 퍼내서 의복이 모두 더러워진다. 또 거미 잡는 놀이를 하게도 하는데, 신귀에게 손으로 부엌 벽을 문지르게 하여 두 손이 옻칠을 하듯 검어지면 또 손을 씻게 하는데, 그 물이 아주 더러워져도 마시게 하니 토하지 않는 사람이 없다. 또 신귀에게 두꺼운 백지로 자서함刺書緘을 만들어 날마다 선생 집에 던져 넣게 하고, 또 선생이 수시로 신귀의 집에 몰려가면 신귀는 사모를 거꾸로 쓰고 나와 맞이한다. 당중堂中에 술자리를 마련하고 선생에게 모두 여자 한 사람씩을 안겨주는 것을 안침安枕이라 하고, 술이 거나하면「상대별곡霜臺別曲」을 노래한다. 대관臺官이 제좌齊坐하는 날에 이르러서 비로소 자리에 앉는 것을 허용한다. 이튿날 아침 일찍 청에 나아가면 상관인 대리臺吏가 함께 뜰 안으로 걸어 들어가 뵙는데, 예가 끝나기도 전에 밤에 숙직한 선생들이 방 안에서 목침을 가지고 큰 소리를 지르며 내리친다. 신귀가 달아나다가 지체하면 그 몽둥이에 얻어맞기도 한다.[41]

신참을 욕보이는 방식은 이루 헤아릴 수 없을 지경이었다. "마전교馬前橋로 불러 오라 가라 하며 장난거리로 삼"을 뿐더러 "이름을 거꾸로 부르게 하여 도함倒啣이라 하고, 더러운 도랑으로 걸어 들어가게 하고 게잡이促蟹라 하며, 땅바닥에 누워 구르게 하고 멍석말이捲席라 하고, 하늘로 펄쩍펄쩍 뛰게 하고 별따기摘星라고 하였다. 박수 치면서 하늘을 바라보며 크게 웃게도 하고, 땅바닥에서 한 치 떨어지게 고개를 숙이게 하며 (……) 담을 타거나 춤을 추거나 한 발을 들고 껑충껑충 뛰면서 가게도 한다. 우스꽝스럽고 괴이한 일을 하나도 빠짐없이 모두 하였다".[42] 무과에서는 비벌鼻罰이라는 것이 행해졌다고 하는데, 무과 급제자의 코를 때리는 것이다.[43]

율곡 이이는 그런 폐습을 개혁하자고 임금에게 강력히 요청했다.

인재를 양성하는 효과가 비록 하루아침에 드러나는 것은 아니지만, 다만 교화를 해치는 폐습은 개혁하지 않을 수 없습니다. 지금 처음 과거에 합격한 선비들을 사관四館에서 신래新來라 지목하여 곤욕을 주고 침학侵虐하는데, 하지 않는 짓이 없습니다. 대체로 호걸의 선비는 과거 자체를 그리 대단하게 여기지도 않는데, 하물며 갓을 부수고 옷을 찢으며 흙탕물에 구르게 하는 등 체통을 완전히 잃게 하여 염치를 버리게 한 뒤에야 사판仕版에 올려주니, 호걸의 선비치고 누가 세상에 쓰이기를 원하겠습니까. 중국에서는 새로 급제한 사람을 접대하는 것이 매우 예모禮貌를 지킨다 하니, 만일 이 일을 듣게 되면 반드시 오랑캐 풍속이라 할 것입니다.[44]

그러나 신참이 이 과정을 다 거쳐야 신참자의 신세를 면해준다는 면신례免新禮 또는 그때야 비로소 신참자를 허락해준다는 허참례許參禮의 풍습은 사라지지 않았다. 앞에서 정약용이 증언한 대로 그것을 "당하는 자는 영광으로 여기고, 보는 자는 부러워"했기 때문이다. 출세만 할 수 있다면 그 정도쯤이야 감내할 수 있다고 생각한 것이다. 악습과 폐습은 쉽사리 없어지지 않는 법이다.

제2장

폼에 살고
폼에 죽고

집과 방의 장식, 문방을 구성하는 여러 물건들, 꽃 키우고 나무 심거나 비둘기를 키우는 취미 생활 등을 담고 있다.

6
위엄 있고 탈 없는 집

사부士夫는 자기 집 대문을 높고 큼직하게 만들지만 서민에게 그것은 금지된다. 사랑채 앞에는 전나무로 시렁을 매고 그 끄트머리를 끌어올려 호로葫蘆·산개傘蓋·날아오르는 학의 모양을 만든다. 그것을 노송취병老松翠屏이라 부른다. 사랑채 안에는 기름 먹인 누런 종이를 까는데, 엉긴 기름처럼 매끄럽다. 그 위에 다시 수복壽福 자를 수놓은 용수초龍鬚草 자리를 펴고, 그 위에 꽃문양을 한 은낭隱囊을 둔다. 들창에는 만자卍字로 꾸민 여닫이 겹창을 다는데, 종이를 바르고 기름을 먹여서 은빛처럼 말끔하게 하며, 유리를 끼워 밖을 내다보기도 한다.

여항에서는 흰 널빤지 문을 새로 만들어 달면, 거기에 '경신년 경신월 경신일 경신시 강태공 만듦庚申年庚申月庚申日庚申時姜太公造'이라고 써 넣는다. 이는 '금金이 목木을 이긴다'는 뜻을 취한 것이다.

대문은 높이고 처마엔 노송취병

이번 주제는 집이다. 제목을 '제택第宅'이라 했는데, 집을 높여 부른 말이다. 예나 지금이나 문을 크고 높게 만든다는 것은 가문을 드러낸다는 뜻이다. 문벌을 높이는 것이야 비난의 대상이 될 수 없지만, 그 방식으로 문을 크고 높게 장식한다는 것은 허세가 아닐 수 없다. 겉을 꾸미기 전에 바탕을 먼저 다져야 한다는 회사후소繪事後素[1]의 가르침과는 거리가 있다. "옛날의 검소하고 소박했던 생활을 어찌 누추하다고 할 수 있을 것이며, 지금의 사치스러운 생활을 어찌 자랑할 수가 있겠는가. 옛날을 누추하게 여겨서는 안 되며 지금을 자랑할 수 없다고 한다면, 그 이유야말로 사람들의 내면에 존재하고 있는 그것 때문이 아니겠는가"[2]라고 한 것은 현실에서는 단지 강변強辯에 지나지 않는 말일지도 모른다.

집을 치장하는 것은 대문만이 아니다. 지붕 장식 중 하나인 노송취병老松翠屛이라는 것도 있다. 사랑채에 햇볕이 드는 것을 막기 위해 치는 일종의 차일遮日 같은 것인데, 그 모양을 호로葫蘆·산개傘蓋·상학翔鶴 같다고 했다. 상학이야 학이 날아가는 것을 말하니 그 모양을 대충 짐작할 수 있는데, 호로와 산개는 구체적으로 어떤 것이었는지 궁금하다.

호로

호로는 글자 그대로 조롱박 모양의 물건을 지칭할 때 두루 쓰였다. 대궐 잔치 때 벌이던 춤과 노래를 정재呈才라고 한다. 그 중에 원효元曉에게서 비롯되었다는 무애무無碍舞라는 춤이 있다. 그것을 잘 볼 수 있는 것이 『순조기축진작의궤純祖己丑進爵儀軌』[3]다. 거기에 나오는 그림 중에 악사들이 호로를 들고 있는 장면이 있는데, 조롱박 모양에다 술을 늘어뜨린 모양이다. 노송취병과 관련해서는 조롱박 모양보다 그것에 감아 늘어뜨린 술을 관심 있게 보아야 한다.

산개는 양산 모양으로 햇볕을 가리도록 고안된 것으로 빛깔에 따라 청개靑蓋와 홍개紅蓋가 있다. 주로 임금, 왕비, 왕세자 등의 행차 때 사용했고, 행차 당사자의 신분과 규모에 따라 그 종류와 수효가 정해져 있었다.

안으로는 신하들의 알현을 받을朝會 때나 밖으로는 행차行幸를 할 때에 만약 의

「원행을묘반차도(園幸乙卯班次圖)」부분. 정조가 앉는 말(座馬) 위로 별감(別監)이 붉은 일산(日傘)을 들고 있다. 기록화에서는 왕을 그리지 않는 관례대로 빈 말만 그렸다.

김홍도의 『사계풍속도병(四季風俗圖屏)』제3폭 「후원유연」.(프랑스 국립기메동양박물관 소장) 문이 만들어져 있는 취병이 보인다.

장대가 좌우에서 시종하지 않는다면 누가 임금의 존엄을 알 수 있겠는가? 우리나라에서는 해당 관리에게 명하여 무릇 호위병儀衛에게 필요한 기상旗常[4], 도모纛旄[5], 산개 등의 물건을 화려하게 만들어서 한 가지도 불완전한 것이 없게 하였으니, 아! 성대한 일이로다.[6]

여기서 보듯이, 이런 것들은 전적으로 행차 당사자의 존엄을 보장하기 위한 것이다. 한편 산개는 불교에서 천개天蓋 · 보개寶蓋 · 현개懸蓋라고도 부르는데, 불전佛殿 안에서 불상의 상부 천장을 장엄莊嚴[7]하는 일종의 닫집이다. 불당 안 부처의 머리 위에 별도로 만들어놓은 지붕을 한 번쯤은 보았을 것이다. 인도는 더운 나라이므로 부처가 설법을 할 때 산개를 사용했는데, 이것이 불교 조각에 받아들여져 닫집이 된 것으로 추정하고 있다.

다시 노송취병으로 돌아가보자. 사랑채에 햇볕이 드는 것을 막기 위해 치는 것을 노송취병이라 했다. 왜 이렇게 이상한 이름이 붙었을까? 보통 취병이라고 하면 '비취색의 병풍'을 말하는데, 주로 상록수의 푸른 가지를 이리저리 틀어서 문이나 병풍 모양을 만든 일종의 담장이다. 김홍도의 「후원유연後園遊宴」에서 그 모습을 상세히 볼 수 있다. 창덕궁과 창경궁을 그린 「동궐도東闕圖」에서 보듯이, 길게 쳐 있는 초록의 취병은 창덕궁 비원의 주합루宙合樓 정문인 어수문魚水門을 중심으로 위쪽의 주합루 공간과 아래의 부용정芙蓉亭·부용지芙蓉池의 공간을 구분하는 역할을 하기도 한다.

그러나 이와 같은 취병의 통상적인 의미는 우리가 알고자 하는 노송취병과 다르다. 다시 말하지만, 노송취병은 처마 부근에 햇볕을 가리기 위해 치는 포장, 곧 일종의 차일이기 때문이다.

그렇다면 다시 노송취병은 무엇인가? 그 해답이 『아언각비雅言覺非』에 들어 있다. 정약용은 "전나무는 지금의 만송蔓松이다. 세속에서는 노송老松이라고 한다. 그 가지는 서리서리 얽혀 취병이나 취개翠蓋[8]의 모양을 이룬다"[9]고 했다. 유득공 역시 "노송이 어떤 나무냐 물으면 다름 아닌 전나무인 줄 아는 사람은 드물다"면서, "도대체 알려고 하고 따져보지 않는다"[10]고 했다. 사정은 지금도 마찬가지다.

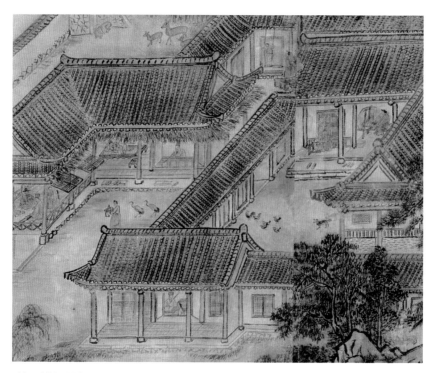

김홍도의 「삼공불환도(三公不換圖)」 중 부분.(1801년, 리움박물관 소장) 왼편 사랑채 처마에 송첨이 달려 있다.

김득신의 「풍속팔곡병(風俗八曲屛)」 중 제7면 부분.(1815년, 호암미술관 소장) 사랑채 처마 밑에 송첨을 설치한 모습이다.

여기에서 '취병 모양으로 가지를 얽어 만든, 혹은 취병 역할을 하는 노송', 곧 노송취병이라는 말이 생겨났다. 그것은 일종의 별명이었던 셈이다. 그렇다면 노송취병은 무엇을 일컫는 별명인가? 우선 사랑채에 설치하는 송첨 松簷이라는 처마 장식을 떠올릴 수 있다. 송첨은 글자대로 보면 소나무의 가지로 이은 처마인데 '소나무 처마'라 하든 '전나무 처마'라 하든, 그것은 별문제가 안 된다.

요컨대 "창문을 닫자니 바람이 들어오지 않고 / 창문을 열자니 햇볕이 또 이글거리네 / 처마 끝에다 솔가지를 얽어매었더니 / 햇볕도 피하고 바람도 들어오네"[11]라고 한 데서 보듯이, 서까래만으로는 여름철의 땡볕을 막아낼 수 없어서 만든 차양, 곧 홑처마를 연장한 것이 송첨이다. 인위적으로 나무 그늘을 만들었던 것이다.

송첨은 송붕 松棚 혹은 붕가 棚架라고도 한다.

작은 초가 처마 짧으니
무더위 몰려올까 몹시 걱정이라
겨우 솔잎으로 햇살 가려
한낮에도 그늘 얻을 수 있네[12]

권필의 「송붕」이라는 시의 일부이다. "차양이 너무 넓으면 서까래가 그 무게를 감당하지 못하고, 너무 좁으면 그늘이 드리워진 곳이 거의 없으므로 좋은 제도가 아니다. 그러므로 아침볕과 저녁 햇살을 집중적으로 받는 곳에 포도나 초송艸松을 심고 시렁을 만들어 그 위에 줄기를 뻗어가게 하여 햇볕을 막는 것이 옳다"[13]고 한 것이 바로 붕가다. 특히 초송은 "그 잎사귀가 바늘과 갈기 모양으로 퍼져서 소나무 잎과 흡사하다. 처마 곁에 시렁을 만들면 폭염을 막을 수 있다"[14]. 이렇게 보면 노송취병은 송붕, 송첨, 초송 등의 별명임을 알 수 있다.[15]

화문석 깔고 은낭에 기대어

다음은 방바닥을 꾸밀 차례다. 기름 먹인 누런 종이를 깐다는 건 지금과 크게 다르지 않다. 그런데 그것을 엉긴 기름에 비유했다. 엉긴 기름은 응지凝脂인데, 그 용례가 『시경詩經』의 "손은 어린 싹 같고 / 살결은 엉긴 기름 같다"고 한 데서 처음으로 보인다. 그 주석에 "띠풀의 어린싹을 이荑라 하는데, 부드럽고 희다는 뜻을 나타낸 것이다. 응지는 기름이 한기寒氣에 엉긴 것이니, 역시 희다는 뜻을 나타낸 것이다"[16]라고 했다. 요즘 말로 매끄럽고 부드럽다는 정도의 뜻이지만, 방바닥을 설명하는 것치고는 대단히 품위 있는 표현이다.

장판 위에는 장수長壽와 행복을 뜻하는 수복壽福 자를 수놓은 용수초龍鬚草 자리, 곧 고급 화문석花紋席을 편다. 수복 자는 어디에나 쓰거나 새겨 넣었을 뿐 아니라 수壽 자와 복福 자 여러 개

물들인 왕골로 문양을 넣어 만든 용수초 자리

안석

김홍도의 「모당평생도」 중 세 번째.(부분) 여인이 들창을
열고 신랑 행차를 구경하고 있다.

를 다양한 문양으로 묘사한 문자도文字圖 또한 큰 인기를 누렸다. 용수초는 "우리
말로 골葎"[17], 말하자면 돗자리를 만드는 왕골이다.[18]

그 위에는 "꽃문양을 한 은낭隱囊"을 둔다고 했다. "은낭은 안석按席이라고
도 하는데, 석席을 낭囊이라 하는 것은 그것에 의지하기 때문이다."[19] "은낭에 잠
시 기대 낮잠을 잤더니만 / 버들가지 깊은 곳에 꾀꼬리가 울고 있네"[20]라는 시
구에서 그 용례를 찾아볼 수 있다. 그런데 왜 하필 은隱이라고 했을까? 『장자莊
子』의 은궤隱几라고 한 그 주에 '은隱은 빙憑의 뜻이다'라고 했다."[21] 『장자』 「제물
론齊物論」에 나오는 '은궤이좌隱几而坐'라는 말은 안석에 기대어 앉는다는 뜻인
것이다.

다음은 들창牖이다. 들창은 글자 그대로 들어서 여는 창이다. 들창은 "일반
적으로 행랑채 전면에 높직하게 달거나, 방의 후벽後壁에 창을 달 때 창호의 윗울
거미[22]와 돌쩌귀[23]를 달아 방 안에서 밖으로 밀어 여는 창"을 말한다. "이때 창을
열어두기 위해서 버팀쇠나 막대로 받쳐둔다. 창의 모양새는 정방형에 가까운 방
형이거나 가로로 긴 장방형 울거미에 다양한 살짜임을 이룬다."[24]

들창에 만자卍字로 꾸민 여닫이 겹창을 달 경우, 한쪽에는 종이를 바르고 기
름을 먹여서 은빛처럼 말끔하게 하였고 다른 쪽에는 유리를 끼워 밖을 내다보기

도 했다. 길상만덕吉祥萬德이 모이는 곳을 뜻하는 만자로 꾸민 들창은 정약용의
시에도 보인다.

> 조그마한 방 만자 모양의 들창 아래
> 추운 날 홀로 누웠더니 해는 더디기만 하여라[25]

들창에 유리를 끼운 경우도 있었다. "사면에는 들창을 만들어서 푸른 비단
을 발랐고, 창 사이에는 유리를 끼워서 영롱하고 글씨와 그림이 번쩍번쩍한다.
들창을 펼치면 사방을 바라볼 수 있고, 닫으면 방과 같다."[26]

강태공 써서 동티를 막고

"여항에서는 흰 널빤지 문을 새로 만들어 달면, 거기에 '경신년 경신월 경
신일 경신시 강태공 만듦庚申年庚申月庚申日庚申時姜太公造'이라고 써넣는다. 이는
'금金이 목木을 이긴다'는 뜻을 취한 것이다." 『경도잡지』의 이 전언을 『오주연
문장전산고五洲衍文長箋散稿』가 보다 상세히 설명하고 있다.

> 오늘날 인가에서 새로 집을 지을 때, 바깥문에 '경신년 경신월 경신일 경신시
> 강태공 조작'이라 써넣는데, 생각건대 이런 뜻 같다. 토목공사를 시작할 때 혹
> 시 동티가 나지 않을까 걱정을 하는데, 목木을 이기는 데 금金만 한 것이 없으므
> 로, 오행 중 금에 속하는 경신이라는 글자를 써넣어 목을 눌러 이기는 것이다.
> (……) 그런데 강태공이 어떤 의미로 쓰였는지에 대해서는 고찰할 수 없다.[27]

땅, 돌, 나무 등 함부로 대해서는 안 되는 물건을 건드려서 걱정이나 해를 입
는 것을 동티動土라고 한다. 동티가 나면 대개 "병에 물을 넣고 동쪽으로 뻗은 복
숭아나무 가지를 꺾어 병에 박아 가운데 솥 부뚜막에 놓고, 여인이 절구공이를

'경신년 경신월 경신일 경신시 강태공 조작'이 쓰여 있는 디딜방아 몸체(목아박물관 소장)

가지고 들어가 부엌신인 조왕竈王 앞에 오른발을 세 번 구르며, 왼발을 세 번 구르고 '동법이야, 동법이야' 세 번만 하면 즉효하다"라고 믿었다. 이는『규합총서閨閣叢書』의 전언인데, 거기서는 그런 치병 행위가 신빙성이 있음을 다음과 같이 부연했다. "갑오년 삼월 초엿새 보령 마름이 말하는데 우두정리牛頭亭里의 이서방이 가르쳐 효험을 보았다."[28]

그러나 모든 병은 예방이 최고다. 그래서 동티를 막고자 하는 예비 노력이 널리 퍼졌다. 그것이 바로 '경신년 경신월 경신일 경신시 강태공 조작'이라는 일종의 주문呪文이다. 이것은 나무로 만든 물건에 대부분 적용되었다.「춘향가」의 '궁자타령'에서 방아를 언급하면서 "강태공의 조작궁"[29]이라고 한 데서 보듯이, 그 대표적인 예가 디딜방아[30]다.

'경신'이 '금'을 의미한다는 것은 오행 사상과 관련되어 있지만, 한편으로는 도교와도 밀접하게 연관되어 있다. 세시풍속 중에 수세守歲라는 것이 있다. 수세는 섣달 그믐날 밤인 제야除夜에 집 안 구석구석에 등촉을 밝히고 밤을 새우는 풍습을 말하는데, 이는 경신일庚申日에 잠을 자지 않고 밤을 지새우는 도교적인 장생법長生法 중 하나인 수경신守庚申에서 유래했다. 60일에 한 번씩 돌아오는 경신일이 되면 사람 몸에 기생하던 세 마리의 벌레, 곧 각각 이마·심장 뒤·배꼽 아래 단전에 산다는 삼시충三尸蟲이 사람이 잠든 사이에 몸을 빠져나와 천제天帝에게 지난 60일 동안의 죄과를 고해바쳐 수명을 단축시키기 때문에, 밤에 자지 않고 삼시가 상제에게 고해바치지 못하도록 하여 천수天壽를 다하려는 신앙의 한 형태가 수경신이다.

중국에서는 일찍이 민간신앙으로 전승되다가 송나라 때부터 축제 형태로 이어졌다. 우리나라에서 수경신의 풍습이 처음 기록된 것은 고려 원종 6년(1265)이다.

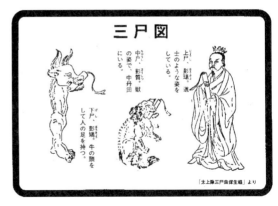

삼시충(상시(上尸), 중시(中尸), 하시(下尸))

여름 4월 경신일에 태자가 안경공安慶公 창淐을 맞이하여 잔치하고 풍악을 울려 밤을 새웠다. 나라 풍속이 도가道家의 말에 의하여 매양 이날이 되면 반드시 모여 마시고 밤이 새도록 자지 않았다. 이것을 경신을 지킨다고 한다.[31]

조선시대 궁중에서는 이날 기녀와 악공을 불러놓고 연회를 베풀면서 밤을 지새우는 관행이 계속 행해지다가 영조 35년(1759)에 미신이라고 여겨 연회를 폐지하고, 다만 등불을 밝히며 근신하는 것으로 대신했다. 한편 수경신은 궁중뿐 아니라 민간에서도 행해졌는데, 궁중에서 연회를 베푸는 것과 달리 등촉을 대낮같이 밝히면서 철야를 했다. 노래와 춤, 음식과 술로 밤을 지새우는 경우가 많았고 풍류객이나 난봉꾼들이 마음 놓고 즐기는 기회로 삼기도 했다.[32]

요컨대 '경신년' 운운의 이 풍속은 음양오행 사상과 도교가 결합하여 만들어낸 것이다. 문제는 강태공의 존재다. 『오주연문장전산고』에서는 "강태공이 어떤 의미로 쓰였는지에 대해서는 고찰할 수 없다"라고 했다. 강태공의 생일이 경신년 경신월 경신일이기 때문이라는 주장도 있지만 근거는 없다. 월·일·시가 모두 경신으로 맞아떨어지는 간지干支는 실제로 존재하지 않기 때문이다.[33] "그가 언제 태어났는지에 대해서는 기록이 보이지 않고, 『고본죽서기년古本竹書紀年』에 '주나라 강왕康王 6년(기원전 1073)에 태공망[34]이 죽었다'는 기록만 보인다."[35]

강태공은 주周나라 초기의 정치가이자 공신으로 무왕을 도와 은殷나라를 멸망시켜 천하를 평정했으며 제齊나라의 시조가 된 사람으로 알려져 있지만, 그에 대한 전기는 대부분 설화적으로 각색된 것이다. 그렇다면 근거가 희박한 '사실'에 기대기보다 강태공이 과연 어떤 사람으로 '인식'되었는가 하는 점을 따져보는 것이 우리의 논의에 더 유익할 것이다.

강태공

여기서 1930년대에 채록된 「산대도감극山臺都監劇」의 각본을 읽어볼 필요가 있다.

4천 년 전 옛날 은殷의 주왕紂王이 여와女媧 씨의 사당에 일 년에 춘추로 2회 거둥을 하였다. 여와 씨는 천하의 일색이라 그 화상을 보고 주왕이 흠모하여 내심에 말하기를, '내가 평생에 이 여자와 같은 여자라면 결혼하여 함께 살고 싶다'라고 하니, 여와신이 노하여 이 망상을 징계하려고 구미호에게 "방금 소가蘇哥의 딸 달기妲己가 일색인즉 그가 반드시 이 여자에게 구혼할 것이니, 네가 달기를 잡아먹고 그 형용을 뒤집어써서 시집간 뒤 나의 명을 받아 오만가지 화를 만들라"고 말했다. 주왕이 달기를 왕비로 맞이하니, 달기가 주왕에게 청하여 오만가지 악행을 저지르도록 시켜 충신을 죽이므로, 비우가 충간하다가 죽은 것이 그때였다. 원사한 원혼들이 요귀로 변해 작란이 막심하니, 강태공이 이를 제어하기 위해 천살성天殺星과 지살성地殺星[36]으로 하여금 놀이를 하여 요귀를 물리치게 했다.[37]

이는 명나라 때의 장편소설인 『봉신연의封神演義』 혹은 그 한국적 버전인 『강태공전姜太公傳』에 입각한 것이지만, '경신년 경신월 경신일 경신시 강태공 조작' 운운과 관련하여 무엇보다도 중요한 것은 강태공이 '요귀를 물리치는', 곧 벽사辟邪의 신으로 인식되었다는 점이다.

요컨대 '경신 강태공 조작' 운운은 음양오행설과 도교 사상, 그리고 강태공을 벽사의 신으로 섬기는 신앙 등이 긴밀하게 연결되어 생겨난 풍속인 것이다. 별것 아닌 것처럼 보이는 사소한 일에도 이렇듯 깊고도 다양한 사상적 배경이 어우러져 있음을 깨달을 때 비로소 옛것은 온당하게 제 모습을 드러낼 것이다.

서재에 사는 네 친구

족제비 꼬리털로 만든 붓, 설화지雪花紙·죽청지竹淸紙, 해주海州의 유매먹油煤墨, 남포藍浦의 오석연烏石硯을 최고로 치는데, 근래에는 위원渭原의 자석연紫石硯을 많이들 쓴다.

문방을 들여다보니

이번에는 문방사우文房四友, 곧 문인들의 서재인 문방[1]에서 옆에 두고 늘 사용하던 붓·종이·먹·벼루 이야기다. 윤선도尹善道(1587~1671)가 수水·석石·송松·죽竹·월月을 사랑해 「오우가五友歌」를 지었듯이, 동양 문인들은 자신의 서재에서 가까이 두고 쓰는 물건을 벗이라 불렀다. 물론 문방사보文房四寶니 문방사후文房四侯[2]니 하는 고상한 말도 함께 쓰였지만, 문방사우만큼 널리 쓰이지는 않은 것 같다.

문인의 서재에는 문방사우 외에 요즘의 책꽂이에 해당하는 서가書架, 책상冊床, 문서나 문구를 넣어두는 문갑文匣, 필통筆筒, 붓걸이인 필가筆架, 붓두껍인 필모筆帽, 먹이나 물감이 묻은 붓을 빠는 그릇인 필세筆洗, 먹을 올려놓는 받침인 묵상墨床, 종이가 바람에 날리지 않도록 눌러두는 서진書鎭, 서화용 종이를 말아서 꽂아두는 지통紙筒, 여러 문구를 벌여 놓아두는 작은 책상인 연상硯床, 바람을 막거나 먼지나 먹물이 튀는 것을 막기 위해 벼루 머리에 치는 작은 병풍인 연병硯

문방도 병풍(국립고궁박물관 소장)

屛, 벼루에 먹을 갈 때 쓰는 물을 담아두는 그릇인 연적硯滴, 글씨를 쓸 때 종이 밑
에 받치는 널조각인 서판書板 등이 있었다. 물론 이런 것들은 없어서는 안 되는
중요한 기물이지만, 문방사우처럼 벗이라 부를 정도의 것은 아니었다.

족제비 꼬리털이 최고

붓을 언제부터 사용했는지는 정확히 알
수 없지만, 중국 고대 유가儒家의 경전인 오경
五經의 하나로 예법禮法의 이론과 실제를 풀이
한 『예기禮記』에 "사관史官은 붓으로 기록하고,
선비는 말로써 일을 처리한다"[3]고 한 것으로
보아, 진秦나라(기원전 221~기원전 206) 이전에 이
미 붓이 사용되고 있었음을 알 수 있다. 우리나
라에서 붓이 사용된 시기도 상당히 일렀음을
1988년 경남 창원의 다호리 고분군에서 발굴
된 붓 다섯 자루가 말해주고 있다. 다호리 유물
은 대략 2,000년 전의 것으로 추정하는바, 이는

필모(筆毛)가 양단에 달려 있는, 경남 창
원 다호리 고분군에서 발굴된 붓들

중국과 거의 유사한 시기에 한반도에서 이미 붓을 사용했을 뿐 아니라 기원전부
터 문자를 사용했다는 사실을 알려주는 놀라운 증거다.

붓은 사덕四德이라 하여 첨尖·제濟·원圓·건健을 갖추어야 한다. 첨은 붓끝이
뾰족한 모양을, 제는 붓이 펴졌을 때의 가지런한 모양을, 원은 털 윗부분이 꽉 차
고 잘 매어서 둥근 모양을, 건은 붓털이 탄성이 있어 획을 긋고 난 뒤 세워진 모양
을 뜻한다.

붓에 쓰는 털은 이리털, 토끼털, 양털, 쥐 턱수염, 범털, 노루털, 사슴털, 돼지
갈기, 살쾡이털, 족제비털 등 실로 다양했다. 두 종류의 털을 합쳐 쓰는 경우도
있었다. 푸른 양의 털을 가운데에 심고毛心 꿩의 꼬리털을 입히거나, 호랑이털 위
에 양털을 입히기도 하여 강약을 겸비하고자 했다.

『경도잡지』에서는 족제비 꼬리털로 만든 붓을 최고라고 했다. 족제비 꼬리
털로 만든 붓이란 황서랑미필黃鼠狼尾筆을 번역한 것이다. 명나라의 약학서藥學書
인 『본초강목本草綱目』에서는 "황서黃鼠를 서랑鼠狼이라 한다"고 했고, 역시 명나
라의 동월董越(1430~1502)이 지은 『조선부朝鮮賦』에서는 "낭미필狼尾筆은 황서모黃

鼠毛이다"[4]라고 했다. 모두 족제비를 말하고 있다. 그런데 박지원에 따르면, "이른바 '낭모필狼毛筆이라는 것은 잘못된 말이다. 나는 이리가 어떤 짐승인지도 알지 못하는데, 어찌 그 이리를 얻어 쓸 수 있겠는가. 여기서 낭이라 한 것은 서랑鼠狼, 속명으로 광獷이므로, 황필黃筆이라 해야 마땅하다"[5]. 그러나 실생활에서는 황서낭미필黃鼠狼尾筆, 낭미필狼尾筆, 낭모필狼毛筆, 황필黃筆, 황모필黃毛筆, 황서필黃鼠筆 등의 명칭이 두루 쓰였다.

"우리나라의 명필로는 안평대군安平大君을 제일로 꼽을 수 있을 것이다. 안평대군은 낭미필로 백추지白硾紙[6]에 글씨를 썼는데, 오직 한석봉韓石峯만이 그 묘리를 깨달았다."[7] 안평대군이 즐겨 쓴, 이 족제비 꼬리털로 만든 붓은 고려시대부터 사용한 듯하다. "족제비는 고려에서 나는데, 세간에서는 황서랑黃鼠狼이라 부르며 (……) 그 꼬리털로 붓을 만든다"[8]고 했다. 이

족제비 꼬리털로 만든 붓

붓의 "붓대는 가늘기가 화살대 같고, 붓털의 길이는 1촌 남짓하며, 붓끝은 뾰족하면서도 둥글다".[9] "족제비의 강한 털을 가려서 심을 넣은 다음, 조금 부드러운 털로 그 심을 둘러싸고, 또 더 강한 털로 겉에다 입혀서 거의 심과 가지런하게 하는데, 밀랍을 녹여서 일정하게 붙인 후에 아교阿膠로 굳게 붙인 이 붓은 중국에서 특히 귀하게 여겨 '천하의 보배'로 인정되었다."[10] 1790년 건륭황제乾隆皇帝의 생일 축하 기념일인 만수절萬壽節에 사은부사謝恩副使로 청나라에 다녀온 서호수徐浩修(1736~1799)의 사행기록使行記錄인 『연행기燕行紀』를 보면, 청조의 예부상서禮部尚書 기균紀昀에게 황서필黃鼠筆 30자루를 선물로 보내는 기사[11]가 나온다.

그러나 '황서필보다 더 좋은 것은 이 세상에서 찾아볼 수가 없다'[12]는 칭송만 있었던 것은 아니었다. 박지원은 『열하일기』에서 "(낭미필을 중국 사람들이 좋아하는 이유는) 외국의 진기한 물건이라 해서 그런 것이지, 실제 쓰고 그리기 좋아서 그런 것은 아니다"라면서, "(낭미필은) 굳세며 억세고 뻣뻣하여 부서질 염려가 있어 마치 동서를 가리지 않고 제멋대로 내닫는 철없는 아이와 같다"[13]

초상화의 수염같이 가는 선을 그리는 데 사용하는,
쥐 수염과 족제비의 꼬리털을 합쳐 만든 붓

김준근의 『기산풍속화첩』 중 「필공(筆工)」(프랑스 국립기메동양박물관
소장)

고 했으며, 조선을 대표하는 대서예가 김정희金正喜(1786~1856) 역시 "황모필은 우
리나라 사람이 숭상하지만 살짝 거칠고 미끄러운 흠이 있다"[14]고 했다.

박제가는 한 걸음 더 나갔다. "우리나라의 붓은 겉털이나 속털이 균일하기
때문에 한번 닳으면 완전히 몽당붓이 되고 만다. 그러나 중국의 붓은 속털이 속
으로 들어갈수록 짧아지고 겉털은 나올수록 길어진다. 그러니 오래 쓸수록 끝이
뾰족해진다."[15] 중국 붓에 비해 우리 붓은 질적으로 문제가 많다는 것이다.

앞에서 언급했듯이, 족제비털로 만든 붓만 있었던 건 아니다. 쥐의 수염, 곧
서수鼠鬚나 토끼의 털, 즉 토호兎毫로 만든 붓뿐 아니라 양모羊毛로 만든 백필白
筆, 집돼지털로 만든 황필黃筆 혹은 저모대필猪毛大筆 등이 있었다. 그러나 "쥐 수
염은 억세고 질기기는 하지만, 털끝이 너무 뾰족하고 가늘다. 너무 뾰족하고 가
늘면 부드러워 그것만으로는 붓을 만들 수 없다. 반드시 족제비의 털로 심을 박
고 쥐 수염은 겉만 입혀야 붓이 좋다. (……) 내가 일찍이 쥐 수염으로 만든 서수
필鼠鬚筆을 써보았는데, 심으로 박은 족제비털은 남아 있는데 겉에 입힌 쥐 수염
은 끝이 몹시 닳거나 잘려 없어졌다. 순 족제비털로 만든 붓만 못했다"[16]는 증언
도 전한다.

황서필이 인기를 얻어 비싸게 팔리자, 다음 일화에서 보듯이 가짜도 심심찮
게 유통되었던 것 같다.

내 친구 이생李生이 글쓰기를 좋아하여 일찍이 어떤 사람에게 부탁해서 황서필을 얻었는데, 터럭이 빼어나게 가늘고 번질번질 윤기가 흘러 기가 막히게 좋은 붓이라고 생각했다. 그런데 붓을 한 번 털어보니 그 속에 더부룩하게 이상

구한말의 필방

한 점이 느껴지기에 먹을 붓에 적셔 시험 삼아 글씨를 써보니 바로 구부러져 꺾이고 마는 바람에 글자가 제대로 이루어지지 않는 것이었다. 이에 주의 깊게 살펴보니, 그 속에 집어넣은 내용물은 대개 개의 터럭으로서 가늘고 윤기가 나는 족제비털을 겉에다 살짝 입혀놓은 것이었으므로 마침내 경악하며 탄식했다는 것이었다.[17]

이런 사기는 왕실도 비껴갈 수 없었다. "(태후전太后殿과 중궁전中宮殿에 바치는 물품 중) 황모필黃毛筆은 속임수가 있을까 염려되어 다섯 자루를 풀어보았는데, 그중 한 자루는 중간에 나쁜 털을 넣어 묶었"[18]던 것이다.

종이—눈꽃, 대나무, 매미 날개

종이는, 지금은 흔하지만 예전에는 쉽게 구하기 어려웠다. 편지 1,700여 통을 남겨 당시의 생활을 이해하는 데 많은 도움을 준, 몰락한 양반 조병덕趙秉悳(1800~1870)은 "종이 사정이 몹시 어렵다. 천하의 괴로움 중에 이것보다 심한 것은 없다"고 한탄했다.[19]

『경도잡지』에서는 이런 사정보다 당시에 인기 있거나 유행한 종이를 소개하고 있다. 설화지雪花紙라는 말은 눈처럼 희고 꽃처럼 아름다운 종이라는 뜻인

데, 실제로 눈雪과 밀접하게 연관되어 있다. 전통적으로 종이를 표백하는 방법은 천쇄川曬와 설쇄雪曬가 있다. 둘 다 햇볕에 표백하는 방법은 똑같지만 천쇄는 삶은 종이 원료를 물에 씻고 널어 말리는 것이고, 설쇄는 그것을 눈에 절반을 묻었다가 말리는 것이다. 눈은 자외선 반사도가 매우 높아 짧은 시간 안에 표백할 수 있고, 표백 정도도 상당히 높다. 설쇄는 겨울철, 그것도 눈이 왔을 때만 가능하므로 어디서나 할 수 있는 방법이 아니다. 그래서 설화지는 눈이 많이 오는 강원도 평강平康이 특산지다.[20] 물론 "순창淳昌의 설화지雪華紙로 도배를 하라"[21]는 전언에서 보듯이, 다른 지방에서도 설화지가 생산되었다.

"(명나라 사신이 쓰고 남은 물품 중에서) 설화지나 오색지五色紙 등을 관원에게 삭하朔下로 지불한 일"[22]도 있었는데, 그만큼 설화지가 귀했다는 것이다. 그러했기에 설화지는 아무 데나 쓸 수 없었다. 『선조실록』에서 "유희춘柳希春(1513~1577)의 일기에 '어필御筆로 쓴 제목을 보니 반듯하고 빛이 나므로 경탄을 금치 못하여, 곧 화원을 불러 설화지에 모사하게 했다.'"[23]거나, 신광수申光洙(1712~1775)가 "그대와 봄 시내에서 배를 타리니 / 설화지에 봄날 산 모습 다시 그려주게나"[24]라고 한 데서 보듯이, 귀한 글을 쓰거나 좋은 그림을 그리는 데 사용했다.

판소리 「흥부가」에도 설화지가 나온다. 흥부가 박을 타자 몸에 좋은, 귀한 약들이 쏟아져 나온다.

> 백옥병白玉瓶에 넣은 것은 죽은 사람 혼을 불러 돌아오는 환혼주還魂酒, 밀화 접시에 놓은 것은 소경이 먹으면 눈이 밝는 개안주開眼酒, 호박 접시에 담은 것은 벙어리가 먹으면 말 잘하는 개언초開言草, 산호 접시에 담은 것은 귀먹은 이가 먹으면 귀 열리는 벽이롱劈耳聾, 설화지로 묶은 것은 아니 죽는 불사약不死藥, 금화지金華紙로 묶은 것은 아니 늙는 불로초不老草.(신재효본 「박타령」)

불사약처럼 귀한 약을 싸서 묶는 종이가 다름 아닌 설화지다. 「수궁가」에서 토끼 화상畫像을 그리는 종이 역시 설화지다.(신재효본 「토끼타령」)

설화지가 언제부터 만들어졌는지
는 정확히 알 수 없다. 『선조실록』기사
를 볼 때, 적어도 16세기에는 이미 유
명해진 것으로 보이니, 설화지는 그 이
전에 만들어졌음을 알 수 있다. 고려
후기를 대표하는 문인인 이규보李奎報
(1168~1241)가 날개를 편 학처럼 생긴 부
채인 학령선鶴翎扇을 노래하면서 "눈빛
종이는 학이 날개를 편 듯하고 / 금빛 고
리는 쥐가 눈을 굴리는 듯하네"[25]라고
했는데, 여기서 '눈빛 종이', 곧 설지雪紙
가 설화지를 지칭하는 것이라면 고려시
대에 이미 만들어졌을 수도 있다.

얇지만 질기고 단단한 죽청지竹淸紙
역시 귀한 종이였다. 조선시대에 왕비,
왕세자, 왕세자빈 등을 책봉冊封할 때 내
리는 교명敎命[26]은 죽청지를 사용했고[27],
왕의 초상인 어진御眞도 죽청지에 모사

죽청지에 모사한 영조 어진(보물 제932호, 국립고궁박물관
소장)

했다.[28] 어진은 기름종이油紙에 버드나무를 태운 숯인 유탄柳炭으로 윤곽을 그리
고 그 위에 먹선을 그리는 초본 단계를 거치는데, 바로 그 기름종이를 죽청지로
만든다. 죽청지에 콩죽太白汁을 여러 번 올려 햇볕이 들지 않으면서 바람이 잘 통
하는 곳에서 말린 것이 기름종이다.

서기 100년경 한나라의 채륜蔡倫이 종이를 만든 이후, 수많은 종류의 종이
가 생산되었다. 조선시대의 경우, 19세기에 지어진 것으로 추정되는 「한양가」에
소개된 것만 해도 설화지와 죽청지 외에 품질이 썩 좋은 흰 종이인 백면지白綿紙,
윤이 나고 질긴 상화지霜花紙, 꽃무늬가 있는 화문지花紋紙, 도배할 때 맨 먼저 바
르는 초도지初塗紙, 임금에게 상소를 올릴 때 썼던 상소지上疏紙, 궁중 편지용 궁전

지宮箋紙, 시나 편지 등을 쓰는 시전지詩箋紙, 마름꽃의 무늬가 있는 능화지菱花紙, 매미의 날개처럼 매우 얇은 선익지蟬翼紙 등 매우 다양하다.[29]

설도와 시전지

잠시 시나 편지 등을 쓰는 종이인 시전지에 대해 알아보자. 시 짓기나 편지 쓰기는 품위 있고 고상한 행위였기 때문에 아무 종이에나 적지 않았다. 당시로서는 화려하게 문양을 넣거나 아름다운 색상을 입힌 종이에 시와 편지를 썼는데, 대개는 목판에 그림이나 문양을 새긴 뒤 여러 번 찍어내어 활용했다. 보통 선비들의 절개와 지조를 상징한다는 의미에서 사군자 문양을 선호했고 연꽃, 새, 병에 담긴 꽃, 다양한 길상吉祥의 문양이나 상서로운 글자를 그려 넣기도 했다. 단지 멋을 내자는 것이 아니라 자신의 행위를 좀 더 의미 있게 하거나 상대방에 대한 친근한 정을 담고자 한 것이다.

시전지도 시대적 변모를 거쳤다. "16세기에서 17세기에 이르는 단색의 단아한 화훼문 시전지 유행은 당시 수묵화의 유행과 상통하는 시각 문화를 보여준다. 또한 18세기 화훼문의 다양화와 다색 표현이 시도된 시전지는 당시 화훼 및 화조의 다양한 제재와 채색 위주로 전개된 화조화의 성행과 밀접하기 때문이다.

시전지와, 그것을 찍어내던 목판

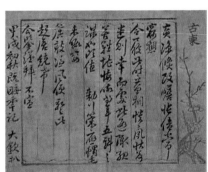

시전지에 쓴 편지

19세기의 시전지는 새로운 청대 화풍을 활용하는 통로가 되어 미인도 및 골동 등의 제재가 시전지와 회화에 두루 나타나게 되었으며, 19세기 우리 회화에서 난, 매화 등을 중심으로 하는 화훼화의 성행은 시전판 제작에 반영되어 중국과 달리 사군자 화훼를 특별히 애호하는 시전지 문화를 누렸다."[30]

우리나라에서도 유사한 일이 있었을 테지만, 시전지라 하면 우선 중국의 설 도薛濤(770?~832?)가 떠오른다. 설도는 당대唐代의 명기名妓이자 여류 시인이다. 그 녀는 만년에 두보杜甫의 초당草堂으로 유명한 성도成都의 서교西郊 근방에 은거했 는데, 그곳은 좋은 종이의 산지였다. 설도는 심홍색深紅色의 아름답고 작은 종이 에 시를 써서 명사들과 교유한바, 유명한 설도전薛濤箋이 그것이다.

그녀의 대표작 중 하나인 「춘망사春望詞」도 설도전에 썼을지 모른다. 「춘망 사」는 총 4수의 오언절구五言絶句인데, 그중 세 번째 수는 우리에게 잘 알려져 있다.

바람에 꽃은 떨어지려 하는데
님 만날 기약은 아득하기만 하네
한마음이건만 맺지 못하고
부질없이 편지만 접어보누나[31]

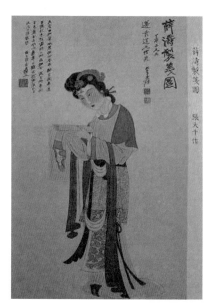

사랑하는 두 사람의 맺어지지 못하는 안타 까운 심사가 절절하게 묻어난다. 그런데 세 번째 와 네 번째 구절에 결동심結同心이라는 말이 거 듭 나타난다. 이는 사랑하는 사이에 정표의 의미 로 나누던, 화초 등으로 만든 여러 가지 매듭이 나 장식물을 말하기도 하지만 대개 연서戀書, 곧 연애편지를 의미한다. 이렇게 보면, 이 시는 사 랑하는 님을 보고 싶지만 용기가 없어 연서를 보 내려 접었다 폈다 망설이는 여인의 심사를 잘 담

중국 근대의 문인화가 장대천(張大千, 1899~1983) 의 「설도제전도(薛濤製箋圖)」

아내고 있음을 알 수 있다.

그런데 눈치 빠른 사람은 이미 마지막 구절의 동심초同心草를 보고 가곡「동심초」를 떠올렸을 것이다. 김억金億(1896~?)이 번역한 이 시에 작곡가 김성태가 곡을 붙인 노래가 바로 그것이다.

꽃잎은 하염없이 바람에 지고
만날 날은 아득타 기약이 없네
무어라 맘과 맘은 맺지 못하고
한갓되이 풀잎만 맺으려는고[32]

이 정도 번역이면 가히 창작이라 할 만하다. "한갓되이 풀잎만 맺으려는고"라는 마지막 구절을 보고 동심초를 풀이름으로 생각하기 쉽지만, 앞서 이야기한 대로 연애편지를 의미하니 식물도감을 찾아볼 일은 아니다.

종이값에 소설은 짧아지고 길어지고

종이가 대중적으로 광범위하게 쓰인 것은 조선 후기에 소설이 상업적으로 유통되기 시작하면서부터일 것이다. 18~19세기「소대성전蘇大成傳」, 「유충렬전劉忠烈傳」, 「조웅전趙雄傳」과 같은 방각본坊刻本 소설의 등장이 그것이다. 방각본 소설이란 이전 필사본筆寫本 소설의 유통상 제약을 극복하고 영리를 목적으로 목판 혹은 판목版

1906년 무렵에 간행된 완판본 완서계신판(完西溪新板)을 모본 삼아 목판서화가 안준영에 의해 복각된「심청전」상권 목판

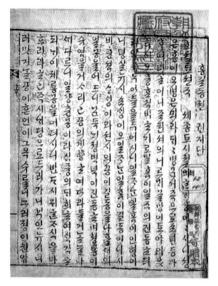
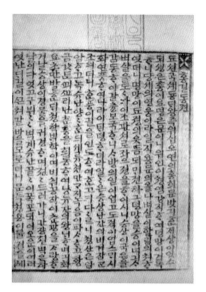

「홍길동전」 경판 30장본(국립중앙도서관 소장)　　　　「홍길동전」 완판 36장본(국립중앙도서관 소장)

木에 새겨版刻 출간한 고소설을 말한다.[33] 이 방각본 소설들은 새긴 지역에 따라 서울의 경판본京板本, 전주의 완판본完板本, 안성의 안성판본安城板本으로 나뉜다. 이 세 지역은 요즘 식으로 말하자면 대중적 출판사들이 있던 곳이다.

　　그렇다면 당시 어떠한 조건들 때문에 이들 지역이 소설 출간에 합당한 곳이 되었을까? 우선 소설을 구매할 수 있는 수요자인 독자층의 존재를 고려해볼 수 있다. 이런 점에서 서울은 1순위다. 안성 역시 서울 근교에 위치한 위성도시였다. 안성맞춤이라 하여 놋그릇鍮器이 서울에서 소비되었던 사정을 생각하면 된다. 전주는 다른 무엇보다도 종이를 쉽게 구할 수 있는 곳이었다. 지금도 전주에는 제지공장이 많다.

　　그런데 안성판본은 경판본과 대동소이한 반면 완판본은 새긴 글씨체나 분량, 문체, 작품의 지향과 주제 등에서 상당히 다르다. 그래서 이본異本이 출현하게 되었다. 이본이란 동일한 제목을 달고 있지만 내용 전개나 표현, 그리고 분량 등이 크게 다른 작품을 말한다. 우리가 흔히 「춘향전」이라고 부르지만, 실제로는 그 내부에 다양한 이본이 존재한다. 판각한 지역, 즉 경판본이냐 완판본이냐에 따라, 그리고 언제 판각했느냐에 따라 다른 종류의 작품이 생산된다. 그래서 같은「춘향전」이라도 완판본「열녀춘향수절가」84장본, 경판본「홍길동전」24 장본 등 여러 이본이 생겨나게 되었다. '장'이라는 것은 요즘 말로 하면 페이지를 가리킨다. 그것들은 말하자면 '전주에서 찍은 84페이지짜리「춘향전」', '서울에서 목판에 찍은 24페이지짜리「홍길동전」'인 것이다.

이렇게 이본이 나오게 된 배경에는 기본적으로 작품을 대하는 지역별 담당층의 인식 차이 같은 것이 전제되어 있겠지만, 그와 함께 상업적 이해관계도 한몫을 했다. 예를 들어 특정 소설을 판각할 당시 종이값이 폭등하면 출판업자(동시에 작자)로서는 가능한 한 작품의 분량을 줄이거나 한 줄에 더 많은 글자를 새겨 넣어 종이값을 더는 방식을 택했고, 반대로 종이값이 안정되어 있으면 소설의 분량을 대폭 늘렸다. 이렇듯 종이값은 소설이라는 대중 장르의 다양한 변주變奏를 야기하는 방향으로 작동했다.

방각본 소설의 유행에 이어 19세기 말에는 일본에서 들여온, 납으로 만든 연활자鉛活字를 사용해서 조판 인쇄가 가능해졌는데, 제작 공정이 매우 빠르고 비

딱지본 소설들의 표지

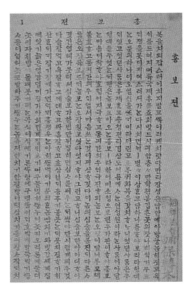

딱지본「흥보전」(1913년 신문관)

용이 적게 들 뿐만 아니라 간편하게 휴대할 수 있는 작은 크기의 판형(요즘의 B6판)에다 값도 쌌다. 덕분에 소설 유통이 비약적으로 발달하게 되었다. 이 소설들을 딱지본 소설 혹은 육전소설六錢小說이라 불렀는데, 책의 표지가 아이들 딱지처럼 울긋불긋하게 인쇄되었거나 당시 국수 한 그릇 정도의 싼값이었기 때문이다.

검은 벼루, 붉은 벼루

먹이 없던 시절에 중국에서는 대꼬치에 옻漆을 찍어 글자를 썼다. 우리나라에서는 고려 초기에 소나무를 태워 만든 그을음松烟에 사슴 가죽을 고아 만든 아교를 섞어 송연먹松烟墨을 제조했다.[34] 대개 목판 인쇄에는 이 송연먹을 썼으며, 금속활자 인쇄와 서예에는 유연먹油煙墨을 사용했다.

『경도잡지』에서는 해주海州의 유매먹油煤墨을 최고로 쳤다. 이 유매먹이 바로 유연먹으로, 기름을 태운 그을음으로 만든 먹을 말한다. 기름 중에서도 참기름의 그을음으로 만든 것을 가장 좋은 먹으로 여겼다. 18세기 이후 19세기 말까지 줄곧 그 유매먹이 대단한 인기를 누렸음을 이옥李鈺(1760~1815)과 김구金九(1876~1949)의 다음 증언에서 확인할 수 있다.

> 금년 봄 객지에서 입춘을 맞게 되었는데, 마을 사람들이 내가 글씨를 잘 쓸 것이라 생각하고 (입춘첩立春帖[35]을 얻으려) 사흘 전부터 종이를 들고 찾아온 자들이 발을 이었다. 처음에는 기쁜 마음으로 받아 써주었으나, 십여 폭이 넘어가자 그만 사양하려 해도 되지 않아 밤을 이어 써야 했다. 모두 사흘 낮밤 동안 차 한 잔 마실 시간도 없었고, 써서 준 것이 몇백 폭인지 알 수도 없었다. 내 행장 속에 큰 해주먹 한 자루가 있었는데, 이것이 다 닳아도 부족하여 다른 먹을 더 써야 했다.[36]

> 해마다 세밑이 되면 우리 집에서 닭, 계란, 연초 등을 다수 준비하여 어디론가 보냈고, 그러고 나면 감사의 표시로 역서曆書와 해주먹 등이 들어오는 것을 보았

다. 여덟, 아홉 살이 되어서 나는 그 연유를 알았다. 아버님은 한 달에 몇 번씩 소송을 당하여 해주옥海州獄에 구속되곤 하셨는데, 이럴 때 양반들은 고통을 덜기 위해 감사監司나 판관判官에게 접근하지만 아버님은 영리청營吏廳, 사령청使令廳에 계방楔房이란 수속을 밟아 해마다 선물을 하였던 것이다.[37]

그러나 좋은 먹은 구하기가 어려웠다. 앞에서 본 몰락한 양반 조병덕의 경우 좋은 먹을 구하기 위해 애를 쓰고 있다.

> 먹에 대하여는, 어릴 때부터 탄묵彈墨을 쓰지 못하는 것이 하나의 고질이 되어 고칠 수가 없다. 시장에서 파는 것은 탄묵뿐이고, 진품은 구할 수 없다. 구할 수 있거든 하나라도 구해 보내라. 지필묵은 본래 모두 모자라지만, 지금 떨어진 것은 먹이다.[38]

먹을 벼루에 갈아 쓰기가 불편할 때나 갑자기 많은 글을 써야 하는 경우를 대비하기 위해 먹물을 담아두는 그릇이 필요했다. 그것을 먹물통墨汁筒 담는 병이라는 뜻의 묵호墨壺라 불렀다. 묵호는 선비가 출행할 때에도 지녀야 할 필수품 중 하나였다. 그래서 휴대용 묵호가 다양하게 생겨났다. 묵호는 놋쇠뿐 아니라 백자나 청자 등 여러 재료로, 그리고 갖가지 형태로 만들어져 많은 '작품'이 생산되기도 했다.

다음 시구는 먹에 대한 최고의 헌사다.

정수리부터 갈아 덕을 닦고
몸 바쳐 충성을 다하네[39]

먹을 가는 도구인 벼루는 백제·신라시대에 흙으로 구워 만든 토연土硯이 발견될 정도로 오래전부터 사용되었다. 도자 기술이 발달한 고려시대에는 유약釉藥/泑藥을 발라 구운 도연陶硯인 청자연靑磁硯이 유행할 만큼 문인들이 아끼는 소

먹물을 담는 원통형 부분과 소형 붓을 넣을 수 있는 긴 대롱으로
구성된 묵호

휴대용 놋쇠 묵호(국립중앙박물관 소장)

먹물을 담아두던, 원숭이 모양의 청자 묵호(12세기, 국립중앙박
물관 소장)

장품이었다.

　벼루는 재질로 볼 때, 흙으로 만들되 유약을 바르지 않고 구운 토연, 흙으로
만들고 유약까지 발라 구워낸 도연, 돌을 깎아 만든 석연石硯, 쇠로 만든 철연鐵
硯, 옥돌로 만든 옥연玉硯, 단단한 나무로 만든 목연木硯이 많고, 때로는 점토를 높
은 온도로 구워 만든 전연塼硯, 찰흙으로 기와처럼 구워 만든 와연瓦硯, 고운 흙을
구워 만든 니연泥硯, 코끼리 상아를 깎아 만든 상아연象牙硯, 동물의 뼈로 만든 골
연骨硯, 나무줄기의 한가운데 연한 부분에 옻칠을 한 목심칠연木心漆硯 등 다양한
재료로 만들어졌다.

　이들 중 『경도잡지』에서 최고의 벼루로 주목한 것은 남포藍浦의 오석연烏石

남포 오석연　　　　　　　　　　　　　　　위원 자석연

硯이다.[40] 벼루에 특히 관심이 많았던 유득공은 "충청도 보령의 남포에서 나온 벼룻돌을 최고로, 안동의 마간석을 최하로 평가했다. 남포 벼룻돌은 최고의 명품으로 공인된 단계연, 흡연歙硯에도 뒤지지 않는다"[41]고 했다.

　　조선 후기의 고증학자考證學者인 성해응成海應(1760~1839) 역시 "내가 어릴 적부터 벼루 모으기를 좋아해 좋은 벼루를 많이 모았는데, 우리나라 것으로는 남포에서 나는 것을 따를 것이 없다"[42]고 극찬했다.

　　그의 증언에 따르면, "내가 서울에 있을 때 벼루를 만드는 김도산金道山과 친하게 지냈다. 도산은 홍주洪州의 아전이었다. (……) 홍주의 옆 동네인 남포에서 벼룻돌이 생산된다. 그런 까닭으로 그는 벼루 만들기를 좋아했다. 기술을 익힌 다음 아전을 그만두고, 서울에서 벼루를 팔아서 먹고살았다".[43]

　　이유원李裕元(1814~1888)이, "연경燕京에 들어가자 조사朝士들이 앞다투어 남포석을 찾으면서 도자기로 만든 벼루陶硯에 비할 바가 아니라고 했다"[44]고 할 정도로 중국에서도 유명했다. 그런데 유득공이 『경도잡지』를 지을 당시에는 위원渭原의 자석연紫石硯이 특히 인기 있었다. 위원은 평안북도 위원군에 속한 면으로, 압록강 중류의 굴곡 지대에 있다. 자석이란 글자 그대로 자줏빛이 나는 돌을 말한다. 이 자석연 중 "푸른빛 나는 것은 흡석연을 닮았고, 붉은빛 나는 것은 단계석을 닮았으나, 돌결이 좀 거칠다. 좋은 위원석은 물속에 쌓여 있기 때문에 여러 사람을 동원해야 얻을 수 있다".[45]

그러나 좋아한다는 것은 일종의 취향이어서 일률적으로 평가할 수 없다. 앞에서 말한 '벼루의 달인' 김도산의 생각은 이유원, 유득공과 조금 달랐다.

남포석이 가장 유명하지만, 검고 어두운 것이 애석하고 화초무늬도 그다지 빼어나지 못하다. 위원석은 그 청색은 흡주석歙州石 같고 자주색은 단계석端溪石 같으니, 좋은 품질이다. 하지만 종성鍾城의 치란석雉卵石이 은은한 청색에 흰색을 띠고 두드리면 맑은 소리가 나고 마치 옥처럼 따스하면서도 윤기가 있어서 발묵發墨이 잘되는 것만은 못하다. 평창平昌의 자석紫石과 고령高靈의 현석玄石도 좋은 품질이고, 단천端川의 황석黃石은 너무 굳세고 풍천豊川의 청석青石은 몹시 거칠고, 안동의 마간석馬肝石은 가장 열악하여 벼루로 사용할 수가 없다.[46]

수필 같은 청자연적

벼루 이야기를 하면서 연적硯滴에 대해 간략하게나마 언급하지 않을 수 없다. 피천득이 "수필은 청자연적이다"라고 했을 때의 바로 그 연적이다. 연적은 벼루에 먹을 갈 때 쓰는, 물을 담아두는 그릇을 말하는데 보통은 청자와 같이 도자기로 만들지만 쇠붙이나 옥, 돌 따위로도 만든다. 피천득은 청자연적을 난蘭, 학鶴, 그리고 청초하고 몸맵시 날렵한 여인과 동렬에 올려놓았다.

17세기 경기도 산본山本의 수리산修理山 아래에 살던 시골 선비 이응희李應禧(1579~1651)는 연적에 대해 다음과 같이 노래했다.

조카가 내 심부름꾼을 만나
멀리서 옥두꺼비[47]를 보내왔네

둥근 것은 천체天體를 따르고
안이 빈 것은 태허太虛를 본떴지
졸졸 샘처럼 물이 흘러나오고
방울방울 이슬인 양 물방울 떨어져
붓과 벼루 이제부터 윤택하리니
회포를 쓰고도 남음이 있겠네[48]

백자청화동채섬형연적(白磁靑華銅彩蟾形硯滴, 국립중앙박물관 소장)

우주와 하늘을 따르고 본떴다는 연적. 그로 말미암아 붓과 벼루가 물기를 머금어 비로소 윤택해지자 마음속 생각을 풀어낼 수 있었으니, 그 공이 작지 않다는 것이다.

실생활에서 반드시 그러하지는 않았지만, 옛 양반들은 대부분 안빈낙도安貧樂道, 곧 가난하게 생활하면서도 편안한 마음으로 도를 즐겨 지키는 것을 삶의 목표로 여겼다. 안분자족安分自足하면서 사치스럽게 살지 않겠다는 이 다짐이 소망스러운 것이라고는 해도, 그런데 그렇기 때문에 경제적 여유와 소비 욕구가 있으면서도 겉으로는 짐짓 소박한 척 꾸미려는 욕망도 함께 일어났다. 그래서 단순하고 언뜻 초라해 보이지만 실은 값비싸고 희귀한 물건들에 대한 선호가 생겨났다. 물론 고급의 문화적 감식안을 이러한 '불온한' 시각으로 폄하하는 것은 문제가 있을 것이다. 그러나 이른바 야취野趣[49] 추구의 일면에 또 다른 형태의 사치 욕구가 은밀하게 스며들어 있었던 것은 분명하다.

다음의 예에서 보듯이, 대나무로 만든 연적 같은 것이다.

구리의 성질은 맹열猛烈해서 물을 오래도록 담아둘 수 있다. 그러나 독기毒氣가 있어서 붓털을 많이 약하게 만든다. 자기磁器 연적이 좋기는 하나 대나무 연적만은 못하다. 대나무 한 마디의 길이가 2촌쯤 되는 것을 얻어 구멍을 뚫고 작은 대통을 꽂아 부리를 만들면 매우 좋다. 품격이 청아하여 진정 야인野人의 물건이다.[50]

대나무로 만든 연적이 어떤 형태였는지는 알 수 없지만, 구리나 자기로 만든 연적보다 낫다는 것이다.

'문방사우'에 대한 설명을 마치면서 마지막으로 가난한 선비들의 풍류 한마당을 소개한다. 나는 이것이야말로 진정한 문방사우라고 생각한다.

무자년 6월 그믐에 내가 윤병현尹秉鉉, 유금柳琴, 박제가와 함께 몽답정夢踏亭에서 쉬면서 참외 13개를 깎았다. 박제가의 소매를 뒤져 흰 종이를 얻고 부엌에서 그을음을, 냇가에서 기왓장을 얻었다. 시를 다 짓자 붓이 없기에 나는 솜대 줄기를 뽑아오고, 윤병현은 『운부韻府』의 낡은 종이로 노를 꼬고, 유금은 돌배나무 가지를 깎고, 박제가는 부들 순을 씹어 붓을 만들어서 연꽃 향기, 매미 소리, 폭포 물방울 속에서 쓴다.[51]

8
꽃 키우고 나무 심고

화초를 가꾸는 데 왜倭의 소철蘇鐵과 종려棕櫚 그리고 북경의 추해당秋海棠을 능숙하게 다루는 것을 높이 평가한다. 매화는 녹색의 꽃받침이 자연스럽게 비낀 것을 아름답다고 한다. 국화에는 홍학령紅鶴翎, 황학령黃鶴翎, 백학령白鶴翎의 삼학령三鶴翎과 금원황禁苑黃과 취양비醉楊妃 등의 이름, 그리고 오홍烏紅, 대설백大雪白, 소설백小雪白 등 여러 품종이 있다.

하나뿐인 이불은 매화에게

서울 주변의 풍경을 그린 정선鄭敾(1676~1759)의 진경산수화첩 『경교명승첩京郊名勝帖』[1]에 들어 있는 「독서여가讀書餘暇」라는 그림을 보면, 여름날 사방관四方冠[2]을 쓰고 부채를 든 선비가 툇마루로 나와 앉았다. 주인공은 책을 몰두해서 읽은 다음 잠시 마당의 나무와 화분의 꽃을 보면서 휴식을 취한다. 작은 것은 난이고 큰 것은 작약인 듯한데, 작약이 활짝 핀 것을 보니 오뉴월 여름인 것 같다.

그런데 그의 눈초리랄까 시선이 예사롭지 않다. 단지 책을 물리고 휴식 차 난과 작약을 바라보고 있는 것 같지만은 않고 그것들을 공을 들여 가꾸고 있는 것이 분명하다. 단지 여가인데도 그의 눈빛은 진지하다. 작약과 난초가 심어져 있는 화분도 예사롭게 보이지 않는다. 화분 받침대 역시 마찬가지다. 단순히 꽃

정선의 「독서여가」(간송미술관 소장)

을 즐기고 있는 게 아닐지도 모른다. 오히려 그것을 진진하게 감상한 후에야 비로소 책을 읽기 시작하려는 게 아닐까 하는 추측도 가능하다.[3] 여기서 당시 지식인 사회에서 화훼花卉 붐이 대단했다는 사실을 함께 생각해보면, 이 추론이 지나처 보이지 않는다.

"18세기 들어 화훼 재배와 정원 경영이 웰빙 붐을 타고 크게 성행했"⁴다. 특히 화훼에 대한 관심은 거의 벽癖, 요즘 흔히 쓰는 말로 마니아 수준이었다.

벽이 없는 사람은 아무짝에도 쓸모없는 사람이다. 벽이란 글자는 질疾(질병)과 벽僻(편벽됨)을 합한 것이니, 병 가운데 지나치게 치우친 것이다. 그러나 홀로 자기만의 세계를 개척하는 정신을 갖추고, 전문의 기예를 익히는 것은 종종 벽이 있는 사람만이 할 수가 있다.⁵

"승지 박사해朴師海(1711~?)는 매화에 벽이 있었다. 안채에서 자는데 눈보라가 크게 몰아쳤다. 매화가 얼까봐 걱정이 된 그는 덮고 있던 하나뿐인 이불로 매화를 칭칭 둘렀다. 그리고 벌벌 떨며 아내에게 이렇게 말했다. '이젠 안 춥겠지?' 당시 문인들의 화훼벽이 잘 나타난 유명한 일화다."⁶ 요컨대 이러한 화훼 사랑은 단지 여가 활용 그 이상의 극진한 애호, 곧 몰입 혹은 탐닉이었던 것이다.

이러한 동향은 소위 화훼 관련 서적의 대대적인 등장과도 맞물려 있다. 유박柳璞(1730~1787)의 『화암수록花菴隨錄』, 이옥의 『백운필白雲筆』, 홍만선洪萬選(1643~1715)의 『산림경제山林經濟』, 서명응徐命膺(1716~1787)의 『고사신서攷事新書』, 서유구徐有榘(1764~1845)의 『임원경제지林園經濟志』, 안종수安宗洙(1859~1896)의 『농정신편農政新篇』 등이 쏟아져 나왔다. 그 밖에 정약용은 「죽란화목기竹欄花木記」, 「다산화사이십수茶山花史二十首」 등과 같은 전문적인 글을 남겼으며, 이학규李學逵(1770~1835)는 화병에 국화를 꽂아놓고 그 그림자를 감상하며 국영시菊影詩를 여러 편 창작했다. 채제공蔡濟恭(1720~1799), 남공철南公轍(1760~1840), 이용휴李用休(1708~1782), 이가환李家煥(1742~1801), 심노숭沈魯崇(1762~1837) 등은 화원기를 남겼고 김덕형金德亨, 유득공, 이덕무, 이서구李書九(1754~1825), 김우손金祐孫, 박사해, 장혼張混(1759~1828), 심능숙沈能淑(1782~1840), 심상규沈象奎(1766~1838) 등은 화훼를 대단히 애호한 것으로 알려져 있다.⁷ 이 모두가 18~19세기에 일어난 일이다.

화훼에 관심이 많아졌다는 말은 화훼 수요가 늘어났음을 의미한다. 수요가 늘어나면 공급도 늘어나게 마련이다. 진귀한 풀, 꽃, 나무 등이 상품으로 유통되기 시작했고, 그것을 파는 상인이 대거 등장했다.

> 필운대 아래 누각동 및 도화동 청풍계 등지에 혹 아전으로 늙은 사람 가운데 한가롭고 또 가난한 사람이 있어, 꽃에 종사하는 이가 많다. 이미 그 낙을 붙이고, 그것으로 생계를 삼는다. 매화를 기이한 둥치에 접붙인 것, 국화를 삼색 모두 하나의 화분에 키운 것, 석류를 높이 키워 번성하게 열매 맺게 한 것, 분재한 대나무, 분재한 소나무, 분재한 복숭아나무 등의 종류를 왕왕 내놓고 팔기도 하는데, 값 또한 심히 높지 않다. 동백, 치자, 영산홍, 백일홍, 종려, 왜철쭉, 유자 같은 종류는 남방의 사람들이 어깨에 메고 등짐으로 져서 배로 운송하여 권귀가權貴家의 문전에 대어주니, 장시에서 얻을 수 있는 것이 아니다.[8]

> 도성의 백성들 중 가난하여 먹고살 방법이 없는 자들이 땅을 사서 원포園圃[9]를 만들어 꽃씨를 심어 내다 파니, 그 이익이 밭에서 농사짓는 사람의 몇 배나 된다. 그러니 꽃이 백성의 삶을 돕는 것이 많지 않겠는가.[10]

> 성북 쪽이나 성동 쪽이나 꽃 파는 일을 하니
> 서로 끊임없이 사계절에 피도록 하네
> 돈을 아끼지 않고 사가는 자 누구인가
> 붉은 난간을 한 장군과 재상집에 보낸다[11]

"돈을 아끼지 않고"라는 표현은 당시 꽃나무에 대한 애호가 어떠했는지를 잘 말해준다. "다른 사람의 집에 기이한 꽃이 있다는 말을 들으면 천금을 주고서라도 반드시 구했다. 외국의 배가 정박했다는 것을 알게 되면 만 리 밖에 있는 것도 가져왔다"[12]고 한 유득공의 고백에서 저간의 사정을 충분히 이해할 수 있다. "치자, 석류, 동백나무 / 각종 화분 나눠져 좋은 누대에 들여가네"[13]라고 한 데서 보듯이, 꽃나무는 한양 외곽은 물론 지방에서 배를 이용해 한강을 통해 한양으로 들어오기도 했다.

화훼상들 중에서 대표적인 인물로 조팔룡趙八龍을 들 수 있다. 당시 사람들은 그를 애송노인愛松老人, 곧 소나무를 사랑하는 노인이라 불렀다. 그는 "소나무를 극진히 사랑하여 백화산에서 십여 년을 돌아다니다가 마침내 세 번 서리고 아홉 번 굽은 소나무인 삼반구곡송三盤九曲松을 얻어 그것을 큰 화분에 심었다. 나뭇가지는 규룡虯龍[14]처럼 거칠고, 껍질에는 이끼가 덮였다. 손님을 대하면 스스로 자랑하여, '조팔룡은 재상 벼슬의 천 석 녹봉이나 백만장자의 재물도 부러워하지 않는다'고 했다".[15]

「태평성시도(太平成市圖)」 부분 확대. 분재상이 다양한 화초를 팔고 있다.

화훼상 중에는 몰락한 양반도 있었다. 그는 나무를 팔 때 장사꾼처럼 "'나무 사려賣柴'라고 외치지 않고 '내 나무吾柴'라고만 외쳐댔다. 심하게 눈보라가 치는 추운 날에는 골목골목을 다니면서 외쳤고 다른 때에는 거리에 그냥 앉아 있었다. 나무를 사러 오는 사람이 없을 때면 품안에 든 책을 꺼내 읽는데, 그 책은 고본古本 경서經書였다".[16] 평상시에는 장사꾼임을 드러내지 않으려 했지만, 그런 그도 추운 겨울에는 목구멍이 포도청이라 골목골목을 외치고 다녔다는 데서 조선 후기 몰락한 양반의 처참한 생활상을 엿볼 수 있다.

나무 중 기이한 건 소철이라네

『경도잡지』에 따르면, 화초를 잘 기른다는 말을 들으려면 소철蘇鐵과 종려棕櫚, 그리고 추해당秋海棠 정도는 능숙하게 다룰 줄 알아야 했다. 다른 것들이야 대체로 잘 다룰 수 있는데, 이 세 나무는 관리하고 키우기가 까다로웠던 모양이다. 소철과 종려는 일본에서, 추해당은 북경에서 들여왔다. 모두 수입해온 나무다. "근래에 들어 여러 공자公子와 도위都尉[17]의 집에서 소철, 화리華梨[18], 종려 등 꽃나무를 다투어 심는데, 그중에서도 외국산을 더욱 귀히 여기어 정원수의 우두머리로 삼"[19]았다.

우선 소철을 보자. 죽은 것을 쇠못을 치면 다시 살아나므로 소철이라 부른다는 이야기가 전한다.[20] 그 "성품이 건조한 것을 좋아하고 습기를 싫어하므로 시들려고 하면 뽑아서 지붕 위에 올려놓고 쇠못鐵釘을 그 껍질에 박아두면 다시 살아나니, 그 물성物性이 매우 괴이하다. 소철이라 이름을 붙인 것도 쇠로써 소생시킬 수 있기 때문"[21]이라는 것이다. 달리 철초鐵蕉라고도 부르는 이유이다.

소철은 "잎사귀가 크며 가늘게 찢어져서 보기에 매우 기이"[22]하여 인기가 많았다. 박지원의 소설 「우상전虞裳傳」은 역관 시인으로서 천재적 명성을 날린, 요절한 이언진을 기린 작품이다. 우상은 이언진의 자이다. 「우상전」에는 역관으로 일본에 갔다가 그 풍물을 노래한 이언진의 시가 보인다.

일본이란 나라를 볼작시면 / 깊은 파도 넘실대는 섬나라 / 숲속엔 부목[23]이 울창하여 / 그곳에선 해돋이를 볼 수 있고 / 여인네 하는 일은 비단에 수놓기요 / 토산품은 등자[24]와 귤이며 / 고기 중에 괴이한 게 낙지라면 / 나무 중 기이한 건 소철이라네[25]

지금은 귀화식물이 되어 여기저기서 흔하게 볼 수 있지만, 소철이 자라는 곳은 대개 중국 동남부와 일본의 남부 지방이다. 『경도잡지』에서는 왜倭의 소철을 특기했다. 『동사록東槎錄』이나 『부상록扶桑錄』 등 일본 견문기를 보면, 일본 남부

김홍도의 「취후간화(醉後看花)」.(국립중앙박물관 소장) 오른쪽 아래에 소철이 보인다.

지방에서 소철은 흔한 나무이지만 기후가 다른 우리나라에서는 키우기 힘든 귀한 나무였다.

물성이 괴이하고 기르기도 힘든 소철을 굳이 키우려 한 이유는 무엇이었을까? 더욱이 "값이 비싸서 유력자가 아니면 완상하는 것이 불가능하였"[26]음에도 어떻게 소철처럼 "희귀하거나 화려한, 그리고 고가의 화훼가 구매력과 소비 욕구가 확인된 수요처로 바로 공급"[27]될 수 있었을까? 물론 이국 취향이 강하게 작용했을 테지만, "줄기가 곁가지가 없이 바로 올라가고, 뿌리가 얽히지 않고 곧게 뻗어가며, 잎이 꼭대기에서 나와 일산傘처럼 사방으로 퍼지는"[28] 그 기이한 모습, 특히나 "그 잎이 봉의 꼬리 같아서 감상할 만"[29]했기 때문이었을 것이다. 그래서 소철을 봉미초鳳尾蕉라고도 했는데, 초蕉라고 한 것은 파초의 잎을 닮아서이다.[30] 여기서 다루지는 않지만, 파초는 양반들이 대단히 사랑한 화초 중 하나이다. 유박은『화암수록花菴隨錄』「화목구등품제花木九等品第」에서 파초를 제2등 취부귀取富貴에, 종려는 제3등 취운치取韻致에, 그리고 소철은 제4등 취동운치取同韻致에 넣고 있다.

소철은 열대식물이고 거의 꽃을 피우지 않는 나무여서 선가禪家에서는 그것을 무심無心 혹은 무작無作에 비유하여 사려와 분별을 단절하는 수행의 본으로 삼는다고 한다. 이렇게 볼 때, 황현黃玹(1855~1910)이 "그루마다 봄바람에 철수 꽃

피었네"[31]라고 감탄한 것은 이
해할 만하다. 철수鐵樹는 소철을
말하는데, 대개 철수개화鐵樹開
花라고 하면 보기가 쉽지 않은,
아주 드물게 나타나는 현상을
비유하는 말로 쓰인다. 그래서
우리나라 문인들의 시문에서 철
수개화는 보통 장수長壽를 비유
하는 말로 인용되곤 했다.

김홍도의 「군현(群賢)」.(개인 소장) 종려나무 아래에서 여러 현인이 앉아 즐기고 있다.

　　종려나무 역시 인기가 많았
다. 그 기이한 모양새 덕분이다. 야자나무과에 속하는 종려는 일본 규슈 지방이
원산지여서 일본산 종려라는 뜻으로 왜종려倭棕櫚라고 부르기도 했다. "종려나
무는 분재盆栽한 것이 있는데 뿌리 크기가 파초와 같으며, 더부룩하게 털이 덮였
으므로, 그것으로 짜서 자리를 만들고 또 비를 만들기에 편리하며, 잎사귀는 접
은 부채를 차차 펴는 모양과 같다."[32]

　　종려나무는 16세기에 일본에서 들여온 것으로 보인다. 정경세鄭經世
(1563~1633)가 "신묘년(1591, 선조 24) 봄에 돌아와서 부산에 도착하였는데 행낭이
텅 비어 아무것도 없었으며, 오직 석창포石菖蒲와 종려나무 분재만 몇 개 있을 뿐
이었다. 안동을 지나면서도 집에는 들르지 않은 채 조정으로 곧장 올라가 보고
했다"[33]고 한 데서 보듯이, 종려나무는 비싼 값에 수입되었고 왕실에서도 특별
히 아꼈다. "17세기에는 황호黃㦿(1604~1656), 이현석李玄錫(1647~1703) 등의 집에
종려나무가 있었다는 기록이 그들의 문집에 보인다."[34]

　　종려는 서울에서 기르기가 좀 어려웠던 것 같다. "영남 군영에 종려나무 한
그루가 있는데, 높이가 몇 길이 되고 잎이 우산처럼 넓어 시원한 그늘이 즐길 만
하였으니, 마땅한 토양을 얻었기 때문이었다. 장수將帥로 있던 자가 서울에 가지
고 와서 옮겨 심었는데, 몇 년 동안 재배하였으나 끝내 고사枯死하였으므로, 보는
사람들이 아깝게 여겼다."[35]

그래서인지 종려는 대단히 귀하게 여겨져 임금도 탐을 낼 지경이었다. '종려나무 강탈 사건'이 그래서 발생했다. "10월. 상이 후원에 심었던 종려나무를 뽑아서 민가의 본주인에게 돌려주라고 명하였다. 상이 일찍이 종려나무를 구하였는데, 전 안악군수安岳郡守 홍만회洪萬恢의 집에 있다는 소문을 듣고 액정서掖庭署의 하례下隷[36]를 시켜 구해오게 하였다. 이는 홍만회가 바로 영안위永安尉 홍주원洪柱元의 막내아들로서 외척이 되기 때문이었다. 이에 홍만회가 뜰에 내려와 엎드려 말하기를, '이마에서 발끝까지 국가의 은덕을 입은 처지에 머리털과 피부라 할지라도 감히 아끼지 못할 터인데 하물며 꽃나무이겠습니까. 다만 나라의 외척이라고는 해도 소원한 외방의 신하이기에 꽃나무를 드리는 것은 죄스러워 감히 하지 못하겠습니다. 신의 집에도 또한 그대로 둘 수 없습니다' 하고는 즉시 뽑아버렸다. 액정서의 하례가 그 상황을 아뢰니, 상이 훌륭하다고 칭찬하고, 드디어 이와 같은 명을 내렸다."[37]

한편 종려나무는 실제 생활에서 쓰임새도 많았다. 껍질로 만든 큰 닻줄과 멍석, 뿌리로 만든 필통, 그 재灰로 만든 약, 잎으로 만든 부채 등이 그것이다.[38] 그중에서 특히 닻줄은 쓰임새가 많았다. 그것으로 그물을 만들어 밭을 측량하는 도구로 쓰기도 했다.

종려나무 껍질로 새끼를 꼬아 그물을 만들고 그물의 눈은 반드시 백 개로 한정하는데, 그물눈은 네 면을 각각 여섯 자로 만든다. 여섯 자를 보步라고 하니, 전지田地를 측량할 때 이 그물을 밭에 덮어씌워 하나의 그물눈을 한 묶음束으로 삼으면 백 개의 그물눈은 열 짐負이 될 것이다. 종려나무 껍질은 질기기 때문에 구부려 줄일 수 없으니 조작할 여지가 없다.[39]

북경에서 들여온 추해당도 인기 수종이었다. 어느 책에서 '가을 해당화'라고 번역했지만, 추해당이 정식 이름이다. "중국의 해당화는 우리나라 해당화와 같지 않다."[40] 요즘 흔히 해당과海棠科의 꽃은 모두 베고니아라고 말하는데, 추해당은 그중에서도 목베고니아다. 8월에 꽃이 피어서 팔월춘八月春이라고도 하지만, "옛날에는 부인이 님을 사모하면서 항상 북쪽 담장 아래에서 눈물을 흘렸다. 뒤에 눈물을 흘린 곳에서 풀이 자랐는데 그 꽃이 매우 아름다워 단장화斷腸花라 불렀다"[41]는 전설이 더욱 애틋하다.

"모양이 금봉화金鳳花 같고, 색깔은 붉은색으로 사랑스러운"[42] 추해당은 "그 성질이 음습陰濕한 데를 좋아하여 일광日光을 보면 시들며, 깨끗한 것을 기뻐하므로 결코 더러운 비료를 주어서는 안 된다. (……) 서리가 내린 뒤에 그 뿌리를 캐서 얼지 않게 간직했다가 2월에 심으면 더 좋다. (……) 꽃만이 아름다운 것이 아니라 잎사귀가 한층 더 곱고 아름다우니 꽃과 잎의 자태가 모두 여리고 고운 아름다움을 자랑한다".[43] 곱고 아름다운 대신 손이 많이 가서 세심하게 다루어야 했다.

박제가가 노래한 추해당은 꽃만큼이나 아름답다.

청나라 말기·중국 근대의 화가 고기봉의 「추해당」

　　나비 한 쌍 너울너울 날아드노니
　　비녀와 귀고리를 갖추었구나
　　추해당 그 꽃 정말 어여쁘구나
　　해맑게 발 친 책상 비추어주니[44]

온실만 있으면 문제없지

열대성 식물인 소철이나 종려 등은 겨울을 나기가 상당히 어려웠을 것이다. 추해당은 겨울에 뿌리가 얼게 해서는 죽어버린다고 했다. 『경도잡지』에서 "화초를 가꾸는 데 왜倭의 소철蘇鐵과 종려棕櫚, 그리고 북경의 추해당秋海棠을 능숙하게 다루는 것을 높이 평가한다"라고 한 말이 이해된다. 그렇다면 이 문제는 어떻게 해결했을까? "비단 창을 제거해버리고 모직 요로 가렸더니 / 바깥과의 사이에 한기도 전혀 없어졌네"[45]라고 한 데서 보듯이, 방풍 시설이나 움집 등 여러 방법을 동원했지만 결정적인 답은 온실이었다. 1450년 의관醫官 전순의全楯義의 『산가요록山家要錄』에 등장하는 온실이 이 문제를 본격적으로 해결해준 것이다.

『산가요록』은 "세종조에 들어와서 채소 농업의 활발한 보급 등 농업 전반에 새로운 주체적인 필요성이 대두되었을 때 식의食醫[46] 출신으로 농업에 관심이 있던 의관 전순의를 통해서 중국의 농서를 우리나라 실정에 맞게 수정한 최초의

전순의의 전언에 입각해 복원한 온실 외부(위)와 내부(아래)

종합 농서이면서 중세의 우리나라 음식을 300가지 가깝게 그 조리법이 수록된 전문 조리서이다. (특히 그 책에는) '겨울 채소 기르기冬節養菜'라는 제목으로 세계 최초로 습도와 온도를 조절하는 온실 건축법이 기록되어 있다".[47]

"오늘날의 온실과 비교해보아도 전혀 손색이 없는 15세기 온실은 바닥에는 구들을 놓아 불을 지펴서 난방열을 공급하는 한편, 태양 복사열이 기름을 입힌 한지의 투과체를 통해 온실 내로 투과된 후에 실내 바닥 및 황토 벽체에 흡수되도록 했다. 이렇게 흡수된 후에 장파장의 복사열로 바뀌게 되면서 한지

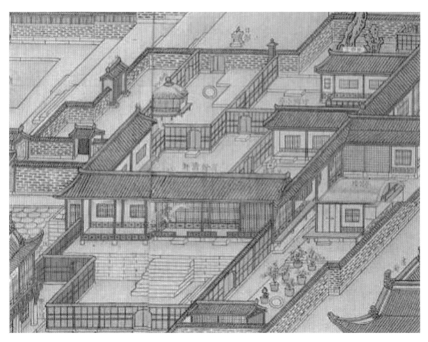

「동궐도(東闕圖)」(부분)의 '창순루(蒼筍樓)'. 오른쪽 아래 화분들이 놓인 뒤편 초가가 온실인 창순루이다.

를 통해 다시 투과하여 나가지 못하게 됨으로써 온실 내의 온도가 상승하는 효과를 얻었다."[48] 대단히 과학적인 설계가 아닐 수 없다. 한마디로 조선 온실은 지중가온地中加溫과 공중가온空中加溫이라는 이중의 가온법을 채택한[49], 대단히 우수한 구조물이었다.

이 온실에서는 주로 채소를 길렀는데, 『산가요록』에 따르면 오이, 수박, 동아, 박, 토란, 아욱, 가지, 순무, 무, 갓, 생강, 마늘, 파, 염교菜芝, 부추, 버섯, 근대, 상추, 미나리, 배추 등이 주요 작물이었다.

"강화도에서의 겨울철 감귤 재배와 태인도회泰仁都會의 겨울철 양잠 생산"[50]도 온돌을 이용한 온실에서 이루어졌던 것으로 보아 소철, 종려, 추해당도 겨울철 온실의 한 부분을 차지했을 것으로 짐작해볼 수 있다.

마지막으로 이충李冲(1568~1619)을 잡채판서雜菜判書라고 불렀다는 일화를 소개한다.

이충은 타고난 성품이 탐욕스럽고 방종하며 거칠고 사나웠다. 광해 말세에 샛길로 손을 잡아 온갖 수단을 다 부려 임금에게 아첨하고 못된 비위를 맞추었다. 겨울철에는 반드시 땅속에 큰 집을 마련해놓고 그 속에다 채소를 심었는데, 새로운 맛을 취한 것이었다. 반찬을 매우 맛있게 장만해 아침저녁으로 올렸는데, 그로 인해 총애를 얻어 높은 품계에 올랐다. 그가 길에 오가면 비록 삼척동자라도 반드시 '잡채판서'라 지목하면서 너나없이 침 뱉고 비루하게 여겼다.[51]

여기서 주목해야 할 내용은 '겨울철 땅속에 큰 집을 마련해 채소를 심었다'는 사실이다. '땅속에 큰 집을 만들었다'에 해당하는 원문은 '대작토실大作土室'이다. 토실이라는 말이 모호하기는 하지만, 이것을 온실로 보아도 큰 무리가 없다. 땅을 파고 위에 거적 따위를 얹은 다음 흙을 덮어 추위와 비바람을 막게 한 움 혹은 움집土宇이 주로 채소를 보관하는 기능을 하는 데 반해[52], '채소 종자를 심어서 새로운 맛을 얻었다'는 것으로 보아 이 토실은 온실일 가능성이 상당히 높은 것이다. 물론 토실이 곧 온실을 뜻하는 것은 아니었다. 예컨대 고려시대에도 토실이 있었던바, "겨울에 화초나 과일을 저장하기에 좋고 또 길쌈하는 부인들에게 편리하다. 아무리 추운 때라도 온화한 봄 날씨와 같아 손이 얼어터지지 않으므로 참 좋다"[53]고 한 데서 보듯이, 그것은 움집을 의미하는 것이었기 때문이다.

매화를 사랑하려 백발에 도달함이라

사군자의 으뜸인 매화에 대해서는 남겨진 기록이 너무 많아 이루 다 참고하기 어려운 실정이나 그중 대부분은 학창 시절에 외웠던 아치고절雅致高絕, 이 한마디로 요약된다 해도 과언이 아니다. 우아한 풍치와 고상한 절개가 있다는 말이다. 겨울에 홀로 꽃을 피우는 그 대견함을 두고서는 얼음같이 투명한 모습과, 옥과 같이 뛰어난 바탕을 강조해 빙자옥질氷姿玉質이라고도 했다. 안민영安玟英(1816~?)은 「매화사梅花詞」에서 이렇게 노래했다.

빙자옥질이여 눈 속의 네로구나
가만히 향기 놓아 황혼월黃昏月을 기약하니
아마도 아치고절은 너뿐인가 하노라

　　매화에 대한 사랑이 얼마나 지극했
는지는 가난한 화원 김홍도에게서 찾아
볼 수 있다. 김홍도는 "원래 집이 가난하
여 간혹 끼니를 잇지 못하였다. 하루는
어떤 사람이 매화 한 그루를 팔려고 하는
데 매우 특이하였다. 돈이 없어 못 사고
있는데, 마침 돈 삼천 전을 보내준 사람
이 있었으니, 그림을 요청하는 예물이었
다. 이에 이천 전을 떼어 매화를 사고, 팔
백 전으로는 술 몇 되를 사서 동인同人들
을 모아 매화음梅花飮을 마련하고, 이백
전으로 쌀과 땔나무 비용을 삼았으니, 하
루의 계책도 못 되었다".[54] 매화음은 매
화꽃이 피면 벗들을 초대해 주연酒宴을
베풀고 시회詩會를 갖는 것을 말한다.

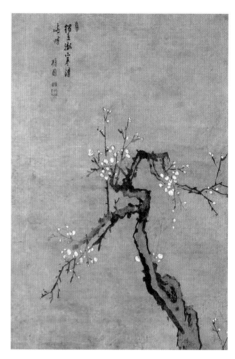

김홍도의 「백매(白梅)」(간송미술관 소장)

늙은 매화나무는 달빛 드리워 희고
가을 열매는 서리 내려 붉었었지
궁한 벗들에 호음豪飮하는 이 많아
슬피 노래하면 몹시 공교한 데 이르렀지[55]

　　이인상李麟祥(1710~1760)이 1738년 겨울 북악 아래에 있는 이명익李明翼
(1702~1755)의 집에서 매화음을 즐긴 일을 회상한 시다. 궁한 벗들의 호음하는 슬

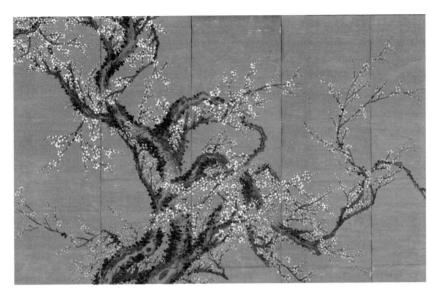

조희룡의 매화 8폭 병풍 「홍백매화도(紅白梅花圖)」(국립중앙박물관 소장)

품이 전해져온다.

매화는 대개 어떤 격식도 규범도 없이 자연스럽게 뻗어나가는 선을 높이 쳐준다. "(매화는) 비스듬히 기울어 여윈 것과 늙은 가지가 기이하게 생긴 것을 귀하게 여겼다."[56] "운치가 있고 격이 높은 고로 비스듬히 빗긴 가지에 거꾸로 피어 늙은 가지는 길고 짧고 가지런하지 않고 어린 가지가 곧게 올라가 향기가 사람에게 끼치면 가품佳品"[57]으로 여겼던 것이다. 같은 매화라도 특이한 품종과 양태에 각별한 관심을 가지고 있었음을 알 수 있다. 남들과 좀 더 다르게 하는 소위 '구별짓기'야말로 문화 마니아들의 특징일 것이다.

매화를 단지 꽃만으로 즐긴 건 아니다. 수많은 매화시가 그 증거이다. 또 그림으로 그려 늘 곁에 두고 감상했고 벼루와 먹, 그리고 편액扁額이나 차에도 매화를 연결시켰다.

내 손으로 붉은 매화의 큰 병풍을 그려서 잠자리에 둘러놓으니, 조그만 방 안의 크고 작은 매화들이 그림 속의 매화와 더불어 서로 다투어 피어난다. 벼루는 매화시경연梅花詩境硏을 사용하였고, 먹은 매화서옥장연梅花書屋藏烟을 사용하였다. 시 한 연을 써서 벽에 걸어두었는데, "장수할 상이 아닌데 노경老境에 머무름은, 매화를 사랑하기 위해 백발에 도달함이라"고 하였다.[58]

바야흐로 매화백영梅花百詠을 지을 작정인데, 시가 다 이루어지면 내 사는 곳의 편액을 매화백영루梅花百詠樓라고 하여 내가 매화를 좋아하는 뜻을 쾌히 보상할 것이다. 그러나 그것을 쉽게 이루어내지 못하여 괴롭게 읊조리다가 소갈증이 나면 매화편차梅花片茶를 마셔 가슴을 적시곤 한다.[59]

녹악매

『경도잡지』에서는 매화 중에서도 특히 "녹색의 꽃받침이 자연스럽게 비낀 것을 아름답다고 했다". 녹악매綠萼梅 혹은 악록매萼綠梅다. "모든 매화의 꽃받침과 꼭지는 붉은 자주색인데, 이 녹악매만이 순녹색이고 가지와 줄기도 청색이다."[60] 녹영매綠英梅라는 이름이 과하지 않다.

참모습 묘사하는 화가에게 늘 유감은
채색은 속되고 수묵은 까마귀 같은 것
그대 대하고 비로소 미공麋公[61]의 묘함을 알았나니
여자 신선 악록화萼綠華[62]를 홀로 그려놓았구려[63]

서영보徐榮輔(1759~1816)가 지은 '일찍이 진미공이 매화를 직접 그려놓고 선인 악록화라고 제한 것을 보았는데, 지금 내가 소장한 매화가 미공이 그린 것과 매우 비슷하기에, 마음속으로 기이하게 여기면서 이렇게 썼다'는 긴 제목의 시다. 악록매의 모습이 특별히 맑고 고결하기 때문에 일 벌이기를 좋아하는 사람들이 그것을 구의산 선녀 악록화에 견주었다고 했다.

매화를 사랑한 나머지 악보에서 가사나 시조 등의 창법이나 장단을 나타낼 때 매화 무늬를 찍어 넣어 그렸다. 조선 후기의 가객歌客 장우벽張友璧(1753~1809)이 고안했다고 전하는 매화점梅花點이다.[64] 1876년에 간행된『가곡원류歌曲源流』에서 처음으로 등장했다. 매화점은 까만 점陰點과 흰 점陽點으로 가곡의 장단을 나타낸 것이다. 장구를 칠 때 까만 점은 맨손으로 치는 '쿵'과 '덩'을, 흰 점은 채편을 사용하는 '덕'과 '더러러러', '기덕'을 나타낸다. 이 모양이 마치 매화 가지에 꽃송이가 달린 것과 같다고 해서 붙여진 말이다. 이것을 매화점 혹은 매화점 장단이라고 부른 것은 가곡이 사대부나 중인 가객이 애호한 장르이며, 매화가 이들이 완상했던 사군자의 하나였기 때문일 것이다.

매화점

한편 박지원은 매화시를 짓고 그림을 그리는 따위를 겉치레라고 꾸짖었다.

『시경』과『서경』에는 매화를 말하면서 열매만 말하고 꽃은 말하지 않았는데, 우리들은 지금 매화시를 지으면서 향기를 평하고 빛깔을 견주어 꽃의 아름다움을 음미하면서 그래도 부족하여, 또 따라서 그 모습을 그림으로 그리곤 하니, 겉치레에다 또 겉치레를 더하여 참모습과의 거리가 더욱 멀어지고 말았소.[65]

윤기尹愭(1741~1826) 역시 마찬가지였다. 아치고절이니 빙자옥질이니 하는 세간의 평가에 따끔하게 일침을 놓고 있다.

늙은 밑둥에 서너 가지 성글게 솟은
작은 매화 분재가 비단 병풍 속에 비스듬히 갈무리되어 있네
추위 이기고 꽃떨기 피웠노라 말하지 마오
그대가 본 것은 모두 부잣집에 있는 것이지[66]

학창 시절에 감탄하면서, 혹은 시험공부 차 배운 그것이 대단히 일방적이었

음을 알겠다. 세상사 형평을 맞춰야 비로소 바로 볼 수 있다.

웬만한 집이라면 국화 화분 몇 개쯤은

국화 역시 양반 사대부들이 극진히
사랑한 품종이다. "자연에 묻혀 사는 호
사가들은 국화를 군자에 비견하곤 한
다. 그들의 설명에 따르면, 계절이 바뀌
어 초목이 시들게 될 때 홀로 찬란하게
피어나 바람과 이슬을 꿋꿋하게 견디
니 산인山人과 일사逸士의 절개에 견줄
만하다. 적막하고 춥더라도 도를 즐기
는 넉넉함은 그 즐거움을 바꾸지 않는
다."[67] 국화에 오상고절傲霜孤節, 곧 서릿
발이 심한 속에서도 굴하지 아니하고
외로이 지키는 절개라는 명예를 붙여
줄 만하다.

그런데 18세기가 되면 국화는 보다
전문적으로 재배하게 되고 고가에 팔
리는 상품이 된다.

김홍도의 『풍속도병』 중 「만절쟁경(晚節爭卿)」 부분
(프랑스 국립기메동양박물관 소장)

우리나라에는 꽃 가게가 없다. 그러므로 일찍이 꽃을 파는 사람이 있지 않았다.
필운대 아래 누각동 및 도화동 청풍계 등지에 혹 아전으로 늙은 사람 가운데 한
가롭고 또 가난한 사람이 있어, 꽃에 종사하는 이가 많다. 이미 그 낙을 붙이고,
그것으로 생계를 잇는다.[68]

옛날 여항에 김 노인이란 자가 있었는데 국화를 잘 심어서 꽃을 일찍 피우게도, 늦게 피우게도 했다. 또 몇 치 크기로 키워, 꽃이 손톱처럼 작고 빛깔은 곱고 자태는 간드러지게 하기도 했고, 한 길 넘는 크기로 키워 꽃이 몹시 크게도 했다. 게다가 꽃의 색깔이 옻칠한 듯 검게도 했고, 또 가지 하나에 여러 빛깔의 꽃이 섞여 피우게도 했다. 귀공자들과 높은 벼슬아치들이 앞다투어 그 꽃을 사서 노인은 그 값으로 생계를 꾸렸다. 하지만 그 방법을 비밀에 부쳐 후세에 비방을 전하는 자가 없다.[69]

"근래 서울에서 화분에다가 국화를 심는 일이 매우 성행하"[70]여 웬만한 집이라면 국화 화분 몇 개씩은 놓고 살았다. "국화의 품종은 심히 많다. 유몽劉蒙의 보譜에 35종, 석호石湖의 보에도 35종, 사정지史正志의 보에는 또 28종인데, 혹 겹쳐 나오는 것도 있으나 대체로 100종에 가깝다."[71] 이것은 중국의 사례이지만, 우리나라도 만만치 않았다. 김정희는 국화의 품종이 163종이나 된다고 했다.[72] 기존에 없던 품종을 만들어내거나 중국에서 대거 들여왔고 백운타白雲朶 등 일본에서 흘러들어온 것들도 있었다.[73] 정약용은 제자인 황상에게 국화를 기르려면 적어도 48종은 되어야 한다고도 했다.[74]

이렇게 되니 그중에서도 어떤 국화가 제일이냐는 등급 매기기가 자연스레 제기되었다. 김정희는 163종의 국화 중에서 으뜸으로 학령鶴翎을 들었고[75], 심능숙은 삼학三鶴[76]을 높게 치는데 그중에서도 백학령을 으뜸으로 여긴다고 했으며[77], 기정진奇正鎭(1798~1879)도 백학령이 더욱 인기가 많다고 했다.[78]

나는 평소 국화꽃 좋아하는 벽癖이 있어
반수泮水[79] 가에서 그윽한 국화 모종 구하노라
만약에 삼령三翎에다 금취禁醉까지 얻는다면
적막하던 내 집이 화려하게 변하리라[80]

윤기의 시다. 그도 다른 양반들처럼 국화를 대단히 애호해 스스로 벽癖이 있다고 할 정도였다. 이 시에서 삼령은 삼학령이고, 금취는 금원황禁苑黃과 취양비醉楊妃를 말한다. 역시 국화의 품종 중 하나인데, '궁궐 동산에 핀 노란 국화'니 '술 취해 볼이 발그스레한 양귀비 같은 국화'라느니, 그 이름들도 범상치 않다.[81] 이것들은 모두 『경도잡지』에서 특기한 품종이다.

유득공이 바라본 18~19세기 서울 양반들은 이들 외에도 오홍烏紅이니 대설백大雪白, 소설백小雪白 등의 국화도 사랑하였다. 이미 선조 때 일본의 회례사回禮使[82]인 평조신平調信은 서계書契[83]에서 "오홍국烏紅菊은 저장해놓은 것이 있을 경우 보내주면 고맙겠다"[84]고 한바, 그 아름다움이 일인에게까지 알려졌던 것이다. 인평대군麟坪大君(1622~1658)은 청나라에 사신으로 가 오홍국을 보고는 대단히 부러워하면서 그것을 조선에 가져가려고 했다.

> 우리나라의 이름난 정원에도 비록 국화를 많이 심었지만, 이와 같이 오홍빛과 설백雪白 빛깔의 종자가 귀한 것이 한스럽다. 지난번 사신 들어갈 때 마침 9월의 절기여서 기봉당起鳳堂 처마 앞에 국화꽃이 아름답게 피어 있었다. 한가롭게 거닐면서 이를 구경했는데, 대나무 숲 곁에 오홍과 설백이 탐스럽고 아름답게 피어 있었다. 우리 집에 옮겨 심고 싶은 생각이 들어서 주인에게 화분 두 개를 간청해서 얻어 심어놓고 돌아오는 길에 가져가기로 했는데, 이제 와서 물어보니 주인이, "깊은 겨울철에 가지고 가면 반드시 얼어 죽을 것이니, 동지사冬至使[85]가 돌아가는 길에 정성을 다해서 보내주어 가지고 싶어 하는 그 뜻에 보답하겠습니다"라고 하기에 그의 말대로 보관해두었다.[86]

설백雪白은 눈처럼 흰 국화를 말한다. 그런데 『경도잡지』에서는 그 종류를 대설백大雪白과 소설백小雪白으로 나누었다. 꽃송이가 크고 작은 흰 국화를 말한다. 그런데 '待雪白', '笑雪白'으로 표기한 자료도 다수 눈에 띈다. '흰 눈을 기다린다'거나 '흰 눈을 보고 미소를 짓는다'는 말이니, 그것도 그런 대로 운치가 있다.

여유가 없으면 상상 속의 정원이라도

원림園林을 조성해서 다양한 꽃나무를 가꾸는 일이야 당시 양반과 선비의 로망이었겠지만, 문제는 돈이다. 경제적 여유가 있어야 정원을 마련할 뿐더러 귀하고 비싸서 구하기 어려운 꽃나무들로 꾸밀 수 있다.

> 연못과 누대, 화단과 정원, 그리고 이름난 꽃과 아름다운 나무는 사람의 심성을 기르게 한다. 따라서 그것을 완물상지玩物喪志[87]라고 하면 옳지 않다. 젊었을 때 그것에 뜻을 두었고 나이가 들어 더 심해졌으나 제대로 누리지 못한 것은 재물 이 없어서이다.[88]

백거이가 만년에 정원을 조성하여 즐긴 일을 소재로 「지상편地上篇」이라는 시를 썼는데, 강세황姜世晃(1713~1791)이 그것을 그림으로 그려 처남 유경종柳慶種 의 사촌인 유경용柳慶容에게 주었다.

이렇게 재물이 없어 원림을 마련하고 꽃나무로 꾸밀 형편이 안 될 때는 상상 속의 정원을 꾸며 글로 남기는 일이 크게 유행했다. 의원意園이다.[89] 의원은 돈이 나 시간이 없거나 건강이 허락지 않아 명승을 유람하지 못할 때 그것을 그린 그 림을 걸어두고 바라보면서 상상의 여행을 떠나는 와유臥遊와 유사한 행위다.

가난했던 선비 유만주俞晩柱(1755~1788)는 1785년 5월 16일 일기에 이렇게 적 고 있다.

강세황의 「지상편도」 부분

이런 생각을 했다. 뜰의 연못가에 아름드리 오래된 소나무 열 여남은 그루가 있고, 거기 더하여 대나무를 무성하게 심고, 늙은 매화나무, 종려나무, 귤나무, 유자나무, 파초, 수정석류, 앵두, 연꽃, 국화, 벽오동, 단풍나무, 느티나무, 사철나무, 동백, 춘백, 동해홍, 패랭이꽃도 심는다. 장미, 모란, 홍도紅桃, 벽도碧桃, 철마다 피는 꽃, 대나무, 살구나무가 아울러 있어도 무방하다. 이렇게 하여 품격을 높이고 맑음을 지킬 수 있을 것이다.[90]

의원을 설계한 의원기意園記로 현전하는 것은 대략 10종인데, 그중 아홉 개가 18~19세기에 지어졌고, 두 개를 제외하고는 모두 19세기 전반부에 지어졌다.[91] 당시 상상 속 정원에 대한 동경이 얼마나 크게 유행했는지 짐작해볼 수 있다. 그런데 이 의원기를 남긴 이들은 대개 서울과 그 주변에 살던, 당시 집권 세력의 주류 중 하나이자 엘리트 사족인 경화세족京華世族이었다. 그들이 지향한 것은 "속기俗氣의 제거"였다. "비속한 풍경이나 천박한 대화를 상상의 정원에서는 몰아내려 하였"[92]던 것이다.

나는 일찍이 한 가지 상상을 한 적이 있다. 깊은 산중 인적 끊긴 골짜기가 아닌 도성 안에 외지고 조용한 한 곳을 골라 몇 칸 집을 짓는다. 방 안에 거문고와 서책, 술동이와 바둑판을 놓아두고, 석벽을 담으로 삼고, 약간 평의 땅을 개간하여 아름다운 나무를 심어 멋진 새를 부른다. 그 나머지는 남새밭을 가꿔 채소를 심고 그것을 캐서 술안주를 삼는다. 또 콩 시렁과 포도나무 시렁을 만들어 서늘한 바람을 쐰다. 처마 앞에는 꽃과 수석을 놓는다. 꽃은 얻기 어려운 것을 구하지 않고 사시사철 묵은 것과 새 것이 이어 피도록 할 것이며, 수석은 가져오기 어려운 것을 찾지 않고 작지만 야위어 뼈가 드러나고 괴기한 것을 고른다. 뜻이 맞는 한 사람과 이웃하되 집을 짓고 집 안을 꾸밈이 대략 비슷하다. 대나무를 엮어 사립문을 만들어 그리로 오간다. 마루에 서서 이웃을 부르면 소리가 미처 끝나기도 전에 그의 발이 벌써 토방에 올라와 있을 것이다. 아무리 심한 비바람이라도 방해받지 않는다. 이렇게 하여 넉넉하게 노닐며 늙어 가리라.[93]

뜻이 맞는 사람과 이웃해 살면서 고담준론을 나누고, 비바람 치는 세파世波에 방해받지 않는 탈속脫俗의 삶을 희구하고 있다.[94]

한편 의원이라고는 할 수 없지만 꿈속에서 만난 명승과 꽃나무 등을 그림과 시로 남긴 이도 있으니, 그가 바로 권섭權燮(1671~1759)이다. 그는 "이름난 산수 중에 보고 싶지만 볼 수 없는 곳을 그렸고, 발길이나 눈길이 한두 번 이르렀지만 항상 가볼 수 없는 곳을 그렸다. 상상 속에서 가끔 특별한 경관을 만들어내면 그려두고서 누워 노닐며 맑게 감상하는 자료로 삼았다".[95]

> 81세인 신미년 정월 10일 낮의 꿈이다. 할아버지, 아버지, 손자가 화지동의 서재에 앉아 있었다. 깎아놓은 듯한 절벽이 뜰 앞에 늘어서 있고 동쪽에는 치마 주름처럼 세 겹이나 겹쳐져 있었다. 집 남쪽에는 회나무 숲이 무성하고, 아래로는 긴 강이 비껴 흐르며 굽어진 곳에 못과 여울을 이루고 있었다. 서남쪽에는 돌섬이 점점이 늘어서 있고 집 뒤에는 불쑥 큰 바위가 솟아 있었다. 산 아래에는 반석을 만들었는데 희며 높은 것도 있고 낮은 것도 있다. 때때로 크고 작은 석실을 만들었는데 앉거나 누울 수 있었다. 드디어 반석 위에 나란히 앉았는데 문득 잠에서 깨었다.[96]

군건한 반석 위에서 행복하게 살아가고 싶다는 희망은 잠이 깨면서 곧 물거품처럼 사라지고 말았다. 그야말로 일장춘몽이다. 그러나 그의 꿈을 통해 당시 양반이 생각한 이상적 삶의 터전이 어떠했는지, 그 일단이나마 짐작해볼 수 있다.

한편 가난했던 서얼 이덕무는 밀랍으로 매화를 만들어 팔기도 했다. 윤회매輪回梅다. 그의 말을 직접 들어보자.

> 내가 창안하여 밀랍을 녹여 매화를 만들었다. 화심花心은 털로 만들고 꽃받침은 종이로 만들어 푸른 가지에 붙이니, 환하고 아름다워 사랑할 만하였다. (……) 윤회매라 한 것은, 벌이 꽃술을 채집하여 꿀을 만들고 꿀이 밀랍이 되고 밀랍이

다시 꿀이 되는 것이 불교의 윤회설·삼생설三生說과 같기 때문이다. 내가 일찍
이 윤회매를 만드는 데 편리한 방법을 엮어 『윤회매십전輪回梅十箋』을 저술하였
는데 그 글을 보지 않고서는 이 시의 묘함을 모를 것이다.[97]

『윤회매십전』은 열 개의
장으로 되어 있는데 그림을
첨부하여 윤회매 제작의 이
해를 돕고 있다. '원原, 꽃잎瓣,
꽃받침蕚, 꽃술蘂, 꽃花, 가지
條, 꽃꽂이植, 첩帖, 권券, 사事'
를 차례로 쓰고, 그 뒤에 부록
으로 이덕무 자신과 유득공,
박제가가 시를 덧붙였다. 그
중 박제가의 시 한 편을 읽어
본다.

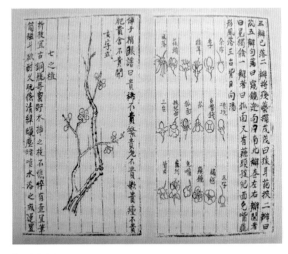

『윤회십매전』

> 생화를 직접 보고 밀랍을 빚노라니
> 어느새 매화 피어 가지에 오르누나
> 풍륜風輪[98]의 갖은 조화 저를 보고 깨달으니
> 다른 생을 믿지 않으면 나는 곧 누구던가[99]

정조 연간(1776~1800)의 시인 목만중睦萬中(1727~1810)이 지적했듯이, 당시는
'온 나라가 꽃에 미쳐 날뛰는'[100] 시절이었다. 온갖 기이한 꽃과 진귀한 나무를 사
모은 중향국衆香國[101]을 갖고 싶어 하던 그때, 내가 보기에 진정한 꽃나무 애호가
는 안동의 아전 김원명金遠鳴이다. 그는 당시 그 어떤 꽃나무 마니아보다 훨씬 더
거룩하다.

김원명은 안동의 아전이다. 아버지상에 시묘살이 삼 년을 하였고 복을 마친 후에도 오히려 소식素食을 중지하지 않았으며 날마다 반드시 아버지 무덤에 가서 곡을 하였다. 방 안에 아버지의 옷을 걸어두고 종신토록 추모하는 마음을 붙였으며, 좋은 나무와 기이한 풀을 무덤 앞에 심지 않은 것이 없었다.[102]

9

여덟 칸짜리 비둘기 집

집에서 기르는 비둘기는 여덟 종류가 있다. 첫째는 온 몸이 흰 전백 全白이고, 둘째는 몸이 희고 꼬리는 검으며 머리에 검은 점이 있는 점 오點鳥이며, 셋째는 붉은 몸에 꼬리가 흰 자단紫丹이고, 넷째는 몸이 희고 머리와 목이 검은 흑허두黑虛頭이며, 다섯째는 흰 몸에 머리와 목이 자줏빛인 자허두紫虛頭, 여섯째는 흰 몸과 붉은 목 그리고 날개 끝에 두 줄의 붉은 점이 있는 천앙백天仰白이고, 일곱째는 몸은 검고 꼬리가 흰 흑층黑層, 여덟째는 갈색의 날개 끝에 두 줄의 금색 점이 있는 승僧이다.

이름이 수십 가지

'애완견'을 지나 '반려견'이 된 지 오래다. 구狗든 견犬이든 결국 유익한 먹거리가 되는 게 대체적인 경로였던 시절에는 그런 말이 애당초 있을 수 없었다. 닭이나 마찬가지였다. 동물이나 가축이 '애완'과 '반려'의 상대가 된 것은 아마 '취미'의 등장 이후일 터인데, 대개의 경우 그것은 근대의 산물이었다. 공적인 삶에 매몰된 사람이 취미 생활을 갖기는 힘들다. 취미는 '사생활'의 등장과 그 맥을 같이한다. 개인의 탄생이야말로 근대적 현상이다.

그런데 18~19세기 조선에 화훼벽花卉癖이니 서치書痴니 하는 일종의 마니아

화조 8폭 병풍 중 제3폭(작자 미상, 순천대 민화 「화조도」(가회민화박물관 소장)
학교박물관 소장)

가 등장함은 잘 알려진 현상이다. 마니아들이 애호한 것 중 하나가 또한 비둘기
다. 비둘기 하나하나의 색이며 생김새, 그리고 그 습성, 무엇보다도 "날 적에는
집 둘레를 몇 바퀴 돌다 올라가"[1]고 "저녁이 되면 무리를 이루고 날아 돌아와 집
을 찾"[2]는 광경을 그들은 경이로운 눈길로 바라보았을 것이다. 당시의 풍경을 박
제가는 이렇게 노래했다.

  집비둘기 이름은 수십 가지 넘고
  예쁘게 꾸민 새장 바람에 흔들리네[3]

『경도잡지』에서는 발합鵓鴿, 곧 집비둘기[4]에 대한 당시의 관심을 드러내주

고 있다. '드러내주고 있다'고 했지만, 사실은 비둘기의 종류와 그 생김새를 간략히 언급하고 있다. 굳이 상세하게 서술하지 않아도 당시 양반사회에서는 익히 잘 알려진 내용일 뿐만 아니라 유득공은 이와 별도로『발합경鵓鴿經』이라는 글을 써냈기 때문에 중복을 피하고자 했을 것이다.『발합경』에는 상품과 하품, 별칭, 종과 종 사이의 교배, 좋은 비둘기를 판별하는 방법, 비둘기의 성질, 비둘기 집, 비둘기 장식, 비둘기 잡는 도구 등이 상세히 기록되어 있다.

유득공은 여러 비둘기 중 여덟 가지를 대표적으로 예시하고 있다. 전백全白, 점오點烏, 자단紫丹, 흑허두黑虛頭, 자허두紫虛頭, 천앙백天仰白, 흑층黑層, 승僧이 그것이다.『발합경』을 참고해보면, 여기서 열거한 것들은 대개 상품에 속하는 비둘기다. 하품으로는 열다섯 종이 거론되는데, 모두 잡종이거나 교배종이다. 실점오家點烏, 자점오紫點烏, 다대점오多臺點烏, 흑허미黑虛尾, 자허미紫虛尾, 흑승黑僧, 고달전항백占達纏項白, 자어농紫魚濃, 흑어농黑魚濃, 가치어농加治魚濃, 자관자紫貫子, 흑관자黑貫子, 자휘항紫揮項, 흑휘항黑揮項, 덕거머리德去摩尼. "실家이나 얼룩魚濃, 까치加治, 도꼬마리 등의 순우리말을 한자로 표기한 점이 특이하다."[5]

"비둘기의 별칭으로는 긴고두緊高頭, 무은無隱, 모외模外, 마리摩尼, 장도리長突伊 등 다섯 가지"가 있는데, "긴고두는 정수리에 관우冠羽가 길게 솟은 종류를 말하니, 긴緊은 길다는 뜻의 우리말을 음차한 것이다. 무은은 정수리에 관우가 없는 품종이다. 우리말로 민머리란 말을 한자로 무은으로 표기했다. 모외는 정수리의 머리 깃이 산 모양으로 불쑥 솟은 품종으로, 모외는 산을 뜻하는 순우리말 뫼의 음차다. 마리는 몸집이 작고 부리도 작으며 머리 깃이 없는 품종이다. 마리는 우리말 머리의 음차다. 장도리는 부리가 길고 큰 품종으로, 그 부리 모양이 장도리처럼 생겼다 해서 이렇게 이름 붙였다".[6]

유행은 정말 빠르기도 해

비둘기는 대개 "부리는 희고, 눈은 노란빛이 좋다. 목은 크고 꼬리는 깃털이 풍부해야 한다. 날개는 깃털이 많아야 한다. 눈자위는 불쑥 솟아야 한다".⁷ 그러나 그중 기이한 것은 "한쪽 눈이 푸르고 한쪽 눈이 노란 것"⁸이다. 소위 오드아이odd-eye, 곧 짝짝이 눈이다. 의학 용어로는 홍채이색증虹彩異色症(Heterochromia iridum)이다. 사람에게는 흔하지 않지만 개와 고양이에게서는 간혹 찾아볼 수 있다. 남들이 갖고 있지 않은 특이한 품종에 대한 관심은 예나 지금이나 마찬가지다.

구장鳩杖이라는 것이 있다. 예로부터 70세 이상 1품관으로서 국가의 요직을 차지하여 치사致仕할 수 없는 이에게 왕이 특별히 우대하여 안석安席과 지팡이를 내려주었다. 그 지팡이 손잡이에 비둘기를 새겨서 구장이라고 한 것이다. 구장의 유래는 다음 일화에 그 근거를 두고 있다. 유방劉邦이 항우項羽와 싸우다가 경색京索에서 크게 패하여 어느 숲속을 지나서 도망하고 있었다. 그 뒤를 따라가던 항우는 말을 재촉하여 유방을 찾아 숲속으로 들어섰다. 그런데 이상하게도 숲속 나뭇가지 위에 비둘기가 와서 평화롭게 울고 있었다. 항우는 속으로, 비둘기가 저렇게 울고 있을 적에는 유방이 딴 데로 도망한 것이라 생각하고 말을 돌려 딴 길로 갔기 때문에 유방은 사지에서 벗어날 수 있었다. 유방이 뒤에 천자가 되자, 그 비둘기의 공로를 갸륵하게 여겨 구장을 만들어 노인들에게 주었다는 것이다.⁹

비둘기의 성질 중 가장 잘 알려진 것은 "정해진 짝이 있어 무리 지어 살아도 잡란雜亂하지 않는다. 떨어지거나 죽는 경우가 아니면 짝을 바꾸는 법이 없다"¹⁰는 점이다. 그래서인지 "비둘기처럼 다정한 사람들이라면, 장미꽃 넝쿨 우거진 그런 집을 지어요"라는 유행가의 가사가 그럴듯하다. 그런데 그 사랑이 지나쳐서일까, "곁에 암컷이 있으면 오래도록 서성이며 떠나지 못한다. 암수가 서로 혀를 빠는 까닭에 비둘기의 성품을 음란하다고 말한다".¹¹

한편 비둘기는 성품이 사치스럽다. 그래서 "비둘기를 기르는 집에서는 비둘기 집을 만들고 아로새기는 장식으로 지극하게 꾸민다".¹² 실제로 비둘기가 그렇다기보다는 비둘기를 기르는 사람들이 사치스럽다고 해야 옳다. 비둘기 집鴿閣을 장藏이라 하는데, 심지어는 여덟 칸짜리인 것도 있다. 그것을 용대장龍隊藏

이라 한다.[13] "서울의 호사가들은 새장 기둥 위에 산 모양을 새겨 넣고 수초 그림을 그리고는 동銅으로 된 철사로 망을 만들어서 한 조롱의 값이 많게는 수천 전錢에 이르렀다."[14] 거기에 비둘기, 특히 진귀한 비둘기를 채우려면 돈이 만만치 않게 들었을 것이다. "작은 몸집에 순백색으로 이마에는 검은 화점花點 하나가 있는 점모點毛가 제일 비싸서 한 쌍에 백 문文[15]을 넘기도 하였다"[16]고 하니, 보통의 재력으로는 애당초 엄두도 내지 못했을 것이다.

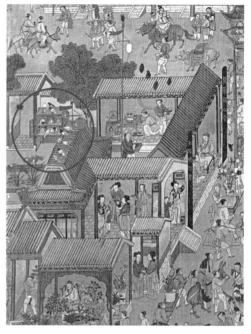

「태평성시도」 제1폭 부분 확대.(국립중앙박물관 소장) 왼쪽에 비둘기들이 앉아 있는 용대장이 보인다.

서울 양반들은 누가 더 비싼 비둘기를 많이 사들이냐를 놓고 경쟁했다. 앞에서 말한 여덟 칸 용대장에 "여덟 종의 상품 비둘기를 모아서 각각의 방에 들여놓는 것을 다투어 좋아했다".[17]

이런 풍조에 일침을 가한 사람들도 있었다. 그 비판의 논점은 대개 무익하거나 사치하다는 것이다. 우선 이옥의 비판이 매섭다. "비둘기란 새는 이미 시각을 깨우쳐주지도 못하고, 제사상에도 오르지 못하는 것으로, 다만 그것이 서로 좋아 장난치는 모습이 극히 예쁘고 거리낌이 없음을 취할 뿐이다. 이 '비둘기 합鴿'이라는 글자는 본래 '잘 화합하다 善合'라는 뜻을 취한 것이다. 못된 아이들과 방탕한 자들이 기르는 것도 오히려 부끄러운 일인데, 간혹 늙어 물러난 재상이나 부잣집 젊은이들이 울欄을 울긋불긋하게 만들어놓고 뜰에서 기르기도 한다. 매양 인가에 들어가 알록달록한 비둘기들이 지붕 꼭대기에 줄지어 앉아 있는 것을 보면, 문득 주인의 품위가 열 발 아래로 떨어지는 것을 깨닫게 된다. 이는 후생들이 경계할 만한 일이라 할 수 있다."[18]

윤기尹愭(1741~1826)도 시를 지어 그런 풍조를 비판했다.

화려한 난간 높은 시렁에 단청이 찬란한데
좁쌀 낭비해 비둘기 길러 구경거리 제공하네
소리는 국국거리고 성질은 음란하니 취할 점 무엇인가
인仁의 이치가 들어 있는 계란만 못하도다[19]

계란만도 못하게 무익하거나 음란하니 그까짓 비둘기 길러서 무엇하겠느냐는 것이다. 이런 비판 때문에 그런 것은 아니겠지만 하여간 비둘기 사랑의 풍조는 곧 사라지고 만다. "내가 어릴 때 여항의 풍습도 또한 (비둘기 기르기를) 본 적이 있다. 그러나 지금은 전혀 볼 수가 없으니 이상하다 할 만하"[20]다니, 그 유행이 일어났다 사그라지는 속도가 놀랄 만하다. 여기서 '나'는 이규경이고, 이 소식을 전한 『오주연문장전산고』는 대략 1850년경에 지어졌다.

비노 혹은 축부

이탈리아 사람들이 유명한 가곡「라 팔로마La Paloma」에서 "쿠 쿠 루 쿠쿠 팔로마"라고 노래한 것은 비둘기의 사랑을 부러워해서가 아니라 연인에게 사랑하는 마음을 전해주길 바라는 생각에서였다. 비둘기가 소식을 전하는 것은 일찍이 저 '노아의 방주'에서부터 보이지만, 사실 그것은 동서양에 두루 퍼진 풍습이었다. "언젠가 들으니 박기천朴沂泉이 바다를 건너 중국에 갈 때 기르던 비둘기를 데리고 갔는데, 배가 부서지고 말아 비둘기만이 홀로 옛집으로 날아서 돌아갔다고 한다. 페르시아 상선들이 비둘기를 놓아 편지를 주고받는다는 말도 또한 믿을 수 있겠다."[21]
중국에서는 그래서 비둘기를 비노飛奴, 곧 날아가서 소식을 전하는 하인이라고 했다. 당나라 때 장구령張九齡이 소년 시절 집에서 많은 비둘기를 기르면서 친지들에게 편지를 보낼 적에 매양 비둘기의 발목에 묶어서 날려 보내면 틀림없이 전하곤 하였으므로 비둘기를 그렇게 불렀던 것이다.

조선에서의 비둘기 사랑도 일찍부터 있었다. 15세기 말 박영朴英(1471~1540)이라는 사람이 17세 때 요동遼東에 가서 집비둘기鵓鴿를 사왔다고 한다. '대단한 사람이구나' 하면서 찾아보니, 그는 양녕대군의 외손으로 "가세가 풍족한"[22] 집안의 도련님이었다. 그렇다면 뭐 그리 대단하랴. 요즘 식으로 비유하면, '재벌가의 막내가 미국에 직접 가서 나이키 한정판을 사온 것하고 뭐가 다르겠는가' 하는 생각이 들기도 한다.

한편 좌반룡左蟠龍이라고도 하는 비둘기의 똥은 "매우 독성이 있어서 뱀이나 독사, 냄새나는 벌레 따위가 감히 접근하지 못한다. 지붕 기와를 썩게 할 수도 있다. 산가山家에서 비둘기를 기르면 범도 피한다고 한다".[23] 기와를 상하게 하지만 해충이나 맹수를 피하게 하기도 한다. 지금도 비둘기 똥은 늘 골칫거리다. 그중에서도 문화재 '침탈'은 심각한 문제다.

그런데 비둘기를 이용해서 말을 먹이기도 한다. "방에 커다란 돌구유가 있는데 미리 잿물을 뿌려두면 비둘기들이 요동 들판의 콩을 아침에 배불리 먹고 와서 잿물을 다투어 마신 후에 콩을 모두 토해낸다. 이것

명나라 화가 심주(沈周, 1427~1509)의 「구성환우도(鳩聲喚雨圖)」

을 모두 말에게 먹인다."²⁴ 박지원이 열하를 가다가 요동 점방에 들러서 본 광경이다.

비둘기는 환우喚雨 또는 축부逐婦라고도 부른다. 각각 비를 부르거나 아내를 내쫓는다는 뜻이다. "비둘기 집은 까치집이나 다른 새들의 것처럼 둥지가 견고하지 못하다. 나뭇가지 같은 것으로 조잡하게 그릇이나 술잔 모양으로 간신히 얽어놓는다. 이 허술하고 비좁은 둥지에는 한 쌍의 비둘기가 같이 있기 어렵다. 비가 오면 수비둘기는 암비둘기를 내쫓아버리고 저 혼자 편히 지낸다. 날이 개면 수컷은 암컷을 다시 부른다"²⁵고 해서 붙여진 이름이다.

제3장

먹는 낙이
으뜸일세

술, 차, 담배, 과일 등 기호품에 얽힌 내용과 놋그릇의 사용, 그리고 주요 시장의 모습과 거래 품목을 둘러싼 이야기를 담고 있다.

⑩
술 한 잔, 고기 안주

술에는 소국주小麴酒, 도화주桃花酒, 두견주杜鵑酒 등이 있는데, 모두 봄에 빚는 좋은 술이다. 평양의 감홍로甘紅露, 황해도의 이강고梨薑膏, 호남의 죽력고竹瀝膏 역시 선물로 주고받기에 좋다.

솥은 전립투氈笠套라 부르는데, 그 모양이 서로 비슷한 데서 유래한 것이다. 그 가운데에는 채소를 데치고, 가장자리에는 고기를 구워 먹는데, 안주와 반찬을 만들 때 모두 좋다.

탕평채는 녹두묵에 돼지고기, 미나리의 싹을 잘게 썰어 초장을 무친 것으로, 매우 시원해서 봄날 저녁에 먹으면 좋다. 섞박지雜菹는 새우젓을 달여 맑은 국물을 밭은 후 무, 배추, 마늘, 고춧가루, 소라, 전복, 조기 등을 버무려 단지에 담그는데, 겨울을 지나면 몹시 매워진다.

제어鮆魚는 속명이 위어葦魚로 한강 하류 행주에서 난다. 늦은 봄과 초여름에 사옹원司饔院 관리들이 그물로 잡아 임금에게 진상한다. 생선 장수들은 거리를 돌아다니면서 외치며 파는데, 횟감으로 쓴다. 복숭아꽃이 채 떨어지기 전에는 복어국을 먹는데, 복어 독을 꺼리는 사람은 도미찜으로 대신한다.

도화주며 두견주는 다 어디로 갔나

18~19세기 서울 양반들은 봄에 쌀로 빚는 소국주小麴酒, 복숭아꽃으로 담근 도화주桃花酒, 진달래술인 두견주杜鵑酒 등을 즐겨 마셨던 모양이다. 본디 봄술, 곧 춘주春酒라는 것은 겨울에 빚어서 묵혔다가 봄에 마시는 술을 지칭했다. 중국에서 가장 오래된 시집으로, 공자가 엮었다는『시경』에 이런 시가 있다.

시월 되면 벼 베기
이것으로 봄술 빚어
늙은이의 몸 보양[1]

『경도잡지』에서는 봄날 빚는 술들을 예시하고 있지만, 실제로는 봄철뿐 아니라 사시사철 술을 담갔다.『산림경제』에서는 "술 빚기 좋은 날은 (……) 봄에는 저氐와 기箕, 여름에는 항亢, 가을에는 규奎, 겨울에는 위危일"[2]이라 했다. 별자리를 가리키는 저일이니 기일이니 하는 것은 크게 신경 쓸 필요가 없다. 특별한 날을 빼고는 사시사철 내내 술을 빚었다는 것이 요체다.

조선시대의 여러 책에서는 술 담그는 방법을 소상히 설명하고 있다. 소국주는 "깨끗이 쓴 멥쌀 한 말을 공을 들여 씻은 다음 가루를 만들어 질그릇 동이에 담고 깨끗한 물 두 병을 붓고 끓인다. 이것을 쌀가루에 골고루 타서 식은 뒤에 빻은 누룩 한 되 다섯 홉과 버무린다. 칠 일째가 되면 깨끗이 쓴 쌀 두 말을 전과 같이 잘 씻어두고, 쌀 한 말에 팔팔 끓는 물 두 병을 고루 뿌려, 식은 다음 먼저 빚은 술밑과 뒤섞어 독에 넣는다. 스무하루가 되어 맑게 가라앉은 뒤에 쓴다".[3]

쌀로 빚은 이 술은 대체로 막걸리와 비슷한데, 충남 서천의 한산에서 나는 것이 유명하다. 오늘날 '한산소곡주'라 부르는 이 술은 맛이 너무 좋아 계속 마시다 보면 앉은자리에서 일어날 수 없을 정도로 취한다고 해서 '앉은뱅이 술'이라고도 한다.

도화주는 "정월에 깨끗이 쓴 멥쌀 두 말 반을 잘 씻어서 가루로 만들고, 흐르는 물 두 말 반을 팔팔 끓여 고루 섞어 식힌 뒤에 누룩가루와 밀가루를 각 한 되씩 독에 넣고, 복숭아꽃이 흐드러지게 필 때까지 기다린다. 이 시기가 되면 멥쌀과 찹쌀 각 서 말씩을 잘 씻어 하룻밤 물에 불려 쪄서 흐르는 물活水 여섯 말을 팔팔 끓여 식힌 뒤에 고루 섞는다. 밥이 완전히 식으면 복숭아꽃 두 되를 따서 먼저 독 바닥에 깔고, 먼저 빚은 술밑과 함께 넣은 다음, 복숭아꽃 두어 가지를 그 가운데 꽂아놓았다가 익은 다음에 걸러 술통에 뜬다. 만드는 방법이 비록 이와 같으나, 처음 빚는 술밑에 물 다섯 되를 감하고 첨가할 때 또 서너 되를 감하면 맛이 더욱 좋다. 항상 싸늘한 곳에 두어 익기를 기다린다".[4]

두견주는 "진달래 활짝 핀 것을 꽃술 없이 깨끗이 다듬어 술 한 제에 한 말을 넣는다. 너무 많이 넣으면 술 빛이 붉고 좋지 않으니 조금씩 켜켜이 넣었다가 두 이레나 세이레 지난 뒤에 들쳐보아, 내려앉았거든 밤에 심지에 불을 켜 독 속에 넣어 둘러보면 덜 된 술은 불이 꺼지고 다 되었으면 안 꺼진다. 위를 얇게 곱게 벗기고 가운데를 잘 헤치면 맑은 술이 솟아올라 개미[5]와 꽃이 잔뜩 뜨고, 술내가 향기로워 가히 사랑스럽다".[6]

두견주와 관련하여 다음과 같은 옛이야기가 전해온다. 고려의 개국공신이자 면천沔川 복씨의 시조인 복지겸卜智謙 장군이 이름 모를 병으로 위독했다. 복지겸의 어린 딸 영랑은 매일 아미산峨嵋山에 올라 아버지의 병을 낫게 해달라고 기도했다. 그러던 어느 날 꿈속에 신령이 나타나 아버지의 병을 고치려거든 아미산 진달래를 따다가 안샘(지금의 면천초등학교 뒤에 있는 우물)의 물로 술을 빚어 100일이 지난 후 아버지에게 마시게 하라고 일러주었다. 영랑은 진달래술을 빚어 아버지의 병을 낫게 했다.[7]

양반들이 선물로 주고받았던 술로는 평양의 감홍로甘紅露, 황해도의 이강고梨薑膏, 호남의 죽력고竹瀝膏를 꼽았다. 최남선은 이 술들을 '조선의 3대 명주'로 꼽기도 했다.[8]

감홍로는 온갖 약재를 넣어 우려낸 약술인데, 담그는 방법이 다양하다. 보통은 계피와 생강을 꿀에 버무려 하룻밤이 지난 다음 소주를 붓고 밀봉한 후 땅속에 70일간 묻어두면 향기가 높고 달콤한 담홍색 술이 된다. 이 술은 특히 관서 감홍露^{關西甘紅}이라 하여 평안도 지방에서 제일가는 명주로 쳤다. 시詩·서書·화畵에 모두 뛰어났던 신위申緯(1769~1847)가 감홍로에 관해 읊은 시 한 편이 전한다.

예부터 생황과 노랫소리 규방에서 나는데
서생은 무슨 일로 원한이 마음에 가득한가
긴 성은 첩첩한 청산을 거두어가고
너른 들엔 백조가 쌍쌍이 날아온다
날마다 이별의 정은 언덕 위 풀처럼 자라고
해마다 이별의 눈물은 뺨 위에 강을 이룬다
시상이 이때에 와서 무단히 솟아나니
감홍로 한 항아리를 남김없이 기울이노라[9]

박지원의 「광문자전廣文者傳」에 나오는, 이인좌李麟佐(?~1728)의 난을 평정한 공으로 풍원군豊原君에 오른 조현명趙顯命(1690~1752)이 일곱 잔을 마셨다는 홍로주紅露酒가 바로 이 감홍로이다.[10]

이강주梨薑酒라고도 하는 이강고는 글자 그대로 배와 생강으로 만든 술이다. 근래에는 전주 지방에서 나는 것이 유명하다. 이해응李海應(1775~1825)[11]이 1803년 152일 동안 중국에 다녀온 여정을 기록한 『계산기정薊山紀程』에서는 천일주千日酒, 백화주百花酒, 죽력주竹瀝酒와 함께 이 술을 우리나라에서 맛이 가장 좋은 술 중 하나로 든다.[12]

죽력고는 대나무가 풍부한 호남 지방의 술로, 푸른 대를 구울 때 나오는 끈끈한 진액을 뽑아 만든 술이다. 이 술은 다음의 전언에서 보듯이, 위급한 병을 치료하는 데에도 탁월한 효과가 있다.

양남兩南에서 청대죽青大竹을 진공進貢함에 있어 민폐가 매우 많습니다. 그러므로 효종조 때 연신筵臣[13]이 그 숫자를 줄여주도록 청하자 효종이 하교하기를, '비단 내가 먹을 약을 위해서일 뿐만이 아니라 사대부 집안에서 만약 내의원內

18세기 후반의 화가 김후신(金厚臣)의 「통음대쾌(痛飮大快)」. (간송미술관 소장) 저 양반은 대체 어떤 술을 얼마나 마셨기에 저리 취했을까?

김홍도의 「지장기마(知章騎馬)」. (1804년, 국립중앙박물관 소장) 술병을 진 사람을 데리고 다니면서 술을 마시는 양반의 모습이다.

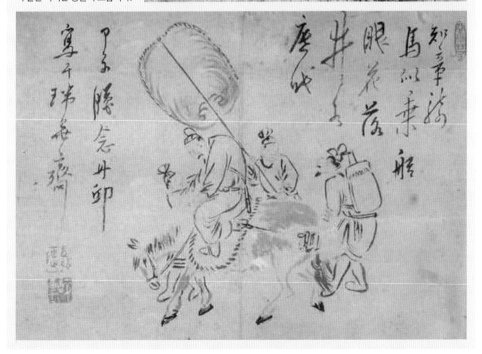

醫院[14]의 죽력이 아니라면 어찌 급한 병을 고칠 수 있겠는가. 줄이지 말도록 하라' 하였으니, 성조聖祖의 훌륭한 뜻을 상상할 수 있습니다.[15]

일본에 나라를 빼앗기자 자결한 황현의 『오하기문梧下記文』에 따르면, 동학 농민전쟁 당시 농민군의 총대장인 전봉준全琫準(1855~1895)은 "압송 도중에 푸른 대쪽을 불에 구워서 받은 진액과 인삼을 구하여 상처를 치료했다".[16]

감홍로와 이강고, 죽력고가 조선 후기의 서울 양반들이 알아주는 약술이었지만, 그것만 있었던 건 아니다. 홍석모洪錫謨(1781~1857)의 『동국세시기東國歲時記』는 이 밖에도 소나무 순筍으로 만든 송순주松筍酒, 멥쌀과 송진으로 빚은 평안도의 벽향주碧香酒[17], 계피와 차주·당귀를 소주에 넣어 삭힌 호남의 계당주桂當酒, 멥쌀로 빚은 충청도의 약주 노산춘魯山春을 들고 있다.

이렇게 좋은 술이 많으니, 취하지 않을 수 있겠는가. "고래처럼 삼키니 온갖 잡념 흩어지고 / 소처럼 들이켜니 모든 근심 없어지네"[18]라는 말이 그냥 허풍으로 들리지 않는다.

대표적인 전통술과 산지

지역	술	지역	술
서울	삼해주三亥酒[19]	경기	부의주浮蟻酒 계명주鷄鳴酒 문배주
제주	오메기술	함양	국화주菊花酒 송근주松根酒
진도	홍주紅酒	면천	두견주杜鵑酒
보성	강하주薑荷酒	전주	이강주梨薑酒
아산	연엽주蓮葉酒	선산	송로주松露酒
여산	호산춘壺山春	마천	옥수수술
김천	과하주過夏酒	한산	소국주小麴酒
호남	죽력고竹瀝膏	평양	감홍로甘紅露
안동	소주燒酒 송화주松花酒	경주	법주法酒

그런데 술 이름에 '술 주酒'가 아니라 '고膏' 또는 '춘春'을 붙인 이유는 무엇일까? 고膏는 대개 '약재를 진하게 고아서 만든 농축된 약'을 의미한다. 지금은 사라졌지만, 곪은 부위에 붙여 고름을 빼는 검은 고약膏藥이 한때 우리 가정의 상비약처럼 쓰이던 시절이 있었다. 그러니 푸른 대를 구울 때 나오는 끈끈한 진액을 뽑아 만든 술을 죽력고라고 하는 것은 적절한 명명이라 하겠다. 또한 "섬세한 방법으로 여러 번 술밑을 덮어서 순하고 풍부한醇厚 맛이 나도록 빚어내는 술을 한자로 주酎라 하고, 또 아언雅言으로 춘주春酒라고 하니, 국내외를 통틀어 무릇 춘 자를 붙이는 술은 모두 이러한 주酎의 종류에 속하는 것이다".[20] 그런데 우리가 흔히 마시는 희석식稀釋式 소주의 상표를 한번 살펴보라. '소주燒酎'라고 쓰여 있다. 에탄올C2H5OH인 주정酒精에 물을 섞어 만든 소주를 감히 그렇게 불러도 좋은가![21]

　이야기가 나온 김에 '한국의 술' 소주에 대해 말해보자. "값싼 밀이나 옥수수, 고구마 등의 전분을 당화시킨 후, 배양 효모를 이용하여 발효시킨 양조주를 연속식 증류기로 증류하여 일체의 불순물 없이 순수한 알코올(85~99퍼센트)을 얻고, 여기에 물을 타서 20~35퍼센트로 희석하여 만든 소주를 '희석식 소주'라고 부른다. 이때 물로만 희석하면 쓴맛이 강해져 도저히 마실 수 없으므로 설탕, 포도당, 올리고당 등의 감미료와 구연산, 아미노산, 소르비톨, 무기염류와 향신료를 첨가하는데, 회사(제품)에 따라 쓴맛이나 단맛 등 여러 가지 맛이 나기도 한다."[22]

　우리가 지금처럼 소주를 즐겨 마시게 된 것은 그리 오래되지 않았다. 소주가 보편화된 것은 1965년 양곡관리법이 시행된 이후이다. "사실 한국인들은 희석식 소주가 나오기 전만 해도 소주를 값이 매우 비싼 고급주로 여겼다. 그래서 싼값의 막걸리를 주로 마셨다. 그런데 양곡관리법이 발효되면서 쌀로 빚은 막걸리가 사라지고 밀 막걸리가 등장하자 술을 선택하는 한국인의 태도가 바뀌었다. 밀 전분으로 빚은 막걸리는 빨리 당화시키기 위해 첨가제를 사용했기 때문에 술을 마신 후 숙취와 냄새가 매우 심했다. 이에 비해 소주는 덜했다. 아울러 (……) 이때부터 본격적으로 싼값의 고구마 알코올 소주가 등장했고, 알코올 농도가

25~30퍼센트에 지나지 않는 소주는 충분히 막걸리를 대체할 수 있는 대용품이 되었다. 이때부터 한국인들은 소주를 마치 막걸리 마시듯 벌컥벌컥 마시기 시작했다."[23]

무엇보다도 전통주들이 거의 사라지고 만 것은 통탄해 마지않을 일이다. 1924년에 발간된 『조선무쌍신식요리제법朝鮮無雙新式料理製法』을 보면, '술 담그는 법'에 소개된 술은 총 54종이다. 기억 삼아 열거해본다. 국미주麴米酒, 송순주松筍酒, 백로주白露酒, 白霞酒, 文房酒, 삼해주三亥酒, 이화주梨花酒, 白雪香, 도화주桃花酒, 연엽양蓮葉釀, 天上白玉醴, 호산춘壺山春, 경액춘瓊液春, 동정춘洞庭春, 봉래춘蓬萊春, 송화주松花酒, 죽엽춘竹葉春, 죽통주竹筒酒, 집성향集聖香, 四節酒, 석탄향惜呑香, 하삼청夏三清, 청서주淸暑酒, 자주煮酒, 매화주梅花酒, 연화주蓮花酒, 유자주柚子酒, 포도주葡萄酒, 두견주杜鵑酒, 과하주過夏酒, 향설주香雪酒, 무릉도원주武陵桃源酒, 동파주東坡酒, 송자주松子酒, 감저주甘藷酒, 칠일주七日酒, 백료주白醪酒, 부의주浮蟻酒, 잡곡주雜穀酒, 신도주新稻酒, 백화주白花酒, 白花釀, 삼일주三日酒, 혼돈주混沌酒, 청주淸酒, 탁주濁酒, 합주合酒, 모주母酒, 감주甘酒, 능금술林檎酒, 계피주桂皮酒, 생강주生薑酒, 수수소주秫燒酒, 옥수수소주玉蜀黍燒酒, 감홍로甘紅露, 이강고梨薑膏, 죽력고竹瀝膏, 우담소주牛膽燒酒, 상심소주桑椹燒酒, 관서감홍로關西甘紅露.[24] 이런 세상이 다시 올는지 모르겠다. 참다운 지방자치는 지방 전통술의 부활로 비로소 꽃을 피울 것이다.

벙거짓골 바비큐 파티

양반들의 식도락을 위해서는 우선 조리에 알맞은 도구가 필요했다. 대표적인 것이 솥이다. 솥은 전립투氈笠套라 불렸는데, 전립氈笠은 조선시대에 무관武官이 쓰던 모자 중 하나다. 붉은 털로 둘레에 끈을 꼬아 두르고 상모象毛[25]나 옥로玉鷺[26] 따위를 달아 장식한 벙거지다. 그런데 그것을 뒤집어놓으면 훌륭한 조리 도구가 된다. 그것을 전립투, 곧 벙거짓골이라고 불렀다.

이 벙거짓골은, 움푹 들어간 가운데
에는 국물 있는 요리를 하고 편평한 가
장자리에는 고기 등을 구워 먹기에 적
합했다. 유득공은 그 모양을 이렇게 묘
사했다.

전립

고기는 둥근 면이 좋으니
복판은 음양으로 올록볼록하다.[27]

벙거짓골(氈笠套)

"벙거짓골은 그 형용을 이름이라.
쇠나 곱돌로 벙거지처럼 들어 제쳐서
화로의 동그란 쇠 위에다가 얹고, 기름
을 많이 붓고, 갖은 나물을 맹물에 데쳐
서 벙거짓골 속에 넣고 재어놓은 고기
는 가장자리에 펴놓고 익으면 먹는다. 너무 국물이 없으면 장국을 하였다가 붓
고 계란도 풀어 먹는데, 고기는 쇠고기뿐 아니라 닭이나 생치나 양이나 제육이
나 무엇이든지 다 좋고, 안주를 하든지 밥을 말아 먹든지 다 좋다. 그 밖에 강요
주江瑤珠 조개껍질을 주석으로 가를 겹쳐 두르고 손잡이를 하여서 화로에 제쳐
놓고 고기를 지져 먹으면 다른 그릇보다 맛이 한층 더 있다."[28]

그것을 보여주는 풍속화가 전해온다. 19세기에 활동했던 화가 성협成夾(?~?)
의 「야연野宴」이다. "다섯 명의 사내가 숯불을 괄하게 피운 불판에 둘러앉아서
고기를 구워 먹고 있다. 맨 오른쪽의 사내는 술병을 앞에 두고 한 잔 쭉 들이켜는
참이고, 바로 그 오른쪽의 사내는 왼손에는 구울 고기를 담은 접시를 들고 있고,
오른손으로는 구운 고기를 젓가락으로 집어 입으로 가져가고 있다. 입술을 약간
내밀고 있는 것으로 보아, 익은 고기가 뜨거워 불고 있는 것이다. 다시 그 왼쪽의
젓가락을 들고 고기를 집으려는 사내는 털이 달린 남바위를 쓰고 있다. 또 술 마
시는 사내 아래쪽에 있는 사내는 두터운 복건을 쓰고 있다. 아마도 쌀쌀한 날인

성협의 「야연」(국립중앙박물관 소장)

듯하다. 재미있는 것은 흰 건을 쓴 사내다. 상주처럼 보이지만, 그림만으로는 확신이 가지 않는다. 왼손잡이인 듯 왼손에 젓가락을 들고, 오른손에 역시 구울 고기를 담은 접시를 들고 있다. 친구들과 모여서 고기를 굽고, 한 잔 쭉 들이켜는 재미는 예나 지금이나 다를 바가 없을 것이다."[29] 요컨대 이 그림의 화제畵題 중 한 구절인 "버섯과 고기, 천하의 일미로구나"[30]라는 감탄이 실감 난다.

흔히 노구솥이라고도 하는 이 전립투는 다음 세 편의 시에서 알 수 있듯이, 겨울철 야외 잔치에서 특히 요긴했다.

고기 썰어 벙거짓골에 늘어놓고
몇 사람씩 화로를 끼고 앉아서
자글자글 구워서 대강 뒤집다가
젓가락을 뻗어보니 고기 벌써 없어졌다[31]

기름 바르고 파 마늘 섞은 고기

시뻘겋게 타오르는 화로 위에 걸어둔 노구솥

둘러앉아 술 마신 뒤 고기 안주

겨울철 추위 녹이는 좋은 모임[32]

난회煖會는 마땅히 동짓날에 맞춰

노구솥 건 화로에 둘러앉아 추위를 막네

소반에는 새 맛의 붉은 전약煎藥[33]

내의원內醫院서 한 그릇씩 나누어 주네[34]

박지원 역시 비슷한 경험을 했다. 그는 난회를 철립위鐵笠圍라고 했다. 철립은 전립氈笠을 말하니, 철립위는 벙거짓골 주위에 둘러앉는다는 뜻이다. 그런데 그가 참석한 난회는 야외가 아니라 실내다.

내가 예전에 작고한 대부 김공 술부 씨와 함께 눈 내리던 날 화로를 마주하고 고기를 구우며 난회를 했는데, 속칭 철립위라 부른다. 온 방 안이 연기로 후끈하고 파, 마늘 냄새와 고기 누린내가 몸에 배었다.[35]

여하튼 따뜻하게 숯불을 피워놓고 둥그렇게 둘러앉아 마시고 먹는 광경은 그 자체로 훈훈하고 풍요롭다. 그래서 난회煖會 혹은 난로회煖爐會 같은 모임이 유행했다. 이에 대해서는『동국세시기』의 전언이 상세하다.

서울 풍속에 화로 안에 숯을 시뻘겋게 피워 석쇠를 올려놓고 소고기를 구워 기름장, 계란, 파, 마늘로 조미한 후 산초가루를 쳐서 난롯가에 둘러앉아 먹는 것을 난로회라고 한다. 10월부터 추위를 막는 시식時食[36]으로 삼는데, 이것이 곧 옛날의 난란회煖暖會이다. 소고기 또는 돼지고기에 무, 오이, 훈채葷菜[37], 계란을 버무려 장국을 만들어 먹은 데서 열구자탕悅口子湯[38] 혹은 신선로神仙爐라는 이름

이 생겨났다. 『세시잡기歲時雜記』에 '북경 사람
들은 시월 초하루에 술을 걸러놓고 저민 고기
를 화로에 구우면서 둘러앉아 먹고 마시는 것
을 난로煖爐라 한다'고 했고, 『동경몽화록東京
夢華錄』에서는 '시월 초하루에 담당 관리가 난
로에 땔 숯을 진상하며, 민간에서도 모두 술을
차려 난로회를 연다'고 했는데, 오늘날의 풍속
역시 그렇다.[39]

아래에 숯불을 넣어 음식물을 데우는 신선로

조태일이 "떨리는 세계를 말하면서 / 황폐
한 식탁의 무게 밑에 깔리운 지성"[40]이라고 멋지
게 노래한 이 난로회는 일본의 스기야키すきやき,
杉燒[41]에서 유래한 것이라는 설이 전한다. 이덕무
의 다음 시를 보자.

서양의 거울은 눈동자에 현기증이 나고
남국의 붉은 노구솥은 걸신증을 가라앉힌다[42]

이덕무는 '남국의 붉은 노구솥'인 남국과
홍南國鍋紅에 대하여 이런 주석을 달아놓았다.
"냄비 모양은 갓과 같이 생겼는데, 이것으로 고
기를 구워 먹는 것을 난로회라고 한다. 이 풍속

스기야키

은 일본에서 온 것이다."[43] 이를 근거로, 1930년대 사학자이자 언론인이었던 호
암湖巖 문일평文一平(1888~1936)은 "난로회가 조선 고속古俗이 아니요 일본 것의 수
입임을 알 것이다"라고 했다.[44]

유래야 어떠하든 이 난로회에서 빠질 수 없었던 것이 고기였을 터, 그렇다면
이 모임은 경제적으로 넉넉한 양반층의 식도락이었음에 틀림없다. 여기서 이학

규李學達(1770~1835)가 지은 「굶주린 백성飢民」이라는 시를 읽어보자.

흰하게 잘생긴 부잣집 자식
윤기 나는 얼굴로 쌀밥에 고기반찬 먹고 있다네
(……)
중당 난로 가에 모여들 앉아
수저 소리 쨍그렁 쨍그렁
구운 고기 들고서 물린다면서
어포를 씹으며 다시 뱉어낸다네
기름기 있는 건 생각도 하기 싫어서
봄 채소 맛볼 날을 고대한다나[45]

고기 맛에 물려 채소를 기다린다는 부잣집 도련님의 철없는 모습이 생생하게 그려져 있다. 바야흐로 보릿고개를 견뎌내야 하는 서민의 고통과 날카롭게 대비된다.

탕평책과 탕평채

언제부터 탕평채蕩平菜를 봄철 시식時食으로 먹기 시작했는지는 정확히 알수 없다. 『경도잡지』에 "탕평채는 녹두묵에 돼지고기, 미나리의 싹을 잘게 썰어 초장을 무친 것으로, 매우 시원해서 봄날 저녁에 먹으면 좋다"고 한 것으로 보아, 늦어도 18세기에는 먹었던 것으로 보인다. 탕평[46]이라는 말로 미루어 짐작할 때, 탕평책蕩平策을 내세운 영조(재위 1724~1776) 때 이 음식이 생겨났을 것이라고들 추측하지만 확실한 근거는 없다. 참고로 "송인명宋寅明(1689~1746)이 젊은 시절에 가게를 지나가다가 탕평채 파는 소리를 듣고 사색四色의 당인黨人을 섞어 등용해야 한다는 사실을 깨닫고서 탕평 사업을 하였다고 한다".[47] 이 전언에 따르면, 탕평채는 그 이전에 이미 가게에서 팔고 있었으니, 탕평책 운운은 나중에 거기에 덧붙여진 이야기임을 알겠다.

그런데 이 탕평채는 춘만가식春晚可食, 곧 봄날 저녁에 먹으면 좋다고 했다. 그렇다고 해서 저녁때만 먹었던 건 아닐 것이다. 그것은 아마 선비들의 멋과 취향을 돋우는, 멋을 낸 표현일지 모른다. 녹두묵에 돼지고기, 미나리의 싹을 잘게 썰어 초장으로 무쳤다고 설명했지만,『동국세시기』에서는 탕평채에 김을 더 넣어 먹었다고 했다. 요즘도 대개 한식집에서는 녹두묵(창포묵)으로 만든 탕평채를 김과 함께 무쳐서 내온다.

탕평채

섞박지

반찬으로는 김치가 빠질 수 없다.『경도잡지』에서는 특히 잡저雜菹, 곧 섞박지를 언급하고 있다. "섞박지는 새우젓을 달여 맑은 국물을 밭은 후 무, 배추, 마늘, 고춧가루, 소라, 전복, 조기 등을 버무려 단지에 담그는데, 겨울을 지나면 몹시 매워진다."

한편 지금 우리가 즐겨 먹는 김치는 한자로 침채沈菜라 했다.『순암선생문집順菴先生文集』에서는 묘에서 지내는 제사墓祭의 제물祭物을 설명하면서 "소채 따위는 김치沈菜, 익힌 나물熟菜, 생나물生菜, 잡저雜菹 등으로 한다"[48]고 했다. 잡저와 김치는 분명히 구별되었던 것이다.『규합총서』「치선治膳」에서도 '김치'와 '섞박지'를 나누어 설명하고 있다.[49]

복사꽃 떠내려오면 행주 앞강에 그물 치고

제어鮆魚라는 물고기 이름은 우리에게 매우 낯설다. 위어葦魚라고도 한다지만 생소하기는 마찬가지다. 위葦는 갈대를 말하는데, 갈대가 많은 곳에서 산란하기 때문에 그렇게 부른다. 요즘은 대개 웅어라고 한다. 위어가 웅어로 바뀐 것은 예컨대 부어鮒魚가 붕어로,

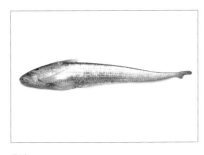

웅어

이어鯉魚가 잉어로 변한 것과 유사한 음운 현상이다. 충남 부여에서는 우여라고 부른다.

웅어는 강과 바다가 만나 염분이 적고 영양물질이 풍부한 기수汽水에서 많이 잡히며, 매년 4월 바다에서 하천으로 거슬러 올라오는데, 그때가 가장 맛이 좋다.

허균許筠(1569~1618)은 「도문대작屠門大嚼」에서 웅어를 설명하면서, "이는 준치鱒魚인데, 한강의 것이 가장 좋다. 호남에서는 2월이면 잡히고, 관서 지방에서는 5월에야 잡히는데 모두 맛이 좋다"[50]고 했다. 그러나 둘 다 맛있는 생선이기는 하지만, '썩어도 준치'라고 할 때의 그 준치와 웅어는 전혀 다른 어종이다. 아무튼 도어魛魚, 열어鮤魚, 제어鱭魚, 수어鮹魚, 멸도鱴刀 등 다양한 이름으로 부르는 웅어[51]는 맛이 좋아 임금에게 진상될 정도였다. 아예 위어소葦魚所라는 기관을 두고 본격적으로 잡아 올렸다.

지금 부여에서는 봄이면 웅어회, 곧 우여회를 마치 특산물인 양 팔고 있지만, 잔뜩 기대를 하고 먹어서인지 그저 오이, 당근 등 채소와 함께 고추장 양념에 버무린 잡생선회에 불과했다. 요리를 잘못한 건지, 우리 입맛이 변한 건지 좀 따져볼 필요가 있다.

그런데 1809년에 지어진 『규합총서』에서는 "웅어회는 풀잎같이 저며 종이 위에 (놓아) 물과 기름을 뺀 후 회를 쳐야 한다"[52]고 했다. 20세기 초의 『조선무

쌍신식요리제법』에서는 "한때에 제일로 먹는 것이니 굵은 것은 뼈가 거세어 회에 마땅치 않고 작은 것이라야 대가리 따고 비늘 긁고 통으로 엇쓸어 막걸리에 빨거나 참기름에 무치거나 하여 초고추장에 찍어 먹으면 고소한 맛이 일등이라 하나 씹어 먹을 때 찌꺼기가 자연 나는 것이 이 회의 험절險絶이다"[53]라고 했다. 지금과는 전혀 다른 조리법들이다.

궁중에서 쓰이는 쌀과 국수, 술, 간장, 기름, 꿀, 채소, 과일 등 식품을 관리하고 궁중 잔치 등의 일을 도맡았던 사옹원司饔院은 여러 곳에 어소魚所를 두고 어물을 잡아 진상했다. 행주[54]의 위어와 안산의 소어蘇魚, 곧 밴댕이는 궁중의 별미였다.

정선의 「행호관어」(간송미술관 소장)

정선의 「행호관어杏湖觀漁」는 행주의 위어소에서 복어와 웅어를 잡아 올리는 광경을 묘사하고 있다. '행주 호수에서 고기 낚는 것을 구경하다'라는 제목의 이 그림에 붙인 이병연李秉淵(1671~1751)의 제시題詩가 저간의 사정을 잘 말해주고 있다.[55]

신윤복의 「어물장수」(국립중앙박물관 소장)   김준근의 『기산풍속화첩』 중 「어물도부장사」(프랑스 국립기메동양박물관 소장)

늦봄 복어국이요,

초여름 웅어회라,

복사꽃 가득 떠내려오면,

행주 앞강에 그물 치기 바쁘다[56]

웅어를 궁궐에서만 먹었던 것은 물론 아니다. 생선 장수들이 지고 다니면서 횟감으로 팔기도 했다. 요즘 가을철에 '집 나간 며느리도 그 냄새에 돌아온다'는 전어錢魚가 인기 있듯이, 예전에는 봄철 시식으로 웅어가 대접을 받았다. 생선 장수들은 행주에서 웅어를 받아다가 서울 장안을 돌아다니면서 팔았다.[57]

웅어는 회로만 먹지 않았다. 17세기 경기도 산본의 수리산 아래에 살던 시골 선비 이응희의 「웅어」라는 시를 보자.

강 가운데 촘촘한 그물을 치니

웅어 한 떼가 죄다 걸렸네

가는 꼬리는 은장도를 뽑은 듯

긴 허리는 옥으로 만든 자 번득이듯

서릿발 같은 칼끝으로 회를 떠도 좋고

석쇠에 얹어 구워도 좋지

그 명성 만인의 입에 자자하고

맛난 맛은 집집마다 진동하네[58]

웅어회를 먹은 다음에는 복국[59]을 먹는다.『경도잡지』는 "복숭아꽃이 채 떨어지기 전에는 복어국을 먹는다"고 했다. '복숭아꽃이 채 떨어지기 전'은 4월 말경이다. "가랑비에 도화수 푸른 물결이 벌창하니, 참으로 이 하돈이 한창 맛 좋을 때"인 것이다.[60] 복숭아꽃이 진 다음에는 복어의 독이 강해져서 먹을 수 없다.

복어는 "한강에서 나는 것이 맛이 좋다".[61] "봄철은 한강에서 복어 잡는 계절 / 복사꽃이 피기 직전 그 무렵이 그리워라 / 참기름에 미나리 삶고 꿀물에 섞어 / 맛 좋은 국을 나눠 손님들께 대접했었지."[62] 봄날 권상신權常愼(1759~1824)은 귀양지에서 고향을 그리워하며 그렇게 복어국을 떠올렸다.

이 복어는『동국세시기』에 따르면, "파란 미나리, 기름, 간장을 버무려서 끓이면, 그 맛이 참으로 진기하다".[63] 복어는 맛이 좋아 서자유西子乳라고 했는데, "옛적에 서자란 계집이 어여쁘고 살빛이 희기에 서자의 젖과 같다"[64]고 한 것이다.

그래서인지 복어를 "우리나라에서는 복생선鰒生鮮이라고 한다. 한강에 삼사월이면 떼 지어 올라오니, 복진상鰒進上이라고 한다".[65]

그럼에도 복어를 탐하는 것은 학인이 할 바가 아니라는 비판도 있었

황복

다. 물론 그만큼 맛이 있었다는 반증일 터이다.

> 대장부가 비록 궁한 집에서 살며 형편없는 음식이나마 끼니를 잇지 못한다 하
> 더라도, 늘 남에게 베풀기를 좋아하고 궁핍함을 구제하고자 하는 마음을 가져
> 야 한다. 맛있는 음식을 취해서 복어국 같은 것이나 먹고, 지관地官[66]에게 미혹되
> 어서 조상의 묘까지 파 옮기거나, 혹은 자제로 하여금 부화하고 형식만이 정연
> 한 문장에 탐닉케 하여 결과적으로 경서經書를 멀리하도록 만드는 사람은 나로
> 서는 의심스러워 이해하지 못할 사람이다.[67]

이러한 경고와 비난에도 불구하고 하어약河魚約이라 하여 봄철의 정취를 즐
기는 복어 모임까지 있었다. 그 "치명적인 맛은 스릴이 있다. 영의정을 지낸 남
공철은 서울에서 친구인 박남수와 함께 복어국을 안주로 놓고 술을 마시는데,
누군가 복사꽃이 이미 졌으므로 복어를 먹으면 위험하다고 경고했다. 그러자 박
남수는 보란 듯이 한 사발을 몽땅 비우고는 '에잇! 선비가 절개를 지켜 죽지 못
할 바에는 차라리 복어를 먹고 죽는 게 녹록하게 사는 것보다 낫지 않겠나?'[68]라
고 소리쳤다. 술김에 호기를 부려 내뱉은 호언장담이지만 복어를 먹는다는 것이
어떤 의미로 다가왔는지를 보여주는 일화다".[69]

그렇지만 복어의 독은 "여러 물고기 가운데 가장 독하니, 중독자는 반드시
죽는다. 그러면 사람의 똥물을 먹이고, 참기름을 많이 먹이고, 백반가루白礬末를
끓는 물에 타 먹이고, 소루쟁이羊蹄菜 두드린 즙을 먹이고, 괴화가루槐花末 삼전三
錢을 갓 길은 물에 타 먹이고, 곤쟁이젓紫蝦醢과 소금, 쪽즙藍汁 다 먹"[70]여야 한다.
민간 처방 중에서도 상당히 공을 들여 제조할 만큼 강력한 독성임을 알 수 있다.

복어의 독을 염려하는 사람은 복국 대신에 독미어증禿尾魚蒸을 먹었다. 독미
어를 두고 숭어라 하기도 하고, 도미라 하기도 한다. 그런데 『경도잡지』의 저자
인 유득공이 1801년 북경에 다녀와서 쓴 글에 독미어가 등장한다.

찐 생선을 먹게 되어 그 이름을 물으니, "이곳에서는 해즉海鯽이라 일컫으며 속

명俗名은 대두어大頭魚라 하오. 귀국에서는 무어라 하지요?" "우리 고장에는 이 생선이 몹시 많으며 이름을 독미어禿尾魚라 합니다. 이 고기는 머리가 제일 맛있다지만, 묘한 맛은 바로 두 눈깔에 있거든요."[71]

도미찜

이로 미루어보면, 독미어는 수어水魚/秀魚라고 하는 숭어가 아니라 도미이고, 독미어증은 도미찜임을 알 수 있다. "도미는 한반도 전 연안에서 연중 어획되는 물고기였기에 어느 지역에서나 널리 소비되고 있었다. (……) 또 『전어지佃漁志』(1820년대경)에서는 독미어가 '사시로 다 살고 있어 어가에서는 언제나 이를 잡는다. 3월에 석수어를 잡은 뒤에 많이 잡히기에, 서울에서 유통되는 것은 매년 초파일 전후'라고 설명하고 있다. 즉 조기를 잡은 직후인 음력 4월 전후로 서울에서 유통되"었음을 알 수 있다. "요컨대 도미는 한반도에서 풍부하게 서식하는 어종이었고, 18~19세기 조선에서는 봄철 조기를 어획한 직후 도미를 그물로 어획해, 서울과 해주 등지로 운반해 계절 요리로 소비하고 있었다."[72]

"일본에서 도미는 '백어百魚의 왕'이라고 불리며 예부터 가장 가치 있게 여겨져왔"[73]지만, 우리나라에서는 그리 인기가 있었던 어종은 아니었다. 도미는 찜을 하거나 도미국 혹은 도미국수 등으로 요리해 먹었다.[74]

이왕 숭어 이야기가 나왔으니, 이참에 숭어에 대해 이야기해보는 것도 좋겠다. 허균은 숭어가 "서해 어느 곳이나 있지만 한강의 것이 가장 좋다. 나주에서 잡은 것이 매우 크고 평양에서 잡은 냉동된 것이 맛있다"[75]고 했다.

아무튼 조선시대에 한강 하류에서 잡히던 숭어는 식도락가들 사이에 인기가 높았던 것이 분명하다. 김득신金得臣(1754~1822)의 「강상회음江上會飮」이라는 그림에는 어부로 보이는 사람들이 강가에서 생선을 먹고 있다.

"왜가리가 노니는 모습이 그려진 것으로 보아 때는 여름에 가까운 것으로

김득신의 「강상회음」(간송미술관 소장)

여겨진다. (……) 그러나 때를 알아차릴 수 있는 가장 결정적인 단서는 그림의 중심에 놓인 생선이다. 사실 이 그림만으로 어떤 생선인지 확인하기는 어렵다. 다만 대강의 생김새로 미루어 짐작해보면, 숭어일 가능성이 크다. (……) 고양시 행주외동에 사는 여든이 넘은 노어부 몇 분의 말에 따르면, 일제 때 음력 4월이면 행주나루 근처에서 숭어잡이가 한창이었다고 한다."[76]

맛 좋다고 예로부터 알려진
명성 참으로 헛된 게 아니로세
솥에선 은빛으로 빛나고
쟁반에 얹으면 백설 같구나[77]

17세기 경기도 산본의 시골 선비 이응희가 지은 「숭어」라는 시의 일부이다. 숭어 맛은 한마디로 명불허전名不虛傳이라는 것이다. 그런데 웅어가 "만인의 입에 자자하다"라 하고 숭어의 명성이 헛된 것이 아니라 했지만, 입맛이란 철저히 개인적인 것이어서 이러한 진술은 자칫 '이식耳食'일 수 있다. 이식은 귀로 먹는다는 뜻으로, 남의 말을 귀로만 듣고 넘겨짚어 그대로 믿어버림을 비유적으로 이르는 말이다. 조선 후기에 새로운 문학의 흐름을 선도한 대표적인 문인 이옥의 다음 발언을 통해 짐작할 수 있다.

> 식품은 다만 맛으로 취하여야 하고 명성으로 취하지 말아야 하는데, 세상 사람들은 다들 이식을 하기 때문에 이름만 취하고 맛으로 취하지 않는 경우가 있다. (……) 내가 맛을 본 바로는 행주에서 나는 웅어회가 송홧가루 날릴 때 송어가 막 살이 오른 것만 못하고, 이른 봄 숭어국은 서리가 내린 뒤의 미꾸라지米駒의 누런 기름이 국그릇을 뒤덮은 것만 못하다.[78]

차 한 잔, 담배 한 모금

차는 우리나라에서 나지 않아 중국에서 사들여오거나 작설차雀舌茶
혹은 강귤차薑橘茶로 대용한다. 관청에서는 참쌀을 볶아 물에 타서 마
시는데, 그것 역시 차라고 한다. 근래에는 백두산에서 나는 삼나무의
싹으로 차를 만들기도 한다.

관서 지방의 삼등三登과 성천成川 등지에서는 금사연金絲煙이라는 담
배가 난다. 그것을 속칭 서초西草라 하는데, 매우 귀하게 여긴다. 조사
朝士는 반드시 담뱃갑煙盒을 지닌다. 담뱃갑은 쇠로 만드는데, 은銀으
로 물려 매화나 대나무를 장식하고, 자줏빛 나는 사슴 가죽으로 끈을
달아 담뱃대煙盃와 함께 말꽁무니에 단다. 지위가 낮고 천한 사람은
지위가 높고 귀한 사람 앞에서는 감히 담배를 피우지 못한다. 조사가
거리에 나가 벽제辟除를 잡힐 때, 그 앞에서 감히 담배를 피우는 자는
엄하게 다스린다.

언제부터 차를 마셨을까

당나라에 사신 갔던 대렴大廉이 차 종자를 가지고 돌아오니, 왕은 그것을 지리산
에 심게 하였다. 차는 선덕왕善德王 때부터 있었지만, 이때 이르러 성행했다.[1]

신라 42대 흥덕왕興德王 3년(828) 12월 기사이다. 이 기록에 따르면, 차 마시는 풍습은 9세기 중엽에 이르러 성행했는데, 선덕이 왕으로 있던 7세기(632~647)경에 전래되어 일부 행해진 후, 점차 확산되어 간 것으로 보인다.

연기조사(緣起祖師)가 544년에 창건한 지리산 구례 화엄사의 효대(孝臺). 연기조사가 찻잔을 들고 있다.

> 한 중이 가사를 입고 삼태기를 지고 남쪽에서 왔다. 왕이 기뻐하여 누각 위로 맞아들이고, 그의 통 속을 보니 차를 끓이는 그릇이 담겨 있었다.
> "너는 누구냐?"
> "저는 충담忠談입니다."
> "어디서 오는 길인가?"
> "제가 항상 3월 3일과 9월 9일이면 차를 달여서 남산 삼화령三花嶺의 미륵세존彌勒世尊께 드리는데, 오늘도 드리고 오는 길입니다."
> "나에게도 차 한 그릇을 주겠는가?"
> 중이 차를 달여 드렸는데, 차의 맛이 이상하고 그릇 속에서 이상한 향이 풍겼다.[2]

그런데 경덕왕景德王(재위 742~765)과 충담사忠談師의 대화를 보면, 8세기 즈음에는 차 마시는 풍습이 승려 등 일부 계층에 국한된 현상이었다고 보아야 할 것이다. 비록 전설의 형태이기는 하지만, 최치원崔致遠(857~?)이 구례求禮 화엄사華嚴寺에 심었다는 학사차學士茶, 화랑이 마시던 강릉江陵 한송정寒松亭의 다천茶泉 등을 통해 육두품六頭品이나 화랑 등 일부 계층에서 차 향유가 유행한 양상도 짐작해볼 수 있다. 그러다가 차 마시기가 대중적 풍습으로 자리 잡기 시작한 때는 『고려도경高麗圖經』의 전언에서 보듯이, 대체로 12세기가 되어서인 것으로 생각된다.

토산土産의 차는 맛이 쓰고 떫어서 마실 수 없고, 오직 중국의 납차臘茶[3]와 용봉사단龍鳳賜團[4]을 귀하게 여긴다. 중국 조정에서 하사해준 것 이외에 상인들 역시 가져다 팔기 때문에 근래에 차 마시기를 자못 좋아하여 차 마시는 도구를 만들기도 한다.[5]

774년에 완공된 석굴암 문수보살상. 문수보살이 찻잔을 들고 있다.

그러나 다음 명나라 장수와 선조宣祖의 대화에서 보듯이, 임진왜란이 벌어진 17세기에도 차 마시기 풍습은 아직 일반적인 현상이 아니었던 것 같다.

명 장수 : 귀국에는 차가 있는데 왜 채취하지 않는가? (……) 이것은 남원南原에서 생산된 것인데 그 품질이 매우 좋다. 그런데 귀국 사람들은 무엇 때문에 이것을 마시지 않는가?

선조 : 우리나라는 풍습이 차를 마시지 않는다.[6]

차 마시기 풍습이 하나의 문화로 확고히 자리 잡은 것은 정약용, 김정희, 초의선사草衣禪師(1786~1866)가 해남海南 대흥사大興寺 일지암一枝庵에서 교유하며 『동다송東茶頌』, 『다신전茶神傳』 등 우리나라 차의 역사에 찬란한 기록을 남긴 시대, 곧 18세기 후반부터 19세기 전반에 이르러서라고 보아야 옳을 것이다.

작설차와 녹차

"떡잎을 따서 달여 먹는 차는 남방에서 시작한 것이고, 당나라 때부터 성행한 후에 한반도에 들어왔기 때문에"[7], 그 이전에는 한반도에 차가 없었다는 점은 분명하다. 『경도잡지』에서는 작설차雀舌茶와 강귤차薑橘茶가 그 대용으로 쓰였다고 말하고 있다. 그런데 이 전언을 그대로 받아들이면, 작설차는 차가 아닌 것이 된다. 작설차는 보드라운 찻잎의 새싹이 마치 참새의 혀처럼 생겼다 하여 그 이름이 붙여진 것으로 전형적인 녹차 중 하나인데, 이상한 일이다. 생강차나 귤차로 차를 대신했다는 건 이해되는데, 작설차로 차를 대용했다는 말은 도대체 무슨 뜻인가? 두 가지 의문이 생긴다. 작설차는 녹차가 아니지 않을까 하는 점과, 무언가 잘못 표기된 것이 아닌가 하는 점이다.

우선 전통 작설차는 녹차가 아니라 발효시킨, 일종의 홍차라는 주장이 최근에 제기되었다. "초의선사의 『동다송』에는 작설차가 '찻잎을 따서 햇볕에 말려 만드는데 그 색과 맛이 붉고 쓰다'라고 기록돼 있는데, 이는 녹차가 아니라 홍차에 대한 설명"이며, "『동의보감東醫寶鑑』

참새 작(雀) 자에 혀 설(舌) 자를 붙여 참새의 혀처럼 생긴 찻잎의 새순을 말하는 작설

에도 작설을 '찧어서 말려 떡으로 만들었다'고 설명하고 있는데, 이것은 열을 가하는 살청 과정(녹차를 만드는 과정)이 아니라 발효 과정을 설명하는 것"[8]이라는 주장이다. 전통 작설차가 홍차의 종류라는 이 주장에 따르면, '차 대신에 작설차를 마셨다'는 『경도잡지』의 전언은 자연스럽게 받아들일 수 있다.

그러나 위에서 인용한 부분의 정확한 표현은 "옥부대玉浮臺 아래에 칠불선원七佛禪院이 있는데, 여기서 좌선하는 중들이 항상 늦게 늙은 잎老葉을 따서 햇볕에 나무 말리듯 하여 나물국처럼 끓이니, 색은 탁하고 빛은 붉으며 맛은 매우 썼다")는 것이다. '작설'을 설명한 것이 아니라 '노엽'에 대해 말하고 있다. '햇볕에 쐬어 나무 말리듯 했다'는 것은 차를 덖는, 말하자면 찻잎을 솥에 넣고 볶아 말리는 차 제조 방식과는 분명 다르지만, 이 차의 대상은 참새 혀처럼 작은 찻잎의 새싹인 작설이 아니라 늙은 잎, 곧 노엽인 것이다. 요컨대 작설차를 녹차로 본 수많은 문헌 자료의 존재로 보나, 대부분의 녹차 연구자들의 견해에 비추어볼 때 이 견해는 그대로 따르기 어렵다.

다음, 『경도잡지』에서 문제가 된 것은 "작설차와 강귤차로 (차를) 대신했다"라는 구절이다. 원문으로 보면 "(茶)代以雀舌薑橘"이다. 여기서 문제가 되는 것이 바로 '以' 자의 위치다. 이 구절은 아마 '代雀舌以薑橘', 곧 "작설차는 강귤차로 대신했다"는 말이 잘못 표기된 결과일지 모른다는 주장이 제기된 적이 있다. 지금 우리가 흔히 보는 『경도잡지』는 조선광문회朝鮮光文會에서 1911년에 간행한 활자본活字本이어서 문선공文選工이 식자植字 과정에서 잘못을 저지른 결과가 아닌가 하는 점이다. 활자본의 오류 개연성을 강조하는 이 주장은 서울대학교 규장각에 있는 필사본인 가람본도 동일하다는 점에서 수긍하기 어렵다. 그러나 홍만선이 '진다眞茶'를 설명하면서 "됴흔 작셜차"라는 협주夾註[10]를 붙여둔 데에서 단적으로 보듯이, 이 오기誤記 주장은 부인하기 쉽지 않다. 더구나 강귤차는 "귤껍질橘仁 3돈, 생강 5조각, 작설차 1돈을 함께 달이되 차를 달이듯이 하여 꿀을 넣어 마신다"[11]는 전언도 하나의 방증이 될 것이다.

이러한 혼란은 차와 작설이 같은 것임을 알지 못한 당시의 사정에서 비롯된 것이다. 이와 관련해서는 다음 증언을 참고할 필요가 있다.

우리나라 풍습이 비록 작설을 사용하여 약에 넣기는 해도, 대부분 차와 작설이 본래 같은 물건인 줄은 모른다. 때문에 예전부터 차를 채취하거나 차를 마시는 자가 없었다. 혹 호사가가 중국 시장에서 사가지고 올망정, 가까이 나라 안에서 취할 줄은 모른다. 1760년에 배편으로 차가 오자, 온 나라가 비로소 차의 생김새를 알게 되었다. 10년간 실컷 먹고, 떨어진 지 이미 오래되었는데도 또한 따서 쓸 줄은 모른다. 우리나라 사람에게 차는 또한 그다지 긴요한 물건이 아니어서

있고 없고를 따질 것이 못 됨이 분명하다.[12]

요컨대 『경도잡지』를 쓴 유득공도 대부분의 사람들처럼 차와 작설이 같은 것인 줄 몰랐기 때문에 이런 혼란이 생겨난 것이다. 그만큼 당시까지도 차는 보편적인 문화가 아니었다.

'참다운 차眞茶'라고 부를 만큼 품질이 좋은 이 작설차는 14세기경에 처음으로 문헌에 보인다.

> 가을 감 먼저 따서 나에게 부쳐주고
> 봄볕에 말린 작설 여러 번 보내왔네
> 대사는 옛 정분을 못 잊어 그렇게 하지만
> 나는 공도 없이 많이 받기가 부끄럽다네[13]

송광화상松廣和尙이라는 승려가 보내준 차를 고마워하면서 이제현李齊賢(1287~1367)이 답례로 보낸 시다. 역시 작설차는 봄볕에 말렸음을 알려준다.

작설차는 "순천順天에서 나는 것이 가장 좋고 변산邊山의 것이 다음"[14]으로 좋다고 한다. 작설은 약용으로도 쓰였다. "버섯에 중독되

강귤차

어 토사吐瀉가 그치지 않을 때는 세다아細茶芽, 곧 작설차를 가루로 만들어 새로 길어온 물에 타 먹이면 신비한 효험이 있다"[15]는 전언은 믿어도 좋을 것이다.

정약용은 "우리나라 사람들이 탕환고湯丸膏같이 달인 약물을 차라고 습관적으로 불러 강차薑茶, 귤피차橘皮茶, 모과차木瓜茶, 뽕잎차桑枝茶, 송절차松節茶, 오과차五果茶라고 하는데, 이는 모두 잘못된 것이다. 중국에는 이런 법이 없다"[16]면서,

중국차와는 다른 전통차를 여럿 열거하고 있다. 이에 따르면 강귤차는 생강차와 귤피차를 한꺼번에 줄여서 부르는 말인 듯하다. 그러나 "내의원內醫院의 여러 신하들을 불러모았다. 강귤차薑橘茶와 청심원淸心元을 올렸다. (……) 삼귤차蔘橘茶와 죽력竹瀝 세 숟가락을 섞어 올렸다"[17]는 기록에서 보듯이 강귤차는 차의 일종이다. 삼귤차가 인삼차와 귤피차를 합쳐서 부르는 말이 아닌 것과 마찬가지다. 강귤차는 작설차가 그렇듯, 그리고 요즘도 겨울철 감기 예방을 위해 귤껍질을 달여 차로 마시듯, 약용으로도 음복했다. "강귤차 두어 술을 드시게 하여 보았더니 온기가 있는 듯하다"[18]는 전언에서 그 용례를 찾아볼 수 있다.

백두산의 전나무 싹도 차로 달여서

찹쌀을 볶아炒糯米 물에 타서 차로 마신다고도 했다. 요즘의 현미차 같은 것을 생각하면 된다. 그런데 그것은 관청의 풍습이라는 것이다. 민간에서는 그렇게 하지 않았는지 궁금하다. 그러나 갑자기 코피가 날 때, 구급의 처방으로 "찹쌀을 볶아糯米炒 노란 가루를 만들어서 2전을 새로 길어온 물에 타 먹이면 즉시 그친다"[19]고 한 데서 보듯이, 그것은 민간에서도 통용된 것으로 보아야 할 것 같다. 오나미炒糯米로 쓰든 나미초糯米炒라고 쓰든, '찹쌀을 볶는다'는 의미에서 서로 다르지 않다면, 『경도잡지』가 18세기 후반부터 19세기 초반의 기록이니, 원래는 관청의 풍습이었는데 후대에 민간으로 확산되었다고 보기도 어렵다. 하긴 쌀로 밥을 해 먹기 어려운 시절에 찹쌀을 볶아 차를 끓여 마실 수 있는 곳은 관청 밖에는 없기는 했겠다.

한편 백두산에서 나는 삼나무의 싹으로 차를 해 마셨다고 했다. "근래에는" 이라는 표현에서 이전에는 없었던 풍습임을 알 수 있다. 마시는 차의 종류가 다양해지고 있음을 말해준다. 그런데 이상한 점이 있다. 지금 우리가 알고 있는 삼나무는 학명 'Cryptomeria japonica'에서 보듯이, 일본 특산종의 상록교목으로 우리나라에서는 남부 해안 지방에 분포한다. 그러므로 '백두산 삼나무'라는 말은 현실에서 성립할 수 없다. 그렇다면 삼杉은 다른 대상을 지칭한다고 보아야 옳다. 여기서 정약용의 『아언각비』를 참고해볼 필요가 있다. 『아언각비』는 200여 항목에 걸쳐 나무 이름 등 속어의 오류를 원어原語와 원자原字를 통해 고증한 책이다. 이에 따르면 "삼杉이라고 하는 것은 세속에서 말하는 이른바 전나무檜이다".[20] 요컨대 '백두산의 삼나무'가 사실은 '백두산의 전나무'이고, 그 싹으로 차를 끓여 마신 것이다.

참고로 백두산에서 나는 차나무로 백산차白山茶라는 것이 있었는데 "그 나무에 대해 효당曉堂은 생강나무일 것이라 했고, 응송應松은 석남과石南科에 속하는 철쭉꽃일 것이라 했다. 1914년(大正 3) 조선총독부에서 조사한 『백두산식물조사서白頭山植物調査書』에 의하면 백두산의 고산식물高山植物로 이 백산차가 나오는데 여기 이름은 'Ledum'[21]으로 나와 있다. 아마 이러한 차들이 변해 소위 우리의 순수한 차가 되는 생강차, 구기자차, 산수유, 당귀, 감초, 마가목, 오미자, 인삼차 등으로 마시지 않았나 생각된다".[22] 여기서 효당과 응송은 각각 근래 소위 '다도茶道'로 유명했던 최범술崔凡述(1904~1979)과 박영희朴暎熙(1893~1990) 스님을 말한다.

백두산 기슭에서 자생하는 진달래과의 늘 푸른 관목인 백산차는 북한의 천연기념물이다.(네이버 백과사전)

담배 쓰나미─입 있는 사람은 누구나

담배는 17세기 초엽에 우리나라에 들어왔다. 광해군(재위 1608~1623) 때의 일이다. '옛날 옛적 호랑이 담배 피우던 시절'이란 말은 그저 '우리가 생각지 못할

김홍도의 『단원풍속도첩』 25폭 중 22 「장터길」.(보물 제527호, 국립중앙박물관 소장) 어른과 젊은이가 함께 담배를 피우고 있다.

정도의 오래전'을 동화적으로 표현한 것일 뿐이다.

본격적인 이야기에 앞서, 우선 담배라는 말이 어떻게 생겨났는지부터 알아보자. 학창 시절 국어 시간에 배워서 대개 알고 있겠지만, 포르투갈어 타바코 tabacco가 일본으로 건너가 담박괴淡泊塊로, 다시 우리나라로 들어와서는 담바고로 불리다가 나중에 담배로 굳어졌다.

그런데 담배는 일본을 통해 수입된 후 가격이 상당히 비쌌지만[23] 대단히 짧은 기간에 전 국민 사이에서 급격하고도 광범위하게 유행했다. 장유張維 (1587~1638)는 『계곡만필谿谷漫筆』에서 당시의 풍속을 다음과 같이 증언하고 있다.

남령초南靈草를 피우는 법은 본래 일본에서 나왔다. 일본 사람들은 이것을 담박괴라고 하면서, 이 풀의 원산지가 남양南洋의 제국諸國이라고 말하고 있다. 우리나라에는 20년 전에 처음으로 이것이 들어왔는데, 지금은 위로 공경公卿으로부터 아래로 가마꾼과 초동목수樵童牧豎에 이르기까지 피우지 않는 사람이 없다.[24]

장유가 『계곡만필』을 펴낸 때가 1632년이니, '20년 전'이라면 대략 1610년

이교익(李敎翼, 1807~?)의 풍속화.(국립중앙박물관 소장) 흡연 풍습은 신분의 고하를 가리지 않았다.

을 전후하여 우리나라에 담배가 들어온 셈이다. 그런데 불과 20여 년이 지났을
뿐인데도 지위 고하를 가리지 않고 너도나도 담배를 피웠다.『지봉유설芝峰類說』
을 지은 이수광李睟光(1563~1628)은 "(흡연을) 가볍게 시험해보아서는 안 된다"며
일찍부터 중독을 염려한 바 있지만, "위로는 공경 사대부로부터 아래로 부녀자
나 어린아이, 종들까지도 모두 담배를 즐기지 않은 이가 없다"[25]고 할 정도로 흡
연 풍습은 급속하고도 광범위하게 전파되었던 것이다.

> 위로는 재상으로부터 아래로 하인까지
> 안으로 규방에서 밖으로 고을 기생에 이르기까지
> 입 있는 사람이라면 누가 즐기지 않으리오[26]

"심지어는 네댓 살 먹은 어린아이까지도 여러 대를 연달아 피우면서 달기
가 우유 같다고 하니, 또한 시속이 크게 변한 것이다."[27]

조선시대에는 담배를 부르는 말이 여럿 있었다. 그중에 남령초南靈草 혹은

남초南草라는 이름이 있는데, 폐암을 유발한다고 해서 담배가 추방당하는 요즘과 달리 그 이름들은 약초라는 뜻까지 담고 있다. "(남령초는) 남방으로부터 전래하고 또 약효가 있는 풀이라는 뜻을 붙인 이름"[28]인 것이다. 그야말로 격세지감이라 할 만하다.

요컨대 "염제炎帝[29]도 예전에 맛본 적이 없"[30]던 담배가 수입된 직후, 경기도 산본의 수리산 아래에 살던 시골 선비 이응희가 보인 반응은 담배에 대한 당대인의 인식이 어떠했는지 잘 말해주고 있다.

> 남쪽에서 온 한 봉지 신령한 풀
> 습증濕症과 풍병風病[31]을 다스리는 기운 있네
> 좋은 사람 함께 먹고자 오시게 하여
> 함께 담뱃대 쥐고 앉아 푸른 연기 내뿜누나[32]

이옥은 스스로 "나는 담배에 벽癖이 있어, 몹시 사랑하고 또 즐긴다"[33]고 했다. "벽, 곧 고질병은 병이다. 특정한 물건을 좋아하는 사람이 있어서 좋아하는 정도가 심하면 즐긴다고 말할 수 있다. 특정한 어떤 물건을 즐기는 사람이 있어서 즐기는 정도가 심하면 고질병이라 말할 수 있다."[34] 상습적으로 물건을 훔치는 습관인 도벽盜癖, 알코올중독에 가까운 음주벽飮酒癖 따위를 말할 때의 그 벽이다. 조선 후기에는 여러 방면에서 이 벽에 빠진 이들이 있었으니 꽃이나 나무, 애완동물, 담배, 악기 같은 것은 물론이거니와 심지어는 '칼을 애호하는 벽'[35], '과일을 좋아하는 벽'[36], '그림을 애호하는 화벽畵癖'[37], 수집벽[38], 표구벽表具癖[39]도 있었다. 이옥은 '책만 보는 바보'라며 자신을 서치書癡라 불렀고, 벼루를 잘 만들었던 자신을 석치石痴라 자호한 정철조鄭喆祚(1730~1781)처럼 '~치'라고 하는 것도 '~벽'과 마찬가지로 일종의 마니아 현상의 하나였다.

이옥의 담배 사랑은 이미 가벼운 취미나 즐기는 단계를 넘어섰다고 할 수 있다. 이옥은 흡연의 품격, 곧 연취煙趣에 대해 언급했다. 사령이 담뱃불을 붙여 올리면 높이 화문석에 기대어 천천히 피우는 어느 고관의 귀격貴格, 앉아서 피우건 누워서 피우건 그 편한 대로 하는 복격福格, 부지런히 입술과 혀를 놀려 한 번 빨고 두 번 빨아들임에 연기가 곧바로 입에서 나오는 묘격妙格, 아리따운 여인이 연인을 만나 애교를 부리고 잠자리를 같이하다가 님의 입속에서 아직 반도 태우지 않은 담뱃대를 바삐 앵두 같은 붉은 입속에 넣고서 웃으며 피우는 염격艶格, 그리고 농부가 쉬면서 보리막걸리를 한 순배 돌리고 왼손으로는 담배꼬바리를 들고 오른손으로는 부시를 잡고 불을 사르면 연기가 봉홧불처럼 피어올라 곧바로 코를 찌르는 진격眞格이 그것이다.[40]

이옥은 담배 피우기 좋은 때를 이렇게 열거하기도 한다. "달빛 아래에서 좋고, 눈 속에서 좋고, 빗속에서 좋고, 꽃 아래에서 좋고, 물가에서 좋고, 누각 위에서 좋고, 길 가는 중에 좋고, 배 안에서 좋고, 베갯머리에서 좋고, 변소에서 좋고, 홀로 앉아 있을 때 좋고, 벗을 마주 대할 때 좋고, 책을 볼 때 좋고, 바둑을 둘 때 좋고, 붓을 잡았을 때 좋고, 차를 달일 때 좋다"[41]고 했다.

이 정도면 가히 담배에 벽이 있다 할 만하다. 조선시대 양반들의 이러한 벽은 앵무새를 기르면서 관련 정보를 꼼꼼히 정리한 이서구의 『녹앵무경綠鸚鵡經』, 관상용 집비둘기에 관한 정보를 수집해 엮은 유득공의 『발합경』 등 일련의 이른바 '새로운 경전의 탄생'과 깊이 관련되어 있다. 조선 후기의 유학자들은 공자님의 말씀에나 붙일 수 있었던 '경經'이라는 신성한 글자를, 요즘 식으로 분류하면 취미실용서 따위에 감히 내걸고 있다. 이는 실생활에 별로 도움이 되지 않는 관념적 사유 대신에 주변에 널려 있는 자질구레한 사물들에 깊은 관심을 갖기 시작한 18세기의 지적 동향과 밀접하게 연관되어 있다.

물론 이러한 새로운 현상을 긍정적인 시각으로 볼 수만 없는 측면이 있지만, 그것이 18세기 지식인들의 지적·정신적 경향성을 잘 보여주는 대표적인 사례임은 분명하다.[42]

각설하고, 당시 조선 사람들은 담배의 유혹과 중독에서 쉽사리 벗어나지 못했다. 오히려 "병을 치료하고 수명 늘이는 게 이 담배에 있으니 / 늙지 않으려 인삼과 복령茯笭[43] 먹을 것 있나"[44]라는 식의 담배 예찬 기록이 적지 않다. 심지어 정조(재위 1776~1800)는 "여러 가지 식물 중에 사용함에 이롭고 사람에게 유익한 것으로는 남령초만 한 것이 없다"[45]고 할 정도였다. 앞서 소개한 『계곡만필』에서 장유는 "지금 세상에서 남초를 좋아하는 사람들이 말하기를, 배고플 땐 배부르게 하고 배부를 땐 배고프게 하며, 추울 땐 따뜻하게 하고 더울 땐 서늘하게 한다"[46]는 말로 담배의 효능을 칭송했다. 정약용 역시 담배를 칭송하는 시를 남겼다.

> 지금 새로 나온 담바고
> 귀양살이하는 자에게 제일이라네
> 가만히 빨아들이면 향기 물씬하고
> 슬그머니 내뱉으면 실이 되어 간들간들[47]

정약용은 고달픈 유배 생활을 담배로 달랬던 모양이다.

실로 담배 예찬은 끊임없이 이어진다. 술을 의인화한 「국순전麴醇傳」과 「국선생전麴先生傳」, 엽전을 의인화한 「공방전孔方傳」, 지팡이를 의인화한 「정시자전丁侍者傳」, 종이를 의인화한 「저생전楮生傳」 등 고려시대의 가전假傳 문체를 이용해서 이옥은 담배를 의인화한 「남령전南靈傳」을 지었다.

> 남령은 자가 연烟이다. 선조 어른 중에 담파고淡巴菰란 분이 있었는데 숭정崇禎[48] 시대에 의술로 명성이 있었다. 일찍이 변방의 아홉 개 군을 떠돌면서 국경을 수비하는 병졸들이 앓는 감기寒疾를 고쳐서 그 공훈으로 남평백南平伯에 봉해졌다. 그런 이유로 자손들이 남씨를 성으로 삼게 되었다. 남령은 그 손자이다.[49]

이렇게 시작하는 「남령전」은 장맛비가 한 달째 계속되어 마음이 우울하자 담배를 피워 우울함을 몰아낸다는 소재를 작품화했다. 장맛비로 우울한 마음을 천군天君이 주재하는 나라에 추심秋心과 우심憂心이 공격했다는 상황으로 설정한 것이 재치 있다. 담배의 이칭인 남령이 혼란을 해결하는 장수로 등장한다. 조선조 사대부들은 자신이 아끼는 물건을 이렇게 가전으로 만들어 물건의 의의를 높이고 동시에 사랑하는 마음을 담았다. 담배가 이렇게 가전으로까지 창작되었다는 것은 그만큼 담배가 사대부의 일상에 깊이 파고들었음을 의미한다.

이옥의 담배 예찬은 여기서 끝나지 않는다. 직역을 하면 '담배 경전'이라고 할 수 있는 『연경煙經』이라는 책까지 썼다. 원래는 「연경」이라는 짧은 글을 먼저 지었다. "비로 인해 전북 완주군에 소재한 송광사란 절에 머물 때, 법당 안에서 담배를 피우다가 제지를 받은 자그마한 사건"이 발단이 되었는데, "담배 연기와 향 연기의 차별이 무의미하다는 생각을 전개했다. 이 글을 쓴 15년 뒤(1810년)에 같은 제목으로 담배를 묘사한 저작집을 낸 것"이 바로 『연경』이다.

> (우리나라에 담배가 들어온 지) 200여 년의 역사에서 담배를 기록한 책이 있을 법도 한데, 그런 것을 기록으로 남긴 저술가가 있다는 이야기를 아직 들은 바 없다. 담배가 보잘것없는 물건이고, 흡연이 중요치 않은 일이라서 야단스럽게 저술할 필요가 없다고 생각한 것일까? 그렇지 않다면, 그런 저술이 있는데도 내가 미처 보지 못했으므로 고루하고 좁은 내 소견을 부끄러워해야 하는 것일까? 그도 저도 아니라면, 담배가 나온 지 오래지 않아 아직 기록할 시간적 여유가 없기 때문에 후세인이 저술하도록 남겨둔 것인가? 나는 담배에 벽癖이 심하다. 담배를 아끼고 즐겨서 남들의 비웃음을 두려워하지 않고 망령을 부려 저술을 한다.[50]

『연경』은 담배의 모든 것을 소상히 설명하고 있다. 담배의 경작 방법과 담배를 심어서 수확하기까지의 과정을 열일곱 항목으로 나누어 묘사했다. 담배의 원산지와 전래 경위, 담배의 성질과 담배의 종류, 담뱃잎을 제조해서 피우는 방법 등을 서술한 것이 열아홉 항목이다. 담배와 관련된 여러 가지 도구, 즉 담뱃잎을 써는 작두, 담뱃대, 담배 주머니, 담배 보관함 등에 대한 소개가 열두 항목에 이른다. 흡연의 효용성과 흡연법, 흡연 예절 등 흡연 문화와 담배 피우는 멋을 열 항목으로 나누어 소개하고 있다.

이런 상황에서 명품 담배의 출현은 필연적이다. 당시 매우 귀한 대접을 받은 담배 중 하나로 관서 지방의 삼등三登과 성천成川 등지에서 나는 금사연金絲煙이 대단한 인기를 끌었다. 그것은 특별히 서초西草[51]라는 별칭으로 불렸는데, 명품

브랜드가 등장한 셈이다.[52]

농가에서는 밭이랑을 잇달아 모두 다 담배를 심는데, 곡식을 심는 것보다도 이익이 배는 많다. 그러므로 좋은 밭에는 모두 담배를 심는다. 그 가운데서도 평안도와 황해도 두 도에서 나는 것을 서초라고 하는데, 맛이 더욱 향기롭고 맑아서 값이 몇 배는 비싸다.[53]

정약용의 시 한 수를 읽어보자. '고달사에서 혼자 놀면서 이 찰방이 그리워 다시 앞의 운韻에 따라 읊다獨游高達寺懷李察訪再用前韻'라는 긴 제목의 시다. 여기에 "좌진금사연수배坐盡金絲煙數盃 / 산리풍람족유면山裏風嵐足幽眄"[54]이라는 구절이 나오는데, 한국고전번역원에서는 이를 "앉아서 금사주 몇 잔을 비웠더니 / 산속의 풍치가 제법 볼 만하네"라고 옮겼다. 담배를 술로 오역한 것이다. "중국에서는 남초南草를 연주煙酒라고도 하고 연다煙茶라고도 한다"[55]는 사실을 알지 못했던 것이다. 술과 담배를 헷갈리게 하는 이러한 용법으로 연배烟盃라는 표현도 있는데, 이는 담뱃잔이 아니라 담뱃대다.

담배를 피우기 위해서는 우선 썰지 않고 잎사귀 그대로를 말린 잎담배나 잎사귀를 썬 살담배를 넣는 쌈지가 필요하다. 쌈지에는 허리에 차고 다니는 주머니 모양의 찰쌈지와, 옷소매나 호주머니에 넣어 다니는 쥘쌈지가 있다. 처음에는 간단한 종이나 기름종이에 싸서 가지고 다녔는데, 흡연자가 증가하면서 다양하게 상품화되었다.

담배를 자유롭게 피우려면 늘 몸에 지니고 다녀야 했다. 아직 지금과 같이 종이로 싼 궐련卷煙이 없던 시대여서 쌈지와 담뱃대 등속의 번거로운 휴대품이 필요했다. 당시 근엄한 조사朝士들은 담뱃갑, 곧 연합煙盒을 지니고 다녔다.

담뱃서랍 혹은 초합草盒 등으로도 부르는 이 담뱃갑은 뚜껑을 닫으면 밀폐되는 합盒의 특성을 살려 담배의 향을 유지시켜주었다. 나무로 만든 것이 흔했는데 주로 자단紫檀, 느티나무, 뽕나무, 오리나무 등이 사용되었다. 형태는 타원형, 원형, 방형, 장방형 등으로 다양했다. 나중에는 돌이나 금속 등으로 멋을 내기 시작했다.

　"(담배합에는) 무늬목에 황동으로 치장한 것, 황동에 꽃을 새긴 것이 있다. 또 유철油鐵에 은색 꽃을 새긴 것, 검은 옻칠을 한 나무에 나전칠기를 상감으로 새긴 것이 있다. 이렇듯 제품은 한둘이 아닌데 주로 지위가 높은 사람들이 사용한다."[56]

　특히 조사들은 점잖은 체면 때문에 품위 없이 쌈지 따위를 갖고 다닐 수 없었다. 그래서 쇠로 만든 담배합에 은銀으로 매화나 대나무를 장식하고, 자줏빛 나는 사슴 가죽으로 끈을 달아 담뱃대와 함께 말꽁무니에 달고 다니면서 멋을 부렸다. 관리들의 담배합은 상당히 고급스런 사치품이었다. 예나 지금이나 자신의 지위를 남들과 구별 지어 자랑하려고 소위 '명품'이 요긴했다.

　담뱃대 역시 처음에는 소박하게 대나무를 잘라 만들어 썼지만, 차차 고급 사양을 갖추기 시작했다. "우리나라의 옛 문헌에서는 (담뱃대를) 연죽煙竹, 연관煙管, 연배烟盃 등으로 기록하고 있는데, 그중 연죽이 일반적이다. 담뱃대는 담배를 담아 불태우는 대통과 입에 물고 빼는 물부리, 그리고 대통과 물부리 사이를 연결하는 설대로 구성되어 있다. 담배통은 대꼬바리, 꼬불통, 물부리는 물추리, 빨부리 등으로 일컫기도 한다. 또 설대가 긴 것은 장죽長竹, 설대가 없거나 짧은 것은 곰방대短竹라 부른다. 담배가 우리나라에 전하여진 것은 임진왜란 후 광해군 때인 것으로 알려져 있으므로, 그 흡연도구는 필연적으로 담배 보급 이후에 수반되었을 것이다. 담배는 일본을 통하여 들어온 까닭에 초기의 담뱃대는 역시 일본의 양식이 이식되는 형편이었을 것이다. 그래서 담뱃대는 대일무역의 창구 구실을 하였던 (부산) 동래東來에서 일찍부터 제작되기 시작하여 명성을 굳혔던 것으로 보인다. 19세기의 『오주연문장전산고』나 『규합총서』에서 동래 연죽을 유명 물산의 하나로 지목했고, 「춘향전」에서도 '왜간죽 부산대에 담배를 너홀지게 담는다'는 구절이 보인다. 오래된 양식의 담뱃대는 담배 담는 통이 작고 설대도 짧았다. 그러나 18세기 풍속도에 나오는 한국인의 담뱃대는 이미 장죽이 유행되었음을 볼 수 있다. 또 서유구徐有榘(1764~1845)는 『금화경독기金華耕讀記』에서 '전국에 걸쳐 다투어 사치하는 자들이 백통白銅이나 오동烏銅으로 담뱃대를 만들

부싯돌과 부싯깃

기름종이로 만든 쥘쌈지(경북대학교박물관 소장)

피우던 담뱃대를 잠시 놓아두던 연관대 '백자
투각화문연관대(白磁透刻花文煙管臺)'(국립
중앙박물관 소장)

쇠에 은을 입혀 만든 사치스러운 담뱃갑 '은
입사연초합(銀入絲煙草盒)'(국립중앙박물관
소장)

놋쇠로 만든 담뱃대 걸이

1 : 대통(雁首)
2 : 설대(煙道)
3 : 물부리

백자청화 박쥐문 타구와 백자청화 국화문 타구(해강도자미술관
소장)

담뱃대의 대통을 청소하는 데 쓰는 찔개(아래)와 설대를 청소하
는 데 쓰는 꼬질대(사이버기록역사박물관 소장)

뿐더러 금은으로 치장함으로써 쓸데없는 데 막대한 비용을 허비한다'고 한 것으로 미루어, 당시 담뱃대에 대한 사치 풍조는 대단하였던 것으로 보인다."[57]

　　담배와 관련한 사치는 이뿐 아니라 물고 있던 담뱃대를 잠시 걸쳐놓는 연관대煙管臺, 담뱃대를 청소하는 찔개와 꼬질대, 담배를 빤 후 침이나 가래를 뱉는 그릇인 타구唾具나 재떨이 등도 점차 고급을 추구하는 양상이 심화되었다.

맞담배질, 안 돼!

　　지금처럼 어른 앞에서 담배를 피우는 것이 무례한 짓이 된 것은 대개 언제부터, 그리고 거기에는 어떤 근거가 있었을까? 담배가 수입된 직후부터 흡연이 유행하자 담배로 인해 어른과 어린이의 윤리와, 높은 자와 낮은 자의 질서가 파괴된다는 경고가 서서히 고개를 들기 시작했다.

　　실록을 살펴보면, 17세기 인조 때부터 "여러 신하가 비국備局[58]에 모여도 우스갯소리나 하며 담배만 피울 뿐"이라거나, "자리에 앉아 있으면서 담배를 피워 동료를 태만히 대하는 태도", 즉 주로 태만과 관련하여 흡연의 문제점을 지적하는 논의가 시작된다. 그러다가 현종 대에 "보통 때에는 반열班列이 많지 않았으나 왕후를 책봉하고 하례賀禮를 드릴 때에 서 있는 자들이 만 명에 가까웠습니다. 절하는 의절과 머리를 조아리는 등의 일은 가지런하여 볼 만합니다만, 마음대로 편하게 앉기도 하고 담배를 마구 피우기도 합니다"라고 허적許積(1610~1680)이 예의와 관련하여 공격하기 시작하며, 드디어 숙종 대에는 선농단先農壇과 사직단社稷壇 등에서 흡연을 금하기에 이른다.[59]

　　18세기가 되자 아이의 흡연은 건강에 좋지 않고, 공부에 방해가 된다는 식의 훈계가 여기저기서 들려온다. 이덕리李德履(1728~?)는 「기연다記煙茶」라는 글에서 담배 해악론을 강하게 주장하면서 그 근거로 기력 소모, 시력 저하, 의복 착색, 서책 오염, 화재 위험, 치아 상해, 체면 손상, 행동 불편 등을 열거했는데, 이 가운데 담배 예절과 관련하여 관심을 끄는 것은 불경不敬이다. 담배를 피우게 되면 어른을 공경하지 않게 된다는 것이다. 흡연 풍습에 대한 윤리적 공세가 강화된 것이다. 그런데 문제는 흡연이 왜 불경한지에 대해 설득력 있는 근거를 제시하지 않고 있다는 점이다. 한마디로 어른 앞에서 담배를 피우는 짓은 그냥 시건방져 보인다는 것이다. 다음에서 보듯이 '밉다'는 한마디가 저간의 사정을 요약적으로 말해주고 있다. 이때 제일 약한 고리인 여자와 아이가 희생양이 되게 마련이다.

> 담배를 피우는 것은 부인의 덕을 크게 해치는 일이니 정결한 버릇이 아니다. (……) 또 담뱃가루가 음식에 한 번이라도 떨어지면 다 된 음식을 전부 버려야 하니 어찌 부인이 가까이할 물건이겠는가? 그래서 나는 계집종이 담배 피우는 도구를 가지고 가마 뒤에 따르는 것을 볼 때마다 밉다.[60]

흡연이 지위가 높은 자와 낮은 자의 수직적인 질서를 무너뜨린다는 주장 역시 뚜렷한 근거가 있는 것은 아니었다.

이덕무와 윤기가 한목소리로 강력하게 주장하고 있듯이, 젊은이와 비천자卑賤者의 흡연을 못마땅하게 여기는 풍조는 적어도 18세기 중엽 이후부터 확산되어가고 있었음을 알 수 있다.

> 어린이가 담배 피우는 것은 아름다운 품행이 아니다. 골수를 마취하고 혈기를 마르게 하는 것이며, 독한 진은 책을 더럽히고 불티는 옷을 태운다. 그리고 담뱃대를 물고 서로 시시덕거리며 경쟁하다가 입술을 터뜨리고 이를 부러뜨리며, 심지어는 머리나 목구멍을 찌르기까지 하는데, 어찌 두렵지 않은가. 혹은 손님을 대하여 긴 담뱃대를 빼물고 함께 불을 붙이는 어린이도 있는데, 어찌 그리도 오만불손한가. 또는 어른이 매까지 때리며 엄하게 금하는데도 숨어서 몰래 피우고 끝내 고치지 않는 어린이가 있는가 하면, 혹은 어린이에게 담배 피우기를 권하는 부형도 있으니, 어찌 그리도 비루한가. 담배가 성행하는 것은 특히 아름다운 일이 아니다.[61]

오늘날 세상에서 어른과 어린이의 윤리와, 높은 자와 낮은 자의 질서가 모조리 사라진 이유가 어디에 있을까? 담배에 있다. 담배가 그런 질서를 망가뜨릴 능력이 있는 것은 아니고, 사람들이 질서를 망가뜨리는 이유가 담배에 있는 것이다. 하늘이 장차 담배를 통해 어른과 어린이, 높은 자와 낮은 자의 등급을 무너뜨리고 뒤섞어 뒤죽박죽의 세계를 만들려는 의도를 가진 게 아닌지 모르겠다.[62]

아이들을 보호하고 질서를 바로잡는다는 명분을 내세우기는 했지만 흡연의 유행을 막아내지는 못했다. 그러나 오늘날 우리 사회의 '이상한' 담배 예절은 바로 이때부터 우리를 통제하기 시작했던 것이다.

그 통제는 심각한 반발 혹은 저항을 불러오기도 했다. 당시의 명재상 채제공과 관련된 일화에서 그 사정을 잘 볼 수 있다.

하루는 채제공이 비서와 함께 돈의문을 지나고 있었다. 그런데 웃옷을 입지 않은 두 청년이 서로 팔을 끼고 가마 옆에 서 있었다. 한 청년은 부채로 얼굴을 절반쯤 가렸고 한 청년은 담뱃대를 꼬나물고 있었다. 두 청년은 학당 유생들이었다. 보다 못한 채제공의 비서가 한마디 훈계했다.

"어이! 자네! 담뱃대 빼게!"

청년들의 인상이 구겨졌다. 고희를 넘긴 채제공의 이름을 부르더니 막말을 해댔다.

"내가 무엇 때문에 댁을 보고 담뱃대를 빼겠나."

화가 머리끝까지 난 채제공의 비서가 하인들을 시켜 두 청년을 옥에 가뒀다. 채제공은 하루만 이들을 붙잡아놓고 풀어줄 요량이었다. 그런데 문제가 생겼다. 삼경쯤(밤 11시~새벽 1시) 되었을 때 학당의 유생 수십 명이 옥사 앞으로 몰려온 것이었다. 이들은 옥문을 때려 부술 기세로 과격농성을 벌였다.

"만약 두 사람을 석방하지 않으면 전옥서典獄署의 관리를 죽이겠다."

소식을 들은 채제공은 두 청년을 형조로 넘겼다. 다음 날부터 유생들이 채제공을 욕하고 헐뜯는 사발통문을 돌리기 시작했다. 화가 난 채제공은 이들을 정식으로 고발해서 엄히 다스릴 작정을 했으나 부모들의 사과를 받고 결국 화를 풀고 이들을 용서해주었다. 그런데 이 사건의 여진이 계속되었다.

"채제공이 유생들을 욕보였다", "선비(유생)는 죽일 수 있어도 욕보일 수 없다"는 상소가 계속 올라온 것이다. 채제공은 깊은 한숨을 몰아쉬었다.

"아니, 대낮 큰길가에서 홑옷 차림으로 담뱃대를 피워 물고 대신의 이름을 함부로 부르는 자를 어찌할 수 없는 지경입니다. 앞으로 선비라는 이름으로 온갖 패악질을 해도 가만있어야 하는 것입니까?"

채제공은 너무 실망한 나머지 사의를 표하고 조정을 떠났다.[63]

한편 신윤복의 「쌍검대무雙劍對舞」는 조선 후기 담뱃대의 사회적 의미를 이해하는 데 요긴한 실마리를 잘 보여준다. 그림 오른쪽 위에 서 있는 아이가 담뱃

신윤복의 「쌍검대무」(간송미술관 소장)

대를 들고 있는데, 그 길이가 거의 아이 자신의 키와 비슷하다. 왼쪽에 앉아 있는 기생의 담뱃대도 만만치 않다. 상석에 앉은 양반의 무릎 앞에 놓인 담뱃대는 훨씬 더 길다. 이렇듯 담뱃대의 길고 짧음은 신분의 높고 낮음을 알려주고 차별적 지위를 구별짓는 하나의 중요한 지표였던 것이다.

그러니 서로 으스대느라 담뱃대 길이를 늘이는 경쟁이 있었을 법하다. 담뱃대 길이가 자꾸 길어지면 팔이 닿지 않아 장죽을 입에 물고 담배통에 불을 붙이기가 어렵다. 그래서 연동烟童이라 부르는 어린 종을 데리고 다니면서 담배에 불을 붙이게 했다. 오른편 위쪽의 아이가 바로 그 연동이다.

장죽을 선호하는 풍조는 경상도 김해 지방에서도 예외가 아니었다.

물들인 담뱃대는 울금빛이 번쩍이고
작은 쌈지 대통에 태극무늬 담배합
주막집 여인네들 부끄러워서라도
한 발 되는 긴 담뱃대 물어야 하리[64]

여기서 「쌍검대무」의 좌편, 갓을 올려 쓴 양반의 갓끈을 보라. 대단히 길다. 갓끈이 그렇게 길 필요는 없다. 이것 역시 담뱃대의 길이가 늘어나는 것과 마찬가지로 일종의 '구별짓기'였다. 금은이나 옥, 호박 같은 것을 주렁주렁 달아 자신의 지위를 과시하는 데 이용했던 것이다.

담뱃가게와 대중소설

담배의 유행은 당연히 담뱃가게, 곧 연사烟肆의 증가를 불러왔다. '예쁜 아가씨'가 자리 잡기 한참 전, 담뱃가게 안에는 말린 담뱃잎이 쌓여 있었을 테고, 그것을 작두 같은 것으로 잘게 써는 사람이 있었을 것이며, 담배를 사고파는 사람으로 북적였을 것이다.

도성 안팎으로 가게를 열어놓고 궤짝에 기대어 앉아 담배칼 가는 소리가 여기 저기에서 들린다. 아이 녀석이 바닥에 자리를 깔고 담처럼 둘러싼 사람들 속에서 고함을 질러가며 서연西煙과 홍연紅煙[65]을 파니, 그 소리가 사람들의 귀를 시끄럽게 한다. 가슴에 담배를 안고 팔러 다니는 사람들이 서로 뒤를 잇는다.[66]

그런 자리에서 이야기판이 벌어지는 것은 자연스럽다. 이야기라고 하면 주로 전래의 민담과 전설 혹은 익살이나 만담 같은 것을 떠올리겠지만 그것이 전부는 아니었다. 소설을 실감 나게 읽어주는 사람도 있었다. '책 읽어주는 남자'가 어엿한 직업인으로 등장했던 것이다. 그들을 고용한 것은 아마도 마케팅 차원에서 좀 더 많은 손님이 찾아오도록 유인하려는 담뱃가게 주인의 경영 전략과 관련되어 있었을 것이다.

그로 인해 심각한 사건도 발생했다.

옛날 어떤 한 남자가 종로거리 담뱃가게에서 누군가가 읽어주던 소설을 듣다가, 이야기가 영웅이 뜻을 이루지 못해 실의한 대목에 이르자, 눈을 부릅뜨고 입에 거품을 물면서 담배 썰던 칼을 들고 곧바로 달려들어 소설 읽는 사람을 찔러 그 자리에서 죽게 했다.[67]

얼마나 실감 나게 소설을 낭독했으면 듣는 사람이 현실을 잊고 허구 속으로 빨려 들어가 살인을 저질렀을까. 그런데 그 소설이 『임장군전』임이 근래에 밝혀졌다. 『임장군전』은 『임경업전』이다.

(『임장군전』은) 서울 담뱃가게, 밥집의 파락악소배破落惡少輩[68]들이 낭독하는 언문소설로, 예전에 어떤 이가 이를 듣다가 김자점金自點이 장군에게 없는 죄를 씌워 죽이는 데 이르러 분기憤氣가 솟아올라 미친 듯이 담배 써는 큰칼을 잡고 낭독자를 베면서, "네가 자점이더냐?"라 하니 같이 듣던 시장 사람들이 놀라 달아났다.[69]

김홍도의 『단원풍속도첩』
25폭 중 20 「담배 썰기」(보
물 제527호, 국립중앙박물
관 소장)

　이렇듯 담뱃가게는 담배의 유행과 함께 새롭게 등장한 대중소설의 유통 현
장, 그리고 서민의 문화 욕구를 충족시키는 주요 공간으로 떠올랐던 것이다. 김
홍도의 「담배 썰기」에 등장하는 인물 중 왼쪽 아래에서 부채를 부치면서 책을
읽고 있는 사람이 소설을 읽어주던 바로 그 사람일지 모른다.

⑫
과일 사랑, 호박 반찬

배 중에 좋은 것으로 추향秋香이 있는데 황해도 황주黃州와 봉산鳳山 등지에서 온다. 월화月華, 소단小團, 장존長存, 방혈方穴 등의 감은 경기도 남양과 안산에서 난다. 귤, 유자, 석류는 모두 남쪽 지방에서 난다. 서울에서는 화분에 석류를 기르는 것이 유행이다. 털이 없는 복숭아를 승도僧桃라 하고, 털이 있으며 아주 크고 일찍 익으면서 맛이 상쾌한 복숭아를 유월도六月桃라고 한다. 울릉도에서 나는 것은 대부분 크고 씨는 종자로 삼는데 그것을 울릉도鬱陵桃라고 한다.

호박南瓜을 돼지고기와 한데 볶아 먹으면 맛이 좋다. 또 말린 민어 대가리로 조리를 하면 진솔한 여름 반찬이 된다.

맛있는 봉산배, 칠절 홍시, 귀신 쫓는 복숭아

"조선은 대개 봄, 가을이 메마르고 여름에는 흐린 날이 많고 비가 흔해서 과수果樹의 생육에 적당하며, 토질이 또한 그 재배에 합함으로써 각종의 과수가 널리 재배되고, 특별히 사과苹果의 과수원 경영이 남북 각지에서 성행하고 있다. 그 가운데 남방에서는 대구, 삼랑진, 북방에서는 황주, 진남포 내지 원산, 함흥 등이 다 사과의 명산지로서, 품질이 우수하고 생산되는 양이 또한 많아서 중국과 시베리아와 남양 일부로의 수출이 날로 늘며, 상해 시장에서는 유명한 미국의 우량종을 압도하기에 이르렀다. 사과 이외의 개량 과종에는 삼랑진의 배, 성환의 참외, 소사의 수박 등이 기호가嗜好家의 침을 자아내는 것들이다."[1]

배는 대개 수확 시기에 따라 조생종(원앙배), 중생종(화산배), 만생종(신고배)으로 나누지만 황금배, 추황배, 영산배, 만풍배, 화산배, 장십랑, 하늘배天賜梨, 금색배, 검은배玄梨, 붉은배紅梨, 대숙배大熟梨[2] 등 그 종류가 매우 다양하다. 예전에는 "배의 진품珍品으로 청술레靑戌來, 황술레黃戌來, 합술레合戌來 등의 명칭이 있었는데 봉산에서 생산된 것을 최상으로"[3] 쳤다.

지금 제일 많이 먹는 것은 신고新高배다. 그런데 신고배는 일본의 천의천天の川 품종과 금촌추今村秋 품종을 교배 육성하여 1927년에 명명한 일본 품종이다. 유명한 성환배도 대부분 신고배라고 한다.

그런데 "조선의 배梨子가 맛있다고 해도 몹시 추운 나라이니까 겨울을 넘는 것은 어떻게 해도 불가능한 일이다. 또 황해도 봉산은 경성까지 400리나 된다. 여기서 나오는 배는 보통 두 배 정도 크고 맛도 특별하다. 국왕에게 바치려고 해도 도중에서 상하니까 국왕의 힘으로도 봉산의 배만은 잡수실 수 없다고 한다".[4] 옛날이나 지금이나 배는 저장이 늘 문제다.

기침감기가 심할 때 배숙梨熟을 해 먹는 경우가 종종 있다. 배를 삶은 뒤 꿀물이나 설탕물에 담가 찌거나 배 안을 파서 그 안에 꿀이나 설탕, 그리고 도라지, 대추 등을 넣어 찌는 것이다. 이 풍습은 꽤 오래되어서 고려 때에는 증리蒸梨라고 했다. 이색은 「증리」라는 시를 남겼다.

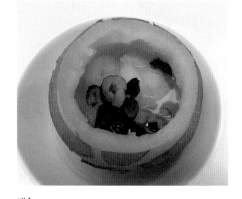

배숙

배를 시루에다 푹 삶은 뒤에
서당에서 마음껏 맛보노라니

약간 신맛이 입안에 시큼시큼

남은 열기가 배 속에서 뜨끈뜨끈

배고픈 느낌도 어느새 사라지고

졸음귀신도 곧장 줄행랑치누나

생각나네 깊어가는 연경의 어느 날 밤

이 배 먹고 싶다고 문간에 소리치던 일이[5]

"우리나라 봉산 금향리金香梨와 능주綾州 무심리無心梨가 유명"[6]한 중에 특히 봉산배를 최고로 쳐왔다. 봉산배에 얽힌 재미난 일화 하나를 소개한다.

일찍이 한 재상에게 그 족제族弟가 봉산군수가 되어 배를 보내왔는데, 마침 조카가 찾아와 뵈었다. 재상이 "봉산에서 내게 배를 보내왔는데, 배가 무척 맛이 있다"라고 하면서, 계집종에게 봉산배 하나를 가져오게 하여 직접 그 껍질을 깎아 먹으면서 말하였다.

"봉산배가 맛이 있는 것이냐?"

그 조카가 대답하지 않자, 또 물었다.

"봉산배가 정말 맛이 있는 것이냐?"

조카가 대답하였다.

"맛있다는 것은 배 자체가 맛있는 것일 뿐입니다. 저는 일찍이 봉산배를 먹어본 적이 없으니, 어떻게 봉산배가 맛이 있는지, 맛이 없는지 알겠습니까?"

사람들이 이 때문에 맛있지만 나와 상관없는 것을 '봉산배鳳山梨'라고 한다.[7]

감은 "그 품종이 워낙 많아서 감 농사를 업으로 삼은 자라 할지라도, 또한 다 자세히 알 수 없"[8]다. 그래서인지 웃지 못할 실수도 많다. 국립민속박물관에서 인터넷으로 서비스하는 『경도잡지』에서는 감을 설명하는 부분을 이렇게 풀고 있다. "이름이 월화인 감은 조금 둥글면서 네모난 구멍이 있다." "柿名月華小團長存方穴"을 그렇게 해석한 것이다. 그런데 네모난 구멍이 있는 감은 처음 들어

본다. 『증보산림경제增補山林經濟』에 따르면, 이것들은 감의 이름으로, "작으면서 서리가 내리기 전에 먼저 익는 것을 조홍早紅이라 하며, 또 고중高中, 방혈方穴, 소단小團, 장존長存 등의 명칭이 있다".[9]

조선 후기에 언급된 감의 종류는 대개 다음과 같다.

물감水柿 : 둘레가 크고 모난데다가 네 홈이 있고 머리가 오목하며 시원하고 과즙이 많다. / 조홍감 : 온양溫陽이라고도 하는데, 뾰족하고 조금 작으며 익는 것이 서리를 기다리지 않는다. / 납작감盤柿 : 모양이 물감과 닮아 모났지만 홈은 없고, 무르익으면 꿀물과 같다. / 먹감墨柿 : 조금 평평한데 검고 씨가 없다.[10] / 상시霜柿 : 머리가 둥글고 서리가 내리면 더욱 맛이 있다. / 고종시高鍾柿 : 모양이 연방蓮房과 비슷한데 우리거나 말리면 그 맛이 엿과 같이 달다. / 장준長樽 : 매우 높고 홈은 자못 선명한데, 그 껍질은 두꺼워 떡으로 만들어 먹는다. / 월하시月下柿 : 고종시와 흡사한데, 모양이 조금 작고 맛 또한 강하지 않다. / 생채生菜 : 장준과 비슷한데, 볼록하고 홈이 없으며 먹을 때 소금물에 우리지 않아도 단 과즙이 흘러나온다. / 방열方悅 : 가장 작은 것으로 끝이 목화 뭉치와 같아 일명 속솔續繂이라고도 하니, 우비牛椑의 짝이 된다. / 소원시小圓柿, 우소원隅小圓 : 작고 둥글어 한 주먹에도 차지 않는다. 종자가 조롱박처럼 수백 수천의 작은 열매를 맺는다.[11]

"감의 성질은 바닷가로 바람을 받는 곳에 적합하다. 그런 까닭에 경기 지방, 즉 남양南陽, 안산安山, 강화에서 가장 성하고, 호서 지방은 해미海美, 결성結成 등지에서 대단히 많이 생산된다. 호남과 영남 지방 또한 산골짜기에서 숲을 이룬 데가 많다. 다만 호남과 영남의 감은 껍질이 두껍고 맛이 떫어 비록 오래 보관할 수는 있으나 우리거나 말리는 것이 적합하다. 경기의 감은 껍질이 얇고 과즙이 많으며 달고 시원하나 무른 것이 많다. 홍시는 당연히 경기산을 상품으로 친다."[12]

홍시는 칠절七絶이라고도 불렀다. "첫째는 장수하고, 둘째는 그늘이 많고,

셋째는 새 짐승이 집을 짓지 못하고, 넷째는 벌레가 없고, 다섯째는 서리 맞은 후 물든 잎을 구경함직하고, 여섯째는 맛이 아름답고, 일곱째는 낙엽이 크고 살찜을 당시唐詩에 일렀으니, 성질이 바닷바람을 좋아하기 때문에 바다 가까운 데 감나무 숲이 많다."[13] 그 첫 번째가 장수이니, 홍시 하면 박인로朴仁老(1561~1642)의 「조홍시가早紅枾歌」와 함께 어머니가 떠오른다.

반중盤中 조홍早紅 감이 고아도 보이나다
유자柚子가 아니라도 품음직도 하다마는
품어 가 반길 이 없을새 글로 설워 하노라

그야말로 만시지탄晚時之歎이요, 풍수지탄風樹之嘆이다. "나무가 고요해지려 하나 바람이 멈추지 않고, 자식이 봉양하려 하나 어버이는 기다려주지 않는다."[14]

마지막으로 감을 무척 좋아한 어느 선비의 일화를 소개한다.

(나는) 과일을 즐겨 먹어 마치 고질병에 걸린 듯하였다. 어린 시절에 풋과일을 몇 되나 먹었고, 잘 익은 과일은 그 곱절을 더 먹었다. 여름철 참외 종류는 여러 사람의 몫을 먹었다. 대추, 밤, 배, 감을 가장 좋아했는데 감은 특히 더 좋아하였다. 쉰 살 이후에도 여전히 한번에 60~70개를 먹자 사람들이 '감에 미친 바보枾痴'라고 수군거렸다. 경호絅好 권상신權常愼이 과벽果癖으로 소문이 났기에 한번 만나서 서로의 과벽을 견주어보고 이야기하며 웃고 말았다.[15]

"나의 살던 고향은 꽃 피는 산골, 복숭아꽃 살구꽃 아기 진달래"라는 가사처럼 복숭아는 우리에게 대단히 친숙한 과일이다. 그래서 복숭아나무와 열매는 여러 가지 방도로 두루 쓰였다.

우선 복숭아나무는 귀신을 쫓는다고 여겨 자주 활용되었다. 복숭아나무는 달리 반도蟠桃라고 하는데, 요사스러운 귀신을 물리치는 벽사辟邪의 기능을 하

대문에 붙인 '신도'와 '울루'

는 것으로 인식되어왔다. 복숭아나무 부적에 신도神荼[16]와 울루鬱壘의 모습을 그려 문호門戶에 두어 흉악한 귀신을 막은 풍습이 전한다. 대개는 글씨를 써서 붙여둔다.

"『유서類書』에 '황제黃帝 시대에 두 형제가 있어 형의 이름은 신도, 아우의 이름은 울루인데 악귀를 잘 죽였다. 후세에 한 사람이 창해滄海 가운데 있는 도삭산度朔山에 당도하였다가, 큰 복숭아나무가 주위 3천 리나 뻗어 있고 그 밑에는 두 신神이 새끼를 가져다가 상서롭지 못한 악귀를 결박하는 것을 보았다 한다'고 하였으니, 바로 위와 같은 유이다. 세속에서 섣달그믐除夕을 기하여 복숭아나무에 부적을 그려 문 위에 걸고 신도와 울루 두 신의 모습을 그려 붙이고는, 그들을 문신門神이라 칭하니, 이 또한 여귀厲鬼[17]를 방어하는 뜻이다."[18]

설날에 오행점五行占을 쳐서 새해 신수를 점치는데 동쪽으로 뻗은 대추나무나 복숭아나무 가지를 쓴다. 동쪽으로 뻗은 것을 택하는 것은 동쪽이 해가 솟는 곳, 곧 양기가 소생하는 곳이기에 악귀를 물리치는 신통력이 있다고 믿었기 때문이다.[19]

섣달 그믐날 궁중에서 악귀를 쫓는 구나驅儺를 행할 때, "악공 10여 명이 복숭아나무 가지를 들고 따"르게 하는 것도 마찬가지 이유에서이다. 민간에서도 이

복숭아나무를 잘라 만든 오행점 도구와 책(KBS 1TV「TV쇼 진품명품」방송 화면 캡처)

일을 모방했다. "녹색 댓입竹葉·붉은 가시나무 가지荊枝·익모초 줄기·도동지桃東枝를 한데 합하여 빗자루를 만들어 펴고 대문欄戶을 막 두드리고 북과 방울을 울리면서 문밖으로 몰아내는 흉내를 하는데 이를 방매귀放枚鬼라고 한다."[20]

돌날 복숭아 모양을 새긴 반지를 아이에게 끼워주는 것도 어린이 사망률이 높던 시절, 잡귀로부터 아이들을 지키기 위해 복숭아의 신통력에 기대려 했던 것이다. 또한 복숭아나무는 집 안의 뜰에는 심지 않았다. 신령스러운 나무를 사람이 사는 누추한 곳에 심을 수 없다는 뜻이다. 집 가까이 심어두면 혼령이 무서워서 제사에 오지 못한다고 여겼다.

제사상에 복숭아를 올리지 않는 것도 이 때문이다. 그러나 그것은 근거 없는 억측에 불과하다. 이옥은 다음과 같이 그 미신을 논박했다.

우리나라 사람들은 제수용품으로 앵두, 유행流杏, 단행丹杏, 자두, 능금, 사과, 이리李梨, 난리爛梨, 포도, 석류, 머루, 생밤, 황률黃栗, 호두, 실백잣, 개암, 은행, 비자榧子, 산사山樝, 홍시, 감떡, 모과, 대추, 귤, 유자, 밀감柑, 두체杜棣, 복분자, 산약山藥, 수박, 참외 등 쓰지 않는 것이 없다. 그런데 유독 복숭아에 대해서만 꺼려 사용하지 않으니, 그 나무가 귀신을 죽일 수 있다고 여겨서인 듯하다. 이 때문에

서왕모와 복숭아(민화)

꺼리는 것이지만, 이는 그렇지 않다. (……) (제사상에 음식을 올리는 것은) 본
디 망자를 섬김에 살아 있을 때와 같이한다는 뜻에서 나온 것이다. 생전에 드시
던 것을 제사 지내면서 모두 드리는 마당에, 어찌 유독 복숭아만을 사용하지 아
니하여 마치 신도神道가 이를 꺼리는 것과 같이 여긴단 말인가? 이는 개를 잡아
찢어 벽사辟邪하면서 갱헌羹獻[21]의 예를 쓰지 않는 것과 같은 잘못이다.[22]

열매인 복숭아는 불로장생의 열매로 인식되기도 했다. 소위 천도天桃요, 선
도仙桃이다. 무릉도원武陵桃源이라는 말에서 보듯이 보통 도원桃源은 별천지를 상
징한다. 그런데 그 도원의 주인은 도교의 신녀神女인 서왕모西王母이다. 거기서
자란 복숭아를 한 개 먹으면 1,000년을 사는데, 동방삭東方朔이라는 사람은 세 개
를 훔쳐 먹어 3,000년을 살았다는 전설이 전한다. '삼천갑자三千甲子 동방삭東方
朔'은 거기서 유래한 말이다.[23] 이런 맥락에서 복숭아는 불로장생의 상징으로 많
은 그림에 차용되었다.

한편 복숭아는 배보다 저장하기가 더욱 곤란한 과일이다. 제철이 아니면 먹

기가 곤란하다. 그래서 저장법에 대해 고민이 많았다. 경북 북부의 안동과 영양 일대에서 살았던 안동 장씨張氏(1598~1680)가 말년에 저술한 음식 조리서인『음식 디미방』에 '복숭아 간수하는 법'이 나온다.

> 밀가루로 죽을 달이고 소금을 조금 넣어 새 독에 넣고 복숭아를 죽 가운데 넣어 단단히 봉해두면 겨울에 먹어도 제철 것 같다.[24]

냉장고가 없던 시절에 고안해낸 방도이지만, 그것이 실제로 효과가 있었는 지는 알 수 없다.

허균은「도문대작屠門大嚼」에서 황도黃桃, 반도盤桃, 승도僧桃, 포도蒲桃를 언 급하면서 각각에 대해 이렇게 부기했다. "춘천과 홍천에서 많이 난다", "시흥과 과천 두 곳에서 많이 났는데 지금은 없다. 내가 어렸을 때 친척이 안양에 살았는 데 냇가에 많이 심어 따 보내주곤 하였다. 맛이 매우 좋았는데 지금은 얻을 수가 없어 안타깝다", "전주 부근은 모두 승도가 난다. 크고 달다", "마유馬乳에서 나 는 것은 드물고 신천信川 윤대련尹大連의 집에 한 그루 있는데 맛이 매우 좋아 중 국에서 나는 것에 뒤지지 않는다".

황금빛 진상품들

지금은 흔한 과일이 되고 말았지만, 필자가 어렸을 적만 해도 귤은 귀하디 귀해서 속껍질을 벗겨 한 쪽씩 빨아 먹곤 했다. 그러니 조선시대에는 더 말할 필 요가 없을 것이다. 조선 후기 세시풍속을 기록한『동국세시기』의 저자 홍석모가 지은『도하세시기속시都下歲時紀俗詩』에「공과貢果」라는 시가 있다.

> 황금빛 향기로운 감귤 만 알
> 해마다 한라에서 배로 진상進上한다네

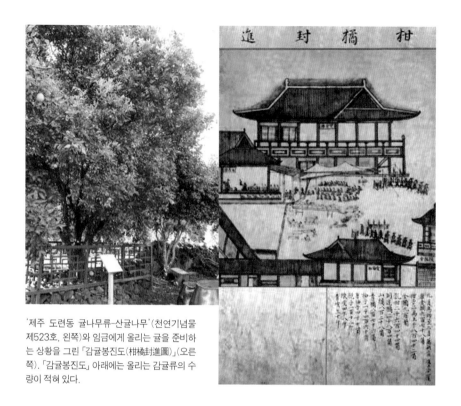

'제주 도련동 귤나무류-산귤나무'(천연기념물 제523호, 왼쪽)와 임금에게 올리는 귤을 준비하는 상황을 그린 「감귤봉진도(柑橘封進圖)」(오른쪽). 「감귤봉진도」 아래에는 올리는 감귤류의 수량이 적혀 있다.

은혜로이 주시니 제사에도 올리고
과거 보는 유생에겐 한없는 은총[25]

　해마다 연말에 제주에서 귤이 진상되면 신하들에게도 나누어 주었다. 진상된 감귤류의 수량은 대체로 이러했다.

　당금귤唐金橘 678개, 감자柑子 25,842개, 금귤金橘 900개, 유감乳柑 2,644개, 동정귤洞庭橘 2,804개, 산귤山橘 828개, 청귤靑橘 876개, 유자柚子 1,460개, 당유자唐柚子 4,010개, 치자梔子 112근, 진피陳皮 48근, 청피靑皮 30근.

　이것을 축하해서 과거시험도 베풀었다. 그 사정이 『동국세시기』에 상세하다.

제주목濟州牧에서 귤·유자·감귤을 공물貢物로 진상하면, 임금은 종묘에 천신薦新하고 나서 궁궐의 근시近侍들에게 내려준다. 옛날 탐라 성주星主가 공물을 바칠 때, 그것을 치하하기 위해서 과거를 보였다. 우리 조정에서는 이를 모방하여 성균관太學과 사학四學 유생들에게 시험을 보이고 감귤을 내려주었는데, 이를 감제柑製라고 한다.[26]

김매순金邁淳(1776~1840)이 지은 『열양세시기洌陽歲時記』에 따르면, "감귤이 도착할 때 날씨가 매우 추우면, 가지고 올라온 사람領貢人을 임금께서 친히 불러 보고, 옷도 내려주고 밥도 대접하여 먼 지방 백성을 사랑하시는 의사를 나타내신다. 제주 사람들은 임금의 은택을 노려서 반드시 제일 춥기를 기다려 성안에 들어오기 때문에 감제柑製는 대개 섣달에 있다".[27] 그런데 "귤이 없으면 유자로 대신하고, 유자도 없으면 황대구黃大口로 대신"[28]하기도 했다.

귤이 왕이나 양반네에게 인기가 있었다는 것은 그것을 재배하는 농군들에게 가렴주구苛斂誅求의 대상이 되었음을 의미하기도 한다. 정약용의 전언이 저간의 사정을 생생하게 보여준다.

매년 중추가 되면 저졸邸卒[29]이 이첩吏帖[30]을 가지고 와서 그 열매의 개수를 세고 나무둥치에 표시를 해두고 갔다가 과일이 누렇게 익으면 비로소 와서 따간다. 간혹 바람에 떨어진 것이 여러 개 있는데 곧 추궁해서 보충하게 하고 그렇게 하지 못할 것 같으면 그 값을 징수한다. 광주리째 가지고 가면서 돈은 한 푼도 주지 않는다. 저졸을 대접하느라 닭을 삶고 돼지를 잡게 되니 그 비용이 많이 든다. (……) 이에 몰래 그 나무에 구멍을 뚫고 호초胡椒를 집어넣어 그 나무가 저절로 말라 죽으면 그 대장에서 빠지게 된다.

"작은 키의 유자나무는 귤과 닮았다. 중국 당나라 공안국孔安國은 큰 것을 귤, 작은 것을 유라 부를 정도로 두 나무는 비슷했다."[31] 유자의 수난은 귤과 마찬가지였다. 남구만南九萬(1629~1711)은 거제도로 유배를 갔다가 남해로 옮겨갔는데, 그때 유자를 읊은 시 스무 수를 남겼다. 그중 열네 번째 시에 이런 설명을 덧붙였다.

> 이 지방 사람들의 말을 들으니, 수십 년 전에는 마을의 집에 유자나무가 곳곳마다 숲을 이루어서 매년 가을과 겨울 사이에는 유자의 누런빛이 숲에 찬란하여 바라보면 구름 비단과 같았는데, 근래에 마을 백성 중에 유자나무가 있는 집이 있으면 관청에서 장부를 만들어 등재하고는, 가을철 유자가 익을 때에 아전을 보내어 나무마다 숫자를 세어두었다가 거두어갔다. 백성들은 이미 아전에게 바치는 비용이 많고 또 관청에 바치는 수고로움이 있으며, 심지어는 혹 숫자를 세어간 뒤에 바람으로 인해 떨어진 것이 있으면 그 주인이 다른 곳에서 사다가 더 보태어서 그 숫자를 채워야 했다. 그러므로 관리와 품관品官으로서 다소 세력이 있는 자를 제외하고는 모든 하호下戶[32]와 백성들은 유자나무 뿌리에 불을 놓고 나무그루를 베어서 그 폐단을 없앴다. 이 때문에 유자나무를 심는 집이 예전에 비하여 십 분의 칠팔 할이 줄어들었다고 하였다.[33]

석류는 씨앗이 많아 다산多産의 상징으로 활용되었다. 석류의 알처럼 자손이 번성하라는 소원을 거기에 담았다. "대개 포도나 호리병박같이 열매가 주렁주렁 달린 모양을 그린 것은 이 다자多子와 통한다. 이런 의미에서는 반드시 덩굴을 매달린 채로 그리게 마련인데, 이렇게 해야만 '자손이 영원히 끊이지 않다子孫萬代'는 뜻이 되기 때문이다. 포도와 박이 자손이 되고 덩굴은 한자로 만대蔓帶이므로 독음이 같은 만대萬代가 되는 것이다. 그러므로 반드시 덩굴째로 그려야 된다. 자손이 만대까지 영원히 끊이지 않는 것은 우리 선조들에게 매우 중요한 일이었다. 만약 자손이 끊어지면 저승에 계신 조상들을 모두 굶게 하는 결과가 되기 때문이다."[34]

그래서 석류 그림은 결혼식 축하연에서 쓰였을 뿐 아니라 담장 안쪽에 석류나무를 심기도 했다. 그런데 "석류나무는 내한성耐寒性이 약해 우리나라에서는 주로 전라도, 경상도, 충청도 이북에서는 화분에 심어 가꾼 것이 일반적이다. 이

윤두서의 「석류매지도(石榴梅枝圖)」(개인 소장)

나무 시집보내기(嫁樹)

런 이유로 조선시대 지배층에서는 석류를 화분에 심어 후원이나 사랑채에 두고 즐겼다. 또 석류나무는 물 빠짐이 좋은 비옥한 토양에서 자라는데, 이를 반영함인지 『양화소록』에서는 석류나무를 분에 심어 키울 때는 질그릇 화분瓦器을 쓰라고 권장한다".[35] 특히 정조는 석류를 좋아해 궁중에 있는 석류꽃 오류백 분을 침전의 정원 가운데에 늘어놓도록 명하기도 했다.[36] 서울 양반네들 사이에서도 석류를 화분에 심어 키우는 것이 크게 유행했다.

여항에서는 과실나무의 갈라진 가지 사이에 돌을 끼워 넣으면 열매가 많이 열린다고 여겼는데, 이것을 가수嫁樹, 곧 나무 시집보내기라고 했다. 『동국세시기』에 따르면, "'석류 시집보내기는 설날에 돌덩이를 석류 가지 사이에 놓으면 열매가 크게 열리는데, 섣달 그믐날 밤에 해도 좋다'고 했다. 대개 과실나무 시집보내기는 섣달 그믐날, 설날, 대보름날 가운데 어느 날 해도 좋다".[37] 이런 방법도 전한다. "과일나무에 구멍을 내어 종유석 가루를 조금 다져 넣으면 열매가 많아지고 맛도 좋아진다. 늙은 나무의 뿌리껍질 사이에 조금 넣으면 나무가 다시 무성해진다."[38] 이 밖에도 여러 방법이 두루 동원되었다.

독점과 입도선매

"창의문 밖 능금과 승도僧桃는 다른 지방에서는 흔하지 못한 경성의 특산품"[39]이었다. 창의문 밖 능금은 특히 경림금京林檎이라고 했는데, 능금이 익어갈 때쯤이면 창의문 인근이 들썩였다고 한다. 털이 없는 복숭아인 승도도 마찬가지다. "복숭아, 살구, 앵두, 오얏, 능금, 석류, 사과, 포도 등속은 서울 사람들이 많이 심어 업으로 삼"[40]았다. 당연히 시장에는 과일이 풍성했다.

> 남문 안 모전毛廛에 각색 실과實果 다 있구나
> 청실레 황실레 건시 홍시 조홍시며
> 밤 대추 잣 호도며 포도 경도瓊桃 오얏이며
> 석류 유자 복숭아며 용안龍眼 여지荔枝 당대추로다[41]

과일은 기온, 강수량, 일조량 등에 따라 수확량이 많기도 하고 적기도 하다. 그래서 가격이 일정하지 않고 변동이 심하다. 비료를 잘 쓴 사람은 조금 더 일찍 수확하여 시장에 내놓기도 한다. 그렇게 해서 돈을 버는 사람들도 생겨났다.

> 작은 골짜기 하나를 독점하여 사는 자가 있었는데, 능히 고운 옷을 입고 놋그릇에 밥을 먹고 있었다. 그 업을 물으니, "앵두, 능금과 유월도六月桃 몇 그루가 있습니다". "그것으로 어떻게 사람을 입히고 먹일 수 있는가?" "서울의 시장은 일찍 나오는 물품은 값이 배가 됩니다. 제 과일이 남들보다 삼사일 앞서 익기 때문에, 저는 그것으로 과일의 이익을 독점하여 사람으로서 생활에 부족함이 없도록 할 수 있습니다."[42]

과일 독점이라고 하면 남산골 딸깍발이 허생許生을 빼놓을 수 없다. 10년을 기약하고 『주역』을 공부하기로 한 허생은 가난을 이기지 못한 그 부인의 닦달에 집을 나와 장안의 부자인 역관 변승업卞承業(1623~1709)에게서 돈 만 냥을 빌린다.

정선의 『장동팔경첩(壯洞八景帖)』 중 「창의문」. (국립중앙박물관 소장) 물줄기는 백운동천(白雲洞川)인데, 그 백사실계곡 부근에 능금마을이 있다.

허생은 만 냥을 입수하자 다시 자기 집에 들르지도 않고 바로 안성으로 내려갔다. 안성은 경기도, 충청도 사람들이 마주치는 곳이요, 삼남의 길목이기 때문이다. 거기서 대추, 밤, 감, 배며 석류, 귤, 유자 등속의 과일을 모조리 곱절의 값으로 사들였다. 허생이 과일을 몽땅 쓸었기 때문에 온 나라가 잔치나 제사를 못 지낼 형편에 이르렀다. 얼마 안 가서 허생에게 배 값으로 과일을 팔았던 상인들이 도리어 10배의 값을 주고 사가게 되었다.[43]

이재에 밝은 상인은 입도선매立稻先賣 같은 짓을 하기도 한다. 입도선매란 수확기 전에 작물을 원상태 그대로 매도하는 것, 다시 말해 영세농민이 생활비나 기타 필요한 자금을 얻기 위해 도매상이나 중간상인에게 헐값으로 작물을 팔아버리는 것을 말한다. 조선시대에는 가장 인기 있는 과일인 사과를 두고 그런 일이 벌어졌다.

빈과蘋果는 속칭 사과沙果라고 하는 것인데, 맛과 품질이 여름 과일 중 으뜸이다. 그러므로 한 그루에 삼사천 전錢이 나가기도 한다. 매양 서울 상인들이 과일이 익기를 기다리지 않고 사는 것을 보았는데, 푸른 것을 보고 가격을 논하기도 하고, 꽃을 살펴 값을 매기기도 한다. 두어 달 앞서서 과일을 사지만 또한 크게 틀리지 않는다.[44]

옛날엔 없던 것, 호박

『경도잡지』는 과일로 배와 감, 귤, 유자, 석류, 복숭아를 든 반면 채소는 호박 한 가지만 들었다. 제목을 '과일과 호박果瓜'이라고 한 이유를 알겠다.

우선 과瓜라는 말부터 검토해보자. "나무에 열리는 것을 과菓라 하고, 땅에 열리는 것을 나蓏라 한다. 나라는 것은 과瓜이다. 그러므로 넝쿨로 자라나 열매를 맺는 것을 통틀어 과라고 한다." 과에 속하는 것으로 채소는 다음과 같다.

호과胡瓜 : 일명 황과黃瓜로 오늘날 늘상 먹는 오이다. / 사과絲瓜 : 속칭 수사과垂絲瓜로 수세미외다. / 서과西瓜 : 속칭 수박水瓟이다.[45] / 동과冬瓜 : 일명 지지地芝로 지금의 동아冬瓜이다. / 첨과甛瓜[46] : 속칭 참외眞瓜로 아이들이 몹시 좋아한다. 다 같은 참외 중에는 꾀꼬리참외鸎甛瓜, 개구리참외蝦蟆甛瓜, 수정참외水青甛瓜, 쇠뿔참외牛角甛瓜가 있는데, 여러 품종의 차이는 혹 생긴 모양이나 색깔에 따르기도 하고, 혹 성징과 맛에 따라 구별되기도 하여 그 종류가 한 가지가 아니다.[47]

『경도잡지』에서 언급하고 있는 과는 남과南瓜, 곧 일명 왜과倭瓜로 속칭 호박胡瓠이다.

세상에 전하는 말에 의하면, 어떤 사람이 남해를 표류하다 씨앗을 얻어온 까닭에 남과라는 이름이 붙었다고 한다. 혹은 왜에서 온 까닭에 왜과라고도 부른다고 한다.[48]

호박(南瓜)

원래 "호박은 팔구십 년 전에는 사람들이 심는 경우가 드물었고 먹을거리로 여기지 않았는데, 오직 절의 승려가 심어서 별미로 여겼다. 그 뒤 어떤 정승이 이를 매우 즐겨 먹어 상에 호박 반찬이 없으면 밥을 먹지 않았는데, 집에서 기름으로 부친 다음에 식초를 얹으면 먹지 않다가 곧 새우젓을 곁들여 볶아놓은 다음에야 먹었다. 호박이 이로 인해 세상에 널리 퍼지게 되었다고 한다".[49]

이 글이 담긴 『백운필白雲筆』을 이옥이 탈고한 것이 1803년이니[50], 그로부터 80~90년 전이라면 대략 1710년대가 된다. 18세기 초에야 호박을 먹기 시작했던 것이다. 이런 증언도 전한다. "채소 가운데 매우 흔하고 두루 재배하면서도 옛날에 없던 것 두 가지가 있다. 초초艸椒는 일명 만초蠻椒로 속칭 고추苦椒라 하고, 왜과는 일명 남과로 속칭 호박好朴이라 한다. 이 두 가지는 대개 근세에 외국에서 전해진 것이다."[51]

그런데 왜 갑자기 호박을 즐겨 먹기 시작했을까? 그것은 새로운 요리법이 등장했기 때문이다. 다시 이옥의 말을 들어보자. "요즘에는 새로운 요리법이 있는데 돼지고기에 섞어 요리를 하면 아주 맛이 있다. 그런데『왜한삼재도회倭漢三

才圖會』[52]에 이르기를, '돼지고기와 섞어 볶으면 매우 맛이 있다'고 하였으니, 내가 생각하기에 이것은 은연중 서로 합치된 것으로 왜인 쪽이 먼저 하게 된 것이 아닌가 한다. 아니면『왜한삼재도회』를 편찬한 상순尚順에게서 얻어 전해온 것인가?"[53]

새로운 요리는 또 다른 새로운 요리를 만들어내게 마련이다. 그래서 돼지고기 대신에 말린 민어 대가리로 조리를 하면 진솔한 여름 반찬이 된다는 것을 알게 된 것이다.

그런데 '말린 민어 대가리'의 원문은 건면어乾鮸魚이다. 면어는 어떤 물고기인가?

면鮸은『정자통正字通』[54]에, "석수어石首魚를 면이라고 한다"고 하였다. 지금 대大·소小 두 종류가 있는데, 세속에서는 그 가운데 큰 것을 민어民魚라고 한다. 면鮸과 민民은 음이 서로 비슷하다.[55]

지금 세 종류의 물고기가 언급되었다. 석수어, 면어, 민어다. 석수어는 대개 조기를 지칭하는데, 정약전의『자산어보妓山魚譜』에서 석수어의 "형상은 면어와 유사하나, 색은 황흑이다. 맛 또한 면어와 비슷하지만 면어보다 더 농후하다"[56] 면서 석수어와 면어를 구분하고 있으며, 면어를 "속칭 민어"[57]라고 했다. 정약용 역시『아언각비』에서 "면어는 민어를 말한다"[58]고 했다.

민어는 "생으로 먹거나 익혀 먹는 일 모두 좋지만 말린 것이 더욱 사람을 보익補益해준다".[59] 그리고 "민어의 머리의 붉은 껍질과 살은 더 맛이 좋다. (……) 서울에서 복중伏中에 민어국으로 복달임[60]을 해온 습관이 있다".[61] 이렇게 볼 때,『경도잡지』의 "말린 민어 대가

말린 민어(乾鮸魚)

리로 조리를 하면 진솔한 여름 반찬이 된다"는 전언을 이해할 수 있다. 결정적으로는 "민어는 호박 날 때야 기름지고 맛이 좋으나 불가불 일찍이 먹으려면 맑은 장국을 끓이다가 토막 친 것을 넣고 끓여서 먹는다"[62]고 했다. 요컨대 "조기를 대가리 찍어버리고 토막 쳐서 조려 먹으나 맛이 다른 생선만 못한 것은 본래 싱거운 생선이"[63]기 때문이라는 전언 등을 두루 참고해볼 때, 이 요리는 요즘 호박에다 감자와 조기를 넣고 조리는 '호박조기조림'과는 다른 음식일 터이다.

13

안성맞춤 놋그릇

시속時俗에서는 유기鍮器를 귀중하게 여겨 반드시 밥그릇, 탕그릇, 나물접시, 구이접시 등 반상기飯床器 한 벌을 갖추며, 심지어는 세숫대야나 요강까지 모두 놋쇠로 만든다.

놋점과 모춤

『경도잡지』에서 이 글의 제목은 일상생활에 쓰이는 도구를 뜻하는 '기집器什'이지만, 실제로 다루고 있는 내용은 유기, 즉 놋쇠로 만든 그릇이다. 요즘 젊은 이들은 보지 못했겠지만, 어린 시절 여럿이서 마당에 빙 둘러앉아 뭉친 지푸라기에 기와 조각 가루를 묻혀 놋그릇을 닦던 기억이 생생하다. 푸른 녹이 슬었던 놋그릇이 어느덧 반짝이며 햇볕에 일렁이면 마음마저 밝아졌다. 그 촌스럽게(?) 빛나던 누런 원색의 광택이 아직도 삼삼하다.

그런데 놋그릇을 빛나게 닦는다는 것은 추억을 되살릴 만큼 손쉬운 일이 아니었다. 놋그릇을 많이 쓰던 시대에는 놋그릇을 닦아주고 수고비를 받는, 요즘식으로 말하면 '알바'도 있었으니 말이다.

공공은 최씨 집 종이다. (……) 날마다 인가를 찾아가 놋그릇을 닦겠느냐고 물어서 주인이 그릇을 내어놓으면 힘들이지 않고 닦고 씻는데, 그릇이 모두 번쩍

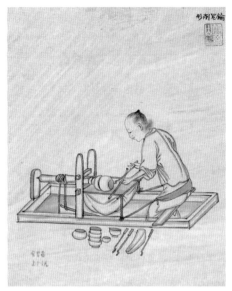

김준근의 「유기삭형(鍮器削形)」(네덜란드 라이덴 민족학박물관 소장)

김준근의 「유기점(鍮器店)」(프랑스 국립기메동양박물관 소장)

번쩍했다.[1]

놋쇠는 구리에다 주석이나 아연, 니켈을 섞은 합금을 말한다. 청동기시대의 청동도 놋쇠의 일종이다. 신라에는 놋그릇을 전문적으로 만드는 철유전鐵鍮典이라는 기구가 있었고, 고려시대 평민의 무덤에서 놋쇠 숟가락이 출토된 것으로 미루어 식기로도 사용된 것으로 보인다. 『경국대전』에 놋그릇 만드는 일을 맡아서 하던 유장鍮匠을 둔 기록에서 알 수 있듯이, 국가에서 구리를 채굴하여 놋그릇 생산을 장려한 것은 조선시대부터다. 그 후 놋점 혹은 놋전이라고 하는 유기점鍮器店 혹은 유기전鍮器廛이 여럿 생겨났다. 우리말로 바릿대라고 한 이 가게에서는 각종 식기류와 악기 등을 제작·판매했다.

놋그릇을 제작하는 방법으로는 경기도 안성 지방의 주물제작법鑄物製作法, 평안북도 정주 납청納淸 지방의 방짜제작법方字製作法, 전라남도 순천 지방의 반방짜제작법半方字製作法이 있다. 방짜법은 구리와 주석을 녹인 쇳물을 정확한 비

주물유기장 김근수 옹(중요무형문화재 제77호)　　　　　방짜유기장 이봉주 옹(중요무형문화재 제77호)

율로 섞어 바대기라 하는 둥글납작한 쇳덩이를 만든 다음 불에 달구어가면서 두들겨 그릇 형태를 이루는 방법이고, 주물법은 구리와 아연의 합금인 황동이나 기타 잡금속을 섞어 녹인 쇳물을 그릇 형태의 틀에다 부은 다음 다듬고 광을 내어 완성하는 기법이다.

　　놋그릇이라 해서 다 같은 대접을 받은 건 아니다. '놋은 놋으로 때우고 퉁은 퉁으로 때운다'는 속담에서 보듯이, 방짜법으로 만든 것이라야 참 놋그릇으로 인정할 수 있다는 말이다. 퉁 혹은 퉁쇠는 잡금속을 섞어 대량 생산하던 합금쇠를 말한다.[2]

　　수요가 늘어나면서 일일이 두드려서 만드는 방짜법 대신 대량생산에 용이한 주물법이 유행하게 되었다. 손으로 두들겨 만든 것보다는 틀에 찍어낸 주물유기, 특히 안성에서 생산된 것이 조형적으로 더 매끄러웠다. 안성에서 놋그릇을 생산한 것은 꽤 오래전인 것 같다. "안성에서 유기가 언제부터 생산되었는지도 정확히 알 수 없다"[3]고 했지만, 이식 李植(1584~1647)이 "20일 무진戊辰에 안성 유점鍮店에서 묵다"[4]라고 한 데서 보듯이, 1614년 당시 안성에 이미 놋그릇을 파는 가게가 있었고, 그 가게는 고귀한 양반[5]이 묵고 갈 정도로 벌써 규모가 꽤 컸던 것으로 보아 그 이전부터 존재했음을 짐작할 수 있다.

　　"안성의 유기가 다른 지방보다 유명한 것은 서울 양반집의 그릇을 주문받아 제작하였기 때문이다. 경상도나 전라도 또는 이북 산간지대에서는 보리밥이나 잡곡을 주로 먹었기 때문에 그릇이 투박하게 큰 것이었던 반면, 안성에서 주문해 썼던 서울의 양반집에서는 주로 쌀밥을 먹었기 때문에 그릇이 아담했다. 때문에 옛날에는 안성 유기도 두 가지로 제작되었는데, 하나는 일반인이 사용하는 보통 그릇으로 특별한 주문 없이 만들어 장에 내다 팔기 때문에 장내기라고 불렀으며, 다른 하나는 명문 사대부 집안에서 맞춤으로 주문하여 제작한 것으로 이것을 모춤(마춤)이라고 하였다. 안성 유기의 특징은 바로 모춤에 있는데, 그것은 품질과 모양 및 디자인이 좋게 제작되었으므로 그것으로 인하여 안성맞춤이라는 말이 생겨났던 것이다."[6]

양반집에서 주문 제작하여 썼다고 하지만, 물론 왕가에서도 유기를 썼다. 숙종과 영조 시대에 살았던, 조각에 뛰어나고 기술이 출중했던 최천약崔天若이 일찍이 조관을 따라 궁궐에 들어가 영조를 알현했다. 영조가 낸 문제를 최천약이 지혜롭게 해결하자 상으로 상 위의 그릇들을 선물로 주었는데, "은그릇 약간에다 나머지는 모두 유기그릇이었다".[7]

놋그릇의 주종은 역시 제사에 사용된 제기祭器였다. 제기의 재료는 나무, 사기, 놋쇠다. 가볍고 운반하기 쉬워서 주로 묘소에 직접 가서 제를 올리는 묘제墓祭에 많이 사용된 것은 나무로 만든 제기였고, 집에서는 주로 사기와 놋쇠로 된 것을 사용했던 것으로 보인다. 집에서 지내는 제사의 경우 목기의 사용 여부를 묻는 제자의 질문에 송시열이 '검소하고 값이 비싸지 않아 무방하다'[8]고 대답한 것으로 보아 나중에는 목기도 집 안 제사에서 사용했던 것 같다. 근래에는 스테인리스로 만든 제기가 대중적으로 쓰이다가 생활수준이 나아지면서 고급 목기가 인기를 얻고 있다. 그런데 제기 중에서 "자기磁器는 훼손되는 대로 고쳐 쓰고, 목기木器는 기한 3년, 유기鍮器는 기한 10년, 철기鐵器는 기한 5년으로 하되, 기한 이내에 탈이 있으면 능관陵官에게 죄를 묻는다"[9]고 한다는 데서 보듯이, 놋그릇은 내구성이 특히 좋아 인기가 있었다.

『경도잡지』에서는 모두들 밥그릇, 탕그릇, 나물접시, 구이접시 등 반상기飯床器 한 벌을 갖춘다고 했는데, 그 비용이 만만치 않았을 것이다. 반상이 밥, 국, 찌개, 김치, 간장, 초간장, 초고추장, 반찬으로 구성되는 상차림이고 숭늉으로 식사의 끝을 맺으므로 반상기도 반상 규범에 맞추어 일습—襲, 요즘 말로 한 세트가 갖추어져 있다. 그런데 현존하는 반상기의 일습은 그 역사가 오래되지 않았고 조선시대에 비로소 갖추어진 것이다. 반상기는 대개 밥그릇, 국그릇, 숭늉 대접, 둥근 쟁반, 김칫보 각 1개, 찌개나 찜을 담는 조칫보 1~2개, 종지 1~3개, 반찬 그릇 3~12개로 일습을 이룬다.

유기가 식기로만 사용된 것은 아니다. 『경도잡지』에서 말하듯 세숫대야나 요강 등 집기도 놋쇠로 만들었다. 집기의 대표적인 예로 그 둘을 든 것이 재미있지만 물론 그뿐만이 아니었다. 놋상, 놋주발, 놋사발, 놋주전자, 놋쟁반, 놋숟가락, 놋젓가락, 놋주걱, 놋밥통 등과 같은 식기와 놋화로, 놋재떨이, 놋향로, 놋잔대, 놋등잔, 놋동이, 놋향합, 놋침받이鍮器唾具, 놋붓꽂이 등의 집기도 있었다. 징, 꽹과리, 자바라, 나팔 등 악기도 빼놓을 수 없다. 심지어 절을 고즈넉하게 만들어주는 풍경風磬, 무당이 실눈을 뜨고 흔드는 요령搖鈴, 말과 소의 턱 밑에 다는 워낭 등도 놋쇠로 만들었다.

칠첩 반상기(유기)　　　　놋세숫대야　　　　놋요강

놋그릇이 얼마나 인기 있었는지를 알려주는 증언을 들어보자. 19세기 말 한룡韓龍이라는 사람이 과거를 보러 간 아버지가 두 해가 지나도록 돌아오지 않자 찾아나선 이야기가 「한효자전韓孝子傳」에 나온다.

무진년(1868) 봄에 열여섯 살이 된 한룡이 어미에게 고하기를, "겨울이 두 번 지났는데도 아버지가 돌아오지 않으시니, 제가 지금부터 아버지를 찾아나서겠습니다. 봄에 떠나 섣달에는 돌아오겠습니다. 끝내 약속을 저버리지 않을 것이니, 어머니는 부디 제 걱정을 하지 마세요"라 하고는, 그날로 보부상褓負商이 되어 영남嶺南 쪽으로 가려다가 이윽고 탄식하기를, '보부상은 저자만 돌게 되니, 샅샅이 수색할 수가 없다. 유기상鍮器商이 제일 좋겠다' 하고는, 유기로 만든 바리때와 수저, 젓가락 등으로 다시 행장을 꾸렸다. 그러고는 문마다 유기를 사라고 외치고 다녔는데, 작고 외진 마을에서 거친 숲속, 너른 들판, 궁벽한 섬, 무너진 사찰은 물론 호랑이굴과 도깨비굴까지, 언 밥을 먹고 한데 잠을 자면서 안 가본 곳이 없었다. 동쪽으로는 동래東萊와 부산釜山까지 들어갔고, 남쪽으로는 탐라耽羅까지 이르렀으며, 서쪽으로는 압록강鴨綠江을 거슬러 올라가 백두산白頭山 일대까지 둘러보았으나, 찾지 못하고 돌아왔다.[10]

행방불명이 된 아버지를 찾아나선 길로는 유기상이 되는 일만 한 것이 없다 여기고, 전국 방방곡곡을 돌아다니는 이야기에서 당시 놋그릇이 도시에서 시골까지 전국적으로 두루 사용되었음을 짐작할 수 있다.

놋그릇 수난사

유기는 내구성이 좋은 만큼 가격도 만만치 않았다. 그 때문에 보듯이 18세기 후반 여러 지역에서 일어난 살인 사건에서 놋그릇 절도가 그 원인이 된 사례를 다수 찾아볼 수 있다. 『심리록審理錄』은 정조 연간의 각종 범죄를 수록한 판례집으로 18세기 말 범죄에 반영된 서울과 지방의 사회상을 생생히 전하고 있어 당시의 사회사를 연구하는 데 중요한 자료가 된다.

(이)기석은 놋그릇을 잃어버리고 임왕부리林往不里를 의심하여 불로 지져 그날로 죽게 하였는데, 시체를 파내어 검험檢驗[11]하였다.[12]

(한) 용문이 임 여인任女人의 놋그릇을 훔친 일로 관가에 붙들려가 매를 맞았다. 이에 임 여인에게 감정을 풀어 휘둘러 때렸는데, 바로 그날 죽었다.[13]

(김) 복동과 최덕순은 진영鎭營의 군졸로서 박 여인朴女人의 놋그릇을 도둑질한 물건으로 의심하여 묶어놓고 구타하여 이튿날 죽게 하였다.[14]

(윤) 명채가 놋그릇을 잃어버리고는 강성덕을 의심하여 때려 그날로 죽게 하였다.[15]

놋그릇을 둘러싼 살인 사건은 전국적인 현상이었다. 놋그릇이 얼마나 귀하고 비쌌으면, 그것을 훔쳤다고 사람을 죽이기까지 했을까. 참고로 "전옥서典獄署의 죄수 백정白丁 조망내趙亡乃가 놋쇠로 만든 동이鍮盆을 강탈한 죄는 참부대시斬不待時에 해당한다"[16]는 기록이 보인다. 참부대시는 죄질이 무거운 사람을 판결 즉시 목을 베어버리는 것을 말한다. 도둑이 백정인 점을 감안하더라도 과한 형벌이 아닐 수 없다.

유기금단사목鍮器禁斷事目도 존재했다. 사목은 관청의 규칙이나 특정 사업의 시행규칙을 말하니, 이것은 '놋그릇을 금단하는 시행령' 정도의 의미가 된다. 잘 알려진 대로 조선시대의 화폐인 상평통보는 구리와 주석의 합금으로 만든 동전으로 그 재질이 놋쇠와 유사하다. 문제는 놋그릇이 크게 유행하면서 동이 귀해졌다는 점이다. "지금은 시골구석의 상천常賤도 모두 유기를 쓰고 있으니, 동이 어찌 귀하지 않을 수 있겠는가."[17] 놋그릇이 귀하니 동전을 녹여 만드는 일이 빈번해졌다. 이러한 문제를 해결하기 위해 조정에서는 동으로 만드는 물건의 사용을 금할 수밖에 없었다.

상시에 사용하는 식기食器, 갱기羹器(국그릇), 행기行器, 시저匙箸(숟가락과 젓가락), 제기祭器, 잔대盞臺, 촉대燭臺, 동로구銅爐口, 사용沙用, 고오리占五里, 탕자湯煮, 타구唾器, 대야大也, 소라所羅, 요강溺江 등 15종 이외의 기명을 몰래 주조하여 팔다

가 적발된 자는 제서유위율制書有違律로 중하게 처단한다.[18]

비변사의 유기금단鍮器禁斷에 관한 사목 중 한 구절이다.

한편 "승려로 가장한 유기전문절도단鍮器專門竊盜團, 놋그릇을 훔쳐서 파쇄로 팔아, 봉화서 엄중 취조 중"[19]이라는 기사에서 보듯이, 놋그릇이 절도의 주요 대상이 된 것은 일제강점기에도 마찬가지였다.

일제강점기 말(1942년) 어느 여학교에서 공출된 놋그릇(오마이뉴스 제공)

'수(壽)'와 '복(福)' 자가 쓰인 일제강점기의 왜사기

그러나 무엇보다도 가장 큰 도둑은 일제였다. 이른바 공출보국供出報國[20]의 핵심은 무기를 만드는 데 필요한 놋쇠 수탈이었다. 1930년대만 해도 장날 유기전은 대성황이었다. 일간지에서 "놋그릇에 녹이 나는 것은 그 집 주부의 수치다. 그릇이 아름다워야 음식도 맛이 있다"[21]고 한 것도 당시의 일이다. 그러던 것이 일제가 "놋그릇, 놋대야 공출을 위해 대용식기代用食器로서 사발을 배급키로"[22] 하면서 놋그릇 사용은 급격히 줄어들었다. 대신 왜사기倭沙器라고 하는 그릇들이 주종을 이루게 되었다.

놋그릇 예찬

광복 후 정부가 "놋그릇은 점차 사기砂器로 고치고 가족이 각 상에서 식사하는 폐를 없애서 공동식탁을 쓸 것"[23]을 주문한 데서 보듯이, 이른바 캠페인을 벌일 정도로 해방 후에도 놋그릇은 여전히 인기가 있었다. 무엇보다도 놋그릇이 가지고 있는 든든함, 후박함, 단아함 같은 자질은 쉽게 떨쳐버릴 수 없는 매력이었을 것이며, 특히 겨울철에 따뜻한 음식이 빨리 식지 않도록 해주는 점은 무겁고 관리하기 어려운 단점을 너끈히 보상해주었을 것이다. 과연 전주비빔밥이나 평양 옥류관의 냉면은 놋그릇에 담아내야 제격이다. 값비싼 고급 식당일수록 놋그릇을 써야 그럴듯하다는 생각을 하는 모양이다. 최근에는 놋그릇이 식중독을 일으키는 세균을 죽이는 효과가 있음도 밝혀졌다.[24]

현대시에서도 이 놋그릇이 소재로 활용되기도 했다.

기차가 지나가 버리는 마을 / 놋 양푼의 수수엿을 녹여 먹으며 / 내 좋은 사람과 밤이 늦도록 / 여우 나는 산골 얘기를 하면 / 삽살개는 달을 짖고 / 나는 여왕보다 더 행복하겠소

역사는 아무리 / 더러운 역사라도 좋다 / 진창은 아무리 더러운 진창이라도 좋다 / 나에게 놋주발보다도 더 쨍쨍 울리는 추억이 / 있는 한 인간은 영원하고 사랑도 그렇다

놋양푼

놋주발

앞의 것은 일제강점기 말 친일의 오점을 남긴, '사슴의 시인' 노천명盧天命 (1912~1957)이 지은 「이름 없는 여인이 되어」 중 일부이며, 뒤의 것은 우리 현대시의 수준을 한 단계 끌어올린 김수영金洙暎(1921~1968)의 「거대한 뿌리」 중 일부분이다.

이번 주제와 관련하여 이들 시에서 주목하는 시어는 바로 놋양푼과 놋주발이다. 놋양푼은 보통 그릇보다 바닥이 평평한 놋그릇으로, 쓰임새가 많아 떡 반죽을 하거나 나물을 무치거나 김치를 담그거나 죽을 쑤어 담거나 곰국을 고아내기도 했다. 서민층에게까지 널리 퍼져 꼭 필요한 부엌살림이 되었다. 놋주발은 글자 그대로 놋쇠로 만든 밥그릇인데, 무속에서는 일종의 악기로 사용하기도 했다. 두 시인은 놋양푼과 놋주발이라는 단어를 사용해 서민의 애환, 그리고 역사의 깊이와 울림을 적절하게 드러냈다.

14

시장엔 온갖 먹거리에 사기꾼과 이야기꾼

비단, 명주, 종이, 베를 파는 큰 점포들은 종가鐘街를 끼고 들어섰고, 나머지는 여기저기에 흩어져 있다. 장을 보는 사람들은 아침 일찍 배오개梨峴와 소의문昭義門 밖에 모여 있다가 정오에는 종가에 모인다. 서울에서 소비되는 것 중에 동부東部의 채소와 칠패七牌의 생선이 가장 많이 팔린다.

남산 아래에서는 술을 잘 빚고, 북부에는 떡집이 많아서 남주북병南酒北餅이라 했다.

약을 파는 점포는 갈대로 만든 발에 신농유업神農遺業, 만병회춘萬病回春 등을 써서 걸어놓는다. 약을 파는 사람은 모두 봉사奉事라 부른다.

동부의 채소, 칠패의 물고기

서울에 세 군데 큰 장이 서는데, 동편은 배오개梨峴, 서편은 소의문昭義門, 중앙은 운종가雲從街다. 모두 좌우 양편으로 전이 늘어서 은하수처럼 벌여 있다. 온갖 장인바치며 장사치들이 저마다 가진바 물건들을 내놓으매 사방에 쌓인 물화가 구름처럼 밀리고 물처럼 모인다. 시민들은 이곳에서 관대冠帶, 의복, 신발 그리고 식료품을 구입하는 것이다. 이에 만인의 눈이 쏠려 오직 이익 그것을 바라고, 만인의 입이 지껄이며 오직 이익 그것을 꾀한다. 한 사람이 팔려 하고 한 사람이 사려 하매 또 한 사람이 거간을 서, 해가 뜨면 모이고 해가 지면 파한다. 장판에 다니면 어깨와 등이 서로 부딪히고 서 있어도 갓을 바로 쓰지 못한다. 간교한 소인들이 고기 못을 이루고 새떼를 지어, 그곳에 출몰하며 사람을 현혹시킨다. 심한 놈은 주머니를 슬쩍해서 남의 돈을 빼앗고, 그다음은 거짓을 꾸며서 유리하게 팔아넘긴다.[1]

구한말의 운종가

조선 후기 서울의 시장 풍경을 생생하게 묘사하고 있다. 그런데 관심을 끄는 것은 시장의 배치다. 지금의 종로인 운종가와 종로4가에서 인의동에 걸쳐 있던 이현, 곧 배오개, 그리고 숭례문과 돈의문 사이, 즉 지금의 서소문동 큰길에 위치했던 소의문昭義門에 시장이 들어서 있었던 것이다. 물론 작은 점포는 여기저기 있었지만, 이 세 군데를 3대 시장이라고 불렀다. 이것은 물론 이옥李鈺(1760~1815)의 전언에 근거한 것이다.

이와 달리 박제가朴齊家(1750~1805)는 「성시전도응령城市全圖應令」에서 "배오개, 종루와 칠패 / 바로 도성의 3대 저자라"[2]고 했다. 한편 『동국여지비고東國輿地備考』에 따르면, "세상에 전하기를, 신무문神武門 밖 북쪽에 예전에 시장이 있었으니, 곧 주례周禮에 나오는 후시後市를 말하는 것인데, 지금 상고할 수 없다. (지금 시장은) 모두 네 곳에 있다. 종루가상鐘樓街上·이현梨峴·칠패七牌·소의문 바깥昭義門外이다".[3]

"주례에 나오는 후시" 운운은 전조후시前朝後市의 원칙을 말한다. 도성을 세울 때 궁전 앞에는 행정부서를, 뒤에는 시장을 배치한다는 뜻이다. 그래서 경복궁 전면에는 육조를 세웠다. 문제는 그 후면에 시전市廛을 배치한다는 것이다. 그런데 경복궁 뒤는 산이다. 처음에는 "경북궁 뒤 신무문 밖에도 시장이 있었다"고 한 것으로 보아, 그곳에 시장을 만들기도 한 모양이다. 물론 곧 없어졌다. 산속에 무슨 시장을 두겠는가? 어쨌든『동국여지비고』는 분명 4대 시장을 언급하고 있다. 그리고 이옥이 소의문을 들고 있는 데 반해 박제가는 칠패를 들고 있다.

그런데 칠패와 소의문시장은 거리상 서로 가까웠을 뿐 아니라 칠패시장이 점점 커지면서 둘이 거의 같은 시장 영역으로 생각하게 된 것으로 보는 게 적절치 않을까 한다.⁴ 물론 고증이 더 필요할 것이다.

사방으로 통한 여러 갈래 길은 서소문과 접하여
높다란 종각 아래로 사람들 구름처럼 많이 모여드네
이층누각⁵에는 한낮에 발을 드리웠으니
배오개 남쪽 주변은 한바탕 시끄럽다네⁶

배오개와 칠패(혹은 소의문)의 점포와 운종가의 상점은 서로 격이 달랐다. 종로통의 대규모 시장은 시전이라 하였다. 정부는 점포인 공랑公廊을 지어 자신들이 지정한 상인들에게 빌려주고 그 대가로 공랑세를 받았다. 말하자면 시전은 국가에서 지정한 공식 시장이었던 셈이다. 이에 비해 배오개와 서소문에 있던 시장은 개인, 곧 사상私商이 스스로 운영하는 시장이었다. 종로통의 시전을 육주비전六注比廛이라 불렀고, 보통 난전亂廛이라고 한 사상들의 시장은 칠패시장과 동부시장이라 했다.

"육의전六矣廛이라고도 하는 육주비전은 종로에 있던 여섯 전廛으로 비단 등속을 파는 선전縇廛, 면포綿布를 파는 면포전, 면주綿紬를 파는 면주전, 종이를 파는 지전, 저포苧布를 파는 저포전을 각각 한 주비注比로 하고, 내어물전內魚物廛과 청포전靑布廛을 합하여 한 주비로 하였다. 정조 18년에 내어물전과 청포전을 주비전에서 내치고 포전을 올려 여섯 주비로 하였는데, 순조 원년에 다시 내어물전과 외어물전外魚物廛 두 전을 합하여 한 주비로, 포전을 저포전에 붙여서 한

주비로 하여 그 수가 여섯에 충당하나, 실제에 있어서 전의 수효는 여덟이므로 팔주비전의 명칭이 있었다."[7]

전매 특권과 국역 부담의 의무를 진 육의전은 명주, 종이, 어물, 모시, 비단, 무명 등을 독점 판매했는데, 이것들은 국가의 주요 수요품이면서 동시에 언제든지 화폐로 쓰일 수 있는 대단히 중요한 품목이었다. 사고파는 대상부터 칠패와 배오개 같은 사상私商 난전亂廛들과 분명한 차이가 있었던 것이다.

지금의 지도로 보면 "육의전 상가는 광화문에서 종로3가에 이르는 지역이며, 개항 당시의 상황을 보면 종로 네거리에서 광화문으로 좌측에는 면주전과 면포전이 있고, 우측에는 선전과 저포전이 있었고, 종로에서 동대문 쪽으로는 선전, 낙원동 일대에는 어물전이 있었다. 그리고 종로에서 남대문 쪽으로는 좌측에 저포전, 우측에는 면포전, 지전이 줄지어 있었다. 즉 광화문에서 종로3가에 이르기까지, 그리고 광교 일대가 육의전 상가였다".[8]

소의문과 숭례문 사이에서 번성한 칠패[9] 시장은 서울의 관문인 경강 지역과 가까웠기 때문에 서해에서 들어오는 각종 어물과 미곡 등이 판매되었다. 시전 중 하나인 외어물전은 서소문에 있었는데, 이 지역은 칠패시장과 매우 가까웠고 마포, 서강, 동작진銅雀津을 장악할 수 있어서 배주인들, 그리고 배로 옮기는 어물과의 접촉이 가능했기 때문에 서울로 반입되는 수산물은 외어물전과 거래하기가 쉬웠다.[10] 덕분에 칠패시장은 그 규모가 나날이 커져갔다. 1808년에 지어진 『만기요람萬機要覽』에 따르면 순청동巡廳

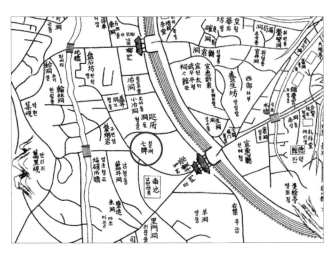

1922년 『구운몽』을 'The Cloud Dream of the Nine'으로 번역하여 서구에 알린 캐나다 선교사 제임스 게일이 1902년에 작성해 왕립아시아학회(Royal Asiatic Society)의 기관지 〈트랜색션(Transaction)〉에 소개한 서울 지도 중 일부

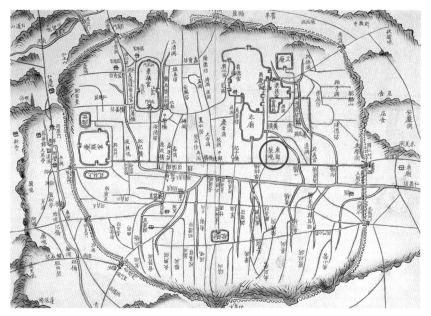

배오개가 표시된 「동여도」 (1856년, 서울역사박물관 소장)

저 멀리 화력발전소 굴뚝이 보이는 것으로 보아 저 대문
은 동대문이고, 그 앞길은 배오개시장으로 추정된다.

洞, 만리재萬里峴, 작작동灼灼洞의 돌
모루石隅[11]까지를 칠패라고 했는데,
이후 남대문 밖에서부터 청파를 중
심으로 하여 서빙고, 마포, 용산을
두루 아우르는 지역을 일컫게 되었
다. 여기에는 물론 그 지역의 인구 증
가가 큰 몫을 했다. 정조 14년(1790)
의 호구조사에 따르면, 서울 오부 중
칠패가 속한 서부의 호구 수가 제일
많다. 중부 4,382호·동부 7,634호·
남부 9,970호·북부 5,817호인 데 반
해 서부는 11만 6,371호였다. 농촌
에서 유리된 인구가 도시로 집중된

김홍도의 「장터길」(보물 제527호, 국립중앙박물관 소장)

결과이다.

한편 배오개시장은 동대문 안쪽으로, 현재 광장시장의 뿌리가 된 곳이다. 이현梨峴은 종로구 인의동에 있었던 고개를 말한다. 창경궁 동남쪽에 있던 이현은 원래 숲이 울창해서 짐승과 도깨비가 나온다고 하여 도깨비고개라고도 했고, 고개가 험해 대낮에도 100여 명이 모여야 넘어갔다고 하여 백고개 혹은 백재 또는 백채라고도 불렸으며, 고개 입구에 배나무가 많아서 배고개, 배오개라고 불렸다. 길을 넓히면서 고개를 없애버렸고, 지금의 예지동과 인의동에서 종로 5·6가에 이르는 거리를 아울렀다.

'배오개시장은 동북 지역에서 서울로 향하는 상품들이 일차로 모이는 시장이었다. 그러므로 함경도 지역에서 운반된 북어가 팔렸으며, 다른 한편에서는 서울 근교에서 상업적으로 재배된 채소들이 주로 팔렸다.'[12]

동부채칠패어東部菜七牌魚는 배오개의 대표 상품인 채소와 칠패의 대표 상품인 생선을 강조해서 부른 말이다. 물론 이외에도 "가로상에 다양한 잡시雜市와 땔감 시장이 있었고, 도심 곳곳에 독자적인 점포를 설치하여 영업하는 점포 상업도 번성하였다. 이에 따라 서울의 상업은 시전 중심에서 점차 난전시장인 이현시장과 칠패시장, 그리고 점포 상업으로 다양화되어갔다".[13]

『경도잡지』에서 말하듯, "장을 보는 사람들은 아침 일찍 배오개와 소의문 밖에 모여 있다가 정오에는 종로에 모인다". 그런데 여기서 "장을 보는 사람들"의 원문은 "추시자趨市者"이다. 이 말에는 앞을 다투어 달려간다는 의미가 들어 있다. 『사기史記』의 맹상군孟嘗君 이야기에서 그 말이 처음으로 보인다.

군께서는 아침에 시장으로 몰려가는 사람들을 보지 않았습니까? 이른 아침에는 어깨를 서로 비비며 먼저 가기를 다투어 들어갑니다. 해가 저문 뒤에 시장을 지나가는 자는 팔을 저으며 시장을 돌아보지도 않습니다. 그것은 아침에는 좋아하고 저녁에는 미워해서가 아닙니다. 저녁에는 기대하는 이익이 없기 때문입니다.[14]

조금 후대의 일이지만, 실제로 이런 증언이 보인다.

이른 아침 남대문에서 성안으로 쇄도하는 말은 이삼천이라는 막대한 수에 달했다. 당시 남대문은 야간에 폐문했기 때문에 아침 일찍 문 열기를 기다리다 앞을 다투어 시내로 들어갔던 것이다. 정각 두세 시간 전부터 지켜 섰다가 서로 앞다툼을 하는 판이니 날마다 싸움질이 끊이지 않았다 하며, 일단 개문이라고 하면 그야말로 노도怒濤와 같은 형세로 말, 소, 사람, 짐들이 한꺼번에 쏟아져 들어가는 것이었다.[15]

그런데 왜 이렇게 몰려갈까? 바로 좋은 물건을 남들보다 싸게 사려 하기 때문이다.

새벽 네 시 세 번 파루에 사대문이 열리니
말에 싣고 수레로 운반하며 떼지어 오네
무수한 생선, 소금, 무수한 채소류
분분히 사러 좇아왔더니 벌써 다 팔고 돌아가네[16]

새벽 4시에 성문이 열리자마자 몰려들어 일찌감치 팔아넘기고 돌아가는데, 그때가 사시巳時, 곧 오전 10시 전후인 것이다.

> 칠패의 생선전에 각색 생선 다 있구나
> 민어 석어石魚 석수어石首魚며 도미 준치 고등어며
> 낙지 소라 오적어烏賊魚며 조개 새우 전어로다[17]

> 어물전 살펴보니 각색 어물 벌여 있다
> 북어 관목貫目 꼴뚜기며 민어 석어 통대구며
> 광어 문어 가오리며 전복 해삼 가자미며
> 곤포昆布 메욱 다시마며 파래 김 우무가시[18]

칠패시장의 생선전에서 팔던 어물로는 민어, 석어, 석수어, 도미, 준치, 고등어, 낙지, 소라, 오징어, 조개, 새우, 전어를 들었다. 그리고 육주비전 중 어물전에서는 북어, 관목, 꼴뚜기, 민어, 통대구, 광어, 문어, 가오리, 전복, 해삼, 가자미, 곤포, 메욱, 다시마, 파래, 김, 우뭇가사리 등을 팔았다.

관목貫目은 눈을 꿰서 말린 청어다. "성한 비웃(청어)을 말려 먹는데 껍질을 벗기고 토막 쳐서 초고추장에 찍어 먹으면 술안주에 비릴 듯하나 맛은 제일 좋고 멧나물 지짐에 넣으면 맛이 매우 좋다."[19] 요즘 많이들 먹는 과메기다. 그런데 요즘은 청어가 귀해 꽁치로 대신한다. 메욱은 미역이다.

그런데 이 중에 석어와 석수어는 다른 물고기다. 인용한 바와 같이 보통 둘 다 石魚, 石首魚로 적어 조기로 생각하는데, 같은 종류라면 함께 나열할 필요가 없었을 것이다. 더구나 「한양가」는 한글 가사이기 때문에 석어를 반드시 石魚라고 표기할 이유도 없다. 『자산어보』를 찾아보니 석어鱐魚가 나온다. 일명 손치어鱖鰣魚다. "정문기의 『한국어도보韓國魚圖譜』에서는 손치어를 쑤기미로 보았다."[20] 그리고 대개 곤포昆布와 다시마를 같은 것으로 보는데, 이것 역시 마찬가지 이유에서 자연스럽지 않다. "곤포 중에 작은 것은 방언으로 다시마"[21]라 하며, "잎은 손처럼 생겼고 크기는 얇은 부들葦과 비슷하며 자적색紫赤色이다".[22] 이렇듯 동식물의 이름은 대단히 조심스럽게 고찰해야 한다.

한편 18세기 이후 도성 밖 산지가 대거 기경지起耕地로 개간되면서 교외에 상업적 농업지대가 형성되기 시작했다. 서울의 도시화가 급속하게 진행되면서 서울 주민의 대다수는 일용할 찬거리를 시장에서 구입해 먹는 도시민으로 바뀌었기 때문에 교외에 채소, 과수 농업과 약초 재배업 등이 발달한 것이다. 대표적인 경우를 보면 동대문과 서대문 밖에서는 미나리가, 독립문 주변에서는 무와 배추가 비교적 많이 재배되었다. 특히 왕십리에서는 무, 살곶이다리에서는 순무, 석교에서는 가지·오이·수박, 연희궁에서는 고추·부추·해채, 청파에서는 미나리, 이태원에서는 토란 등이 주로 재배되었다.[23] 이것들을 사고팔던 시장이 바로 이현, 곧 배오개시장이었던 것이다.

부자 사기단, 그리고 소설 낭독자

시장이니 속임수가 없을 수 없다. 사기꾼도 있고 소매치기도 있는 것은 지금이나 마찬가지였다. 오히려 더 심했을지 모른다. 저간의 사정을 이옥이 생생하게 알려주고 있다.

서울의 서대문[24]에 큰 시장이 있었다. 이곳은 가짜 물건을 파는 자들의 소굴이었다. 가짜로 말하면 백통을 가리켜 은이라 하고, 염소 뿔을 들고 대모玳瑁라 우기며, 개가죽을 가지고 초피貂皮로 꾸민다. 부자 형제간에 서로 물건을 흥정하는 형상을 지어 값의 고하를 다투고 왁자지껄한다. 시골사람이 흘낏 보고 진짜인가 싶어서 부르는 값을 주고 사면 판 놈은 꾀가 들어맞아서 일거에 이문을 열 곱백 곱 보는 것이다. 뿐만 아니라 소매치기도 그 사이에 끼어 있다. 남의 자루나 전대에 무엇이 든 것 같으면 예리한 칼로 째어 빼간다. 소매치기를 당한 줄 알고 쫓아가면 요리조리 식혜 파는 뒷골목으로 달아난다. 꼬불꼬불 좁은 골목이다.

거의 따라가 잡을라치면 대광주리를 짊어진 놈이 불쑥 "광주리 사려!" 하고 튀어나와 길을 막아버려 더 쫓지를 못하고 만다. 이런 때문에 시장에 들어서는 사람은 돈을 전장에 진陣 지키듯 하고, 물건을 시집가는 여자 몸조심하듯 하지만 곧잘 속임수에 걸려드는 것이다.[25]

대모는 바다거북의 등과 배를 감싸고 있는 껍데기인데 일종의 보석으로 여겨졌고, 초피는 담비의 모피를 말한다. 싸구려 염소 뿔을 대모라 속여 파는 경우는 매우 흔한 일이었던 것으로 보인다.

이생은 서울의 장사치도 감히 자기를 속이지 못하리라 자부했다. 하루는 서문 시장을 지나가는데, 한 아이와 중늙은이가 서로 다투고 있었다.

늙은이 : 네게 열 푼을 줄 테니 네 물건을 내게 다오.
아이 : 이 어른이 눈이 있소? 내 물건이 어찌 겨우 열 푼밖에 안 된단 말이오?
늙은이 : 너 이걸 어디서 났니? 네가 틀림없이 권자전圈子廛에서 훔쳐왔겠다. 열 푼도 오히려 공돈인 걸, 값을 따지고 말고 할 것이 있느냐?
아이 : 내가 훔쳐 오는 것을 영감이 언제 보았단 말요? 이 어른이 장차 내 욕받이 되기 알맞겠구려.
늙은이 : 쥐새끼 녀석이 버르장머리 없이…….
아이 : 강도 같은 늙은이.

이생이 가만 보니, 황대모黃玳瑁였다. 사정을 해서 열두 푼에 그것을 샀다. 사 가지고 오는 길에 바로 권자전 주인에게 보였더니 염소 뿔이라 하는 것이었다. 이생은 수치스럽게 여겼다. 몰래 뒤를 밟아 가보니 아까 그 아이는 중늙은이의 아들이었고, 그 중늙은이는 시장판에서 물건 위조를 업으로 하는 자였다.[26]

혀를 내두르지 않을 수 없다. 소위 부자 사기단父子詐欺團이다. 이익을 얻기 위해서라면 못할 짓이 없다. "속임수가 횡행하면 세상길이 어려워진다. (……) 민풍이 날로 타락하여 순박했던 것이 변하여서 간사하게 된 것일까?"²⁷라는 한탄이 과하지 않다. 그만큼 세상은 화폐가 중심이 되는 사회로 급변하고 있었던 것이다.

망건과 관자

그런데 이 이야기를 소개하고 번역한 이들은 권자전을 미상이라고 했다. 그런데 권자는 관자貫子를 말한다. 이 관자는 망건網巾에 달아 당줄을 꿰는 구실을 하는 작은 고리다. 누구나 갓을 쓰고 다녔으니 그 안에 망건을 했을 테고, 그렇다면 관자를 하지 않을 수 없었던 것이다. 급소인 귀와 눈 사이의 태양혈을 대개 관자놀이라고 하는데, 이 말은 이 '관자가 노는 자리'라는 말에서 나왔다고도 한다.

동월董越(1430~1502)은『조선부』(1490)에서 관자에 대해 이렇게 말하고 있다.

(조선) 사람들은 망건의 관자로 귀천을 구분한다.(그 나라에서는 머리털을 싸매는 망건을 모두 말총으로 짜며, 관자로 품계와 계급을 정한다)²⁸

시장에서는 물건만 판 것이 아니다. 시장이 커지자 놀이와 재미도 사고팔기 시작했다. 전기수傳奇叟, 곧 옛이야기를 읽어주는 대가로 돈을 받는 예능인의 출현이 그것이다.

온갖 물건 파는 열두 시전 동서로 나 있으니
구슬을 이어 끈으로 매어놓은 듯
시끌벅적 털방석에 모이는 것 개의치 않고
우리말로 연의편을 낭송한다네²⁹

연의演義라고 하는 것은 대개 소설을 말한다. 전기수는 사람이 많이 모이는

큰 시장을 돌아다니면서 소설을 읽어주고 돈을 벌었다. 이러한 사정을 조수삼_趙
秀三(1762~1849)이 『추재기이秋齋紀異』에서 상세히 묘사하고 있다.

전기수傳奇叟는 동대문 밖에 살았다. 언문소설을 잘 낭송朗誦했는데, 이를테면
「숙향전淑香傳」, 「소대성전蘇大成傳」, 「심청전沈淸傳」, 「설인귀전薛仁貴傳」 같은 것
들이었다. 매달 초하루에는 제일교第一橋 아래, 초이틀에는 제이교第二橋 아래,
그리고 초사흘에는 배오개에, 초나흘에는 교동校洞 입구에, 초닷새에는 대사
동大寺洞 입구에, 초엿새에는 종각鐘閣 앞에 앉아서 낭송했다. 이렇게 올라갔다
가 다음 초이레부터는 도로 내려온다. 이처럼 내려갔다가 다시 올라가고, 또 올
라갔다가는 다시 내려오고 하면서 한 달을 마친다. 다음 달에도 또 그렇게 하였
다. 워낙 재미있게 읽은 까닭에 곁에서 구경하는 청중들이 빙 둘러싸고 있다. 그
는 읽다가 가장 긴요해서 매우 들을 만한 대목에 이르러서는 문득 읽기를 멈춘

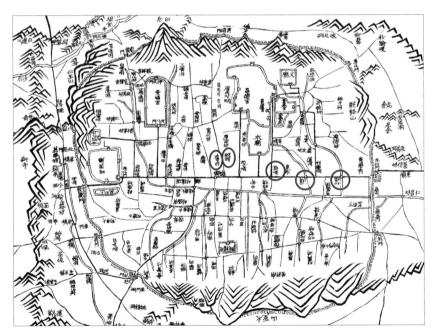

「도성도」.(1861년, 서울역사박물관 소장) 오른쪽부터 제일교(初橋), 제이교(二橋), 배오개(梨峴), 교동(校洞), 대
사동(大寺洞)이다.

다. 그러면 청중은 하회下回가 궁금해서 다투어 돈을 던진다. 이것을 일컬어 요전법邀錢法이라 한다.[30]

남산 아래 술, 북촌의 떡

남산 아래에서는 술을 잘 빚고 북부에는 떡집이 많아 흔히 남주북병南酒北餅이라 했다. 우선 여항시인 정래교鄭來僑(1681~1757)의 이야기를 들어보자.

> 서울의 민속은 남북이 다르다. 종로 이남에서 남산에 이르는 곳이 남부인데, 상인과 부호들이 많이 살아서 이곳을 좋아하고 안마鞍馬와 제택第宅의 호사를 서로 다툰다. 백련봉白蓮峰 서쪽으로부터 필운대에 이르는 곳이 북부인데, 대개 빈호貧戶로 유식遊息하는 부류들이 살았지만 왕왕 임협任俠의 무리들이 있어 의기로 교유하되 베풀어주기를 좋아하고 신의를 중하게 여겨 남의 환난을 잘 도왔다. 시인 문사들이 계절을 따라 상종해서 노닐어 임천운월林川雲月의 낙을 추구하였으니 곧잘 시편으로 다작을 자랑하고 여구麗句를 견주었다. 이 역시 풍기가 그러한 것일까?[31]

"남부는 시전상인과 여항부호들의 생활세계이며, 북부는 일반 여항인의 생활세계이다. 백련봉(일명 白蓮社)은 북악산 기슭의 삼청동 부근이며, 필운대는 인왕산 기슭의 서촌(지금의 누상동, 누하동, 옥인동) 부근으로 북사서대北社西臺로 칭해진 곳이다. 그 일대가 곧 서리층의 거주지였다."[32]

남부와 북부는 지역적 차이뿐 아니라 그 구성원도 달랐다. 남부의 주요 구성원은 돈이 많은 시전상인이고, 북부에서는 대개 가난하거나 의협심이 강한 사람들이 거주했다. "북촌 사람들의 말하는 품은 골경에 가까우며, 남촌 사람들의 말하는 품은 민첩에 가깝다"[33]는 말이 이해가 된다. 골경骨鯁이란 입바르고 강직하다는 뜻이고, 민첩하다는 것은 잇속이 재빠르다는 말이니, 북부와 남부 사람들의 성격을 잘 대변하고 있다 하겠다.

그러니 먹고 마시는 풍속 또한 달랐음에 틀림없다. "대저 북촌에는 부귀한 집이 많으니까 일반으로 음식 사치가 대단하여, 갖은 편이라고 하는 떡 만드는 솜씨가 발달하였는데, 남산 밑으로 말하면 구차한 샌님과 시세時勢 없는 호반虎班네들의 사는 곳이니까, 손쉽게 얼근하여 불쾌한 것을 잊자는 데서 술 솜씨가 늘었다고 볼 수 있"[34]다.

특히 남촌의 술은 "장흥동과 회현동에서 빚어내는 것을 제일로 쳤다. 그 맛과 색깔이 뛰어나 한 잔에 취해도 쉽게 깰 뿐 아니라 갈증이 나지 않으니, 나라 안을 통틀어 이름난 명주였다".[35] 더 이상 좋은 술이 있겠는가.

구체적으로 어떤 떡과 술이 유명했는지는 알려진 바 없다. 다만 후대의 기록인 〈별건곤別乾坤〉(1929년 10월호)에 실린 「경성 명물집」이라는 글에서 그 변모 양상의 일단을 짐작해볼 수 있다.

남촌의 술이요, 북촌의 떡이란 말도 시대 변천을 따라서 어느덧 옛말이 되었다. 지금에 와서 남촌은 거의 정종正宗 먹는 색다른 사람의 촌이 되었고 술도 회사의 독점물이 되었으니 무슨 술이 어떠하다고 논평할 여지가 없다. 아쉬운 대로 말하자면 공덕리孔德里 소주와 약주로는 시내에 윤가주尹家酒, 이가주李家酒, 그 외 중앙주中央酒가 비교적 좋고, 떡도 근래에 호떡, 왜떡, 러시아 빵, 그 밖에 과자 등속이 생긴 뒤로 예전보다 수용자가 적어진 까닭에 떡집이 적어지고 떡의 종류도 적어간다. 그러나 경성의 시식時食인 특색은 그대로 보존하여 봄에는 쑥송편, 계피떡, 송기떡, 빈대떡이요, 4월 8일에는 느티떡, 5월 단오에는 취떡, 6·7월에는 증烝편, 깨인절미, 8월 추석에는 송편, 겨울에는 시루떡(그중에는 종류가 많다), 두루떡 등이 유명하다. 옳지 서울의 떡 중에 색절편은 시골에서 볼 수 없는 찬란한 떡이다. 그것도 한 명물이다.[36]

지금도 안국동 일대에는 떡집이 명맥을 유지하고 있다. 그에 비해 남촌은 일제 침략 후 일본인의 거주지가 되어 본래의 모습을 상당 부분 잃고 말았다. 당연히 남촌을 중심으로 한 개발이 진행되었고 도시로서의 면모를 일신해갔다. 그러니 '남촌의 번영'을 부러워하거나 '북촌 차별 정책'을 비판하는 목소리가 많았다. 일제의 정책에 항거하여 정간, 발행 금지, 벌금, 그리고 발행 정지 등의 가혹한 처벌을 감수하면서까지 민족의식 고취에 역점을 둔 대표적인 종합잡지 "〈개벽〉(1922~1924)에는 '형제여 남촌의 시설은 저러하거늘 북촌의 시설은 왜 이 모양입니까?'라는 글과 '남촌시가의 극성, 몰락된 북촌의 참상'이란 글이 실렸다".[37]

약포와 봉사

약포藥鋪, 요즘 말로 약국은 주로 동현銅峴, 곧 구리개 좌우에 늘어서 있었다. 구리개는 지금의 중구 을지로 입구 일대를 말하는데, 진흙길 언덕으로 되어 있어 그렇게 불렸다. 구리개에 약포가 몰려 있었던 것은 조선 초부터 500년간 의약과 일반 서민의 치료를 맡은 혜민서惠民署가 그곳에 있었기 때문이다. 약포는 약을 판다는 일종의 간판으로 갈대발에 신농유업神農遺業이니 만병회춘萬病回春이니 하는 글자를 써서 걸어놓았다. 만병회춘이야 모든 병을 낫게 해서 청춘을 되돌려준다는 뜻이니 만병통치와 통한다 하겠다. 신농유업에서 신농은 중국 신화 시대의 농업과 의약의 신이고, 유업은 대대로 물려받은 사업이라는 말이니, 약포의 상징으로 제법 적당하다 하겠다.[38]

거기서 파는 약은 종류가 무척 많았다. 그 사정을 「한양가」가 상세히 전하고 있다.

인삼 사삼沙蔘 현삼玄蔘이며 황련黃蓮 황금黃芩 황백黃柏이며 / 진피陳皮 청피靑皮 대복피大腹皮며 감초甘草 자초紫草 하고초夏枯草며 / 우황牛黃 타황佗黃 구황狗黃이며 웅담 구담狗膽 사담蛇膽이며 / 침향沈香 정향丁香 당사향唐麝香과 용뇌龍腦 용안龍眼 용골龍骨이며 / 소합환蘇合丸 광제환廣濟丸과 태을환太乙丸 소침환燒針丸과 / 청심환 안신환安神丸과 포룡환抱龍丸 만응환萬應丸과 / 운모고雲母膏 우황고牛黃膏며 오독고五毒膏 신이고新異膏며 / 제중단濟衆丹 옥추단玉樞丹과 벽온단辟瘟丹 자금단紫金丹과 / 옥설玉屑 금설金屑 진주설珍珠屑과 은박 금박 호박설琥珀屑과 / 민강閩薑 귤병橘餅 금전병金箋餅과 녹용고鹿茸膏 경옥고瓊玉膏다[39]

조선 후기의 야담집인 『청구야담靑邱野談』에는 약포라 해서 단순히 약만 파는 데가 아니라는 이야기가 전한다. 구리개의 어느 약포에 누군지 전혀 모르는 한 노학구老學究가 찾아온다. 그는 수개월 동안 약국에 앉아 있으면서 약을 구하는 자가 있으면 옆에서 병에 상관없이 무조건 곽향정기산藿香正氣散 세 첩을 지어 가라고 조언한다. 그런데 그때마다 신기하게도 효험을 보았다. 나중에는 임금도 그의 곽향정기산을 먹고 병이 나았다.

이 이야기의 말미에 기록자는 이런 평을 달아놓았다.

> 그는 이인異人이다. 대개 의서에 의하면 시운時運이 순환하는 그러한 시기에 백 명이 발생하여 증세가 다르더라도 그 근원은 연운年運에 의함이라 하겠다. 참으로 연운을 잘 알아서 거기에 맞는 약을 쓰면 맞지 않는 증세에 대해서도 모두 효험을 보는 것이다. 근래 의업을 하는 자들은 이러한 이치는 통 모르고 단순히 증세만 좇아서 약을 쓰려고 하니 지엽을 다스리느라 근본을 잃는 격이다. 이리하여 맹랑하게 사람을 죽이는 것이다.[40]

근본 병인病因을 찾으려 하지 않고 증세만 좇아 임시적으로 치료하는 당시의 대증요법에 일침을 놓고 있다. 거기에는 세상이 병이 들었으니 사람들도 따라서 병들 수밖에 없다는 메시지가 들어 있다. 개인의 병은 증세가 달라도 시운時運과 연운年運에 따라 생기니, 우선 세상을 좀 바르게 고치려는 자세가 요구된다는 것이다.

그러나 그것은 비범한 이인들이나 알아차릴 수 있지, 누구나 그렇게 할 수 있는 건 아니다. 거의 증상에 따라 병을 일시적으로 누그러뜨리는 데 기여할 뿐이다. 일부에서는 가짜들도 판을 쳤다.

신령스런 풀, 신이한 뿌리로 약을 짓는다 하여

매번 구리개를 지날 때 하마 그 향기를 알겠더라

주인이 쌓아둔 희귀한 약재라며 속여서 주니

새로 온 남쪽 선비 신기한 처방이라며 좋아하네[41]

한편 약계봉사藥契奉事[42]라는 말에서 보듯이, 약을 파는 사람을 봉사奉事라 불렀다. 원래 봉사는 지금의 천문대에 해당하는 관상감觀象監, 교도소인 전옥서典獄署, 통역관인 사역원司譯院 등에 딸린 종8품의 낮은 벼슬 직책이었다. 대개 이 직책에 소경들이 기용되었기 때문에, 그 후 벼슬의 한 직책이던 이 말이 장님을 높여 부르는 말로 전이된 것이다.

약 파는 사람을 봉사라고 부른 이유에 대해서는 명확하게 설명할 수 있는 근거를 찾기 어렵다. 다만 다음과 같은 유추가 설득력이 있어 보인다.

우리나라 사람들은 애꾸눈이, 귀머거리, 벙어리, 언청이, 곰배팔이, 앉은뱅이, 절름발이, 곱사등이, 문둥이 등 모든 병자와 장애인을 천시·멸시하면서도 유독 시각장애인에게만은 '님' 자를 붙여 장님, 곧 '지팡이 짚고 다니는 님'이라고 부르거나, 그것도 모자라 소경少卿이니 봉사奉事니 하는 벼슬까지 붙여주었다.

시각장애인을 특별히 우대한 데에는 이유가 있었다.

첫째로 육신의 눈이 감기면 마음의 눈이 열린다는 오래된 믿음이 작용했다. 동서양을 막론하고 사람들은 눈을 감은 상태에서 보이는 형상, 곧 꿈은 예시豫示의 의미를 담고 있다고 생각해왔다. 그래서 눈을 감은 채로 사는 사람들은 신의 계시를 더 잘 알고 있으리라 믿었다.

둘째로 앞에서 말했듯이, 우리나라에는 시각장애인이 주로 하는 일이 관직官職 체계 안에 들어 있었다. 고려시대의 소경은 점복占卜을 담당하는 관리였고 조선시대의 봉사는 내의원, 전의감, 혜민서 등 삼의사三醫司에 소속된 의원醫員이었다.

장님을 봉사로 높여 부른 의식의 밑바닥에는 무巫와 의醫가 본래 하나였던 '먼 옛날'에 대한 기억이 자리 잡고 있었을 터이다. 醫의 옛 글자는 毉인데, 이는 등에 활통을 메고 손에는 창을 든 무당을 표시한 것이다. 이 글자가 醫로 바뀐 것은 주술呪術 대신에 약藥만을 쓰는 치료법이 정립定立된 뒤의 일일 것이다.[43]

그러나 그 봉사의 지위는 역사의 전개와 함께 곤란한 지경에 처하게 된다. 개항 직후인 1877년 조선에 설립된 최초의 일본인 병원인 부산의 제생의원에서 근무한 군의관 고이케 마사나오小池正直가 지은 『계림의사鷄林醫事』에 그 사정이 잘 드러나고 있다.

의醫와 같은 것은 그 이름이 있을 뿐, 즉 집 밖에 신농유업神農遺業의 문자를 표시해도 매약아賣藥兒로서 천업賤業에 속하기 때문에 상류의 사람은 그들의 진료를 받기를 부끄러워하며 대체로 스스로 약제를 처용處用한다. 그리고 병이 여전히 낫지 않으면 무격巫覡에 의탁하는 것이 보통이다. 의업의 퇴패頹敗함 역시 상상할 만하다.[44]

제4장

멋들어지게
한판 놀아야지

봄철 꽃놀이 장소와 연주·춤·연극의 실상, 그리고 읽고 지은 글들과 즐겨
감상한 글씨와 그림, 마지막으로 투전판의 모습을 담고 있다.

15
꽃놀이는 여기서

술과 시와 노래를 즐기는 이들은 필운대의 살구꽃, 북둔의 복사꽃, 흥인문 밖의 버들, 천연정의 연꽃, 삼청동 탕춘대의 물과 돌을 즐겨 찾는다.

한양도성의 둘레는 40리인데, 하루 동안 여기저기 돌아다니면서 성 안팎의 꽃과 버들을 두루 감상하는 것을 최고로 친다. 꼭두새벽에 오르기 시작해서 저녁 종을 칠 때쯤이 되어야 마칠 수 있다. 산길이 대단히 험해서 지쳐 떨어지는 이들은 되돌아간다.

멋지기 때문에 놀러왔지[1]

조선의 양반들은 철 따라 피는 꽃을 감상하면서 시를 짓고 노래하며 술 마시는 것을 풍류로 여겼다. 관료들은 살구꽃 피는 봄이면 홍도연紅桃宴을, 초여름 장미가 피는 시절에는 장미연薔薇宴을, 한여름 소나무 아래에서는 벽송연碧松宴을 열었고, 문인들은 여러 종류의 상화회賞花會, 곧 꽃놀이 모임을 즐겼다.

서울의 양반들이 즐겨 다닌 꽃놀이 장소는 필운대, 북둔, 흥인문 밖, 천연정, 삼청동 탕춘대 등이었다. 그곳은 각각 살구꽃과 복사꽃, 버들, 연꽃, 그리고 물과 돌로 유명했다. 이 밖에도 양화진 동쪽 언덕에 있는 잠두봉蠶頭峯[2]과 정조가 간혹 들러 시[3]를 남긴 세심대洗心臺는 유상객이 "구름같이 모이고 안개처럼 꾀어 한 달

정선의 「장안연우(長安煙雨)」.(간송미술관 소장) 백악 기슭에서 바라본 남산과 장안의 풍경이다.

정선의 「장안연월(長安煙月)」.(간송미술관 소장) 「장안연우」와 같은 자리에서 그린 밤 풍경이다.

이 다 가도록 사그라들지 않는"⁴ 곳이었다.

19세기 중반에 쓰인 「한양가」에도 수많은 놀이처가 나열되어 있다.

놀이처 어디맨고 누대 강산 좋을시고 / 조양루 석양루며 명선루 춘수루와 / 홍
엽정 노인정과 송석원 생화정과 / 영파정 춘초정과 장유헌 몽답정과 / 필운대
상선대와 옥류동 도화동과 / 창의문 밖 내달아서 탕춘대 세검정과 / 옥천암 석
경루와 한북문 진관이며 / 경강정 내달아서 창랑정 압구정과 / 족한정 탁영정
과 별영 안 읍청루다.⁵

최남선의 전언에 따르면 한말에는 창의문 밖 탕춘대, 숭례문 밖 이태원,
혜화문 밖 성북동 등이 복사꽃과 살구꽃 중심의 경성 화류 대표지가 되었다.⁶
1927년 이원수가 작시하고 홍난파가 곡을 붙인 「고향의 봄」에서 "나의 살던 고
향은 꽃 피는 산골 / 복숭아꽃 살구꽃 아기 진달래"라고 한 것은 이 꽃들이 전국
방방곡곡에서 흔하게 볼 수 있기도 하지만, 최남선의 말마따나 "경성 화류 대표
지"를 유명하게 한 꽃이 복사꽃과 살구꽃이었기 때문일 것이다.⁷

참고로 정조의 「국도팔영國都八詠」에서 열거한 서울의 명승지와 그 특징은
다음과 같다. 필운화류弼雲花柳(필운대의 봄꽃과 버들), 압구범주狎鷗泛舟(압구정의 뱃놀이),
삼청녹음三淸綠陰(삼청동 여름의 시원한 녹음), 자각관등紫閣觀燈(자하골 창의문에서 내려다보는
초파일 관등놀이), 청계관풍淸溪觀楓(청풍계의 단풍 구경), 반지상련盤池賞蓮(서대문 근방 반송정
서지의 연꽃 구경), 세검빙폭洗劍氷瀑(세검정 계류의 시원한 폭포), 광교제월廣橋霽月(광통교에서
올려보는 비 갠 후 맑은 달).

한편 조선 초기 「한도십영漢都十詠」에서도 서울의 경치 좋은 곳 열 군데가 거
명된다. 「한도십영」은 성종의 형인 월산대군月山大君을 비롯하여 강희맹姜希孟,
서거정徐居正, 이승소李承召, 성임成任 등 문신들이 한양의 아름다운 풍경 열 개를
정해 노래한 시다. 장의심승藏義尋僧(세검정의 장의사로 찾아드는 스님들의 모습), 제천완
월濟川玩月(한강변 제천정에서의 달구경), 반송송객盤松送客(서부 반송방에서 길손을 전송하고 맞이
하는 모습), 양화답설楊花踏雪(한겨울에 양화진의 눈길을 걷는 정경), 목멱상화木覓賞花(남산의 꽃

구경), **전교심방**箭郊尋芳(살곶이벌의 봄날 향기로운 꽃놀이), **마포범주**麻布泛舟(마포강 잠두봉 아래에서의 뱃놀이), **흥덕상련**興德賞蓮(동소문 내 흥덕사 연못의 연꽃 구경), **종가관등**鐘街觀燈(초파일의 종로 연등축제), **입석조어**立石釣魚(한강 두모포 앞 입석포에서의 낚시).

복숭아꽃 살구꽃 아기 진달래

『경도잡지』에서 거명된 순서대로 먼저 필운대의 살구꽃을 살펴보자. 필운대는 지금의 배화여고 뒤뜰에 있는 높은 암벽이다. "눈앞에 펼쳐진 시가지가 바둑판과 같다"[8]고 한 데서 보듯이, 장안을 굽어보기에 제일 좋은 장소였다. 필운은 보통 거기에서 살았던 이항복李恒福(1556~1618)의 호를 따라 그렇게 불렀다고 하지만, 그 이전인 1537년에 중종이 경회루에서 명나라 사신들에게 연회를 베풀어 접대하면서 백악산白嶽山과 인왕산仁王山의 이름을 고쳐달라고 청하자 상사上使가 백악을 공극拱極으로 고치고 부사副使가 인왕을 필운으로 고쳤는데, 운룡雲龍, 곧 경복궁을 보필한다는 뜻을 담았다는 기록이 보인다.[9] 필운산이라는 이름은 그렇게 해서 생겨났지만, 돌立石에 필운대라 새긴 대자大字는 그의 9대손인 이유원의 전언대로 이항복의 수필手筆임이 분명하다.[10]

필운대 인근의 인가에서 꽃나무를 많이 심었기 때문에 한성 사람들의 봄철 꽃구경 장소로 이곳을 먼저 손꼽게 되었다.[11] 그 대상은 무엇보다도 살구꽃이었다. 시를 별로 남기지 않은 박지원도 「필운대에서 살구꽃을 보다」를 지은 바 있다.

석양이 갑자기 넋을 거두어들이니
위는 밝고 아래는 그윽하고 고요해
꽃 아래 노니는 하고한 사람
옷과 수염 저마다 볼 만하네[12]

박제가 역시 벗과 함께 필운대에 올라 살구꽃을 구경하고 술잔을 기울이면

정선의 「필운대상춘(弼雲臺賞春)」.(개인 소장) 서울 장안에 버드나무와 복사꽃과 살구꽃이 그득하다.

서 시를 지은 경험을 노래했다. 그 일부만 소개한다.

> 그대가 골짜기서 왔단 말 듣고
> 잡아끌고 서쪽 마을 향하여 갔지
> 살구꽃 어느새 활짝 피어서
> 술 사러 맑은 기슭에 자리 잡았네
> 그대 그린 회포가 쌓여 있어서
> 저물도록 대화는 끝이 없었지[13]

한편 "살구꽃이 피는 시절은 청명, 한식과 맞물려 나들이하기에 아주 좋다. 옛날 선비들은 이 시절에 살구꽃이 만발한 집에서 술을 마시곤 했다. 살구꽃이 피는 마을, 즉 행화촌杏花村을 술집이라 부르는 까닭도 여기에 있다".[14] 이는 두목杜牧의 시 「청명淸明」에 "한번 물어보세 술집이 어디 있는지 / 목동이 멀리 가리

신윤복의 「연소답청(年少踏靑)」(국보 제135호, 간송미술관 소장)

킨 곳 살구꽃 핀 마을借問酒家何處在, 牧童遙指杏花村"이라는 시구에서 유래했다.

다음은 북둔北屯의 복사꽃이다. 북둔은 혜화문 밖 북쪽 3~4리에 있던 북저동北渚洞으로 지금의 성북동 자리다. 왕을 호위하던 군대인 어영청御營廳에 속한성북둔城北屯이 있었기 때문에 북둔이라 불렀다. 또 묵사墨寺가 있어 묵사동墨寺洞 또는 북사동北寺洞 등이라 부르기도 했다. 자하문 북쪽의 도화동과 함께 복숭아꽃 경치로 유명하였다. 맑은 시내의 언덕을 따라 주민들이 복숭아나무를 심어놓아서 늦은 봄철마다 놀러온 사람들과 거마車馬가 가득 찬다. 그래서 민간에서는 도화동桃花洞이라 부르기도 했다.[15]

윤기尹愭(1741~1826)는 「상사일에 북저동에서 노닐며上巳遊北渚洞」라는 시에서 "눈앞에 가득 펼쳐진 복사꽃에 / 푸른 버들이 색을 입히네 / 진홍색 연분홍색 어울려 / 꽃 안개가 들판에 자욱하네"[16]라고 노래했다. 꽃 안개라는 말에서 환상적인 분위기를 느끼게 된다. 박제가는 그런 분위기를 '붉은 안개가 어린 듯하다'[17]고 했으며, "북둔의 복숭아꽃 온 천하에 붉은데 / 푸른 냇가 집집마다 낮은 울타리 / 견고하고 비옥한 우리 땅 참으로 아름답고 / 태평성대 또한 즐겁구나"[18]라고 노래했는데, 그저 과장만은 아닌 듯하다.

그런데 복사꽃의 색은 도색桃色이라 하여 꺼렸다. 그것은 흔히 도색잡지니 도색영화니 하는 표현에서 보듯이 색정色情을 드러내는 빛깔로 여겨졌다. 더구나 도화살桃花煞이란 말은 색정을 넘어 호색好色과 음란淫亂을 강조한다. 남자가 사주에 이 살이 있으면 호색하는 성질이 있어 주색酒色으로 집을 망하게 하는 수가 있고, 여자가 사주에 이 살이 있으면 음란한 성질 때문에 일신을 망침은 물론 한 집을 망하게 한다는 이유 때문에 혼인에 있어서 기피하는 사례가 많았다. 특히 여자의 얼굴이 불그스레한 홍기가 돌아 아름답게 보이는 것을 도화살이 끼었다고 해서 손가락질을 했다. 모두 전근대사회의 근거 없는 속설이다.

버드나무와 연잎주

흥인문 밖에는 버들이 유명했다. 흥인문은 속칭 동대문이다. 동대문 밖, 구체적으로 청계천 양안에는 방죽이 무너지는 것을 막기 위해 버드나무를 심었다. "영조 경진년(1760)에 오래도록 처내지 않았으므로 개천 길이 막혀서 모래가 덮이고 다리가 묻혀, 장마 때가 되기만 하면 그만 넘쳐흐르게 되니 백성을 모집하여 개천을 처내게 하였다. 그리고 완공된 다음에는 준천사濬川司를 수표교 북쪽 냇가에 설치하고, 양쪽 언덕에 버들을 심고 얽어매어서 무너지는 것을 방지하였으며, 계사년(1773)에는 고쳐서 돌로 쌓았다."[19] 그때 청계천 양안에 심었던 버드나무들이 서울의 명물이 되었다.

지금도 냇가에는 주로 버드나무를 심는다. 사담이지만, 학창 시절 데모가 나면 부른 「흔들리지 않게」라는 노래가 있었다. "와서 모여 함께 하나가 되자 / 와서 모여 함께 하나가 되자 / 물가 심어진 나무같이 / 흔들리지 않게." 여기서 '물가 심어진 나무같이'를 필자는 한동안 '물가 심은 버드나무같이'로 불렀다. 물가에 나무를 심는 것은 물길을 보호하려는 뜻이고, 그때 제일 많이 쓰는 나무

1800년대 초에 제작된 「한양도성도」.(호암미술관 소장) 흥인문 주변 청계천 양안에 버드나무를 많이 심었다.

가 버드나무이니, 큰 잘못은 없겠다.

　"조선시대에는 버드나무가 궁궐이나 각 고을에 흔히 심겨, 정자목이나 풍치수風致樹[20] 등으로 쓰였다. 평양의 장림長林[21]이나 경북 경주의 유림柳林처럼 대규모로 숲을 이룬 곳도 흔하다."[22] 박제가朴齊家(1750~1805)가 "일만 그루의 버드

나무 푸른빛 연하여 조는 듯하네"²³라고 노래한 데서 보듯이, 버드나무는 역시
줄지어 늘어서 있을 때 장관을 이룬다.

　버드나무는 아무나 꺾을 수 있어서 화류花柳라고 하면 몸을 파는 여자를 비
하하는 말로도 쓰이지만, 그 부드럽고 유려한 움직임은 청춘남녀의 마음을 설레
게도 한다. 그 대표적인 장면을 김만중金萬重(1637~1692)의 『구운몽九雲夢』에서 볼
수 있다. 양소유와 진채봉이 서로 나누는 「양류사楊柳詞」가 그것이다.

　양소유가 먼저 희롱을 한다.

버들은 어찌하여 푸르고 푸른가
긴 가지 비단 기둥에 드리웠구나
바라건대 그대는 휘어잡아 꺾지 말라
이 나무가 가장 정이 많음이로다.

이에 진채봉이 화답한다.

누각 앞에 버들 심었음은
낭군의 말을 매어 머물게 하려 하였더니
어찌하여 꺾어 채를 만들어
재촉하여 서울 길로 향하십니까?

그러자 양소유는 '결정타'를 날린다.

수양버들 천만 실이
실마다 곡진한 마음이 맺히었도다
바라건대 달 아래 노끈을 만들어
좋이 봄소식을 맺으리라²⁴

민화 「구운몽도」 중 일부로, 양소유가 진채봉을
만나 「양류사」를 주고받는 장면이다.

"바라건대 달 아래 노끈을 만든다"는 것은 결혼하기를 원한다는 말이다.

버드나무를 생각하면 홍랑의 시조와 소월의 시가 떠오른다. "묏버들 가려 꺾어 보내노라 임에게 / 주무시는 창 밖에 심어두고 보옵소서 / 밤비에 새잎이 나거든 나인가도 여기소서." 홍랑이 이별의 선물로 버들을 보냄으로써 헤어지지 말고 머물러달라는 속내를 드러냈다. 버들 류柳 자가 머물 류留 자와 음이 같다는 점을 그렇게 활용했다. 또 버드나무는 가지를 어디에 묻든지 싹이 자라나기 때문에 나중에 다시 만나자는 약속도 거기에 담았다.

"실버들을 천만사 늘여놓고도 / 가는 봄을 잡지도 못한단 말인가 // 이내 몸이 아무리 아쉽다기로 / 돌아서는 님이야 어이 잡으랴 // 한갓되이 실버들 바람에 늙고 / 이내 몸은 시름에 혼자 여위네 // 가늘 바람에 풀벌레 슬피 울 때에 / 외로운 밤에 그대도 잠 못 이루리." 소월의 「실버들」은 그저 절창이라고밖에 말할 수 없다.

한편 유득공과 거의 같은 시기에 살았던 강준흠姜浚欽(1768~1833)의 「타락산駝酪山」[25]이라는 시에 묘사된 이 부분은 아름답기 그지없다.

한양의 산 중에서 낙산은 자그마하고
성 동쪽 버드나무 한 가지는 간들간들한다네
남으로는 흥인문을 끼고 있고
서쪽으론 경모원景慕園[26]을 마주했지
일대의 여항은 그린 듯하니
고려 때 양류촌이라고들 하네
나도 이 산 아래로 이사하고 싶네
기재원企齋園[27] 정자는 최고로 빼어나
시냇가 작은 집 맑고도 깨끗하니
그늘은 푸른 띠로 만들지 기와는 아니라네[28]

한편 버드나무는 불교, 특히 관음보살의 도상에서 정병淨瓶[29]에 꽂혀 있거나 손에 들고 있는 모양으로 묘사되는데, 그것은 단지 하나의 배경이 아니라 관음신앙을 잘 드러내주는 역할을 한다. 관음은 민중의 고통 소리를 잘 듣고觀世音, 곧장 달려와 그들의 고통을 어루만져주는 어머니같이 따스한 보살이다. 고통은 진정을 필요로 할 터인데, 버드나무가 진정제 역할을 한다. 어린 시절 이가 아플 때 버드나무 가지를 꺾어 지근지근 씹어대면 치통이 조금 가라앉곤 했다. 지금 세계적으로 많이 쓰고 있는 진통제인 아스피린의 원료가 바로 버드나무이다.

이제 연꽃을 살펴보자. 천연정天然亭은 연꽃이 유명하다고 했다. 천연정은 경기감영이 있던 돈의문敦義門 밖의 정자로, 지금의 독립문 부근에 있었다. 정자가 제일 큰 연못으로 이름이 났고 연꽃이 많았다. 그래서 이백李白의 "천연스러워 꾸밈을 벗어났다"라는 시구에서 빌려와 정

천연정과 서지(1892년)

자의 이름을 지었다.[30] 유득공의 아들 유본예柳本藝(1777~1842)는 천연정을 소개하면서, "돈의문 밖 서지西池[31]가에 있다. 이 정자는 본래 이해중李海重(1727~?)의 서재였는데, 지금은 경기감영의 중영中營 공청公廳으로 되어 있다. 못의 연꽃이 무성해서 성안 사람들이 여름에 연꽃 구경하는 곳으로 이 정자가 제일이다"[32]라고 했다.

수렁에서 티끌 하나 없이 피어나는 연꽃을 보면서 세속에 오염된 마음을 씻는다 하여 세심洗心놀이를 즐겼다. 아무도 없는 새벽, 배를 타고 나가면 여기저기서 연달아 들려오는 연꽃 터지는 소리는 시심詩心을 불러일으킨다. 그래서인지 정약용은 서지에서 채홍원蔡弘遠(1762~?) 등 15명과 함께 죽란시사竹欄詩社를 열고 시첩을 남겼다. 정약용은 그 시첩의 서문에서 이렇게 말한다.

살구꽃이 처음 피면 한 번 모이고, 복숭아꽃이 처음 피면 한 번 모이고, 한여름에

외가 익으면 한 번 모이고, 초가을 서늘할 때 서지에서 연꽃 구경을 위해 한 번 모이고, 국화가 피면 한 번 모이고, 겨울철 큰 눈이 내리면 한 번 모이고, 세모歲暮에 분매盆梅가 피면 한 번 모이되, 모임 때마다 술, 안주, 붓, 벼루 등을 설비하여 술 마시며 시 읊는 데에 이바지한다. 모임은 나이 적은 사람부터 먼저 모임을 마련하여 나이 많은 사람에 이르되, 한 차례 돌면 다시 그렇게 한다. 아들을 낳은 사람이 있으면 모임을 마련하고, 수령으로 나가는 사람이 있으면 마련하고, 품계가 승진된 사람이 있으면 마련하고, 자제 중에 과거에 급제한 사람이 있으면 마련한다.[33]

1916년에 채록된 천연정에 얽힌 구전이 흥미롭기에 첨부해둔다.

한참 편론偏論, 당론黨論을 할 적에 연못이 다 편색이 있었지요. 이 연못은 서인 편이 되었더랍니다. 이 연못 연이 잘되면 서인이 잘된다 하였지요. 꼭꼭 맞아왔다는 사람도 있습니다. 남문 밖에도 연못이 있었는데 이는 남인의 연못이라 하였지요.[34]

대개 연꽃은 불교를 상징한다고 알고 있다. 부처가 제자들 앞에서 연꽃을 보여주자 가섭만 미소를 지어 부처의 뜻을 알았다는 고사에서 염화미소拈花微笑니 이심전심以心傳心이니 심심상인心心相印이니 하는 말이 생겨났다.

우리의 고전 「심청전」에서 심청은 연꽃으로 재생 부활하는데, 그것 역시 불교적인 해석이다. 유교에서도 연꽃은 군자를 상징한다. 대표적인 예가 주돈이周敦頤(1017~1073)의 「애련설愛蓮說」이다. "나는 홀로 연꽃은 진흙에서 나와 살면서도 몸을 더럽히지 않고, 맑은 물로 씻어도 요염하지 않으며, 속은 비었으나 겉의 줄기는 곧아 덩굴을 뻗지 않고 가지를 치지 않으며, 향기는 멀수록 더욱 맑고, 우뚝 깨끗하게 서 있어 멀리 바라볼 수는 있지만 함부로 가지고 놀 수 없음을 사랑한다. 나는 국화가 꽃 중의 은자이고, 모란은 꽃 중에 부귀한 자라면, 연꽃은 꽃 중의 군자라 여긴다."[35]

그러나 연꽃이 그런 종교와 철학상의 진리만 상징한 것은 아니다. 그 꽃 자
체의 아름다움을 노래한 시도 많다. 고려시대에 최해崔瀣(1287~1340)는 「바람 속
의 연風荷」이라는 시에서 연꽃의 자태를 목욕을 마친 여성의 아름다움에 비유
했다.

　　　맑은 새벽에 목욕을 겨우 마치고
　　　거울 앞에 앉아서 힘겨워하네
　　　천연스레 한없이 고운 그 모습
　　　단장하지 않았을 때 더욱 어여뻐[36]

　　제목을 보지 않으면 이 시가 연을 노래하고 있는지 도대체 감을 잡기 어렵
다. 깨끗하고 정갈한 여인네의 자태와 체취를 진진하게 상상해보다가, 문득 제
목을 보고는 이것이 연을 노래한 것임을 알게 되지만, 그렇다고 속았다는 느낌
은 들지 않는다. 제목과 내용 사이에 의도적인 단층을 둠으로써 시의 함축이 그
만큼 유장해졌다.
　　그 후에 허난설헌許蘭雪軒(1563~1589)은 「채련곡采蓮曲」에서 이렇게 노래했다.

　　　해맑은 가을 호수 옥처럼 새파란데
　　　연꽃 우거진 곳에 난주를 매었네
　　　물 건너 님을 만나 연밥 따서 주고는
　　　혹시나 남이 봤을까 반나절이 부끄러웠죠[37]

　　난주蘭舟는 곱게 꾸민 조그만 나무배를 말한다. 연꽃 우거진 곳은 은밀하다.
실제로 가보면 안다. 밖에서는 절대 쉽게 볼 수 없는 공간이 거기에 있다. 게다가
배를 타고 갔으니, 타인이 범접하기는 더욱 어렵다. 둘에게만 허락된 장소다. 남
이 볼 리 없다. 그런데 화자는 남이 보았을까 부끄러웠다고 한다. 그것도 반나절
동안이나. 아마도 화자가 정작 부끄러웠던 것은 남의 시선이 아니라 님의 눈길

과 손길이었을 것이다. 님과 연애를 하고 온 날은 반나절, 아니 한나절 내내 두근거림이 가시지 않았을 것이다. 그러지 않고서야 이런 시를 도저히 지을 수 없다.

이제 조선 후기의 연 노래를 들어보자. 한장석韓章錫(1832~1894)의 「천연정에서 연꽃을 감상하며 신백파와 윤연사와 함께 읊다」라는 시의 두 번째 수에는 연꽃과 관련하여 당시의 중요한 문화가 소개되어 있다.

> 만 줄기 연꽃에 온 경내가 맑은데
> 초가집은 그림 같고 물새가 우네
> 나는 술 안 마셨어도 어리석기 그지없는데
> 그대는 어찌 시 때문에 수척해졌나
> 옥정의 배가 오니 바람이 그림자 끄는데
> 벽통에 진주 맺혀도 이슬은 소리도 없네
> 마땅히 무더위 고통을 다 씻어내고
> 못가 정자에서 술잔 멈추고 밝은 달 기다리리[38]

이 시에서 특히 관심이 가는 시어는 벽통碧筒이다. 중국의 삼국시대 위魏나라 정각鄭慤이 삼복三伏 때마다 사군림使君林에 가서 피서를 했는데, 항상 큰 연잎에 술 석 되三升를 담고 연의 잎과 줄기 사이를 비녀로 뚫어서 술이 줄기를 타고 내려오게 하여, 마치 코끼리의 코象鼻처럼 구부려서 줄기 끝에 입을 대고 술을 빨아 마

연잎에 술을 부어 저 구멍을 따라 줄기로 내려오는 술을 마셨다.

시면서 이를 벽통주碧筒酒라고 했던 데서 그 말이 나왔다. 고려 말 이색은 "코끼리 코 같은 벽통주 마시니 / 이 좋은 일을 천지에 감사하노라"[39]고 한바, 그 풍속이 고려 때 이미 있었던 것으로 보인다. 이 벽통주는 소선 후기에 크게 유행했는데, 그 운치는 한층 더했다.

윤지尹之(李胤永, 1714~1759)는 손으로 막 피려는 연꽃을 꺾어다 연잎이 있는 물에 다 띄우고, 백현伯玄(任邁, 1722~1794)을 불러 유리 술잔을 꽃 가운데 두게 하였다. 원령元靈(李麟祥, 1710~1760)이 술잔 가운데 촛불을 붙였다. 불빛이 유리 술잔을 비추고, 술잔이 꽃을 비추었다. 꽃빛과 물빛이 다시 잎을 비추었다. 바깥은 푸르고 안은 은빛이며 밝고 환하였다. (……) 이때 달이 서쪽 창문으로 들어가 아름다운 빛을 흘리니 대낮처럼 훤하였다. 백현이 다시 위 정각의 벽통음을 본떠 연잎에 술을 담고 줄기에 구멍을 내어 빨아 마셨다. 먹고 싶은 대로 조금씩 빨아 먹으니 향기가 잎에 가득하였다.[40]

마지막으로 재미나는 일화 하나를 소개한다. 황해도 감사가 순시 차 들르자 연안부사는 기생이 없어 대신 관아의 여종을 곱게 단장시켜 수청을 들게 했다. 또 부사의 대부인은 연꽃을 좋아해 연꽃이 필 때까지 날마다 꽃구경을 갔다. 당연히 관속들의 원망이 속출하여 소문이 서울에까지 이르자, 결국 대간이 소를 올려 탄핵을 하려 했다.

그런데 그 부사는 모 재상과 친분이 있어 아들을 시켜 청탁을 넣었다. 재상은 대간을 회유하면서 이렇게 말했다. "연안부사가 어미를 손님 접대에 내세웠다면 망측한 일이겠지만, '아비'로서 접대시킨 것쯤 그리 욕될 것이 무엇이며, 또 대부인이 만약 상놈을 좋아했다면 해괴한 일이겠지만 '상련'을 좀 좋아했던 걸 가지고 무얼 그리 탓하겠소."

이 이야기를 듣고 모두들 허리를 꺾었다. 관아의 계집종인 '아비衙婢'의 음이 부父의 새김과 같고, 연꽃을 감상한다는 '상련賞蓮'의 음이 '상년', 곧 보고 배운 것 없이 막된 여자를 지칭하는 욕과 같은 까닭이었다.[41]

탕춘대에 올라 술 한 잔, 시 한 수

연산군 11년(1505)에 창의문彰義門 밖에 탕춘대를 세웠는데 영조 30년(1754)에 연융대鍊戎臺로 이름을 바꾸었다. 연융대는 군사훈련, 활쏘기 시험, 진휼賑恤[42] 등의 장소로 사용되었던 군사시설이다. 이덕무가 북한산을 유람하면서 "세검정 왼쪽의 선돌立石에 연융대라고 새겨져 있다"[43]고 한 것을 보면 세검정에서 연융대가 바라다보였음을 알 수 있다.

탕춘대는 예전에는 서총대瑞蔥臺라고 불렀다. "성종 때 창경궁의 후원에 파가 돋아났는데, 줄기 하나에 가지가 아홉이었으므로 당시 사람들이 이를 '상서로운 파瑞蔥'라고 하였다. 그 뒤 연산군 때에 이곳에 대臺를 쌓고 이를 서총대라고 불렀는데, 이것이 곧 지금의 탕춘대이다."[44]

탕춘대는 이래저래 수난을 겪기도 했다. "삼각三角·백운白雲 두

권섭(權燮, 1671~1759)의 「세검정」.(개인 소장) 세검정 위에 탕춘대라고 적혀 있다.

산 사이에 있어, 수석水石의 좋은 경치가 있으며 장의사藏義寺 옛터가 있"어서 "연산군燕山君은 거기에 이궁離宮을 설치하고 놀며 잔치하였다. 또 돌구유를 만들고 궁녀들과 더불어 음란한 짓을 하였다. 그 후에 이궁은 헐리고 조지소造紙所를 개천 동쪽에 설치하였"[45]던 것이다.

『경도잡지』에서 '탕춘대의 수석水石'을 이야기한바, 정제두鄭齊斗(1649~1736)가 그 풍경을 곡진하게 묘사하고 있다. "물은 바로 탕춘대를 싸고 왼쪽으로 두 골짜기를 끼고 흐른다. 대체로 그 구렁은 모두 돌이며 반석이요 시변은 모두 모래인데 희었다. 돌인 때문에 물은 골골이 울며 흐르고 모래인 까닭에 물은 맑고

깨끗하며 비록 흔들어도 흐려지지 않으니 모래와 돌은 또한 물과도 서로 잘 만났다. 그런 까닭에 모두 매끈하여 갈아놓은 것 같으며 밝고 빛나서 햇빛과 모래빛이 환히 서로 비치었다. 맑은 바람과 소나무는 운치를 이루었으니 참말로 산간의 절승絶勝이었다."[46]

김상채金尙彩(1710년~?)는 '탕춘대팔경蕩春臺八景'을 오언절구로 남겼는데, 그가 팔경으로 뽑은 것은 춘대고송春臺孤松(탕춘대의 외로운 고송), 포암명천瀑巖鳴泉(반석을 흐르는 계곡물 소리), 왕동무림旺洞茂林(탕춘대 계곡의 무성한 숲), 향봉청람香峯晴嵐(향림봉의 맑은 아침 기운), 장현귀승獐峴歸僧(멀리 산 고갯길을 돌아오는 산승), 운사모종雲寺暮鍾(북한산 사찰의 저녁 종소리), 곡성잔조曲城殘照(백악 곡성에 비친 저녁노을), 북단제월北壇霽月(북단에 비 갠 후의 밝은 달)이다.[47]

탕춘대는 전망도 아주 좋았던 모양이다. 송상기宋相琦(1657~1723)의 시 「탕춘대에서 성터를 찾아가다」에 따르면, 뒤로는 북악산의 험한 산세가, 저 멀리에는 강화도에서 오는 돛단배가, 그리고 구름에 가린 나무 사이로는 양주가 보인다.

북악산 험한 형세 살피려고
올라보니 계절은 가을이라
돛배는 강화도에서 오고
구름 엉긴 나무 사이 양주가 보인다[48]

정약용은 채제공蔡濟恭(1720~1799)의 양자인 채홍원蔡弘遠(1762~?)에게 보낸 편지에서 이렇게 썼다. "괴롭고 괴로운 이조참의吏曹參議를 아직도 벗어나지 못했습니까? 비 온 뒤라서 탕춘대 아래의 폭포수가 한창일 것인데 훨훨 날아 함께 가서 구경할 수 없는 것이 애석합니다."[49] 훨훨 날아 구경하고 싶다고 할 정도로 탕춘대는 절경이었던 것이다.

이런 경승지에 술이 빠질 수는 없다. 경기도사京畿都事로 나갔다가 취중에 선성先聖을 모욕했다는 이유로 탄핵받고 파직된 바 있던 정두경鄭斗卿(1597~1673)은 원두표元斗杓(1593~1664), 이해李澥(1591~1670) 등과 함께 탕춘대에 올라 한바탕 술

잔치 벌인 일을 시로 남겼다.

> 문 나서서 말에 올라 서로 보고 웃은 다음
> 채찍질해 곧장 바로 탕춘대로 향하였네
> 들판에서 매를 놓아 사냥 못함 한탄하다
> 옷을 전당 잡히고서 술을 사서 마시었네
> 바위 사이 풀잎들은 푸르른 빛 돋았거니
> 이번 길에 찬 매화를 찾아볼 수 있으리라
> 눈 그쳐서 날이 개자 화악華岳 높이 솟았는데
> 누각 올라 술 마실새 봄바람이 불어오네
> 만고토록 이런 풍경 마치 어제 같건마는
> 그 당시의 영웅호걸 모두 어디 가 있는가
> 술 있으니 그댄 다시 촛불 환히 밝히고서
> 백발 길이 재촉함은 생각 말고 마셔보세[50]

　술 한 잔 거나하게 들어가면 절로 시가 나오게 마련이다. 여러 명이 놀러가 돌아가면서 시를 지어 읊고 그것을 두루마리에 적어 시축詩軸을 만드는 것은 당시의 풍습이었다. 그림으로 일세를 풍미한 강세황도 마찬가지였다. 이에 대해서는 이익이 그 시축에 서문을 써주면서 남긴 전언이 상세하다.

　내 벗인 강군 광지姜君光之가 산향재山響齋를 지어 법찰法札과 명화名畫를 많이 모아놓고 거문고와 책으로 한가로이 보내고 있었다. 내가 한번은 그곳에 갔더니 탕춘대 봄놀이 때에 지은 시 한 축을 꺼내 보여주었다. 탕춘대는 도성 북문 밖의 경승지이다. 산이 우뚝 높이 솟고 시내가 넘실대는데 또 크게 새로 정자를 지어서 단청이 휘황하니, 자못 삼절三絶이라고 이를 만하였다. 도성의 대부와 선비들이 정자에서 모임을 약속하였는데, 광지는 포의布衣의 몸으로 거기에 참여하였다. 이에 웅장하고 전아한 장편의 시를 입으로 부르면서 먹을 듬뿍 찍어서 초서草書가 섞인 진행체眞行體로 써 내리니 좌중에 감탄하고 칭찬하지 않는 이가 없었다. 그런 뒤에 또 그림으로 묘사하였는데, 그 생각의 은미하고 치밀함이 단지 사물을 형상하는 데에서 벗어나 이름난 경승지의 절경을 광지가 붓대 하나로 넉넉히 대적할 수 있었다. 이에 여러 대부와 선비들이 따라서 화답하여 성명姓名과 자호字號를 줄지어 써서 모아 시축을 이룬 것이다.[51]

한편 탕춘대는 세초洗草의 장소이기도 하다. 세초는 실록 편찬을 끝낸 뒤에 초고草稿를 폐기하던 일을 말한다. 보통 자하문紫霞門 밖 조지서造紙署에서 그 사초史草를 물에 빨아 먹물을 뺐다. 『인조실록』을 편찬하고 난 뒤 초고를 탕춘대 맑은 물에 세초한 것을 기념하여 쓴 신익전申翊全(1605~1660)의 시에 그 사정이 잘 드러나 있다.

사관의 찬술은 하늘을 모사함과 같은데 / 깊은 사랑으로 이십칠 년간 덮어주셨네 / 맑은 물에 씻기는 초고를 실컷 보았으니 / 신묘한 정사가 온통 청사 속에 들어갔네 / 귀를 울리는 풍악은 예조에서 보내었고 / 잔에 가득한 법주는 승지가 가져왔다네 / 선조를 잘 계승함을 본래 달효라 하니 / 오늘의 은혜와 광영 어찌 우연한 것이랴.[52]

그리고 "아우는 어제 영숙永叔·재선在先 박제가朴齊家와 함께 탕춘대에 가서 『무예도보武藝圖譜』를 익히고 관현악기를 울리며 술을 들고서는 헤어진 뒤에 취해서 돌아왔습니다"[53]라고 한 데서 보듯이, 정조의 명에 따라 이덕무李德懋(1741~1793)가 백동수白東修(1743~1816), 박제가와 함께 무예 훈련 교범인 『무예도보』를 편찬하면서 무기 사용 등의 동작을 실제로 연습[54]해본 곳도 탕춘대다. 탕춘대가 영조 30년(1754)에 연융대로 이름이 바뀌었고, 연융대는 군사훈련, 활쏘기 시험 등의 장소로 사용되었던 군사시설이었으니 그럴 만도 했겠다.

다 같이 돌자, 도성 한 바퀴

『경도잡지』에서 거명한 필운대, 삼청동 탕춘대, 천연정, 홍인문 밖, 북둔은 모두 한양도성을 끼고 있다. 그러니 이야기는 자연스레 한양도성 둘레 걷기, 곧 순성巡城놀이로 넘어간다. 유득공은 한양도성 둘레를 걷는 소위 원족遠足, 곧 소풍을 염두에 두고 그 주위의 꽃놀이 명소를 소개했던 것이다.

서울을 둘러싸고 산들이 휘장을 두른 듯하고
팔대문의 성곽 구불구불 돌아가네
각각이 기이한 경관 제공함을 알겠나니
봄이 되면 성곽 다 밟았다고 다투어 자랑하네[55]

한양도성이 처음 완공된 때는 태조 5년(1396)이었다. 98일 동안 전국 백성 19만 7,400여 명을 동원하여 성을 쌓았다. 전체 공사 구간(총 5만 9,500척)을 600척씩 97구간으로 나누고 각 구간을 천자문 순서에 따라 이름 붙인 뒤 군현郡縣별로 할당했다. 태조 때 처음 축성할 당시 평지는 토성으로, 산지는 석성으로 쌓았으나 세종 때 개축하면서 흙으로 쌓은 구간도 석성으로 바꾸었다. 세월이 흐르면서 성벽 일부가 무너져 숙종 때 대대적으로 보수·개축했으며 이후에도 여러 차례 정비했다. 한양도성은 근대화 과정에서 옛 모습을 상당 부분 잃어버렸다. 1899년 도성 안팎을 연결하는 전차가 개통되면서 먼저 성문이 제 기능을 잃었고, 1907년 일본 왕세자 방문을 앞두고 길을 넓히기 위해 숭례문의 좌우 성벽이 철거되었다. 이어 1908년에는 평지의 성벽 대부분이 헐렸다. 성문도 온전하지 못했다. 소의문은 1914년에 헐렸으며, 돈의문은 1915년에 건축자재로 매각되었다. 광희문의 문루는 1915년에 붕괴되었고 혜화문은 1928년에 문루가, 1938년에 성문과 성벽 일부가 헐렸다. 일제는 1925년 남산 조선신궁과 흥인지문 옆 경성운동장을 지을 때에도 주변 성벽을 헐어버리고 성돌을 석재로 썼다. 민간에서도 성벽에 인접하여 집을 지으며 성벽을 훼손했다. 해방 이후에도 도

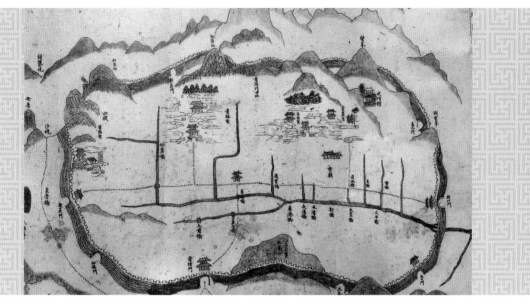

한양도성이 뚜렷이 보이는 「도성도」(「조선강역총도(朝鮮疆域總圖)」 중 채색 필사본, 서울대학교 규장각 소장)

로, 주택, 공공건물, 학교 등을 지으면서 성벽을 훼손하는 일이 되풀이되었다. 숙정문, 광희문, 혜화문을 중건했지만 광희문과 혜화문은 부득이하게 원래 자리가 아닌 곳에 세워지게 되었다.[56]

한양도성을 정하면서 성곽의 길이와 폭에 대해 중론이 정해지지 못할 때, 천명天命에 따라 결정했다는 전설이 전한다.

어느 날 밤에 눈이 내려 도성을 둘러싼 사방의 산을 에워싸고 그 경계 밖으로는 눈이 내리지 않았다. 이에 그 경계선을 따라 성곽을 정해 태조 5년에 성을 쌓기 시작하고, 세종 4년에 고쳐 비로소 완전하고 튼튼하게 되었다.[57]

한양도성의 둘레는 40리라 했다. 10리를 약 4킬로미터로 계산하면 대략 16킬로미터다. 평지도 있지만, 대개는 산지에 지어져 대단히 험했다. 그 한 바퀴를 돌려면 "꼭두새벽에 오르기 시작해서 저녁 종을 칠 때쯤이 되어야 마칠 수 있다"고 한 말이 결코 과언이 아니다. 저녁 종은 오후 7시에 성문을 닫으면서 종각에서 여덟 번 쳤다. 꼭두새벽에 오르기 시작했다니 늦게 잡아도 아침 7시라면, 거의 열두 시간을 걷는 경로였다. 더구나 요즘처럼 등산복이나 등산화가 있는 시절이 아니었으니 더욱더 힘든 여정이었을 것이다. 그래서 '지쳐 떨어지는 이들'이 있었고, 도중에 되돌아가기도 했을 것이다. 한양도성은 2014년 현재 전체 구간의 70퍼센트, 총 12.8킬로미터(2014년 기준) 구간이 남아 있는데, 그것을 한번에 돌아보기는 지금도 여전히 어려운 일이다.

ⓖ 연주하고 춤추고 연극하고

북, 장구, 해금, 대금, 큰 피리와 작은 피리로 합주하는 것을 타풍류打風流라고 한다. 선전관청宣傳官廳에 소속된 악수樂手를 내취內吹라 하고 장용영壯勇營, 훈련도감訓鍊都監, 금위영禁衛營과 어영청御營廳에 소속된 악수를 세악수細樂手라 한다. 이원梨園의 속악부俗樂部에도 그것이 있다.

노래에는 청음淸音과 탁음濁音 두 가지가 있는데, 그것이 이러저러하게 변화하여 중대엽中大葉, 삭대엽數大葉 등의 이름이 생겼다. 엽은 가락腔을 말한다.

춤은 반드시 마주 보고 추는데, 남자는 소매를 떨치고 여자는 손을 뒤집는다.

내의원內醫院 혜민서惠民署에는 의녀醫女가 있고, 공조工曹 상의원尙衣院에는 침선비鍼線婢가 있는데, 모두 관동關東과 삼남三南에서 선발해 올린 기녀들이다. 잔치에 이들을 불러 노래하고 춤추게 한다. 내의원 의녀는 검은 비단으로 만든 가리마를 쓰고, 나머지는 검은 베로 만든 가리마를 쓴다. 가리마는 우리말로 가린다는 뜻인데, 그 모양이 마치 서투書套 같아서 머리카락을 가릴 수 있다.

연극에는 산희山戱와 야희野戱의 두 부部가 있는데, 나례도감儺禮都監에 소속되어 있다. 산희에서는 시렁을 매어 장막을 친 무대에서 사자춤, 범춤, 만석춤 등을 추고, 야희에서는 당녀唐女와 소매小梅가 춤을 춘다. 만석은 고려 때 중의 이름이다. 당녀는 고려 때 예성강 가에 와서 살던 중국 여자 광대이고, 소매 역시 옛날 미녀의 이름이다.

내취와 세악수

조선시대에 궁중음악을 책임진 곳은 장악원掌樂院이었다. 예조禮曹에 속한 장악원은 기본적으로 유교의 예악사상禮樂思想에 근거하여 악樂의 범주에 들어가는 음악을 다루었다. 그러나 조선조의 궁중음악 전반이 악의 범주에 속한 것은 아니었다. 군사나 그와 관련된 의례적인 기능을 지닌, 즉 군악軍樂 같은 것은 장악원에서 전면적으로 관여하지 않았다. 이들 음악은 17세기 이후 장악원의 쇠퇴와 함께 그 중요성이 상대적으로 높아졌다.[1] 이번에 다루어볼 내취와 세악수의 음악 활동이 그 대표적인 사례다.

먼저 타풍류打風流를 소개하고 있다. 타풍류라는 말은 이후의 문헌에서 잘 보이지 않는 말인데, 대신 대풍류 혹은 죽풍류竹風流라는 말이 많이 쓰인다. 이는 피리 둘, 대금, 해금, 장구, 북으로 삼현육각[2]의 악기 편성과 같으나, 삼현육각은

김홍도의 「무동」(국립중앙박물관 소장)

무용 반주 용어이며 대풍류는 감상 위주로 쓰일 때 불리는 용어라고 한다. 김홍도의 「무동舞童」에서 삼현육각의 구성을 잘 볼 수 있다.

선전관청宣傳官廳에 소속된 악대 혹은 악수樂手를 내취內吹라 했다. 선전관청은 임금의 명령을 전달하고, 임금을 호위하는 등의 임무를 맡은 관청인데, 그 임무 중에 계라啓螺, 곧 임금의 거둥에서 취타를 연주하는 일도 있었다. 그 취타를 담당한 것이 바로 내취다. 이들은 국왕이 거둥할 때나 정전에 나와 앉을 때 호위한 행렬의 일원으로 현재의 군악대에 해당한다.

이들의 악기 편성은 임금이 거둥할 때와 궁중 잔치인 진연進宴이나 진찬進饌 등 경우에 따라 서로 다르지만, 대개 징, 나무로 만든 관에 여덟 개의 구멍을 내고 아래 끝에는 깔때기꼴로 된 놋쇠를 대고 부리에는 갈대로 만든 혀를 끼워서 부는 태평소, 큰 소라 피리인 나각螺角, 신호로 부는 피리인 호적號笛, 놋쇠를 접시처럼 둥글넓적하고 얇게 만든 것으로 두 짝을 서로 마주쳐서 소리를 내는 자바라, 북통 양면에 두 개의 고리가 있어 무명천으로 질빵을 삼아 목부터 아랫배까지 늘여 매고 양손에 두 개의 북채를 쥐고 위에서 내리쳐서 연주하는 용고鏞鼓, 놋쇠로 만든 금부 악기로 한 가지 음만 낼 수 있는 나발 등이다.

내취의 음악은 영문營門에 소속된 세악수細樂手와 달리 군사적인 기능보다 의례적인 기능이 더 강했다. 내취가 흔히 군복이 아니라 상의와 하의를 따로 구성하여 허리에 연결시킨 형태의 포袍인 철릭天翼을 입은 이유이기도 하다.[3]

이와 달리 장용영壯勇營, 훈련도감訓鍊都監, 금위영禁衛營과 어영청御營廳에 소속된 세악수는 여섯 명이 한 패를 이뤄 각기 다른 악기를 연주하는 삼현육각으로 편성된다. 세악이란 크고 시끄러운 소리인 취타吹打에 대해 부드럽고 섬세한 음악을 의미한다.

세악수들은 군대에 소속되어 궁중이나 관아의 한 부역으로서 주악奏樂을 주요 임무로 삼았다. 이들은 임금의 행차인 노부鹵簿와 임금이 신하에게 베풀어주는 잔치인 사연賜宴에서 음악을 담당했다. 원래 장악원 악생과 악공이 맡아서 하는 일이었는데, 18세기 후반기를 지나면서 세악수가 일부 관여하게 되었다.[4]

한편 세악수는 시중에 나가 음악 활동을 펼쳐 보수를 받기도 했다. 유득공이

김홍도의 「안릉신영도」 중 '내취' 부분   김홍도의 「안릉신영도」 중 '세악수' 부분

지은 「유우춘전柳遇春傳」을 보자.

> 군문軍門에 있는 것은 세악이니, 용맹을 돋우고 개가를 울리는데, 완만하고 미묘한 소리까지 두루 구비치 않음이 없어, 연회에서 이것을 쓴다. 철哲의 거문고, 안安의 젓대, 동東의 장구, 복卜의 피리가 있으며, 유우춘, 호궁기扈宮其는 나란히 해금으로 유명하다.[5]

이것은 연주의 베테랑들, 곧 직업적인 악사가 등장하기 시작했음을 말해준다. 유우춘 같은 전문적인 연주가들은 궁중 이외에 종친宗親이나 대신의 저택, 귀공자나 문인들의 모임, 시종별감이나 한량이 기녀를 동반해서 벌이는 잔치 등에서 활동한바, 세련화·전문화한 새로운 음악 문화가 출현한 것이다.[6]

『경도잡지』에서 "이원梨園의 속악부俗樂部에도 그것이 있다"고 했다. '그것'은 세악수이다. 이원은 조선시대 궁중에서 연주되는 음악 및 무용에 관한 모든 일을 맡아보던 관청인 장악원을 달리 부르는 말이다.

> 우리나라에는 두 갈래의 음악이 있으니, 하나는 아악이고 다른 하나는 속악이라네. 아악은 옛날의 음악이고 속악은 후대의 음악일세. 사직과 문묘는 아악을 쓰고 종묘는 속악을 섞어 쓰는 법이니, 이게 이원의 법부法部라네.[7]

'이원의 법부'란 장악원의 별칭이다. 이 장악원에 세악수가 있었다는 것은 18~19세기 음악의 무게중심이 장악원 악공에서 세악수로 넘어왔음을 말해주는 예다. "장악원의 전통음악이 제례악으로 쓰임이 한정되어 있는 반면, 군문에서 발달한 세악은 일반의 놀이와 연희로 전용되어 개방적"[8]이었기 때문이다.

한편 새로운 음악 장르로 줄풍류라는 것이 생겼는데, 이는 현악기 중심의 실내악을 가리킨다. "거문고, 가얏고, 양금, 해금(깡깡이) 등 현악기를 주체로 하고 거기에 장구, 젓대橫笛, 단소八尺를 반주격으로 얹어서 동호자끼리 조용히 엔조이하는 실내악"[9]이 그것이다. "'세악'이 도시의 소시민적 음악으로 적응하면서 '줄풍류'를 성립시켰을 것이다."[10]

느린 곡조는 싫어

음악의 리듬은 시대의 변화에 민감하다. 사회 분위기가 급격히 변화하고 삶의 흐름이 빨라지면 가락도 빨라지게 마련이다. "아악雅樂이나 속악俗樂도 점점 빨라져 옛 뜻이 거의 사라졌다"[11]고 한 위백규魏伯珪(1727~1798)의 진단은 단지 개인적인 소회만으로 내려진 판단이 아니다.

그러한 변화는 이미 조금 전 시기에서도 일어나고 있었다. 이익의 전언이다.

우리나라 풍속 가사歌詞에 대엽조大葉調가 있는데, 형식이 다 같아서 길고 짧은 구별이 없다. 그중에 또 느린慢 것, 중간中인 것, 빠른數 것 세 가지 조調가 있다. (⋯⋯) 느린 것은 너무 느리어서 사람들이 싫증을 내어 폐지된 지가 오래고, 중간 것은 조금 빠르나 또한 좋아하는 사람이 적고, 지금에 통용하는 것은 곧 빠른 삭대엽數大葉이다.[12]

그런데 이러한 변화는 불과 100년도 채 지나지 않아 생겨났다. 위백규의 전언을 다시 들어보자.

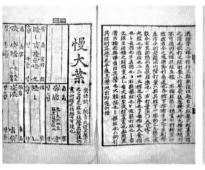

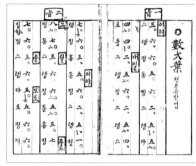

만대엽   중대엽   삭대엽

하지만 60년 전 민간의 속악은 그래도 심하게 듣기 싫거나 촉급하지는 않았다. 노래의 경우, 중대엽中大葉은 평조平調나 계면界面 종류여서 듣는 사람이 충분히 근심이나 화를 잊고 화평한 마음을 기를 수 있었으며, 춤추는 사람도 몸가짐이 느긋하고 화락하며 마음 상태가 편안하고 한가로웠다. 연주곡으로는 「영산회상靈山會上」이 있는데, 소리만 있고 가사가 없으며, 그 소리가 끊이지 않고 이어지면서 편안하고 알맞아서 그 리듬에 맞추어 춤을 출 수 있었다. (……) 그런데 근년 이래로 중대엽 이하는 마침내 전부 없어지고 옛 노인들도 다 죽었으며, 그 음악에 대해 말을 하는 사람도 없어져서 세속에서 쓰는 음악이라고는 둥둥곡登登曲보다 더 심한 곡들이다.[13]

위백규에 따르면, "임진왜란 이전 민간에는 「둥둥곡」이 있었는데 번거롭고 급하여 듣기에 어지럽고 시끄러웠다".[14] 「둥둥곡」이 어떤 성격의 노래였는지에 대해서는 조경남趙慶男(1570~1641)의 증언이 비교적 상세하다.

서울의 선비들이 무려 백 명 천 명으로 떼를 이루어 미친 짓, 괴이한 짓들을 하는데, 그것이 천태만상으로 해괴하기 짝이 없다. 때로는 무당 흉내를 내면서 덩실거리고 노래하며 춤을 추기도 하고, 혹은 초상과 장사 지내는 일을 하며 껑충거리고 흙을 다지기도 하며, 동으로 갔다 서로 달렸다 웃었다 울었다 하였다. 그

러고는 저희들끼리 묻기를, "무슨 일로 웃느냐? 무슨 일로 우느냐?" 하고는, 큰 소리로 스스로 답하기를, "장상將相들이 제대로 된 사람이 아니어서 웃는다. 국가가 위태롭고 망해가고 있어서 우는 거다" 하면서, 다시 하늘을 처다보며 크게 웃곤 한다. 한때 이것을 '둥둥곡登登曲'이라고 부른다.[15]

「둥둥곡」도 번거롭고 정신이 없었는데, 60년이 지난 지금은 더욱 빠르고 급해졌다는 것이다. 사람들이 점점 새로운 것을 좋아하고 옛것을 싫어할 수는 있지만, 그래도 이전의 것을 완전히 버리고 일방적으로 새로운 것만 추구하는 것[16]은 어리석다는 비판도 함께했다.

그러나 사정이 그렇다고 해서 느린 곡조인 중대엽이 완전히 사라진 건 아니었다. "분명 18세기 초부터 삭대엽은 빠른 속도로 가곡의 중심 악곡으로 부상해 가지만, 동시에 중대엽도 삭대엽과 공존하며 18세기 내내 꽤나 연창되었다. 그렇다면 삭대엽의 대세 속에서 느린 중대엽은 어떻게 여전히 연창이 가능할 수 있었을까? (……) '중대엽과 대가臺歌'라는 연창방식"[17] 때문이다.

'대가'는 원곡의 짝이 되는 노래를 말한다. 이런 식이다.

원곡	대가
평조 만대엽	우조 이삭대엽 계면조 이삭대엽
우조 초중대엽	우조 초삭대엽

"요컨대 '원곡 중대엽과 대가 삭대엽' 같은 연창방식이"[18] 그 해결책이었던 것이다. 모름지기 대세란 이미 그 속에 소수 혹은 비주류의 존재를 상정 혹은 전제하고 있다. 세상에 홀로 존재하는 것은 없다. 소수와 다수, 주류와 비주류가 서로 소통하고 연락할 때 미적 가치의 완성태로서의 조화가 이루어진다.

춤, 혼자서는 안 추지

춤은 반드시 마주 서서 추었다. 신윤복의 「쌍검대무雙劍對舞」에서 보듯이 반드시 대무對舞라 했다. 조금 더 고증해봐야겠지만, 친구를 의미하는 동무도 이 대무와 관련되어 있다는 견해가 있다.

운서韻書에서 "동무同儛는 곧 대무對舞이다"라고 하였다. 지금 친구를 동무라고 하는 말이 여기서 나왔다.[19]

혼자서 추는 독무獨舞는 엄격히 말해서 춤이라고 할 수 없는 행위다.

한스러운 것은 긴 소매 미인이 없어
먼 하늘 석양에 홀로 춤추는 거로다[20]

신윤복의 「쌍검대무」.(간송미술관 소장)
삼현육각의 반주에 두 무희가 마주 서서
칼춤을 추고 있다.

이항복이 그리워한 미인이 누구이든지 간에, 여하튼 피치 못할 사정이 있을 때 이렇게 홀로 춤을 춘다. 그것은 결핍과 별리를 애달파하는 원망의 몸짓이다.

노년의 전원생활은 그윽한 정취 익숙하고
당일의 반열에선 물망이 한 몸에 돌아갔네
일찍이 알건대 상국에서 과거에 급제하여
늦게 홀로 고당 앞에 내의 입고 춤추었지[21]

이색의 시구다. 고당은 남의 어버이를 높여 부르는 말인바, 안보安輔 (1302~1357)의 모친을 가리킨다. 안보가 원나리 재과制科에 합격하고 귀국해 노모 앞에서 내의 바람에 홀로 춤을 추었다는 이야기를 시로 읊은 것이다. 왜 내의를

신윤복의 「납량만흥」.(간송미술관 소장) 네 명의 악사 앞에서 남자와 여자가 대무를 하고 있다.

입고 춤을 추었는가? 옛날 초楚나라의 효자였던 노래자老萊子가 나이 70에 부모를 즐겁게 해드리기 위해 알록달록한 오채의五彩衣를 입고 부모 앞에서 춤을 추며 어린애처럼 재롱을 피웠던 고사를 모방한 것이다. 여기서 독무는 곧 재롱이지, 엄격히 말하면 춤은 아니다.

한편 춤, 곧 대무를 하되 남자는 소매를 떨치고, 여자는 손을 뒤집는다. 이것은 신윤복의 「납량만흥納凉漫興」에서 잘 볼 수 있다. 미인이 섬섬옥수를 드러내놓고 춤을 추면, 그 손동작만으로도 남정네의 심금을 울린다. 그 어여쁜 손을 굳이 소매로 가린다면 춤의 멋은 반감되고 말 것이다. 마찬가지 이유에서 남자는 소매를 떨쳐야 남정네다워 보인다. 당시 남녀가 대무를 하는 풍습이 유행이었을 것이다.

의녀와 기녀

조선은 성리학에 기반을 둔 '윤리국가'였으니, 이념상 기녀의 노래와 춤을 즐기고 성적 쾌락을 추구하기 어려웠다. 사림土林의 도덕주의가 먹혀들면서 그런 추세는 더욱 강화되었다. 그러다가 기묘사화로 사림이 축출되자 기녀제도가 일시 복구되었지만 임진왜란으로 피폐해진 상황에서 기강 해이 등을 들어 다시 금지되기에 이른다. 기녀를 '생산'하는 핵심 제도인 기녀 선상選上, 곧 지방의 기녀를 서울로 '상납'하는 제도 역시 폐지되었다.

그러나 기녀제도가 그리 간단히 혁파될 수는 없었다. 기왕에 선상되어 서울에 거주하는 기녀들을 어떻게 처리하느냐 하는 문제가 남아 있었다. 거기에 궁중의 잔치뿐 아니라 중국 사신 접대 등에 기악妓樂이 필요하다는 현실론이 대두되었던 것이다.

"성리학의 윤리주의는 기녀 제도의 비윤리성을 들어 폐지를 역설했지만, 동시에 성리학이 추구했던 가부장제는 남성의 욕망을 일방적으로 관철시키는 것이었기에 여성에 대한 성적 착취를 포기할 수 없었다. 조선의 가부장제는 여성에게서 윤리적 존재로서의 열녀와 쾌락적 대상으로서 기녀를 동시에 요구하였던 것이다."[22]

김준근의 「노래 훈장」

『경도잡지』는 18세기 후반 서울의 기녀, 곧 경기京妓에 대해 설명하면서 내의원 혜민서의 의녀醫女와 공조 상의원의 침선비針線婢를 지방, 곧 관동과 삼남에서 뽑혀 서울 관아에 속한 기녀라 하고 있다. 지방에서 뽑아 올렸다고 해서 선상기選上妓라 한다. 잔치가 있을 때는 그녀들을 불러 노래를 시키며 춤을 추게 했다.

그런데 의녀와 침선비가 왜 기녀인가? "임진왜란 이후 (궁중의) 행사가 대폭 축소되었다. 왕이 궁궐 밖으로 행행幸行하는 수가 현저히 줄어들었던 것은 물론이고, 왕실의 연희 역시 드물었다. 중국 사신을 접대하는 일 역시 현저히 줄어들었고, 여진과 일본에서는 거의 사신을 보내오지 않았다. 게다가 성리학이 점차 사회화되자, 기녀를 국가의 행사에 동원하는 일을 부도덕한 일로 보는 시각이 압도적이었기에 국가와 왕실에서 기녀의 수요는 점점 줄어들게 되었다."[23] 그 줄어든 만큼을 의녀와 침선비로 대체했고, 국가와 왕실에서 벗어나게 된 기녀는 시정市井으로 활발히 진출하여 기방이 출현하게 된 것이다.

"18세기 후반의 인물인 이만운李萬運의 『국조진신안國朝縉紳案』에 따르면, 내의원에는 의녀 30명, 혜민서에는 의녀 70명, 상의원과 공조에는 침선비가 각각 10명이 있었다. 이것이 18세기 후반 서울에 상존하는 경기京妓의 숫자다."[24]

이 기녀들은 모두 머리를 가리는 가리마를 썼는데, 내의원 의녀는 검은 비

신윤복의 「청금상련(聽琴賞蓮)」.(간송미술관 소장) 가운데에 담뱃대를 물고 있는 기녀가 쓰고 있는 것이 가리마이다.

단으로 만든 가리마를, 나머지는 검은 베로 만든 가리마를 썼다. 같은 기녀라도 내의원 혜민서의 의녀와 공조 상의원의 침선비 사이에는 위계가 있었음을 알 수 있다. 가리마는 우리말로 가린다는 뜻인데, 그 모양은 마치 서투書套와 같다. 서투는 여러 권으로 된 질책帙冊을 한꺼번에 묶어두기 위해 만든 책갑을 말한다. 2003~2004년 TV 드라마로 인기 있었던 「대장금」에서 장금長今이 착용하고 있던 그 쓰개다. 장금은 조선 중종 대의 의녀로, 생몰연도는 알려지지 않았다. 『중종실록』에 그 기록이 남아 있다.

산희와 야희

연극에는 산희와 야희가 있다. 『경도잡지』에 따르면, 산희에서는 시렁을 매어 장막을 친 무대에서 사자춤, 범춤, 만석춤 등을 추고, 야희에서는 당녀唐女와 소매小梅가 춤을 춘다.

요즘 식으로 말하면, 산희는 무대극이고 야희는 마당극이다. 산희와 야희가 구체적으로 무엇을 의미하는지는 논란이 많지만, 「봉사도奉使圖」[25]를 면밀히 분석한 사진실의 연구가 참고할 만하다. 사진실에 따르면, 산희는 산대山臺[26] 위에 잡상을 만들어 조작하는 산대잡상놀이이고, 야희는 그 앞마당에서 벌어진 탈춤과 잡기를 아우르는 말이다.

"18세기 초반 「봉사도」의 산대 위에 강태공과 여인, 원숭이가 등장하고, 18세기 후반 유득공이 언급한 산희에 사자와 호랑이, 만석중이 등장하였듯이, 산희의

「봉사도」

내용은 특정 인물이나 짐승으로 한정된 것이 아니라 다양하게 연출될 수 있었다. (……) 야희인 탈춤 역시 특정한 등장인물로 한정된 것이 아니라 다양한 내용이 연출될 수 있었다. 「봉사도」에는 녹색의 짐승탈과 흑색의 귀신탈이 나오고, 유득공이 말한 야희에는 당녀와 소매가 나온다.[27]

최남선에 따르면, 일명 사지춤 혹은 주지춤이라고도 하는 사자춤은 대개 인도에서 기원한 것이다. 이 춤이 우리나라에 언제쯤 들어왔는지는 확실치 않지만, 최치원의 「향악오영鄕樂五詠」에 산예

「봉사도」에서 확대한 산희. 그림에서처럼 바퀴가 달려 끌고 다닌 무대를 예산대(曳山臺)라고 한다.

狻猊가 있는 것으로 보아, 그 전통이 오래되었음을 알 수 있다.[28] 신라 우륵의 가야금 12곡 중에 이미 「사자기獅子伎」가 있고, 봉산의 사자탈춤에서도 그 전통을 볼 수 있다. 특히 경주 월남月南과 보문普門에서 주지탈이 나왔고, 동네마다 그것을 부양하기 위한 주지논이 있어서 그 소요 비용을 공급하였다.[29]

경남 해안 지방의 탈춤인 수영야유水營野遊 제4과장은 「사자무」인데 거기에 사자와 범이 함께 출연한다. 강용권康龍權의 채록에 이렇게 서술하고 있다.

거대한 사자가 춤을 추며 등장한다. 사자 가면은 수영야유 가면 중 가장 큰데, 사자의 두부頭部는 탈을 쓴 사람으로 형성되고, 동부胴部는 보자기(담요나 이불보)를 둘러쓴 사람(2인 또는 3인)으로 형성된다. 그러니까 자연히 보자기 속에 들어간 사람들끼리 조화된 춤을 추어야 한다. 악곡에 맞추어 사자가 사자춤을 한참 추고 있을 때, 범이 범춤을 추면서 등장한다. 사자와 범은 서로 으르렁대며 격투 난

무格鬪亂舞한다. 일장 투무鬪
舞하다가 마침내는 범이 사자
에게 잡아먹히게 되는 웅장한
무용극이다.[30]

한편 만석중놀이는 흔히 그
림자극, 곧 영극影劇으로 알려져
있지만, 『경도잡지』에 따르면,
그것은 인형극임이 분명하다. 김
재철의 『조선연극사』를 보면, 만
석중은 가슴을 통하여 팔과 다리
에 연결된 줄만으로 발로 차고
팔로 가슴을 치는 동작을 연출하
는 인형극이다. 만석중과 함께
연출된 용, 잉어, 노루, 사슴 등도
간단하게 줄로 엮어 서로 다투는
모습을 연출한다. 담 구석에 붕棚
을 설치한 것은 인형 조종자가

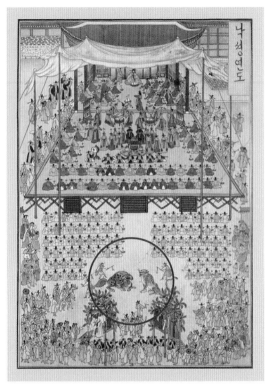

『화성성역의궤(華城城役儀軌)』 중 「낙성연도(落成宴圖)」(1796). 사자
춤의 사자와 호랑이가 보인다.

숨을 공간을 확보하기 위해서이다. 담장 쪽은 붕으로 가리지 않아도 되니 경제
적이다. (……) 「봉사도」의 잡희 장면을 통하여 산대 아래에 있는 인형 조종자의
모습을 확인할 수 있다.[31]

야희에서는 당녀와 소매가 춤을 춘다고 했다. 민속극 연구 초기에는 이들을
"오늘날의 탈춤에서 볼 수 있는 왜장녀와 소무일 것 같다"[32]는 의견이 제출된 바
있다. 그러나 "소매는 중국의 유명한 문신인 종규鐘馗의 누이동생인 소매小妹로
서 '종규가매鐘馗嫁妹'의 고사는 중국에서 송, 금의 잡극雜劇, 원본元本, 명대의 잡
극雜劇, 전기傳奇를 비롯하여 현대의 경희京戲에도 남아 있다. 그리고 후대의 나례
儺禮는 방상씨方相氏[33]가 자취를 감추고 (대신에) 종규가 구나驅儺의 중심인물의

「봉사도」에서 확대한 야희

하나가 되자 소매小妹도 함께 등장하였으니 (……) 나례의 소매小妹가 산대희의 소매小梅로 변하"[34]게 된 것이다.

나례니 구나니 하는 말이 나오니, 나례도감에 대해 알아보자. 나례니 구나니 하는 말은 궁중에서 마귀와 사신邪神을 쫓기 위해 행하는 의식이다. 나례도감은 섣달 그믐날 밤에 나례와 구나를 행하기 위해 임시적으로 설치한 관청이었다. 광해군 때 상설기관으로 나례청을 두기는 했지만, 인조 때 그 폐단을 지적하여 나례청을 없애고 관상감觀象監에서 그 일을 대신 맡아 행했다.

그런데 사진실의 연구에 따르면, 여기서 말하는 "나례는 방상씨가 등장하여 귀신을 쫓는 구나驅儺가 아닌 재인才人들의 잡희로 장관을 연출하는 설나設儺이다". 이에 따르면 "조선시대 나례는 구나, 관나觀儺, 설나로 나뉘어져 전승"되었고, 관나가 왕실 내부의 공연 행사인 반면 설나는 환궁 행사뿐 아니라 중국 사신을 맞이하는 행사로 거행되기도 하였다.[35]

요컨대 나례도감(나례청)의 위상이 점차 약해지면서 나례의 성격보다는 공연의 성격이 강화되었다. 그러나 이후 인조 때 나례 자체가 폐지되고, 그 결과 궁정의 공연 문화는 크게 위축된 반면 민간의 공연 문화는 성장하게 되었다.

17

글 읽고 지어서 읊조리고

아이들에게는 먼저 주흥사周興嗣의 『천자문千字文』을, 그다음에 증선지曾先之의 『사략史略』과 소미少微의 『통감通鑑』 혹은 『소학小學』을 가르친 후에 다른 책들로 넓혀간다.

봄과 여름에는 초본당시抄本唐詩를 읽는데, 송지문宋之問이 한식寒食에 대해 읊은 시가 제일 먼저 나와 그것을 흔히 마상당음馬上唐音이라고 한다.

민간에서는 『전등신화剪燈新話』를 좋아하는데, 그것이 이문吏文을 배우는 데 도움이 되기 때문이다. 『전등신화』는 원나라 구우瞿佑가 지은 소설로서 우리나라의 수호자垂胡子 임기林芑가 주해하였다.

유생들은 여름에 산속 절과 들판의 정자에 모여 시부詩賦를 연습하는데, 그것을 접接이라 한다. 시는 제목 중 한 글자를 운韻으로 삼아 스무개의 운韻을 짓는데, 다섯 번째와 여섯 번째를 입제立題라 하고, 일곱번째와 여덟 번째를 포두鋪頭라 하며, 아홉 번째와 열 번째를 포서鋪敍라 한다. 조금씩 층절層節을 변화시켜 회제回題에 이른다. 부는 삼십개의 운을 쓰는데, 일곱 번째와 여덟 번째를 파제破題라 하고, 아홉 번째와 열 번째를 포두鋪頭라 한다. 그 나머지는 시와 대략 같다. 시율詩律을 속칭 풍월風月이라 하는데 음풍영월吟風詠月의 의미다. 시를 짓는모임에서는 염운拈韻을 하여 청색, 황색, 홍색, 백색의 측리側理와 취우翠羽 등 시전지詩箋紙를 이어 붙여 쓰기를 좋아한다.

학동의 교과서

아이들이 공부를 시작할 때 처음으로 배우는 교과서는 주흥사周興嗣의 『천자문千字文』이다. 그것을 떼고 나서는 증선지曾先之의 『사략史略』, 소미少微의 『통감通鑑』, 그리고 『소학小學』을 차례로 공부한다. 이것은 다음에서 보듯이, 거의 누구에게나 적용되던 일반적인 과정이었다.

> 엄성 : 귀처貴處의 어린애는 처음 무슨 글을 읽는가?
> 담헌 : 처음 『천자문』을 읽고 『사략』을 읽은 다음 『소학』을 읽고 경서經書에 미친다.[1]

김준근의 「훈장 글 가르치고」

홍대용洪大容(1731~1783)이 청나라 학자 엄성嚴誠(1732~1767)과 나눈 대화이다. 이덕무도 "우리나라에서는 어린아이들 교육에 반드시 먼저 『통감』과 『사략』을 가르친다"[2]고 했다.

『천자문』은 하늘은 검고 땅은 누렇다는 의미의 천지현황天地玄黃으로 시작하여 말을 마치는 어조사인 언재호야焉哉乎也로 끝난다.[3] 이렇게 "네 자 두 구를 한 문장으로 모두 125개의 문장으로 구성되어 있다. 원래는 산문으로 지어졌으나, 후에 다시 운을 넣어 사언고시四言古詩의 형식으로 편찬한 것이 지금의『천자문』이다. (……)『천자문』은 자연현상, 역사, 제도, 정치, 인륜, 인상, 충효, 생활, 가정, 수신, 교화, 역사 인물, 지리, 농사 제도, 가축, 지혜, 처세, 학문, 예악, 송덕, 제사 등 담고 있는 내용이 다양하다. (……)『천자문』의 내용은 동아시아 고전의 주요 테마인 문, 사, 철을 모두 담고 있"[4]다.

한석봉의『천자문』(보물 제1659호)

흔히『천자문』을 한자 학습을 위한 교재 정도로 여기는데, 이것은 대단히 잘못된 생각이다. "오랜 세월 동안 우리나라의 전통적인 한자 교재로 활용되어왔던『동몽선습童蒙先習』과『격몽요결擊蒙要訣』이 인간이 지녀야 할 기본 덕목인 오륜을 중심으로 철학적 내용이 집약되어 있고,『훈몽자회訓蒙字會』가 초학자에게 한자를 가르치고 익히는 것에만 초점을 맞추었다면,『천자문』은 문장 구성이 시적일 뿐만 아니라 내용이 역사, 천문, 지리에서부터 인성에 관한 거의 모든 분야를 망라하고 있기에 학동들의 한자 학습용 교재 차원을 넘어서서 그들에게 다양한 교양 지식을 익히게 할 수 있는 장점을 갖고 있다. 뿐만 아니라『천자문』은 수사 면에서 볼 때 단순 서술 형식에서부터 전고典故 활용에 이르기까지 다양한 기법을 구사하고 있으므로 초학자들에게 표현하는 훈련을 쉽게 시킬수 있다는 점에서도 훌륭한 장점을 갖고 있다. 전체적으로 학동들이 읽기에는 내용이 다소 어렵다는 비판이 있긴 하지만, 이러한 장점으로 인해서 오랜 기간 동안 기초 학습 교재와 입문서로 활용될 수 있었다."[5]

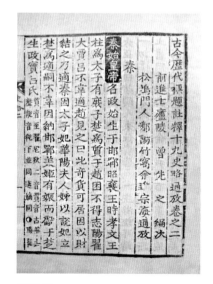

『십팔사략』

그러므로『천자문』을 뗀 다음 역사를 공부하는 것이 충분히 가능했다.『사략』과『통감』이 그것이다. 고금역대십팔사략古今歷代十八史略, 줄여서 십팔사략十八史略이라 한 책을 더 줄여서『사략』이라 부른다. 이 책은 송나라 말기부터 원나라 초기에 살았던 증선지가 기존의 역사책, 곧 사마천司馬遷의『사기史記』에서부터 탁극탁托克托의『송사宋史』에 이르기까지 총 18종의 역사책을 요약한 것으로, 고대부터 송나라에 걸친 역대 왕조의 흥망성쇠를 시간 순으로 담았다. 수천 년 중국의 역사에 대한 대강의 지식과 그 큰 흐름을 초학자들이 알기 쉽게 편찬한 것이다.

『통감』은 송나라 휘종 때의 학자 소미 강지江贄가 지은『통감절요通鑑節要』를 말한다. 이 책은 북송北宋의 사마광司馬光이 지은, 주나라 위열왕 23년에서부터 오대 주세종 현덕 6년까지에 이르는 1,362년의 역사를 기록한『자치통감資治通鑑』이 지나치게 방대하여 그것을 대폭 간추려 요약한 것이다.

그런데 정약용은『천자문』,『사략』,『통감』이 아동용 교재로 적절치 않다고 논박했다. 그는『천자문』이 서거정의『유합類合』[6]에 비해 아동의 문자 교육에 적합하지 않다면서,『유합』은 유의어 사

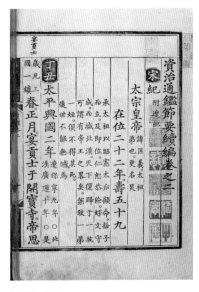

『자치통감절요』

전이자 언어 해석 사전인『이아爾雅』나 한漢나라의 사유史游가 편찬한 문자 교본인『급취急就』등의 장점을 가지고 있는 데 반해『천자문』은 단지 한때의 희작戲作에 지나지 않는다는 것이다.[7]

정약용은『천자문』의 가장 큰 결함으로 문자 배열이 족별族別 혹은 유별類別로 분류되어 있지 않다는 점을 들고 있다. 즉 천문 개념에서 색채 개념으로, 색채 개념에서 우주 개념으로 급격한 문자 변환을 하는『천자문』은 아동들의 사물에

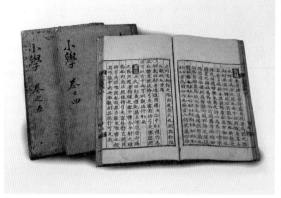
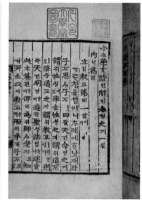

『소학』   『소학언해』

대한 일관성 있는 이해를 방해하는 것으로 파악하였다. 그는 대안으로 사물을 동일한 성격과 유형으로 범주화하여 교육하는 유별 분류체계를 제시하고, 그 구체적인 작업으로 2,000자로 구성된 『아학편兒學編』을 간행하였다.[8]

또한 증선지의 『사략』이 천황씨天皇氏, 인황씨人皇氏 등 믿을 수 없는 전설이나 신화와 같은 허황되고 황당한 내용을 싣고 있기 때문에 신빙성이 없다고 비판한다. 소미의 『통감』 역시 저자가 도학자나 문장가가 아니라 의술에 종사하는 자로서 사상의 신뢰성이 없을 뿐더러 그 분량이 지나치게 많아 아동들에게 염증을 주고, 최소한 5~6년이 소요되어 독서에 흥미를 잃게 할 위험성이 있음을 경고하고 있다.[9]

그러나 정약용도 『소학』의 중요성에 대해서는 이의를 제기하지 않았다. 『소학』은 송나라의 유자 징劉子澄이 스승인 주희朱熹의 지시에 따라 여러 경전에서 아이들을 교화시킬 수 있는 예의범절과 인격 수양을 위한 격언, 그리고 충신과 효자의 사적 등을 모아 편찬한 책이다. 내·외편으로 이루어져 있는데, 내편은 『서경』, 『주례』, 『예기』, 『효경』, 『논어』, 『맹자』 등에서 인용한 것이고, 외편은 주로 송대宋代 여러 유학자의 언행을 기록한 것이다. 유교의 효孝와 경經을 중심으로 이상적인 인간상과 수기修己, 치인治人의 군자를 기르기 위한 세몽 교훈이 그 주요 내용이다.

조선에서 『소학』은 초기부터 사학, 향교, 서원, 서당 등 모든 유학 교육기관에서 필수과목으로 다루어졌다. 향약이 실시됨으로써 지방 사회에 퍼지기 시작한 『소학』과 그 이념은 지배계급은 물론 백성들까지 주자학적 도덕 질서 안에 포섭할 수 있는 계기를 마련했다. 『소학』 주해서와 언해본이 만들어지기도 했는데, 이는 『소학』의 이념이 대중화되기 시작했음을 말해준다. 언해본의 보급이 『소학』 교육 확산에 기여했다면, 서원과 서당은 실질적으로 교육을 통해 『소학』 이념을 확산하는 데 크게 기여했다. 조선 중기를 거치면서 건립되고 점차 급증하기 시작한 서원과 서당을 통해 주자학적 이념에 기반을 둔 『소학』에 대한 관심이 거의 폭발적으로 높아진 것이다.

사실 "『소학』은 조선 전기 사림파들의 삶을 규정짓는 중요한 도덕적 기준을 제공했다. 일상생활을 올바르게 확립하는 것이 모든 공부의 시작이요 끝이라는 시각은 기득권을 가지고 권력을 누리던 훈구파들을 소인小人으로 몰아버렸다. 젊은 학자군이 새롭게 정계로 진출하면서 훈구파가 공격을 당하게 되자 이들은 정치적으로 사림파를 제거하기에 이른다. 이것이 이른바 사화士禍이다. (……) 독서 이력으로 보자면 『소학』을 중요한 학문적 근거로 삼던 일파가 일시에 제거된 것이다. (……) 사림들에 의해 완전히 정권이 장악된 16세기 중반 이후에도 『소학』을 읽는 분위기는 크게 나아진 것으로 보이지는 않는다. 그러나 퇴계나 율곡을 비롯한 유생들의 노력에 힘입어 『소학』은 초학교재로서의 입지를 확고히 다지게 되었고, 17세기 이후에는 당연히 읽고 생활 속에서 실천해야만 하는 책이 되었다".[10]

초본당시 '마상당음'

여름에는 초본당시抄本唐詩를 읽는다고 했다. 초본이라는 말이 가려 뽑은 책이라는 뜻이니, 초본당시는 당나라 한시들 중에서 가려 뽑아 묶은 시집이라는 의미다. 그런데 당시는 당음唐音이라고도 했다. 서당에서 익히던 한시 교재 중에 목판본으로 찍어낸 『당음정선唐音精選』이라는 책이 있는데, 이런 것이 바로 초본 당시인 것이다.

이 책은 한시를 처음 배우는 초학자들을 위해 중국의 『당음唐音』을 우리의 기호에 맞게 발췌하여 엮을 때 그것을 그대로 소화하기에는 너무나 번다하다고 여겨 우리의 실정에 맞게 비교적 평이한 오언절구만 뽑아서 새로 묶은 것이다.

송지문宋之問(656~712)의 시 「도중한식途中寒食」은 원래 한 행이 다섯 글자씩 총 8행으로 된 오언율시五言律詩인데, 이 책에는 앞 4행만 실어놓은 것도 그런 이유에서이다.

그리고 거기에 한자의 평측平仄을 나타내는 표점을 찍었다.[11] 한자의 사성四聲 중 평평한 소리인 평성平聲을 평平이라 하고 기우는 소리인 상성上聲, 거성去聲, 입성入聲을 모두 측仄이라 한다. 한시에서는 평성과 측성을 조화 있게 배열하여 시를 지을 때 음률감이 느껴지도록 하는데, 이를 평측법이라 한다. "우리의 한문 독음은 중국과 달라서 사성이 구분되지 않는다. 그래서 표점을 찍어 평측을 따로 익혀야 하는 어려움을 해소하기 위한 것이다. 상성과 거성 그리고 입성에는 ●표를, 평측에 통용되는 간看과 과過 등 글자에는 ◖를 하고, 평성의 경우에는 아무런 표시도 하지 않는 방법을 썼다. 이는 시를 배우면 힘들이지 않고도 한자의 평측을 알게 되는 것이므로, 확실히 일거양득의 방법이다. 『당음』은 대체로 여름철에 시원한 모정茅亭[12]에서 소리를 높여 음악 공부를 하는 것같이 교습되어 정서적인 면에도 도움이 된다."[13]

그런데 이 『당음』에 송지문이 한식寒食에 대해 읊은 시가 제일 먼저 나와서 흔히 그것을 '마상당음馬上唐音'이라고 불렀다. '한식에 대해 읊은 시'의 제목은 「도중한식」인바, 그 첫 구절의 첫 단어가 '마상馬上'이기 때문에 편의적으로 그렇게 부른 것이다.

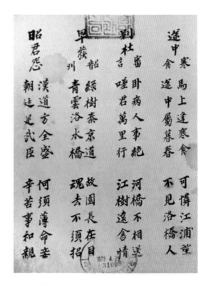

『마상당음』

馬上逢寒食 말 위에서 한식을 맞이했으니

途中屬暮春 나그네길 가는 중에 늦봄 되었네

可憐江浦望 애석하게도 강 포구를 바라보자니

不見洛橋人 낙교 위에 사람들은 보이지 않네

사정이 그러하니 당시를 한 번이라도 배워본 사람이라면 이 시 구절만은 절대 잊지 않았다. 『논어』의 첫머리인 "학이시습지學而時習之면 불역열호不亦說乎아"는 누구나 잘 아는 것과 마찬가지다.

이 시와 관련해서는 두 편의 이야기가 흥미롭다.

하나는 백곡柏谷 김득신의 일화이다.

한번은 한식날 (김득신이) 말을 타고 들 밖으로 나갔다가 도중에 5언시 한 구절을 얻었다. 그 구절은 '마상봉한식馬上逢寒食'이었다. 마땅한 대구對句를 찾지 못해 끙끙대자, 말고삐를 잡고 가던 하인 녀석이 연유를 물었다. 마땅한 대구를 못 찾아 그런다고 하니, 녀석이 대뜸 '도중속모춘途中屬暮春'을 외치는 것이 아닌가? "말 위에서 한식을 만나니, 도중에 늦은 봄을 맞이하였네"로 그럴싸한 대구가 되었다. 깜짝 놀란 김득신은 즉시 말에서 내리더니, "네 재주가 나보다 나으니, 이제부터는 내가 네 말구종을 들겠다" 하고는 하인 녀석더러 말을 타게 했다. 하인은 씩 웃으며, 사실은 이 구절이 자기가 지은 것이 아니라, 나리가 날마다 외우시던 당시唐詩가 아니냐고 했다. '아, 참 그렇지!' 하며 김득신은 자기 머리를 쥐어박았다는 것이다.[14]

다음은 김구의 이야기다.

이때 내 나이 열두 살(1887년)이었다. 나는 개학하던 첫날 '마상봉한식'이란 다섯 글자를 배웠다. 뜻은 알든 모르든 관계없이 너무 기뻐서 밤에 어머님의 밀 매갈이[15]를 도와드리면서도 외우고 또 외웠다. 나는 새벽 일찍 일어나 누구보다 먼

저 선생님 방에 가서 글을 배우고, 밥 구럭[16]을 메고 멀리서 오는 동무들을 내가 가르쳐주었다.[17]

"개학하던 첫날" 배운 시가 바로 「도중한식」이었다. 배움에 목말라하던 김구를 위해 그의 부친이 집 사랑채에 서당을 차려주자, 김구가 처음으로 배운 한시를 재밌어라 외우는 장면이 눈에 선하다.

항간에서는 『전등신화剪燈新話』를 많이 읽었다. 『경도잡지』에서는 원나라 구우瞿佑가 지은 소설이라 했지만, 구우는 원말명초의 문인 학자이다. 1378년에 지어진 『전등신화』는 총 20편의 전기傳奇[18], 곧 기이하고 환상적인 일을 주요 내용으로 하는 소설집이다.

"이 책은 다양한 귀신과의 일화로 가득하다. 뛰어난 재능을 가지고 있지만 불우한 삶을 살아가고 있는 남자 주인공, 이승을 떠나지 못하고 헤매는 여자 귀신, 그들의 관계를 단순히 부정하고 위험한 것으로 규정하기만 하는 세간의 시선들이 책 속에 얽히면서 개성적 무늬를 만들어낸다. 작자인 구우는 이 작품을 통해 자신이 처한 현실과 세계관을 드러냄과 동시에 인간 내면의 깊은 곳에 숨겨진 어둡고 은밀한 욕망의 세계를 표현하고자 한 것은 아닐까. 그것이 귀신의 모습으로 작품 속에 드러나 있기 때문에, 사람들은 공포와 짙은 매력을 함께 느낀 것이리라."[19]

'등불의 심지를 잘라서 불을 밝혀가며 읽는 재미나고 새로운 이야기'인 『전등신화』는 지어진 지 얼마 되지 않아 조선에 전래되었다. 김시습金時習(1435~1493)이 『전등신화』를 읽고 「제전등신화후題剪燈新話後」라는 시를 남겼고, 무엇보다도 그 영향을 받아 『금오신화金鰲新話』[20]를 지었던 것이다.

『전등신화』는 "선조 때 사람으로 문장에 능

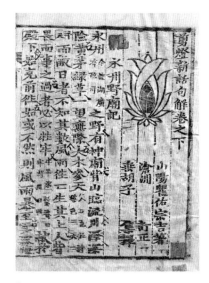

『전등신화구해』

하고 시문이 호방豪放"[21]한 수호자垂胡子 임기林芑가 주해함으로써 더욱 널리 읽히게 되었다. 임기가 주해한 책은 『전등신화구해剪燈新話句解』(1559)이다. "지금 여항의 이서吏胥들이 오로지 익히는 것은 『전등신화』한 책인데 이를 읽으면 이문吏文에 능숙하여지기 때문이다. 이는 도필리刀筆吏[22]의 숙습熟習으로 지기志氣가 이미 그 속에 얽매였으니, 굳이 책할 필요가 뭐 있겠는가"[23]라는 전언에서 보듯이, 이 책은 특히 한자의 음과 뜻을 빌려 우리말을 적던 차자 표기법인 이두吏讀를 배우는 데 도움이 되었다.

이두를 배우는 데 실제로 도움이 된 것은 『전등신화』 본문이 아니라 임기가 구절마다 현토懸吐를 한 부분이 이두식으로 표기되어 있기 때문이다.

한편 『전등신화』를 읽으면 과거시험에 유리하다는 이야기도 전한다.

이행운李行運이 과시문科詩文 얘기를 하다가 다음과 같이 말하였다. "저의 부친은 젊은 시절 과시를 매우 잘하였는데 과거에 응시만 하면 번번이 떨어졌습니다. 마침 김종수가 유배를 와 있어 그에게 나가 방도를 물으니 김이 말하기를, '『전등신화』의 「천태방은록天台訪隱錄」과 「용당영회기龍堂靈會記」 두 편을 천 번만 읽으면 되느니라'고 하였습니다. 돌아와 그의 말대로 그 편을 읽어 반 년 만에 군에서 주관하는 시험에 열 번 정도 장원하고, 향시에도 두 번 합격하니, 이는 김이 지도한 효과였습니다. 이후로 여러 학생을 가르치게 되니, 이 책이 기장에서 크게 유행하게 되었다가 근년에야 조금 시들해졌습니다."[24]

물론 귀양을 온 자가 사람들에게 경전을 가르치지 않고 한갓된 소설 나부랭이를 과거 급제의 방책으로 삼게 한 작태를 비난한 글이지만, 『전등신화』가 과시문을 작성하는 데 도움을 주었음은 명백하다. 그 안에 들어 있는 문장의 표현은 수준이 높을 뿐 아니라 중간중간에 들어 있는 한시들은 그 수사가 훌륭했기 때문이다. 물론 이것은 심노숭이 말한 대로 "사악한 지름길의 방도"일 뿐이다.

접과 운

유생들은 여름에 산속 절과 들판의 정자에 모여 시부詩賦를 연습하는데, 그것을 접接이라 한다고 했다. 시부란 시와 부를 말한다. 부는 한문 문체의 하나로, 조선시대의 부는 과거시험 과목으로 쓰인 과부科賦가 주를 이룬다. "과부는 주로 중국의 역사 사실이나 옛 시문의 한 구절을 주제로 삼아 1구 6언으로 30구에서 60구까지 지었다. 일정한 압운도 없고 각 구 제3언 다음에 대개 허자를 써서 구의 호흡을 조절하였다. (……) 부는 지나치게 형식주의적이고 귀족적 성향을 띠고 있어 부정적인 시각으로 보기가 쉽다. 그러나 한문 문장의 다양한 표현 가능성을 개발하는 데는 큰 공헌을 하였다."[25]

유생들이 여름에 절과 정자에서 시부를 연습한다고 했는데, 그것을 하과夏課라 했다. "하과는 과거에 대비해 시부를 익히는 공부"[26]였다. 여름엔 주로 문학

강희언의 「사인휘호(士人揮毫)」. (개인 소장) 이 그림은 선비들이 크고 작은 종이에 시부(詩賦)를 연습하는 모습을 묘사한 것인데, '하과' 역시 이러한 모습으로 시 공부를 했을 것이다.

을 공부했는데, 이는 양기가 충만하니 차분한 철학 공부보다는 마음을 움직이고 기운을 펼치는 공부가 적절했기 때문이다. 추석 직전, 구체적으로 회화나무 꽃이 필 때쯤에야 하과는 끝이 난다. 그래서 회화나무에 꽃이 피면 바빠진다는 뜻의 "괴화황槐花黃, 거자망擧子忙"이란 말이 생겨났다. '여름 공부'는 혼자서 한 것이 아니라 여럿이 모여서 했는데, 그것을 접接이라 했다. 동학東學의 조직에서 남접南接이니 북접北接이니 할 때의 그 접을 생각하면 된다.

시를 짓는 모임에서 우선 하는 일은 염운拈韻, 곧 맞출 운韻을 따는 것이다. 그런데 그 방법이 흥미롭다. 바둑알을 모아놓고 거기에 쓰여 있는 글자를 뽑아 시의 운으로 삼는 것이다. 예를 들어 정약용은 "염운법을 썼다"고 하면서 "바둑 알 30개에다 각기 운 하나씩을 써서 병 속에다 넣어두고 그것을 하나씩 나오는 대로 꺼내 이리저리 서로 이어서 말을 만들었다"[27]고 했다.

그런데 운韻이란 무엇인가? "운이란 한자의 음을 처음의 자음 부분의 성모聲母와 나머지 모음을 포함하는 운모韻母로 나눌 때, 그 운모에 해당하는 부분을 말한다. 예를 들어 상평성 14한寒 운에 '한寒, Han', '단丹, Dan', '탄歎, Tan', '난難, Nan' 등의 어느 것이든 '안An'의 운을 함축하고 있으므로 이것을 동운同韻이라 한다. 고래로 한시는 각 구말句末에 동운자同韻字를 두는 것을 압운押韻 또는 답운踏韻이라 하여 공통의 울림 또는 음조의 가락을 맞추어 서로 통합하여 소위 음운의 효과를 나타내게 하였다. 압운한 것은 시요, 문학이므로 운문이라 하여 압운이 없는 산문과 구분되며 또한 이것이 한시의 특징이기도 하다."[28]

『경도잡지』에서는 시부詩賦에서의 운의 운용 방식을 설명하면서 과체시科體詩 중 행시行詩[29]를 그 대상으로 삼았다. 행시는 과거시험에서 요구하는 형식이 매우 까다로운 시체이다. 행시는 한 줄당 일곱 글자로 시를 짓는데 7언 한 행을 한 짝, 곧 1척隻이라 했으며 2척을 합하여 1구라고 했다. 즉 칠언절구 18구 36척이 되어야 완전한 형태를 이룬다.

그런데 이규상李奎象(1727~1799)은 『병세재언록幷世才彦錄』에서 과체시를 변계량이 창시했다면서, 그 법식을 『경도잡지』와는 조금 다르게 설명한다.

제3구를 입제入題, 제4구를 포두鋪頭, 제5구를 포서鋪敍라 한다. 그다음을 회제回題라 하고, 목이 회제에 이르러서 회제 아래로 이어진다. 한 편은 20구에 이르며, 혹은 17·18·19인 경우도 있다. 근세에 들어와 고법이 완만하다고 생각하여 반드시 긴요한 말로 배치하여 촉급하게 하였으니, 이를 시체時體라 한다. 제2구와 제5구는 반드시 대우對偶를 쓰며, 구법句法은 때때로 고조古調를 써 고장편古長篇 같이 한다. 과시법은 내구內句의 위 두 자가 반드시 평성이며, 외구의 위 두 자가 반드시 거성, 측성이어야 한다. 고조에서는 이러한 법을 사용하지 않는다. 대체로 과시에서 압운하는 법은 반드시 제목 중의 글자에서 따오는데, 한 편 안에서는 반드시 하나의 운목으로 써야 한다. 같은 시행에서 4·5·6·7자는 같은 성조로 쓰는 것을 피하여 읽어보면 자연스러워 높낮이가 같은 것처럼 해야 한다.[30]

현재까지의 연구 성과에 따르면, 과시(행시)의 형식적 특질은 대개 다음과 같다.

① 7언이다.
② 대략 18구 내외로 성편成篇한다.
③ 평측법에는 고시체古詩體, 행시체行詩體, 배율체排律體가 있다.
④ 행시체는 출구 첫 2자와 대구 첫 2자의 평측을 반복하는 것으로 18세기부터 성립되었다.
⑤ 제목 중 한자의 운목韻目으로 압운하며 일운도저一韻到底[31]한다.
⑥ 과제破題, 입제入題·立題, 포두鋪頭, 포서鋪敍, 항項, 회제回題, 회제하回題下 등의 포치鋪置 형식이 적용된다.[32]

이렇듯 행시의 구법은 아주 복잡하다. 더구나 과체시 자체가 지나치게 형식적이어서 시로서 문제가 있다는 지적이 늘 있어왔다. 김만중金萬重(1637~1692)은 우리 시의 병폐를 과체시에서 찾을 정도였다.

우리나라의 시가 좋지 않은 까닭은 고시古詩에 과제시科題詩가 있고, 율시에는 월과시月課詩와 황화수응시皇華酬應詩가 있기 때문이다.[33]

마지막으로 당나라 이후에 많이 쓰인 근체시近體詩인 오언과 칠언의 절구絶句, 그리고 율시律詩를 중심으로 한 압운법押韻法을 살펴본다.

먼저 오언절구는 한 구가 다섯 글자에 총 4행으로 된 시이고, 오언율시는 한 구가 다섯 글자에 총 8행으로 이루어진 시이며, 칠언절구는 한 구가 일곱 글자에 총 4행으로 된 시이고, 칠언율시는 한 구가 일곱 글자에 총 8행으로 이루어진 시를 말한다.

압운법이란 특정 시행의 끝에 운을 붙이는 것을 말하는데, 이것은 현대시에서도 사용하는 각운법脚韻法과 비슷한 것이다. 아래 한용운의 「복종」이란 시에서 보듯이, 각 시구의 끝을 '~지만'과 '~요'로 맞추는 식이다.

남들은 자유를 사랑한다지만
나는 복종을 좋아하여요

자유를 모르는 것은 아니지만
당신에게는 복종만 하고 싶어요

오언절구의 경우, 둘째 행인 승구承句와 넷째 행인 결구結句에 운을 단다. 기구起句에 다는 경우도 간혹 있다.

강벽조유백 江碧鳥逾白
산청화욕연 山青花欲燃
금춘간우과 今春看又過
하일시귀년 何日是歸年

두보의 「절구絶句」이다. 이 시에서 운은 '연燃'과 '연年'으로, 모두 평성이다.

오언율시의 경우 기구, 승구, 전구, 결구의 둘째 행 밑에 운을 단다. 간혹 기구의 첫 행에 붙이는 경우도 있다.

청산횡북곽 靑山橫北郭 백수요동성 白水遶東城

차지일위별 此地一爲別 고봉만리정 孤逢萬里征

부운유자의 浮雲遊子意 낙일고인정 落日故人情

휘수자자거 揮手自玆去 소소반마명 蕭蕭班馬鳴

이백의 「송우인送友人」이다. 이 시에서 운은 '성城', '정征', '정情', '명鳴'으로, 역시 모두 평성이다.

칠언절구의 경우 기구, 승구, 결구의 밑에 단다. 기구의 밑에는 달지 않기도 한다.

월락조제상만천 月落烏啼霜滿天

강풍어화대수안 江楓漁火對愁眼

고소성외한산사 姑蘇城外寒山寺

야반종성도객선 夜半鐘聲到客船

장계張繼의 「풍교야박楓橋夜泊」이다. 이 시에서 운은 '천天', '안眼', '선船'으로, 역시 모두 평성이다.

칠언율시의 경우 기구, 승구, 전구, 결구의 둘째 행 밑에 단다. 기구의 첫 행에 다는 경우도 있다.

봉황대상봉황류 鳳凰臺上鳳凰遊 봉거대공강자류 鳳去臺空江自流

오궁화초매유경 吳宮花草埋幽徑 진대의관성고구 晉代衣冠成古邱

삼산반락청천외 三山半落靑天外 이수중분백로주 二水中分白鷺洲

총위부운능폐일 總爲浮雲能蔽日　장안불견사인수 長安不見使人愁

이백의 「등금릉봉황대登金陵鳳凰臺」이다. 이 시에서 운은 '유遊', '유流', '구邱', '주洲', '수愁'이다.

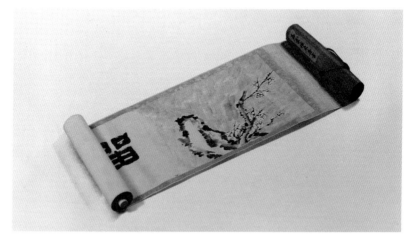

유당매옥시권(留堂梅屋詩卷). (경북대학교박물관 소장) 권동수(權東壽, 1842~?)와 그의 지인들이 유당(留堂) 방필영(方必榮)의 매화 핀 집을 찬미하는 시들을 짓고 그림을 그려 만들었다.

『열상시축(洌上詩軸)』 중 부분(1824년, 개인 소장)

시 모임에서 지은 시들은 여러 색깔로 된 측리側理와 취우翠羽[34]처럼 비싸고 좋은 시전지詩箋紙[35]를 쭉 연결해 베껴 써서 두루마리로 된 시축詩軸을 만들었다.

18

멋진 글씨, 뜻 깊은 그림

글씨에는 촉체蜀體가 있는데 조송설趙松雪의 서체다. 고려 충선왕이 원나라 성종의 부마로서 태위 심양왕太尉瀋陽王이라는 관작을 받고 연경의 관저에 머물 때 조송설이 드나들었으므로 그의 필적이 많았다. 그것이 우리나라로 들어와 지금도 그 서체를 본받는다. 촉체라고 한 것은 초체肖體를 잘못 말한 것으로, 초肖 자는 조趙 자의 반절이다. 또 액체額體라는 것이 있는데 원나라 승려 설암雪庵의 서체로, 편액의 글씨로 적당하여 그렇게 부르게 된 것이다. 지금도 설암이 쓴 『병위 삼첩兵衛森帖』이라는 서첩이 유행하고 있다.

비백서飛白書는 버드나무 가지를 깎아 그 끝을 가른 다음 먹을 묻혀서 효孝, 제悌, 충忠, 신信, 예禮, 의義, 염廉, 치恥 등의 글자를 쓰는 것인데, 점찍기와 긋기 그리고 파임과 삐침 등을 마음대로 하여 물고기, 게, 새우, 제비 등의 형상을 만든다.

벽에는 종규鍾馗가 귀신을 잡는 그림이나 신선이 사슴을 타고 있는 그림을 건다.

큰 병풍에는 금강산 일만 이천 봉이나 관동팔경 등을, 작은 병풍에는 꽃, 새, 나비 등을, 혼례 때 쓰는 병풍에는 백자도百子圖나 곽분양행락 도郭汾陽行樂圖, 요지연도瑤池宴圖 등을 그린다. 공식 잔치에서는 제용 감濟用監에서 제작한 모란대병牡丹大屛을 쓰기도 하는데, 사족들이 혼 례 때 빌려가기도 한다.

'순박한 서풍' 촉체와 큰 글씨 액체

당시 항간에서 제일 애용하던 서체여서인지, 유득공 자신이 선호하는 글씨여서인지는 확실치 않지만, 『경도잡지』에서는 당시의 서체로 촉체蜀體와 액체額體 두 가지를 언급하고 있다.

촉체는 원나라 조맹부趙孟頫(1254~1322)의 서체이다. 그의 호가 송설松雪이어서 송설체라고도 한다. 조맹부의 서체는 한마디로 정리하면 복고주의라고 할 수 있다. 그는 당나라 안진경顔眞卿(709~785) 이래로 송나라에서 유행하던 글씨, 곧 남성적인 박력과 균제미를 중시하는 분위기를 배격하고, 왕희지王羲之(307~365)의 전아한 문체로 돌아갈 것을 주장한 것이다. 그의 서체는 심미주의적인 양식으로, 가지런하고 근엄하면서도 우아함이 느껴지는 것이 특징이다.

촉체라고 한 것은 초체肖體를 잘못 말한 것이다. 조맹부의 성인 조趙는 주走와 초肖가 합쳐진 글자이니, 조맹부체는 줄여서 초체라고 해야 맞는데 잘못 쓰여 촉체라고 불렀던 것이다. 그러나 다른 견해도 있다. 이규상은 『병세재언록』에서 이렇게 말했다.

조맹부의 「낙신부(洛神賦)」 중 부분

촉체란 조맹부의 서법을 가리킨다. 그러나 촉체의 뜻이 어디에서 온 것인지는 사람들이 잘 모르고 있다. 황운조에게 들으니 "조맹부의 서법은 동파로부터 온 것인데, 동파가 촉 땅의 사람이기 때문에 촉체라 이름한 것이다"라고 하였다.[1]

고려 충선왕이 원나라 성종의 부마로 연경에 있을 때 조맹부가 자주 드나든 관계로 그의 서체가 우리나라에 많이 들어오게 되었는데, 안평대군이 그 송설체의 대가였다. "과시科詩에 뛰어나 서울 선비들이 하과夏課 때가 되면, 알고 모르고 간에 꼭 원고를 보내 그의 평가를 받고자 했던" 임정任珽(1694~1750)도 촉체를 잘 썼다고 한다.[2]

정조는 조맹부의 복고주의를 받아들여 촉체로 돌아갈 것을 주장했다.

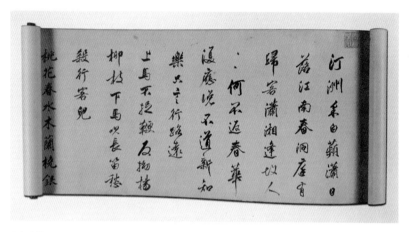

윤순의 「고시서축(古詩書軸)」.(보물 제1676호, 국립중앙박물관 소장) 1737년 올이 느슨한 비단에 사륙언(四六言)의 고시 여러 수를 다양한 크기의 해·행·초서로 썼다. 지금 보이는 부분은 윤순의 사돈 이덕수(李德壽, 1673~1744)의 제문이다.

"우리나라의 명필名筆로는 안평대군을 제일로 꼽을 수 있을 것이다. 안평대군은 낭미필狼尾筆[3]로 백추지白硾紙에 글씨를 썼는데, 오직 한호韓濩만이 그 묘리를 깨달았다. 그러므로 우리나라의 서예가書藝家들이 모두 비해당匪懈堂[4]과 석봉石峯의 문호門戶를 벗어나지 않았던 것이다. 그러다가 고 판서 윤순尹淳이 나오자 온 나라 사람들이 쏠리듯 그 뒤를 따랐으니, 이에 서도書道가 한번 크게 변하여 진기眞氣가 없어지고 점차 마르고 껄끄러운 병통을 열어놓게 되었다. 이제 서풍書風을 순박淳樸한 쪽으로 돌려놓고자 하는 바이니, 그대들부터 먼저 촉체蜀體를 익혀야 할 것이다"라고 하였다.[5]

윤순尹淳(1680~1741)의 서체는 연미妍美를 배제하고 창경발속蒼勁拔俗할 것과 만호제력萬毫齊力의 중봉법中鋒法을 지론으로 삼았다. 여기서 '연미'는 부드러운 서체를, '창경발속'은 원숙하고 힘차며 속기가 없는 서체를, '만호제력'은 글씨를 쓸 때 모든 붓털에 가지런하게 힘이 들어가는 것을, '중봉법'은 부드러운 붓을 꼿꼿이 세워서 글씨를 쓰는 방법을 말한다. 그리하여 "(윤순의 서체는) 획과 결구가 매우 아름다워 마치 봉황이 춤추고 구슬이 찬란하게 빛나는 듯하니, 우리나라 100여 년간의 글씨 가운데 으뜸"[6]이었다.

"윤순의 글씨가 세상에 유행된 이후로 사대부, 여항, 시골 사람들이 모두 휩쓸려 추종하지 않는 자가 없었다. 그래서 시체時體라 했는데, 과거장의 글씨는 이 서체가 아니고는 내놓을 수가 없었다. (……) 이광사체가 나온 이후에 비록 그 습속이 조금 분산되었으나, 그러나 한 시대를 휩쓸었던 여파로 말미암아 그 영향력이 아직 우리나라 전 지역을 감싸고 있었다."[7]

'지장경 금니사경'.(표구 포함, 하버드 대학 박물관 소장) 푸른색 감지에 금니로 '지장경'을 7행 20줄의 규격으로 써내려간 작품이며, 표구의 비단에 후대의 누군가가 '안평대군 진적'이란 감정을 적어놓았다.

그런데 정조는 윤순의 서체에 진기眞氣가 없이 마르고 껄끄러운 병통이 있다고 비판했다. 그래서 '순박한 서풍'인 촉체로 돌아갈 것을 주장했다. 구체적으로는 안평대군(1418~1453)과 한호韓濩(1543~1605) 시대의 서체를 되돌려놓고자 한 것이다. 소위 서체반정書體反正이다.[8]

> 옛날 어른들이 연회를 베풀거나 편안히 쉬는 곳에 편액을 걸 때에는, 이름난 산
> 수를 빌려다 이름을 붙였다. 그렇지 않으면 아주 아름다운 일이나 아주 악독한
> 일을 올려서 선을 권장하고 악을 징계하는 의중을 밝혔다. 그마저도 아니라면
> 선대先代에 살던 향리를 가져다 씀으로써 근본을 잊지 않으려는 뜻을 표시했다.[9]

"편액이란 건물의 명칭을 써서 거는 널빤지를 말한다. 곧 사람의 이마인 액額에 해당되는 건물 정면의 처마 밑에 거는 제서題書를 뜻한다. 요즘에는 '거는 널빤지'라는 뜻에서 현판懸板이라는 용어로 통칭하기도 한다. 현판은 편액을 비롯하여 건물 안쪽에 서는 시판詩板, 기둥에 거는 주련柱聯, 근래 건물 입구의 기둥에 기관이나 단체의 이름을 거는 널빤지까지 포함한다."[10] "편액은 건물의 문과 처마 사이에 글씨를 새겨 붙인 나무판이다. 글씨는 단순하게는 건물의 명칭과 건물의 성격을 표시하며, 건물의 장식을 위한 의미도 포함하고 있지만, 편액에 새긴 글귀는 매우 함축적이며 상징적인 의미를 지니고 있어 건물주의 의리, 정감을 문학과 예술의 형식으로 표현하고, 또 이를 외부에 널리 알리는 역할을 한다."[11]

이 편액에 쓰는 글씨를 액체라고 한다. "액체라 함은 전각누정殿閣樓亭의 현판에 쓰는 서체를 이름이니, 고려 말 이조 초에 조맹부趙孟頫와 같은 시대 사람 설암雪庵 이광부李光溥(1264~1397)의 서체이다. 설암은 해서楷書, 행서行書, 초서草書에 두루 능했는데, 그중에서도 특히 대자大字를 잘 썼다는 평을 받았다. 그 대자는 편액에 잘 어울려 액체라고 하면 곧 설암체를 의미하게 되었다. 설암체의 명인에는 조선 초 신장申檣, 성임成任 같은 이가 있다."[12]

"설암체는 점획의 굵기가 굵고 획 사이의 여백이 매우 좁으며 전획의 시작, 끝, 전절轉折[13] 부분이 강조되는 것이 특징이다. 이는 건물의 크기에 어울리고 멀리서도 글자를 뚜렷하게 볼 수 있는 장점이 된다."[14]

액체는 일반적으로 전서篆書로 쓰기 때문에 전액篆額이라고도 한다. 최남선에 따르면, "서울 안에 있는 유명한 현판 글씨로는 첫째 남대문의 '숭례문崇禮門' 현판은 명조 때 유진동柳辰仝의 글씨이고, 동대문의 '흥인지문興仁之門' 현판 역시 명종 때 이황李滉의 글씨다. 창덕궁의 '금호문金虎門'은 성종 때 서거정徐居正의 글씨요, 경복궁의 '광화문光化門'은 고종 때 정학교丁學敎의 글씨요, 덕수궁의 '대한문大漢門'은 고종 때 이종태李鍾泰의 글씨다. 궁궐 문 액자額字 중 가장 유명한 것은 경희궁 정문의 '흥화문興化門' 현판이니, 선조 때 명필 이해룡李海龍의 글씨다".[15] 그러나 이것은 좀 더 고증이 필요한 주장이다. 숭례문 현판을 쓴 사람으로 거론되는 이는 신장申檣(1382~1433), 양녕대군, 안평대군, 정난종鄭蘭宗(1433~1489), 유진동 등이다.

이 중에서 특히 숭례문의 편액과 관련된 흥미로운 이야기가 전한다.

지금의 남대문이다. 여러 문의 편액은 모두 가로로 걸었지만 유독 이 문만은 세워 걸었으니 "예에 선다立於禮"는 의미다. 전설에 의안대군이 편액을 쓸 때, "나라의 정문에 편액을 쓰는 일이니 공경히 하지 않을 수 없다"고 하여 사흘간 나물만 먹고 글씨를 썼다. 중국의 사신이 남대문의 편액을 보고는 "너희 나라에는 명필이 없는가? 이것은 중의 글씨로구나"라고 하였다. 그렇게 말한 연유를 묻자 "고기 기운이 없다"고 답하였다.[16]

편액 중 걸작으로 꼽는 평양 연광정練光亭 '제일강산第一江山'의 유래에 대해 이유원李裕元(1814~1888)은 다음과 같이 증언한다.

연광정의 편액은 세상에서 주지번朱之蕃의 글씨라고 하는데, 본래 오운학吳雲壑이 북고산北固山에 새긴 '천하제일산天下第一山'을 본뜬 것이다. 그런데 중국 사신이 정자에 올라 두루 보고서 분수에 지나치다 하여 마침내 '천하天下' 두 글자를 제거하고 '제일산第一山' 세 글자만 남겨두었다. 뒤에 상서 백하白下 윤순尹淳이 '강江' 자를 보충하여 '제일강산第一江山' 네 자로 합하여 새겼다.[17]

연광정 편액 글씨 「제일강산」

감로사(甘露寺) 벽에 새긴 오거의 글씨 「천하제일강산」

미불의 석각 글씨 「제일산」(곡부)

그러고 보니, '제일강산第一江山'에서 '강江' 자가 나머지와 잘 어울려 보이지 않는다. 이유원의 전언에 근거가 있음을 알겠다. 오운학은 남송시대의 오거吳琚를 말한다. 그런데 지금 볼 수 있는 연광정의 편액은 오거의 것이 아니라 미불米芾(1051~1107)의 것이 분명하다. 그것은 "미불의 글씨를 배운 자로 오직 오거가 매우 닮았다"고 한 동기창董其昌(1555~1636)의 말을 인용하지 않더라도, 지금 남아 있는 오거의 '천하제일산天下第一山'과 연광정의 '제일강산第一江山'을 비교해보면 금방 알 수 있다. 연광정의 '제일강산'은 오히려 미불의 '제일산第一山'과 거의 같다. 특히 '제第' 자 하나만 봐도 분명히 알 수 있다. 요컨대 연광정의 '제일강산'은 미불의 '제일산' 석각 글씨 탁본을 집자한 것이다.[18]

『경도잡지』에서는 "지금도 설암이 쓴『병위삼첩兵衛森帖』이라는 서첩이 유행하고 있다"고 했다.『병위삼첩』은『설암서첩雪庵書帖』의 첫째 면에 나오는 세 글자인 '병兵', '위衛', '삼森'을 따서 붙인 이름이다.

이런 이야기가 전한다.

세종 때 참판을 지낸 신장申檣은 큰 글씨를 잘 쓰는 것으로 유명하였다. 세종께서 일찍이 설암이 쓴 위소주韋蘇州 시첩을 얻었는데, 병, 위, 삼 세 글자가 빠져 있어 신장에게 보충하도록 명하셨다. 이 시첩의 각본刻本이 지금까지 세상에 전해지는데, 세 글자가 다른 사람의 솜씨라고는 생각되지 않는다. 어쩌면 훗날 진본을 얻어서 새로 새겨 넣은 것일까? 아니면 신장이 보충한 글자가 본래 글씨와 분간되지 않는 것일까?[19]

18세기 회화에 진경시대眞景時代가 있다면, 서예에는 동국진체東國眞體가 있다. 중국의 그림과 글씨를 본받는 데에서 더 나아가 우리 것에 대한 자의식이 각성된 결과이다. 조선 초기에는 송설체, 곧 촉체가 주를 이루

이광사의 「정와(靜窩)」 (대흥사 대웅보전 오른편 요사채의 편액)

었고, 선조·인조 이후에는 한체韓體, 곧 한석봉체韓石峯體를 배웠으며, 조선 후기에는 진체晉體, 곧 왕희지체王羲之體로 서풍이 변화했다. 동국진체를 형성한 것은 옥동玉洞 이서李漵(1662~1723)에 의해서였다. 남인인 이서는 역시 남인인 미수眉叟 허목許穆(1595~1682)의 서체가 널리 쓰이지 못하자 그것을 새로운 서법으로 정립하려 했는데, 이것이 전통적인 왕희지체를 바탕으로 하여 미불의 서법을 부분적으로 수용한 옥동체玉洞體이며, 이를 동국진체라고 불렀다.

동국진체는 소론계 윤순에게 전해지고, 원교圓嶠 이광사李匡師(1705~1777)에 의해 완성되었다. 이광사는 왕희지의 서첩들이 모두 오래되고 변모를 거듭하여

그 본래의 서체를 알아보기 어렵다고 생각하고, 전서 篆書와 예서隸書를 통해 심획心劃을 얻은 후 다시 왕희 지의 서법으로 바르게 나아갈 수 있다고 여겼다. 여 기에서 조선 고유의 동국진체가 완성되었던 것이다.

참고로 유득공은 조선의 서예가로 다음 16인을 뽑았다. "글씨 잘 쓰는 것으로 한 시대를 울린"(『필원 잡기』) 성석린成石璘, "초서와 예서에 뛰어나고 큰 글 씨를 잘 쓴"(『지봉유설』) 신장申檣, "글씨 잘 쓰는 것으로 세상에 이름을 떨친"(『용재총화』) 최흥로崔興老, "글씨 와 그림에 모두 뛰어난"(『기아箕雅』) 강희안姜希顔, "필 적은 반드시 종요와 왕희지를 스승으로 삼은"(『해동명 신록』) 박팽년朴彭年, "그 기상은 일찍이 보지 못한 바

설암체(모사본) 『병위삼첩』

였다는"(『보한당집保閒堂集』) 안평대군 이용李瑢, "진眞, 초草, 예隸 세 가지 필법이 모 두 뛰어난"(『해동명신록』) 성임成任, "글씨를 잘하여 한 시대에 명성을 날린"(『용재총 화』) 정난종鄭蘭宗, "필법이 오묘한 데 이르렀고 음악과 그림에도 정통하지 않음 이 없었던"(『해동명신록』) 성세창成世昌, 관직이 사헌부 대사헌에 이른 김희수金希壽, "필법으로 세상에 명성을 떨친"(『기아』) 김구金絿, "조송설의 법식을 섞었으며 구 모필狗毛筆을 즐겨 쓴"(『어우야담』) 성수침成守琛, 성균관 진사인 황기로黃耆老, "단해 端楷에 더욱 뛰어났던"(『동회집東淮集』) 송인宋寅, "필법이 빼어나고 예스러웠던"(『기 아』) 양사언楊士彦, "해서로 쓴 편액과 진초眞草는 각각 그 오묘함에 이르렀던"(『월 사집月沙集』) 한호韓濩.[20]

버드나무 끝을 갈라

비백서는 원래 빗자루로 쓴 것처럼 붓 자국이 드러나 흰 부분이 희끗희끗 보 이게 쓴 서체를 말한다. 붓끝이 갈라져 필세가 끊어질 듯 이어지는 듯 속도감을

보인다고 해서 붙여진 이름이다. "예서隷書와 전서篆書를 복합한 팔분체八分體와 흡사하다."[21]

『경도잡지』에서는 "버드나무 가지를 깎아 그 끝을 가른 다음 먹을 묻혀서 효孝, 제悌, 충忠, 신信, 예禮, 의義, 염廉, 치恥 등의 글자를 쓰는데, 점찍기와 긋기 그리고 파임과 삐침 등을 마음대로 하여 물고기, 게, 새우, 제비 등의 형상을 만든다"고 했다.

효孝, 제悌, 충忠, 신信, 예禮, 의義, 염廉, 치恥 등의 글자를 쓰는데, 그것을 그림과 함께 섞어놓은 것을 대개 문자도文字圖라 부른다. 이 여덟 글자는 유교 사회를 지탱해주는 주요 덕목이다.

'효제충신예의염치'를 쓰고 그린 문자도

먼저 '효' 자이다. 진晉나라 왕상王祥이 한겨울에 계모를 위해 얼음을 깨고 잉어를 잡아드린 왕상빙리王祥氷鯉나 오나라 맹종孟宗이 한겨울에 노모를 위해 죽순을 따서 드린 맹종설순孟宗雪筍을 표현했다. 그래서 잉어와 죽순이 함께 그려졌다. 한나라 황향黃香이 더운 날 부모의 이름에 부채질을 해 시원하게 해주었고, 육적陸績이 귤을 품어 어머니에게 가져다드렸다는 고사를 표현하기도 해서 부채와 귤이 함께 그려지기도 했다.

‘제’ 자는『시경』에 실린 형제의 우정을 읊은 시「상체常棣」에 나오는 산앵두나무와 할미새를 그렸다.

‘충’ 자는 충절을 상징하는 대나무와 새우나 대합 같은 그림이 그려졌다. 새우와 대합이 ‘충’과 연결된 이유는 “새우의 하蝦의 발음이 화和의 발음과 유사하고, 대합 합蛤의 발음이 합合의 발음과 서로 같은 데서 연유한다”.[22]

‘신’ 자는 서왕모가 요지연瑤池宴에 여러 신선을 초청하는 편지를 입에 물거나 손에 든 고니(또는 흰기러기)와 파랑새, 복숭아, 연못 등이 그려진다.

‘예’ 자는 거북과 책, 그리고 행단杏壇이 표현되는데, 우 임금이 낙수에서 치수를 할 때 나타난 거북의 등에 그려진 하도낙서河圖洛書를 보고 얻은 천하를 다스리는 아홉 가지 법, 곧 홍범구주洪範九疇에 나오는 예의 기본이 되는 삼덕三德을 나타내거나, 공자가 행단에서 제자들에게 거문고를 타며 예의를 가르쳤다는 행단고슬杏壇鼓瑟의 고사를 표현한 것이다.

‘의’ 자는『삼국지』에 나오는 도원결의桃園結義,『시경』에 묘사된 부부간의 의를 나타내기 위해 복숭아와 물수리 등이 그려진다.

‘염’ 자는 봉황과 게가 그려지는데, 봉황은 수천 리를 날다가 배가 고파도 조 따위는 먹지 않으며, 게는 나아감과 물러감이 분명하다는 의미를 담은 것이다.

마지막으로 ‘치’ 자는 무왕이 은나라를 멸망시키고 주나라를 세운 것을 부끄럽게 여겨 수양산에 들어가 달과 매화를 감상하며 고사리를 먹다 죽었다는 백

‘효제충신예의염치’를 쓰고 그린 혁필화

이숙제의 고사를 표현한다. 두 사람의 절개를 의미하는 충절각忠節閣이나 누각 등이 그려지기도 한다.

버드나무나 대나무로 쓰는 비백서는 근대에 와서 가죽이나 중절모의 재료처럼 두꺼운 천 조각에 여러 가지 색의 안료를 묻혀 그림이나 문양과 함께 그린 혁필화革筆畵로 변화했다. 혁필화는 원래 시골 장터에서 그려 팔았던 민화였는데, 지금은 인사동, 민속촌 등 관광객이 몰리는 곳에서 종종 만날 수 있는 광경이 되었다. 혁필화는 전통 민화 가운데 유일하게 길거리에서 제작·판매하는 전통적인 방식을 간직하고 있는 '길거리 민화'라는 점에서 주목할 필요가 있다.[23]

귀신 잡는 종규

벽에는 종규鍾馗가 귀신을 잡는 그림이나 신선이 사슴을 탄 그림을 건다고 했다. 여기서는 두 그림을 모두 벽에 건다고 했지만, 『열양세시기』에 따르면, 종규가 귀신을 잡는 그림은 대문에, 신선이 사슴을 탄 그림은 벽에 건다.

도화서圖畵署에서는 세화歲畵를 진상進上한다. 금갑신장金甲神將을 그린 것은 궁전 대문에 걸고, 신선을 그린 그림이나 닭, 호랑이를 그린 그림은 조벽照壁에 건다.[24]

우선 종규는 중국에서 역귀疫鬼[25]를 쫓는 신의 하나이다. 『사물기원事物紀原』에 다음의 이야기가 실려 전한다.

당나라 현종玄宗이 병석에 누워 있을 때 꿈을 꾸었다. 한 소귀小鬼가 나타나 평소 현종이 소중하게 간직하고 있는 향낭香囊을 훔치기도 하고 옥적玉笛을 불기도 하며 법석을 떨기에 현종이 큰 소리로 신하를 불렀다. 그러자 한 대귀大鬼가 나타나서 그 소귀를 붙잡아 손가락으로 눈알을 파먹고 죽여버렸다. 현종이 놀

라서 누구냐고 물으니 "신은 종남산終南山 진사進士 종규라고 합니다"라고 대답
하더니 계단에 걸려 죽었다. 현종이 정중하게 장례를 지내주니, 종규는 "앞으로
천하의 요마妖魔들을 물리치겠습니다"라고 맹세하였다. 현종이 꿈에서 깨어나
자 병은 깨끗이 나았다.[26]

현종이 꿈에서 본 종규
는 검은 의관을 걸치고 눈이
크고 수염이 많은, 무서운 얼
굴을 하고 칼을 차고 있었으
므로 그와 똑같은 화상畵像을
그려 수호신으로 삼았다. 이
풍습은 우리나라에도 전해
져 종규가 악귀를 잡는 그림
을 그려 벽이나 문에 붙이거
나 귀신의 머리를 그려 문설
주에 붙이기도 한다. 이런 그
림을 문배門排라고 한다. 문

중국의 「종규도」 　　　　　일본의 「종규도」

배란 문에서 나쁜 기운이 집 안에 들어오는 것을 막아낸다는, 곧 벽사辟邪의 기능
을 한다.

『동국세시기』에서는 "종규가 귀신을 잡는 그림을 그려 지게문戶에 붙이고,
귀신의 머리를 그려 상인방에 붙여서 부정한 기운과 전염병을 물리친다. 모든
궁가宮家와 임금의 내외척인 척리戚里의 집 문짝에도 모두 그것을 걸며, 민간에
서도 대부분 그것을 흉내 낸다"[27]고 했다.

그런데 이런 문배에 종규만 그려진 것은 아니다. 『용재총화』에서는 "이
른 새벽에 그림을 문門, 호戶, 창窓, 비扉에 붙이는데, 처용, 각귀角鬼, 종규, 복두
관인幞頭官人, 개주장군介冑將軍, 경진보부인擎珍寶婦人, 닭, 호랑이 따위의 그림이
다"라고 했다. "세속에서는 금갑을 한 두 장군을 사천왕四天王의 신상神像이라거

나 혹 울지공과 진숙보라고 하며, 진홍빛 도포를 입은 사람을 위정공이라고 한다."[28] 『동국세시기』의 전언이다.

유득공 역시 이렇게 말했다. "금갑金甲을 한 두 장군의 모습은 길이가 한 길이 넘는다. 한 사람은 도끼斧를 잡고 한 사람은 절節을 들었다. 이것을 대궐 문의 양 문짝에 거는데 이를 문배라고 한다. 또 진홍빛 도포를 입고 검은색 사모紗帽를 쓴 화상畵像을 겹으로 된 궁궐의 문重閤門에 건다. 척리와 여항에서도 그렇게 하는데, 그림의 크기는 문짝에 따라 정하며, 상인방에는 귀신의 머리를 그린다. 세속에서는 금갑을 한 장군은 울지공尉遲恭과 진숙보秦叔寶요, 진홍빛 도포를 입고 검은색 사모를 쓴 사람은 위정공魏鄭公이라고 여긴다."

송민구宋敏求의 『춘명퇴조록春明退朝錄』과 도가道家의 『주장도奏章圖』에 "천문天門을 지키는 금갑인金甲人 중 갈장군葛將軍은 정旌을 잡고 주장군周將軍은 절節을 잡는다"고 했는데, 오늘날의 문배의 인물은 아마도 이 갈장군과 주장군 두 사람인 듯하다. 세속에서 전기傳奇 중 당唐나라 문황文皇 때의 일이라고 하는 것은 억지로 갖다 붙인 말에 지나지 않는다.[29]

이들 문신상門神像 중에서 가장 많이 쓰거나 그린 것은 신도神茶와 울루鬱壘이다. "그 신들의 이름을 보니 모두 중국 사람들로서 도교의 풍속에서 나온 것인데, 그 기원을 탐구해보니 고려 중엽부터 우리나라에서 비로소 시행되었다. 대개 고려 예종 때 송나라의 도교를 받아들였으니, 문신상의 설치는 마땅히 이때

그림 대신 '신도'와 '울루'를 써넣었다.

부터였을 것이다. 우리나라 풍속에 입춘날 여항의 인가에서는 '신도울루'라는 네 글자를 크게 써서 문짝에 나누어 붙였는데, 이는 글로 그림을 대신한 것이다. (……) 우리나라 풍속에 글을 붙여 귀신을 물리치고 그림을 붙여 사악한 것을 물리치는 것은 신라시대부터 시작되었으니, 『삼국유사』의 비형랑鼻荊郎과 처용 랑處容郎이 그것이다. 이는 진실로 우리나라의 고유한 풍속이었는데, 도교가 몰락함과 함께 교섭交渉된 것일 터이다."[30]

한편 "사슴을 탄 신선 그림"은 흔히 신선기록도神仙騎鹿圖라고 하는 세화歲畫 이다. 『동국세시기』에 따르면, "도화서에서 수성壽星[31], 선녀, 직일신장[32]의 그림 을 그려 임금에게 드리고, 또 서로 선물도 하는 것을 세화라고 하는데, 송축하는 뜻을 담았다".[33]

앞의 『열양세시기』에서 보았듯이, 세화는 문이 아니라 벽에 걸었다. 정확히 말하면 조벽照壁이다. 조벽은 대문에 들어서면 정면을 가로막고 있는 장벽을 말한다. 영벽影壁이라고도 하는데, 시선을 가리고 뜰 안을 장식하는 기능을 한다.

누워서 유람하고 '부귀옥당' 두르고

병풍은 바람을 막거나 공간을 가리는 가리개다. 이렇게 실용적인 면뿐 아니라 벽면을 꾸미는 장식적인 용도도 가지고 있으며, 소원 성취를 바라는 목적으로 사용되기도 했다. 병풍은 장방형으로 짠 나무틀에 종이를 바르고 종이, 비단 또는 삼베에 그려진 그림이나 글씨, 자수 등을 붙이고, 그 폭과 폭은 돌쩌귀로 접합시켜 접었다 폈다 하기에 편리하도록 만든다. 2폭에서 12폭까지 짝수로 구성되어 있으나, 12폭은 다루기에 편리하도록 6폭씩 따로 만들기도 한다.

병풍은 크기에 따라 대병大屏, 중병中屏, 소병小屏, 단병短屏으로 나눌 수 있다. 대개 1척 남짓한 아주 작은 병풍인 단병은 바람을 막기 위한 병풍이 아니라 서화의 보존을 위한 장황의 한 형식이라 할 수 있다. 또 여기서는 그림들만 설명했지만, 글씨로 된 병풍도 많다. 글씨만 들어간 서병書屏, 그림이 들어간 화병畫屏, 그

「금강산도」10폭 병풍 중 7폭(작자 미상, 서울역사박물관 소장)

허필(許佖, 1709~1761)의 『관동팔경도병(關東八景圖屛)』 8폭 중 「경포대」(선문대학교 박물관 소장)

림과 글씨가 함께 들어간 서화병書畫屛, 시와 그림이 들어간 시화병詩畫屛, 성학십도聖學十圖와 같이 도표가 들어간 도병圖屛 등이 있다.

용도에 따라서도 머리맡에 두고 바람을 막기 위한 침병寢屛, 아무런 글씨나 그림이 없는 백지 상태의 병풍인 소병素屛, 제사상엔 제병祭屛, 혼례식에서 쓰는 혼병婚屛, 잔치에 쓰는 연병燕屛 등이 있다.[34]

『경도잡지』에서는 크고 작은 병풍과 행사 때 쓰는 병풍을 언급하면서 거기에 그려진 여러 그림을 소개하고 있다. 우선 대병大屛에는 대개 금강산 일만 이천 봉이나 관동팔경을 그린다고 했다.

금강산 일만 이천 봉이나 관동팔경은 여러 폭의 병풍으로 그려졌다. 정선과 김홍도가 그린 것으로 알려진 금강산 그림이 남아 있는데, 조선 후기에는 금강산도에 대한 수요가 크게 늘어 민화나 목판화로도 많이 제작되었다. 특히 민화의 경우, 신선 사상 등의 기복적이고 길상적인 민간신앙과 결부되어 사랑방의 장식용 병풍으로 많이 그려졌다.[35] 관동팔경도도 마찬가지다.

이런 그림은 무엇보다도 와유臥遊를 위한 것이었다. 와유란 글자 그대로 '누워서 유람한다'는 뜻으로, 집에서 명승이나 고적古蹟을 그린 그림을 보며 즐기는 일이다.

신한평(申漢枰, 1726~?)의 「화조도」 족자(호암미술관 소장)

> 후세의 호사가들이 온 천하를 다 유람하기가 이처럼 어려운 것을 보고 또 그러한 힘을 갖추지 못한 것을 근심한 나머지 그림으로 명산을 그려 눈앞에 펼치고 이를 통해 천하의 산수를 감상하는 취미를 붙이고는 이를 와유라 하였으니, 이는 자신의 형편에 맞는 편리한 방도를 취한 것이다.[36]

소병小屛에는 꽃과 새와 나비 등을 그렸다고 했다. 이른바 화조도花鳥圖다. 꽃과 새가 자연스럽게 어우러져 아름다운 조화를 이루는 화조도는 가장 많이 그려지는 민화이다. 자연과 어우러져 의좋게 노니는 암수 한 쌍의 새는 금실 좋은 부부애를 상징한다. 아울러 부귀와 장수, 그리고 과거 급제 등에 대한 소박한 소망이 담겨 있다.

화조도는 보통 적赤, 녹綠, 황黃 등의 물감으로 채색된 화려한 그림이 많다. 민화 중에서 색채감이 가장 풍부한 그림으로 손꼽힌다. 화려한 화조도는 족자로도 만들어 주로 안방이나 신혼부부의 방을 장식했고, 모란 병풍은 결혼식 등에 사용되기도 하는 등 그 어떤 방에도 격식 없이 장식될 수 있었던 길상화吉祥畵였다.[37]

「백동자도」 6폭 병풍 중 일부(서울역사박물관 소장) 「백동자도」 8폭 병풍 중 일부(삼성박물관 소장)

혼례 때 쓰는 병풍에는 백자도百子圖, 곽분양행락도郭汾陽行樂圖, 요지연도瑤池 宴圖 등이 그려진다. 백자도는 백동자도百童子圖라고도 하는데, 부귀한 저택의 정 원이나 신선들이 사는 선경을 배경으로 어린아이들이 즐겁게 노니는 모습을 묘 사한 그림이다. 자손 번창의 축복을 담은 백자도에서 백百은 많고 풍부하다는 의 미지 반드시 백 명일 이유는 없다. 조선시대 궁정의 혼례를 기록한 『가례도감의 궤』, 잔치를 기록한 『진연도감의궤進宴都監儀軌』에 백동자도 병풍이 사용된 기록 이 있다. 그러한 왕실 문화가 사대부가의 혼례에 사용되면서 길거리 화가들에 의해 그려지고 판매되었을 것이다. 백자도 속 동자의 머리가 두 갈래 상투 형태 의 쌍계雙髻 모습을 하고 있는데, 삼국시대 동자의 머리도 두 갈래 상투였다. 조 선시대 그림 속의 선녀도 그러한 모습을 하고 있다. 쌍계는 고전적 이미지로 신 선다운 고귀함의 또 다른 표현이다. 이처럼 백자도 속 아이들은 세상 부모들의

바람대로 고귀한 존재로서 건강하고 용과 범처럼 용감하고 행복하며 천진한 모습을 하고 있다.[38]

「곽분양행락도」는 「곽분양향락도郭汾陽享樂圖」라고도 한다. "다자多子가 오복五福에 들어간 시기는 아마도 당나라 때부터인 것 같다. 이때까지는 『서경書經』에 나오는 오복이었고, 이것이 원래의 오복이다. 여기서는 오래 살고壽, 부유하게 살고富, 편안하게 살고康寧, 덕을 베풀기 좋아하며攸好德, 하늘이 준 수명을 다 마치는考終命 것으로서 자식을 많이 두는 것多子은 없었다. 이러던 것이 당나라 이후에는 오래 살고壽, 부유하게 지내며富, 신분이 높아지고貴, 자식을 많이 두며多子, 덕을 베풀기 좋아하여 남으로부터 칭송을 받는攸好德 것으로 바뀌어 나타난다. 이때 '다자'가 편입되었다. 이렇게 오복이 바뀌게 된 것은 당나라 장군 곽자의郭子儀의 생애에 의한 것이라 생각된다. 그는 분양汾陽이라는 곳의 왕, 곧 제후로 봉해졌기 때문에 곽분양郭汾陽으로도 불리는 사람으로 동양 역사상 가장 행복한 사람으로 기록될 것이다. 그는 85세까지 장수하였으며, 천자 못지않은 부를 누렸고, 신분이 제후에까지 이르렀고, 천자인 덕종으로부터 상보尙父라는 칭호까지 받았으며, 장수로서 전쟁에서 연전연승하여 무훈을 높였으므로 중국인 대중들로부터 깊이 존경을 받았던 인물이다. 이렇게 한 몸에 모든 행복을 누린 사람이 출현한 것이 동양인 대중들에게 큰 희망을 준 계기가 되었다."[39] 이것이 「곽분양행락도」가 크게 유행하게 된 배경이다.

"대부분의 문화권에는 사랑과 미의 여신이 있다. (……) 이미 2천 년 전에 한국에도 비너스에 해당하는 '서쪽의 여왕', 곧 서왕모라는 여신이 있었다. 한국인은 불사의 여신 서왕모에 젊음과 아름다움이라는 이미지를 결합시켰다. (……) 중국에서는 시황무라 하고, 한국에서는 서왕모라 부르는 이 여신은 2천 5백 년 이상 도교의 중심지였던 산동반도에서 특히 유명한 존재이다. (……) 서왕모가 사는 곳은 환상적인 풍광을 지닌, 날카롭게 깎아지른 듯한 산꼭대기들로 유명한 중국 남서쪽의 곤륜산이다. 세상에서 가장 멋진 과수원이 그 험준한 산속 깊숙한 곳에 있는데, 거기서 자란 복숭아는 한 번만 베어 물어도 영생할 수 있다. 서왕모는 이 낙원을 관장하면서 6천 년마다 여기서 신선들을 초대해 잔치를

「곽분양행락도」 8폭 병풍(국립고궁박물관 소장)

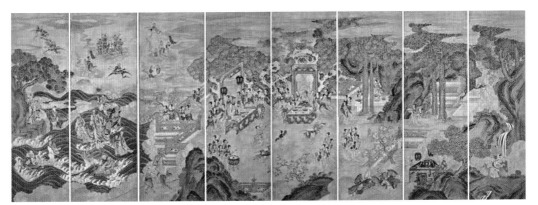

「요지연도」 8폭 병풍(경기도박물관 소장)

연다. (……) 서왕모의 복숭아나무는 3천 년마다 잎이 달리고, 다시 3천 년이 지나 열매가 익는다. 복숭아 맛이 절정에 달했을 때, 서왕모는 신선들을 초청해서 잔치를 연다. 산꼭대기의 옥 궁전에서 열리는 이 잔치는 대단히 성대하였다. 서왕모의 궁전은 견고한 금 누벽金壘壁으로 되어 있고, 그 위에는 진귀한 보석들이 쌓여 있다. 서왕모의 정원은 대부분이 복숭아나무로 이루어진 과수원인데, 거기에는 진귀한 보석처럼 녹색을 띠고 있어 요지瑤池라고 불리는 연못이 있다. 서왕모가 6천 년마다 마련하는 이 잔치, 곧 요지연瑤池宴에서는 육안으로는 볼 수 없는

「모란도」 6폭 병풍(국립고궁박물관 소장)

악기를 연주하는 신선의 음악이 흐른다. (……) 절의 명부전冥府殿에서도 서왕모의 벽화를 볼 수 있다. 봉원사의 외벽과 해인사의 천장에도 그려져 있다. 서왕모가 구름을 타고 공중을 떠다니는 모습이나 그녀의 복숭아 과수원 모습은 미술에서 중요한 소재의 하나가 되어왔다. 한국의 화가들은 불사의 복숭아를 서왕모를 대신해서 그리기도 하였다."[40] 이 「요지연도」가 그려진 병풍을 혼례식에서 사용하는 이유는 오래오래 행복하게 잘 살라는 기원에서이다.

공식 잔치에서는 모란대병牡丹大屏을 쓴다고 했다. 모란은 꽃 중의 왕, 곧 화왕花王이라고 부르는 만큼 모양이 훌륭해서 부귀화富貴花라고도 부른다. 모란 그림은 다른 꽃들과도 함께 그려지는데, 해당화와 목련이 곁들여 있다면 모란꽃의 부귀, 목련의 옥玉, 해당화의 당堂이 함께 읽혀서 부귀옥당富貴玉堂이 된다. 여기서는 물론 생태적 사실, 예를 들어 목련은 4월, 모란은 5월, 해당화는 6월에 핀다는 점은 중요치 않다. 모란과 바위를 함께 그리면 바위의 수壽와 함께 부귀수富貴壽의 뜻이 된다. 모란꽃을 크게 그리면 대부귀역수고大富貴亦壽考, 곧 크게 부귀를 누리고 장수하여 천수를 다하라는 의미가 된다. 모란에 장닭을 함께 그리면 '공을 세워 이름을 떨치고 부귀를 누린다'는 뜻의 부귀공명도富貴功名圖가 된다. 모란이 부귀, 장닭이 공계公鷄이므로 공公과 독음이 같은 공功을, 울 명鳴과 독음이 같은 이름 명名을 빌려서 그렇게 읽는다.[41]

이렇듯 모란은 그 자체의 의미에 더해 여러 사물과 연결되면서 대단히 소망스런 기원을 두루 표현해낸다. 공식 잔치에서 쓸 만한 그림이 아닐 수 없다.

그런데 모란대병은 제용감濟用監에서 만든다. 제용감은 왕실에서 쓰는 각종 직물, 인삼의 진상과 국왕이 내려주는 의복 및 사紗, 나羅, 능綾, 단緞, 포화布貨, 채색입염彩色入染, 직조 등에 관한 업무를 관장했다. 모란대병은 사적으로 제작하기에는 비용이 많이 들어 사족들은 혼례 때 빌려가기도 한다.

모란대병처럼 특별한 그림을 제외하고는 대개 광통교 아래에서 이런 그림들을 팔았다. 그 사정을 「한양가」가 잘 전해주고 있다.

광통교 아래 가게 각색 그림 걸렸구나
보기 좋은 병풍차屏風次[42]의 백자도 요지연과 곽분양행락도며[43]

그 밖에도 경직도耕織圖, 소상팔경도瀟湘八景圖, 계견사호도鷄犬獅虎圖, 등용문도登龍門圖, 십장생도十長生圖, 사군자도四君子圖, 구운몽도九雲夢圖, 강태공도姜太公圖, 상산사호도商山四皓圖, 삼고초려도三顧草廬圖, 귀거래도歸去來圖, 이태백도李太白圖, 신장도神將圖 등 많은 그림이 더 있었다.

19

투전판 타짜들

투전은 종이 패 같은 것이다. 인人, 어魚, 조鳥, 치雉, 성星, 마馬, 장獐, 토兎 등 1부터 9까지 있고, 각각에는 장將이 있는데, 인장人將은 황皇, 어장魚將은 용龍, 조장鳥將은 봉鳳, 치장雉將은 응鷹, 성장星將은 극極, 마장馬將은 승乘, 장장獐將은 호虎, 토장兎將은 취鷲다. 이 여덟 개에 각 10장씩 하여 총 80장인데, 그것을 팔목八目이라고 한다. 이것들 중에서 인人, 어魚, 조鳥, 치雉를 노老라 하고, 성星, 마馬, 장獐, 토兎를 소少라 한다. 투전의 글자는 전서篆書 같기도 하고 초서草書 비슷하기도 해서 참 기괴하다.

노름과 노름꾼

도박, 곧 노름은 돈이나 재물을 걸고 주사위나 골패 등의 도구를 써서 서로 따먹는 행위를 말한다. 통념상 내기는 일반인이 심심풀이로 음식이나 술 따위를 걸고 하는 소규모적인 것임에 반하여, 도박은 주로 전문가에 가까운 노름꾼이 돈을 걸고 벌이는 행위를 일컫는다. 노름은 어느 사회에서나 비도덕적인 일로 생각되었으며, 심심풀이로 하는 일시적이고 소규모적인 것을 제외하고 조직적이고 계속적인 행위는 법률로 금지해왔다.

우리나라의 대표적 노름이라고 할 수 있는 투전은 영조 초기부터 널리 퍼져

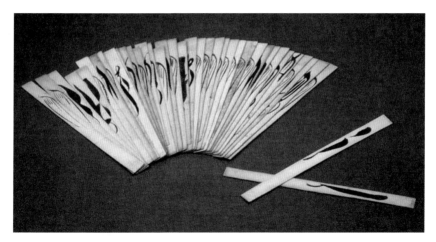
투전(온양민속박물관 소장)

서 서울은 물론이고 전국 각지에서 크게 유행했다. 당시 나라에서는 투전이 도둑
질보다 더 큰 해를 끼친다고 하여 법으로 엄금했으나 효과를 거두지는 못했다.

　　노름꾼 뒤에는 돈을 꾸어주는 분전노分錢奴가 있었고, 빚을 얻은 이가 계약
서대로 이행하지 못할 때에는 수령에게 고소하여 법률의 힘을 빌리기까지 했
다. 그러나 농촌 사람들은 현금이 없게 마련이므로 중간착취자인 설주高主가 끼
어들어 노름을 조장했다. 노름꾼들은 이 설주에게 가축이나 농산물 따위를 시가
의 반값으로 저당 잡혔으며, 설주는 자기의 도장을 찍은 개인 돈, 곧 사전私錢을
발행했다. 노름이 끝나면 설주는 그 돈을 현금으로 바꾸어주고 가축이나 작물을
자기 것으로 삼았는데, 이러한 노름을 셈노름이라 했다.

　　노름꾼들은 자기의 노름 운을 위해 산신에게 빌기도 했다. 깊은 밤중에 산속
에 들어가 골패 가운데 수패首牌 하나를 땅에 묻고 신령에게 백일기도를 올리면
산신이 그의 담력을 시험한 뒤, 노름수를 가르쳐준다고 믿었다. 산신의 이러한
가르침을 육임六壬이라 했으며, 노름판을 계속해서 휩쓰는 사람을 '육임한 놈'이
라고 불렀다.[1]

　　또 노름꾼들은 몇 가지 금기를 지켰다. 노름 도중에 자기 돈이 남의 자리 쪽
으로 굴러가면 그 돈은 동전動錢이라 하여 따로 두고 절대로 쓰지 않았다. 이 돈

이 남의 손으로 들어가면 자기 돈이 계속 흘러나갈 것으로 믿었기 때문이다. 또 까치집 가운데 가장 굵은 나뭇가지를 뽑아 흐르는 물속에 넣고 거꾸로 밀어 올리면 노름판에서 돈을 따게 되리라고 여겼다. 이 때문에 노름이 성한 마을에는 까치집이 남아나지 않았으며, 까치집이 없는 마을은 도박촌으로 여기기까지 하는 일도 있었다.[2]

노름에는 바둑奕棊, 圍碁, 장기象棊, 象戱, 쌍륙雙陸, 握塑, 골패骨牌, 윷놀이擲柶, 장구藏鉤, 돈치기意錢 등이 있었는데『경도잡지』에서는 그중 투전만 언급하고 있다. 잡기 중 가장 많은 이들이 놀았고, "그 피해 중 투전이 특히 심"[3]했기 때문이었을 것이다.

그런데 유득공이 언급한 투전은 수투전數投牋이다. "현행의 투전에는 아속雅俗의 2종이 있는데, 문아文雅한 인사들이 행하는 것"[4]이 수투전이다. "일반 대중들 사이에서는 그저 투전이라" 했는데, 40매로 하는 돌려태기(갑오잡기)가 득실이 제일 크게 나서 가장 많이 행해졌다. 그 외에 같은 끗 세 짝을 맞추는 '동동이', 3인 1조로 15끗 잡기를 하는 '가구', 4~5명이 한 조로 판을 돌린 장 이외에 한 장씩 더 뽑아서 우열을 다투는 '우동뽑기(단장대기)', 그리고 '가구' 중에 5점 3엽葉으로 15를 내는 '대방진주', 1과 4로 되는 '여사', 2와 1로 되는 '뺑뺑이' 등이 더 있었다.[5] 이 "투전은 대개 수투전의 오락적 기능을 누르고 도박성을 확대하여 만든 것"[6]이다.

'투전'의 한자 표기도 다양했다. '투전投牋'(『경도잡지』), '투전鬪牋'(『청성잡기』), '투전投錢'(『담헌서』), '투전投牋'(『임하필기』) 등이 그것이고, 그 외에 '구전鬪牋'(『오주연문장전산고』), '투패鬪牌'(『목민심서』), '두철頭鐵'(『아언각비』) 등으로 표기했다. '마조馬弔', '지패희紙牌戱', '엽자희葉子戱'는 투전을 달리 부르는 말이었다.

투전이 언제 들어왔는지에 대해서는 여러 이견이 있다. 성대중成大中(1732~1809)에 따르면, "투전놀이가 어느 시대에 시작되었는지는 알 수 없으나 숭정崇禎 말엽에 장현張炫(1613~?)이 북경에서 배워 가지고 왔다"[7]고 한다. 이후 이규경李圭景(1788~?)은 "숙종 시 역관 장현은 옥산부대빈玉山府大嬪의 부父 형煦의 조카로 후에 반역죄로 죽임을 당했는데, 중국의 법을 약간 변화시켜 이 기技를 만들었다"[8]고 하여 좀 더 자세히 언급하고 있다.

이들의 주장에 따르면, 투전은 대략 17세기 중엽에 들어왔다. 한편 "늦더라도 임란동원王亂東援[9]의 명군明軍을 통하여 지나의 마조馬弔 같은 것이 전했을 것은 생각할 수 있는 일이요, 하여간 그것이 지나 지패紙牌의 여류餘流에 속함은 명백한 사실이다 할 만하다"[10]는 견해도 있다.

참고로 전라도 지방에는 인물투전人物鬪牋이라는 것이 있었는데, 그것은 투전과 노는 법은 같으나 기호記號가 달랐다. 즉 "투전의 기호는 비전비주非篆非籒[11]의 괴상한 형태요, 그 명칭도 2를 두비, 4를 새, 5를 외, 9를 귀, 10을 장이라 하고, 점수를 나타내는 말도 1을 따라지, 5를 진주, 6을 서시, 7을 고비, 8을 덜머리, 9를 갑오, 10을 무대라고 하는 등 은어隱語"[12]를 쓴다.

투전 세상 좋을시고

투전이 수입되자, 마치 이전 광해군 때 담배가 들어온 이후 짧은 시간 내에 남녀노소가 두루 피워댔던 것처럼, "위로는 사대부의 자제들로부터 아래로는 항간의 서민까지"[13] 투전에 빠져들었다. "파락호破落戶[14]와 상놈의 무리는 논할 것도 없지만, 정승과 재상 등 사대부 집안의 자제들과 예문관과 홍문관 등 명망 높은 관서官署의 재능 있는 문신들조차 동료들을 투전판으로 끌어들여 때를 놓칠세라 달려들기를 능사로 여기고 있"[15]는 것이다. 태학, 곧 성균관에서 공부하는 생원과 진사도 예외는 아니었다. "크고 작은 행사 때 제공되는 별미別味, 초하루와 보름에 지급되는 종이와 붓, 봄가을에 지급되는 부들자리 등을 죄다 내다 팔아 돈을 챙겨 투전판에서 도박하는 비용으로 사용"[16]했던 것이다.

조선 후기 향촌 사회의 어리석은 세 남자, '남촌 한량 개똥이'와 '저 건너 꽁생원'과 '산 넘어 꾕생원'을 비난하는 이야기를 담은 가사 「우부가愚夫歌」에서 그들이 하는 너절한 짓거리들 중에 투전은 어김없이 등장한다.

"이리 모여 노름 놀기 저리 모여 투전질에", "종손 핑계 위전[17] 팔아 투전질이 생애로다"(개똥이) / "대로변에 색주가며 노름판에 푼돈 떼기"(꽁생원) / "투전꾼은 좋아하며 손목 잡고 술 권하며", "술집이 안방이요 투전방이 사랑이라"(꾕생원)[18]

"세상에서는 '남초를 피우지 않고 투전을 하지 않으면 어찌 사람이라 할 수 있겠는가'라고까지 말"[19]하거나 "투전도 하지 않고 농담과 욕도 하지 않으면 사람들과 어울리며 세상을 살아갈 수 없다"[20]고 하니, 당시 사람들이 투전에 얼마만큼 빠져들었는지 알 만하다. 윤기尹愭(1741~1826)의 「투전하는 자들」이라는 시는 저간의 사정을 생생하게 묘사하고 있다.

촌 사내가 일하기는 싫어하고 / 오직 투전만을 좋아하여 / 온종일 밤중까지 / 벗을 불러 돈내기 하네 / 봉두난발에 벌건 눈으로 / 모양은 미치광이와 흡사하여 / 주머닛돈도 다 떨어지고 / 몸에 온전한 옷조차 없으니 / 빚을 내거나 전당을 잡히고 / 속임수에 도둑질까지 하네 / 이웃집들도 모두 미워하니 / 친척인들 가련히 여기랴 / 아낙은 곡하고 나무라며 / 하늘을 부르짖으며 호소하기를 / 투전이 어떤 물건이기에 / 내 마음 이토록 상하게 하나 / 치마는 훔치듯 빼앗고 / 솥단지는 버리듯 팔아서 / 이후로 삼 일을 굶주려도 / 한번 가면 돌아오지 않네 / 독수공방 탄식뿐이고 / 여러 아이들 울며 잠들지 못하니 / 바라건대 단번에 죽어버렸으면 / 괴로운 눈물이 실처럼 흐르네 / 남편이 아낙의 말을 듣더니 / 눈을 부라리며 갑자기 앞에 나타나 / 만사를 내 좋은 대로 하는데 / 누가 지난 잘못을 따지는가 / 재물은 있다가도 없는 것 / 밝은 달도 기울었다 차는데 / 내가 지금 장성한 나이로 / 어찌 네 말에 뉘우치랴 / 부모도 금지할 수 없고 / 관청도 권세를 잃었는데 / 아낙네가 군말을 좋아하니 / 내 주먹맛을 실컷 봐야 하리 / 죽든 살든 네 맘대로 하라 / 노름이나 하며 내 평생 마치리라 / 발로 단지를 깨뜨리고 나가니 / 기세가 양양하네[21]

'투전 열풍'은 패가망신으로야 끝을 보았다. 그러고도 "기세가 양양하"니 더 볼 것이 없다. "세상에는 스스로를 해치고 내버려서 패가망신하는 일인데도 한번 빠져들면 제정신을 잃고 돌아올 줄 모르는 것이 세 가지가 있으니, 술과 여색과 투전이다"[22]라는 말이 결코 과언이 아니다.

사정이 이러하니 사달이 생겨나지 않을 리가 없다. 조선 후기 각종 범죄인의 범행과 그 처리에 대한 내용을 기록한 『심리록審理錄』에 따르면, 1800년 4월 한양에서 "며칠 동안 다섯 건의 사건을 판결했는데, 모두 투전이나 술주정으로 인한 것이었다".[23] 특히 그해 다섯 번 발생한 살인 사건 중 하나가 투전으로 일어났다. 서울 북부에 사는 "김응성이, 김일손이 투전을 저지하는 것에 감정을 품어 구타하고 발로 차서 엿새 만에 죽게 했"[24]던 것이다. 그것도 한낮 대로변에서.

투전과 투전꾼에 대한 윤기의 비난을 통해 당시 투전의 폐해가 어느 정도였는지 살펴볼 수 있다.

> 미치광이처럼 한곳에 모여들어 빼곡히 둘러앉아 낮이나 밤이나 쉬지 않으니, 여기에 빠지면 좋은 술과 아리따운 계집으로도 견주지 못하고, 승부를 걸면 한 번에 100만 전을 던져도 많다고 여기지 않는다.[25]

이학규李學逵(1770~1835)의 한탄과 질타도 대단히 삼엄했다.

> 투전 도박이 어찌 우리들이 손에서 잡고 있을 것이겠소? 비록 돈을 많이 땄다고 하더라도, 그 돈은 반드시 패가망신한 자제들의 손에서 나온 것이며, 그들 부모와 처자식들이 피와 땀을 모두 쏟아낸 것들이지요. 만약 자기 자신이 돈을 잃었다면, 그 돈은 또한 자기 자신의 부모와 처자식들이 피와 땀을 쏟아낸 것이랍니다. 이 같은 돈을 펑펑 허비하면서도 태연하게 부끄러워할 줄 모른다면, 어찌 슬퍼하지 않을 수 있겠소? 투전 도박을 하는 자들은 흔히 무료하고 심심해서 한다고 핑계를 댄답니다. 아아! 사람이 이 세상에 태어나서 온갖 일에 마음이 쓰이고 몸이 얽혀 있지요. 이 같은 마음과 몸은 잠시라도 한가할 겨를이 없지요. 어찌 무료하고 심심하다는 말이 나올 수 있겠나요? 만에 하나 무료하고 심심하다면, 목

침을 괴고 다리를 펴고서 한바탕 낮잠이나 자는 편이 더 나을 겁니다. 썩은 나무는 아로새길 수 없는 것처럼 낮잠이 무용한 것이기는 합니다. 그렇지만 도박 때문에 몸도 망치고 마음도 더럽혀 평생토록 치욕을 받는 것보다는 나을 겁니다.[26]

투전 노름이 '부모와 처자식들이 피와 땀을 쏟아내 만든 돈'을 함부로 허비하는 것이라는 이학규의 통렬한 비판은 그러나 투전꾼들에게는 그야말로 마이동풍이었다. "부모가 울며 금지시켜도 듣지 않고, 국법으로 누차 엄금해도 그치지 않으며, 벗들이 책망하면 도리어 성을 내며 절교하고, 처자가 만류하면 도리어 호통을 치며 꾸짖는다."[27] 결국 "나라에서 금지할 지경이나 막을 도리가 없었다".[28] 임금도 그저 탄식만 할 뿐이었다. "잡기 가운데 투전投錢으로 인한 폐단의 문제는 사대부들까지 모두 거기에 빠져 있다고 하니, 한마디로 말해서 수치스러운 일이다. 집안에는 각기 부형들이 있을 것인데 그 부형들이 그것을 보고서도 막지를 않으니, 어찌 세상의 도의를 위해 한심한 일이 아니겠는가."[29]

타짜의 출현

그러다 보니, 이른바 타짜들도 자연스레 등장했다.

종잇조각 길게 잘라 꽃무늬 그려 넣었는데
병풍 친 장막에서 아침저녁으로 빠져드네
여러 번 내기 벌여 고수가 되니
천금을 다 잃어도 말 한마디 없구나[30]

한마디로 "만 전도 한 판에 내던지는 사내"[31]들이 속속 등장했던 것이다. "장현이 처음에는 국수國手로 일컬어졌다"는 전언에서 보듯이, 투전의 소내 국수는 투전을 도입한 장현이었다. 그 후 "투전이 온 나라에 퍼져 사람들이 바둑이나 장기보다 더 탐닉하게 되"[32]자 국수, 곧 타짜들도 많이 생겨났다. 그중 한 명이 투전의 귀재 원인손元仁孫(1721~1774)이다.

> 잡기 가운데 이른바 투전은 귀신같은 기술이 있는 듯하다. 우의정 원인손은 젊었을 때 투전의 국수로 유명하였다. 그의 아버지 판서 원경하元景夏(1698~1761)가 금지해도 그만두지 않자 화가 몹시 나서 그를 마당에 끌어냈다. 판서가 여덟 개의 목目 가운데 인장人將을 손에 쥐어 숨기고서 인장을 뽑아보라고 하며 "맞히지 못하면 매질하리라!"라고 하였다. 원인손이 한참을 고민하더니 "어! 인장은 빠져 있는데요"라고 말하였다. 판서가 투전을 내던지며 "네놈은 어쩔 도리가 없구나. 너 하고 싶은 대로 하거라"라고 하였다. 그러고는 손님들에게 말하였다. "아들놈이 어렸을 때부터 기름 먹인 종잇조각을 보기만 하면 꼭 섞어 던지곤 했는데, 투전에 빠질 조짐이었나 봅니다!"[33]

이런 판국에 투전이 나라의 운세, 좀 더 구체적으로는 정치 판세를 읽어내는 데 활용되기도 한 모양이다. 그러니 정부로서는 투전을 금지시켜야 할 명분이 또 하나 생긴 셈이다. 『경도잡지』보다는 좀 더 앞선 세대이기는 하지만, 김시양金時讓(1581~1643)의 일화는 그 일단을 짐작케 한다.

> 남인과 서인으로 분당된 지 오래되었는데, 노론과 소론으로 또 나눠질 것이다. 그러나 사람과 황제가 노놘에 있으니, 국가의 정권을 장악할 자는 반드시 노론일 것이다. 물고기와 새는 모두 그물에 걸리는 물건인데 노놘에 모여 있으니, 노론이 패하게 되면 반드시 떼죽음을 당할 것이다. 별은 밤에 빛나는 것이니, 비록 문채 나긴 하나 정국을 전담하기는 어려울 것이다. 호랑이와 수리가 한 짝이 되었으니, 반드시 많은 사람을 해칠 것이다. 말은 12지지地支 중 오午에 해당하니, 남인이 반드시 소론과 합할 것이나 80년이 못 되어 모두 종식될 것이다.[34]

투전판에서 불린 「투전타령」 혹은 「투전불림」이라는 노래가 있었다. 그 내용과 가락은 지역마다 많이 다르지만, 승부보다 풍류적인 측면이 강해 투전판을 흥겨운 분위기로 몰고 간다는 점에서는 모두 같다. 대개 투전 쪽의 끝수를 노래하는데, 자기가 버리는 숫자를 상대에게 알려주는 기능을 한다. 다음은 경상도 지방의 노래이다.

주먹 같은 일자 一字, 일자나 한 장 들고 보니 일일송송 야밤중에 새별이 어인말고

도굿대 같은 이자 二字, 이자나 한 장 들고 보니 이 등 저 등 북을 치니 회월기생이 춤을 춘다

활촉 같은 삼자 三字, 삼자나 한 장 들고 보니 삼동가리 놋제같이 경상감사가 맞들었다

총자루 같은 사자 四字, 사자나 한 장 들고 보니 사촌은 팔촌이라 오촌은 당숙이다

중놈 대가리 오자 五字, 오자나 한 장 들고 보니 오촌은 당숙이라 사촌은 팔촌이다

호래기 같은 육자 六字, 육자나 한 장 들고 보니 육 원 딴머리 각시머리가 노리개라

두 다리 동갠 칠자 七字, 칠자나 한 장 들고 보니 칠 년 대한 가뭄에 옥수 같은 빗방울이 여기도 뚝떡, 저기도 뚝떡

개 발톱 같은 팔자 八字, 팔자나 한 장 들고 보니 팔십에 노인이 아홉 상좌 거느리고 나무 밑을 걸어간다

두 눈이 꿈쩍 구자 九字, 구자나 한 장 들고 보니 구십에 노인이 팔상좌 거느리고 나무 밑을 걸어간다

이리저리 장자 將字, 장자나 한 장 들고 보니 장안의 광대 박광대, 오만 장이 내 돈이라.[35]

이 노래를 들어보니, 연암 박지원의 일화가 생각난다.

새벽에 큰비가 내려 머물렀다. 정 진사·주 주부·변군·박래원·주부主簿 조학동趙學東 등과 시간도 보낼 겸, 술값도 보낼 겸 해서 투전편을 벌였다. 모두들 내 솜씨가 서툴다고 판에 끼워주지 않고, 가만히 앉아 술이나 먹으라고 한다. 이른

김준근의 「투전」

김득신의 「밀희투전」(간송미술관 소장)

김준근의 「투전하는 모양」

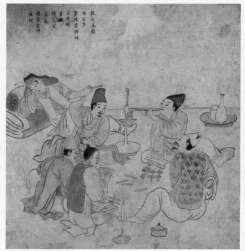

성협의 「투전판」

김양기의 「투전」

김윤보의 「포교포잡기인」

바 언문 속담에 "굿이나 보고 떡이나 먹지"라는 것이어서 더욱 분통이 터지고 원망스러웠지만 어찌할 수도 없었다. 누가 따고 잃는지 승패나 구경하고 술은 내가 먼저 마실 수 있으니 해롭지 않은 일이다. (……) 하루해가 길어서 한 해를 보낸 것 같고, 저녁으로 갈수록 더더욱 더워서 어지럽고 잠이 와 견딜 수가 없었다. 옆방에서 막 노름을 하려고 모여 와자지껄하기에 나도 얼씨구나 하고 자리에 끼어들어 연거푸 다섯 차례나 이겨 돈 백여 푼을 땄다. 술을 사다 실컷 마시니 가히 어제의 분풀이가 될 만하였다.[36]

마지막으로 투전판을 그린 그림들을 보도록 하자. 먼저 김준근의 「투전」을 보면, 투전을 하는 사람들이 노소의 차이가 있어 보이지만 모두 상민임을 알 수 있다. 반면 김득신의 「밀희투전密戲鬪牋」에서 투전을 하고 있는 사람들은 모두 양반이다. 전부 망건에 탕건을 하고 있으며, 한 사람은 안경을 쓰고 있다. 김준근의 「투전」에 등장하는 상민들과 달리 옷도 잘 갖추어 입었다. 그런데 김준근의 다른 그림 「투전하는 모양」을 보면, 양반과 상민, 그리고 노소가 섞여 있다. 김홍도의 아들인 김양기金良驥와 성협의 그림에서도 마찬가지다. 투전판에는 상하노소가 따로 없었음을 알 수 있다.[37]

김득신, 김양기, 그리고 성협의 그림에는 몇 가지 중요한 정보가 들어 있다. 우선 요강이다. 잠시 밖에 나가 볼일을 볼 틈도 없이 투전에 매달리고 있음을 알 수 있다. 촛불이 있는 것으로 보아 밤새 놀았음도 짐작 가능하다. 술상도 있고, 음식을 들고 들어오는 아낙네도 있으며, 시계도 걸려 있고, 옷걸이 등, 특히 쉬면서 잠을 청하고 있는 사람으로 보아, 저 집은 전문적으로 투전판을 제공하는 공간임이 확실하다. 김윤보金允輔(1865~1938)의 「포교포잡기인捕校捕雜技人」은 포교들이 투전꾼들을 습격하는 장면을 묘사한바, 저 집이 바로 전문 도박장이다. 요즘 말로 하면 '하우스'이다.

제1장 의관 갖추어 행차할 제

1. 머리끝에서 발끝까지

1   서유문(徐有聞, 1762~?)의『무오연행록(戊午燕行錄)』권6 기미년(1799) 2월 13일 한글 기사를
     현대 문맥에 맞게 약간 수정하여 인용했다.

2   가랑이가 무릎까지 내려오도록 짧게 만든 홑바지를 말한다.

3   비름과의 한해살이풀인 명아주의 줄기, 곧 명아줏대로 만든 지팡이를 말한다.

4   幅巾短褐, 徒倚乎欄檻之上, 則山之高, 水之遠, 雲之浮, 鳥獸魚之遨遊, 擧熙熙然來供吾與, 而扶藜
     躡屐, 從容於階除之下, 則翠煙自留, 淸風時至. 松檜蕭蕭有聲, 而紛紅駭綠, 香氣橄苒, 施施乎與形
     骸相忘, 于乎與造物者遊.[奇大升(1527~1572)이 지은「俛仰亭記」의 일부.『高峯先生文集』권2
     「文」(『韓國文集叢刊』40)]

5   이황의 문하로, 자가 이정(而精)이고, 호는 잠재(潛齋)·정암(整庵)이다. 김취려가 정암이라는
     서실(書室)을 짓자 퇴계가 축하하고 격려하는 서신을 보낸 바 있다.(『退溪集』권28「書」4 '與金
     而精')

6   덕망 높은 선비의 웃옷이며, 백색 천으로 만들고 옷 가장자리에 검정 비단으로 선을 둘렀다. 주자
     가『가례(家禮)』에서 천거한 이래로 조선시대 유학자들이 숭상하여 심의를 착용했다.

7   金就礪造幅巾深衣以送, 先生曰; "幅巾似僧巾, 著之似未穩", 乃服深衣, 而加程子冠.[金成一,『鶴峯
     續集』,「雜著」'退溪先生言行錄'(『韓國文集叢刊』48)]

8   최남선,『조선상식(朝鮮常識)』「풍속편(風俗篇)」.(『육당 최남선 전집』3, 고려대학교 아세아문제
     연구소 육당전집편찬위원회, 현암사, 1973, 471면)

9   주로 도교의 도사가 썼던 검은색 두건을 말한다.

10   '책(幘)'은 헝겊으로 만들어 쓰던 쓰개로, 건(巾)의 사용이 보편화되면서 한대(漢代)에 생긴 것이
     다. 삼국시대 말기에 신라가 중국의 복식을 받아들이면서 들어오게 되었는데, 대개 고구려인이 많
     이 썼다. 그 형태는 미천왕릉, 안악2·3호분, 약수리 고분벽화에서 보이는 것처럼, 뒤가 세 갈래 이
     상으로 앞이 얕고 뒤가 높으며 뾰족하다.(조효순,『한국복식풍속사연구』, 일지사, 1988, 165면)

11   幅巾本非先王之法服, 周公仲尼子夏子游之言, 未有及焉. 漢時之一幅之巾, 盜賊者所著, 與皁巾綠

幘, 將無同矣. 晉人風情疏宕, 不規規於貴賤之別, 而幅巾遂爲士大夫之服. 至朱子錄之家禮, 遂成禮服.[『茶山詩文集』권18「書」'答茯菴'(『韓國文集叢刊』282)]

12 왕, 왕세자, 문무백관이 평상시 집무할 때 입은 옷, 요즘 말로 하면 일종의 근무복에 해당한다.

13 그의 문집은 『송자대전(宋子大全)』이다. 송시열을 공자와 주자(朱子)에 버금가는 성인으로 존숭하여 '송자'라 하고, '문집'이라는 말 대신에 '대전'이라 한 것은 대단히 이례적인데, 이는 당시 송시열의 문인들이 주축이 된 노론(老論)이 정계와 학계에서 막강한 위치에 있으면서 송시열을 상징적인 존재로 부각시킨 결과이다.

14 홍나영, '조선 후기 사대부의 일상 복식', 『조선 후기 지식인의 일상과 문화』, 이화여자대학교출판부, 2009, 62~63면.

15 유희경, 『한국복식문화사』, 교문사, 1981, 261면.

16 그것이 이재(李縡, 1680~1746)의 초상인지, 아니면 그의 손자 이채의 초상인지에 대해서는 논란이 남아 있지만 현재로서는 후자라고 추정하는 오주석의 주장이 타당해 보인다.(『한국의 미 특강』, 솔, 2004, 177~182면) 이채는 복건을 쓰고 있는 초상뿐 아니라 동파관(東坡冠)을 쓰고 있는 초상도 남기고 있다.

17 以一幅巾襚之.(『青莊館全書』권51「耳目口心書」4)

18 足下幅巾之襚, 是知禮也.(『青莊館全書』6「雅亭遺稿」8'書')

19 16세기 영남의 재야 학자 류장원(柳長源, 1724~1796)이 지은 『상변통고(常變通攷)』「습의를 진설함(陳襲衣)」이라는 글에서, 염습에서 복건을 사용하는 것이 옳다고 했다. "서의 : 옛날에 죽은 사람에게는 관을 씌우지 않았다. 다만 비단으로 그 머리를 싸서 엄(掩)이라 했다. 대개 습렴(襲斂)은 신체를 보호하는 것을 위주로 하여 부드럽고 견실하게 함이 중요하다. 관이 크고 높으면 안정되기 어렵거늘, 하물며 지금의 복두(幞頭)는 쇠로 다리를 만들고 길이가 석 자이며, 모(帽)는 검은 깁을 사용해서 만들고 그 위에 허첨(虛簷, 차양)이 있으니, 관 속에 둔다면 어찌 차분할 수 있겠는가? 평상복으로 염습하고 위에 복건을 더하여 엄을 대신하게 하는 것만 같지 못하다. ○ 문해 : 묻기를, '염습에 비단(繒)을 배접하여 만든 사모(紗帽)를 쓰는 것이 어떠한가?' 하니, 대답하기를, '사모는 크고 높아서 사용하기 어려우니, 비록 관직에 있던 자라도 복건을 씀이 옳을 듯하다'라고 했다[書儀 : 古者, 死人不冠, 但以帛裹其首, 謂之掩, 蓋以襲斂, 主於保庇肌體, 貴於柔軟緊實, 冠則磊嵬難安, 況今幞頭, 以鐵爲脚, 長三尺, 帽用漆紗爲之, 上有虛簷, 置於棺中, 何由安帖, 莫若襲以常服, 上加幅巾, 所以當掩也. ○問解 : 問, 襲用褙繒紗帽, 如何, 答, 紗帽磊嵬, 難用, 雖有官者, 用幅巾, 恐得之.(常變通攷 제7권 ○喪禮 襲)]." 이러한 사정은 17세기에 살았던 이현일(李玄逸, 1627~1704)의 장례에서도 마찬가지였다.

20 治喪一從家禮, 參以士喪禮, 斂用深衣幅巾.(『葛庵集』보록 권1 '年譜')

21 최남선, 『조선상식』「풍속편」,(『육당 최남선 전집』3, 고려대학교 아세아문제연구소 육당전집편찬위원회, 현암사, 1973, 471면)

22 『송남잡지(松南雜識)』5(강민구 옮김), 소명출판, 2008, 46면. 조재삼(趙在三, 1808~1866)은 복건을 '複巾'이라 했다. '두풍'은 머리 아픈 것이 오랫동안 치유되지 않고 수시로 발작하거나 멎는 증상을 말한다.(『송남잡지』, 주석 88번 참조)

23 홍대용(洪大容, 1731~1783) 등과 교유한 청나라 학자 반정균(潘庭筠)의 자(字)이다.

24 기원전 165년 한(漢) 문제(文帝)는 주(州)에서는 한 명의 수재를, 군(郡)에서는 인구에 따라 일정 수의 효렴(孝廉, 부모에게 효도하고 형제간에 우애 있으며 청렴한 사람)을 추천케 하여 수도에서 시험을 치러 관리에 임명하는 찰거제(察擧制)를 실시한 바 있다. 여기서는 대개 선비를 높여 부르

는 말로 사용되었다.

25 余時以方冠着廣袖常衣. 蘭公曰; "此卽秀才常服耶?" 余曰; "然" 蘭公曰; "制度古雅." 余曰; "我們
衣服, 皆是明朝遺制."[『湛軒書』外集 권2「乾淨衕筆談」'杭傳尺牘'(『韓國文集叢刊』248)]

26 정민,『미처야 미친다-조선 지식인의 내면 읽기』, 푸른역사, 2004, 208~209면.

27 박희병,『연암을 읽는다』, 돌베개, 2006, 119면.

28 황호근,『한국장신구사』, 서문당, 1996, 257면.

29 이 그림에서 "도자기 병에 꽂힌 영지버섯은 불로장생을 뜻하고, 발치에 놓인 생황은 봉황을 본뜬
악기다. 칼은 지혜와 벽사(辟邪)의 상징이고, 호리병은 육체를 떠난 정신의 자유로움을 나타내는
신선의 휴대품이다. 구슬픈 비파 소리는 청렴을 일깨운다고 했다".(손철주,『옛 그림 보면 옛 생각
난다』, 현암사, 2011, 95면)

30 상투를 틀고 머리카락이 흘러내리지 않도록 머리에 두르는, 관모라기보다는 머리 장식품으로 그
위에 정식의 관(冠)을 쓴다.

31 앞쪽은 낮고 뒤쪽은 높아 턱이 져 있다. 관직자만 사용할 수 있었으며, 망건 위에 썼다. 중국의 당건
(唐巾)이 우리나라에 옮겨지면서 탕건이 되었다는 설도 있다. 중국에서는 마포(麻布)나 사(紗)로
했지만, 우리나라에서는 말총으로 만들었다. 탕건은 원래 독립된 하나의 관모였으나 조선시대에
이르러 관직자가 평상시에 관을 대신하여 썼고, 망건의 덮개, 입모(笠帽)의 받침으로 사용되었다.
탕건은 속칭 감투라고도 하여 벼슬에 오르는 것을 '감투 쓴다'고도 했다. 그러나 감투는 턱이 없이
평평하고 미끈하게 생긴 것으로, 탕건과는 그 형태가 다르다.

32 初終, 洗面與手. 襲以所衣之服. 加布衣黑帶爲盛服. 冠以程子冠.[『牛溪集』續集 권6「雜著」'後事
書付尹甥煌'(『韓國文集叢刊』43)]

33 관모의 뒷부분에 붙인 헝겊을 말한다.

34 황호근,『한국장신구사』, 257면.

35 사신들 중 우두머리가 되는 사람을 말한다.

36 국가의 원수가 국가의 이름으로 보내는 외교문서를 말한다.

37 단령이란 옷깃이 둥글기 때문에 붙여진 이름이며, 대개 상복(常服)은 단령·사모·띠(帶)·화(靴)
로 구성된다. 조선시대의 관복으로는 제복(祭服), 조복(朝服), 공복(公服), 상복(常服), 시복(時
服), 융복(戎服) 등이 있었는데 이 중 공복·상복·시복이 단령이었다.

38 각 관아나 사신에 속한 역관의 우두머리를 말한다.

39 조선시대 왕실이나 나라에서 경사나 상사가 있을 때 소용되는 전례문(典禮文)을 지어 바치던 벼
슬을 말한다.

40 조선 후기 전매 특권과 국역(國役) 부담의 의무를 진, 서울의 여섯 시장[육의전(六矣廛)]의 실무
를 맡아보던 사람을 통틀어 이르는 말이다.

41 관아에서 직접 사무를 맡아보던 벼슬아치로, 정5품 통덕랑(通德郎) 이하의 당하관(堂下官)을 통
틀어 이르던 낭관(郎官)의 우두머리를 말한다.

42 사신들 중 우두머리인 정사(正使)를 돕던 버금 사신(亞使)를 말한다.

43 가운데가 높고 세로로 골이 진, 말총으로 만든 관(冠)으로, 중국의 삼국시대에 제갈량(諸葛亮)이
즐겨 썼다고 한다.

44 소매가 넓고 뒤 솔기가 갈라진 흰옷의 가를 검은 천으로 넓게 댄 웃옷이다.

45 조선시대 정3품 상(上) 이상의 품계에 해당하는 벼슬을 통틀어 이르는 말로, 문관은 통정대부(通
政大夫), 무관은 절충장군(折衝將軍), 종친은 명선대부(明善大夫), 의빈(儀賓)은 봉순대부(奉順

46 통상 예복으로 입던 남자의 겉옷으로, 소매가 넓고 등 뒤에는 딴 폭을 댄다.

47 正使奉國書之故, 黑團領, 首堂製述官, 書記掌務官亦皆黑團領, 軍官軍服佩劍侍立. 副使則臥龍冠鶴氅衣, 堂譯東坡冠着道袍.[柳相弼(1782~?)의『東槎錄』「日記」윤 3월 29일]

48 조사는 달리 조신(朝臣) 혹은 조관(朝官)이라고도 하는데, 조정에서 벼슬하고 있는 신하를 말한다. 참고로『경도잡지』를 인터넷으로 서비스하고 있는 국립민속박물관의 번역에서는 '벼슬에 나아간 자' 혹은 '벼슬한 자' 또는 '벼슬아치'라고 한바, 이는 모두 적절치 않다.

49 관리들이 정전(正殿)에 모여 임금에게 문안드리는 조회(朝會), 나라에 경사가 있을 때 조정에 모여 임금에게 축하를 올리는 진하(進賀), 임금의 나들이인 거둥 등 궁중 행사에 참여하는 일을 말한다.

50 조선 초기 사대부가 평상시에 쓰던 관인데, 중기 이후로는 주로 동파관을 많이 써서 충정관은 차츰 자태를 감추었다. 형태는 동파관보다 아래가 좁고 윗면이 완전히 네모가 나 있다.(황호근,『한국장신구사』, 256면)

51 李濟臣曰; "我國紗帽制度, 不與中朝相侔. 自國初, 左右無角, 後垂黑纓, 所見埋沒, 故公故出入, 士大夫恒沖正冠. 明廟丙寅, 朴忠元赴燕, 見中國涼紗帽制度, 費償貿氽, 自此與中國同制." 李睟光曰; "今之紗帽, 本唐巾之舊制, 爲軟脚垂下, 後乃附竹用."(『林下筆記』권15「文獻指掌編」'紗帽')

52 入室進拜, 先生起答甚恭. 擧眼見之, 長過中人, 美鬚髯, 眼光射人. 頭戴唐巾, 而皁帛雙脚, 垂後幾尺餘, 唐巾上, 疊戴布巾, 蓋去五月, 遭室內喪也.[『順菴先生文集』권16「雜著」'函丈錄'(『韓國文集叢刊』230)]

53 내리는 비를 맞지 않도록 가리는 데 쓰는 옷이나 물건을 말한다.

54 우산을 말한다.

55 최남선,『조선상식』「풍속편」.(『육당 최남선 전집』3, 고려대학교 아세아문제연구소 육당전집편찬위원회, 현암사, 1973, 218면)

56 朝克善曰; "我國士庶所着笠子, 臺上高低, 隨時變易. 淸江鰜鯖瑣語曰; '冠帶衣服之制, 因時尙好, 遷就變易, 潛與世道相符. 中廟末年, 士庶常着笠樣, 臺上極重厚高大, 坪兒極挾. 時人謂之, 冬瓜臺上切餠坪兒, 猶有古人朴實底意思. 明廟初, 金舜皐爲慶尙右兵使, 以前望制不安於着, 雨帽就舊制增損, 其體甚輕快, 一時好之. 其體立變, 時人亦爲之金舜皐體, 其後漸至頂網極抵如覆食鉢蓋子, 邊坪兒廣, 幾張小傘, 宛如僧笠. (……) 自宣廟中年, 笠制復高其頂, 至于末年, 頂極高邊極挾. 光海初年以後, 漸變其制, 遂至於邊網廣頂網抵, 則乃所謂覆子臺上安盤坪兒. 這數年之間, 笠制又變, 而癸未甲申年來, 臺上突然高大, 坪兒則仍其極廣, 未知胡然而然也.(『林下筆記』권17「文獻指掌編」'笠子之變')

57 去笠. 代以冠巾.(『磻溪隨錄』권25「續篇 上」'衣冠')

58 衣冠之制, 宜一遵華制.(같은 곳)

59 참고로『고금주(古今注)』에 이르기를, '석(舃)은 나무를 이(履)의 아래에 대어서 신발이 젖지 않아 진흙탕을 가는 데 편하게 한 것이고, 이(履)는 구(屨)에 띠를 붙이지 않은 것이다. 대개 제복(祭服)을 입을 적에 신는 신발은 석(舃)이라 하고, 조복(朝服)을 입을 적에 신는 신발은 이라고 하며, 연복을 입을 적에 신는 신발은 구라고 하는 것이다'라고 했다(古今注, 舃以木置履下, 乾腊不袖泥濕, 履乃屨之不帶者. 蓋祭服爲之舃, 朝服爲之履, 燕服爲之屨)."(『沙溪全書』권25「家禮輯覽」通禮 '深衣制度')

60 식물의 형태를 일정한 형식으로 도안화한 장식무늬. 당초는 본래 당풍(唐風) 또는 이국풍(異國風)의 덩굴이라는 의미를 지니고 있다. 당초문계 장식 요소는 민족의 조형 양식의 특질을 잘 나타

내주고 있는 것으로, 각기 그 발생 지역에 따라 특성을 달리하여 그 지역의 문화적 성격을 뚜렷이 보여준다. 당초문의 형식은 고대 이집트에서 발생하여 그리스에서 완성되었으며, 여러 지역에서 독특한 형식으로 발전했다.

61 가죽신이나 함지박 따위를 질기고 단단하게 하려고 풀칠을 하여 여러 겹으로 붙인 헝겊이나 종이를 말한다.

62 당혜나 운혜 따위에서 코와 뒤울, 곧 뒤축의 꾸밈새를 말한다.

63 한국정신문화연구원, 『한국민족문화대백과사전』 6, 1994, 244~245면.

64 위의 책 16, 583면.

65 원래는 천자가 신하들에게 연회를 베풀 때 입는 검은 옷으로 연의(燕衣)라고도 하는데, 보통은 조정에서 관원들이 집무 이외에 한가하게 지낼 때 입는 상복(常服)을 지칭한다.

66 燕服之具, 漆笠(我俗以帽之有簷者謂之笠), 琥珀纓(寒甲貢緞, 堂下玳瑁), 黑騮巾(貂皮), 護項, 幅巾(帽緞爲之), 巾(金玉圈子), 敝衣, 道袍(或靑或白), 紅條帶(差狹者), 唐鞋, 毛扇(貂皮紋緞爲之), 是也.[『茶山詩文集』권9「議」'公服議'(『韓國文集叢刊』281)]

67 고려시대에 왕궁을 수비하고 왕을 호위·경비하던 직속 군대, 또는 조선시대에 금군청(禁軍廳)이나 용호영(龍虎營)에 소속되어 왕궁을 수비하고 왕이 거둥할 때 호위하고 경비하던 기마 군대를 말한다.

68 물금은 예컨대 야간 통행증처럼 관에서 금지하는 사항을 특별히 허가하는 것을 말한다.

69 兵制有國所重, 而比來各營, 無不有弊, 莫甚於龍虎營之禁旅. 在初設時, 豈或如許, 挾當百之勇, 負兼人之藝, 在家佩勿禁牌, 立番穿唐雲鞋, 秩視正職, 拜必聽上.[『弘齋全書』「敎」4 '禁旅復舊制六番餘一番屬壯勇營敎'(『韓國文集叢刊』263)]

70 현재 국립중앙박물관에는 고종이 신었던 태사혜 한 켤레가 소장되어 있다고 한다.(정신문화연구원, 『한국민족문화대백과사전』 23, 1994, 47면)

71 신발의 양쪽 가에 댄, 발등까지 올라오는 울타리로 '신울'이라고도 한다.

72 유희경, 『한국복식문화사』, 265면.

73 王考炯庵公曰; "星湖李氏僅說所論, 的見物理, 究極經義, 無愧中國之大儒, 而但以笠子道袍及婦人雙紒繞首, 爲皆以箕子而東者, 未可知也. 笠子雨具之濫觴, 道袍比丘之圈套, 雙紒蒙古之依樣, 復何疑也."(『五洲衍文長箋散稿』「人事篇」服食類 首飾 '東國婦女首飾辨證說')

74 최남선, 『조선상식』 「풍속편」.(『육당 최남선 전집』 3, 고려대학교 아세아문제연구소 육당전집편찬위원회, 현암사, 1973, 220면)

75 도포의 뒤에 덧붙여진 천이다. 이 전삼은 마상의(馬上衣)에서 유래한, 하의를 가리기 위해 붙인 것으로 도포에서는 형식적인 것이다.

76 관리가 조복(朝服) 등 겉옷을 입을 때 그 안에 입는 중간 속옷으로, 중단(中單) 혹은 단의(禪衣)라고도 한다. 그 형태는 오늘날의 두루마기와 비슷하고 소매가 넓다.

77 창의 안에 입는 좁은 소매의 긴 저고리로, 소창의(小氅衣) 혹은 동의(胴衣) 또는 유의(襦衣)라고도 한다.

78 여기에 "장유는 소매가 좁다(長襦夾袖)"라는 협주가 붙어 있다.

79 今庵丁狗屠之賤, 皆著道袍. 道袍之裏, 必有敝衣, 敝衣之裏, 必有長襦, 夫是三衣之制, 皆闊袖而長裾. 長襦夾袖布帛之爲, 此輩之闊袖長裾也者. 其于煖體掩體, 俱無當矣. 於斯二者, 無當焉而敝而棄之, 是天物之暴殄也. 惡乎可哉, 減闊袖長裾, 則布帛賤, 布帛賤則凍者偍者, 得夾袖短裾而樂矣.[『與猶堂全書』「第一集詩文集」권9「議」'庶人服議'(『韓國文集叢刊』281)]

80 조선시대 왕의 상복인 곤룡포에 쓰는, 사모와 유사한 관이다. 신하가 쓰는 사모의 각은 땅을 가리키지만 익선관의 각은 하늘을 향하고 있어 왕과 신하를 구별했다.

81 조선시대 왕이 정사를 처리할 때 입은 시무복(視務服)으로 여름에는 깁(紗), 겨울에는 비단(緞)으로 만들었다.

82 깃을 둥글게 만든 도포를 말한다. 깃이 곧은 직령에 비하여 깃이 둥근 데서 유래한 명칭이다. 소매가 넓고 길이는 발뒤꿈치까지 내려올 정도로 길다. 주로 겨울에는 명주, 여름에는 마포(麻布)로 만들었다.

83 조선시대 왕족과 문무백관의 상복에 부착하는, 수놓은 천이다. 흉배는 조선시대에만 있었던 것으로 품계에 따라 문양을 달리했는데, 특히 왕족이 사용하는 것은 보(補)라 했다. 흉배는 옷감과 같은 색의 비단에 다양한 문양을 수놓아 관복을 장식해주는 한편 상하의 계급을 뚜렷하게 나타내는 구실을 했다.

84 관리가 관복에 갖추어 두르는 띠로, 관직의 품계를 나타내며 지위와 옷에 따라 색 또는 재료 등을 구분했다.

85 장화처럼 신목이 높이 달린 신을 말한다.

86 "설장수(偰長壽, 1341~1399)가 황제가 내려준 사모와 단령을 입고 오니, 국인(國人)들이 비로소 관복(冠服)의 제도를 알게 되었다(偰長壽服帝所賜紗帽團領而來, 國人始知冠服之制)."(『高麗史』권135「列傳」48, 辛禑)

87 관직에 있는 자가 관복을 했을 때 손에 드는 수판(手板)으로, 상아 또는 나무로 만들며 길이는 1척이다.

88 『송남잡지』5(강민구 옮김), 소명출판, 2008, 62~63면.

89 조선시대에 중국 사신을 영접하던 곳으로, 태종 7년(1407)에 지금의 서대문 밖 북서쪽에 세웠던 모화루(慕華樓)를 고친 것이다.

90 태종 대와 영조 대에 북을 설치하여 억울한 일을 당한 백성들이 와서 치면 왕이 직접 해결해준다는 신문고(申聞鼓) 혹은 등문고(登聞鼓)가 있었다고 전한다.

91 上幸慕華館送淸使. 是日大風寒, 上不勝寒凜, 駐輦于進善門內, 命垂輦上四面帳. 承旨柳命賢進曰: '有關威儀, 不可垂也.' 上又命索進毛扇, 金錫冑以其所把毛扇進之. (……) 上還宮, 謂大臣曰: '寒氣逼人, 若無毛扇, 殆不能堪矣.'[『숙종실록』3년 정사(1677) 11월 10일]

92 참고로 조선시대 임금의 의복과 궁내의 일용품, 보물 따위의 관리를 맡아보던 상의원(尙衣院)에 손칼을 만드는 도자장(刀子匠)을 두었다.

93 『한양가』(강명관 주해), 신구문화사, 2008, 81면.

94 "'마루 저자'인 듯하다. 종로 노상 한 마루에 북쪽을 등지고, 남쪽·동쪽·서쪽 세 방향을 향해 가가(假家)를 벌이고 매매를 하는데, 햇볕과 비와 이슬을 피하기 위해 기둥을 세우고 배에서 쓰는 뜸(草苫, 草屋)으로 가리고 있으므로 이것을 일러 '거리 가가'라 한다."(위의 책, 80면)

95 "화리(花梨)·자단(紫檀)·강진(降眞)·오목(烏木)·침향(沈香) 같은 나무들은 남쪽 변방에서 생산되는 것인데, 이것은 다만 귀한 집의 완기(翫器)로서만 쓰인다(其花梨紫檀降眞烏木沉香之屬, 出自南徼外, 只供貴家翫器而已)."(『湛軒書』外集 권10「燕記」'器用') 화리는 화리(華棃)와 같다. 화리는 주로 악기의 재료로 사용되었는데, 옛 음악에서 악절의 끝이나 시작 또는 춤사위의 변화를 지시하기 위해 사용하는 박(拍)이 대표적이다.

96 별감은 주로 임금의 명령을 전달하고, 임금이 쓰는 벼루나 붓을 대령하고, 궁내의 열쇠와 자물쇠, 궁정에서 천막이나 자리를 까는 잡역을 담당했지만, 임금을 가까이에서 모시고 있었기 때문에 그

위세는 대단했다. 그들은 그것을 '무기'로 해서 술집과 기방 등 조선 후기의 유흥 문화를 주도해가면서 대단히 사치스러운 생활을 영위했다.

97 『한양가』, 96면.

98 褧長襦也. 俗名長衣. 閭巷女上服.[『靑莊館全書』 권28 「士小節」 中(『韓國文集叢刊』 257)] 이것은 이덕무가 붙인 두주(頭註)이다.

99 이능화, 『조선여속고(朝鮮女俗考)』, 신한서림, 1968, 209면.

100 "이제 나라 안의 여자들이 장의 입기를 즐겨 남자와 같이하나, 그러나 장의를 의상(衣裳)의 사이에 입어 3층(層)을 이루게 하고 점점 서로 본 따서 온 나라가 모두 그러하니, 의심컨대 이것은 곧 사문(史文)에 이른바 '복요(服妖)'라는 것입니다. 전일에 중국(中原)의 여자가 많이 좌임(左袵)하는 옷을 입었는데, 보고 듣는 자가 모두 길조(吉兆)가 아니라고 하였으니, 이제 여자가 남복(男服)을 입는 것도 또한 어찌 경사로운 징조라 하겠습니까? 더구나 후세(後世)에 있어서도 여자는 상의(上衣)와 하상(下裳)을 입는 것이 가장 고법(古法)에 가깝게 되는데, 만약 이와 같이 마음대로 한다면 남녀의 의복은 스스로 제도를 같이하여 이르지 않은 바가 없을 것이니, 어찌 지금 바꾸지 않을 수 있겠습니까? 빌건대 유사(攸司)에 명하여 기한을 정하여 금지하게 하고, 그래도 여전히 입는 자는 그 옷을 거두어 동서(東西) 활인원(活人院)에 나누어 두었다가 가난하고 병든 자의 옷으로 쓰소서."(『세조실록』 2년 3월 28일 정유 3번째 기사)

101 예전에 여자가 몸단장을 할 때, 머리에 큰머리나 어여머리를 얹는 일이나 그 머리를 말한다.

102 『朝鮮民俗誌』(1954).(심우성 옮김, 동문선, 1993, 68면)

103 정동유(안대회 외 옮김), 『주영편』, 휴머니스트, 2016, 351면. 그것을 차액(遮額)이라고도 한다. "옛날에는 부인들이 드나들 때 개두를 쓰지 않았는데 기견이 새로운 모양을 만들어 올림으로써 후세에 이를 따라 쓰게 되었다. 조극선(趙克善)이 말하기를, '우리나라 부인들은 검은 비단이나 혹 자주색 비단 전폭(全幅) 두 자 두 치를 가지고 가운데를 접어 두 겹으로 만들고 두꺼운 종이를 그 안에 붙여 쓰는데, 이마부터 정수리까지 덮고 뒤쪽으로 드리워 어깨와 등까지 미치게 하니, 이를 차액이라 한다'."(『林下筆記』 권17 「文獻指掌編」 '蓋頭')

104 "조신(曺伸, 1454~1529)의 『소문쇄록(謏聞瑣錄)』에 이르기를, '우리나라 사족(士族)의 부녀가 밖에 나갈 때에는 모두 검은 비단으로 원립(圓笠)을 덮고 사방으로 한 자 남짓씩 드리우고 쓰는데, 얼굴을 가리기 위한 것이다. 대개 당나라의 멱리(冪䍦)와 유모(帷帽)의 유제(遺制)로서 개두(蓋頭)라고도 한다'고 했다(曺伸謏聞瑣錄云, 東方士族婦女出外, 皆以皁羅蒙圓笠, 四垂尺餘而戴之, 所以擁蔽其面. 蓋唐冪羅帷帽之遺制, 或謂蓋頭)."(『林下筆記』 권17 「文獻指掌編」 '大帽')

105 人於路上, 逢鮮衣婦人, 必回頭注目, 甚至宮人帷帽里女袿衣, 亦必流眄, 此醜習也. 當遠避, 切勿轉眼, 謹持吾身, 可也.(『靑莊館全書』 권28 「士小節」 中)

2. 견마 잡혀 말을 타고

1 유득공(김윤조 옮김), 『누가 알아주랴』, 태학사, 2007, 245면.

2 『백운필(白雲筆)』.(『완역 이옥 전집』 3, 실시학사 고전문학연구회 옮김, 휴머니스트, 2009, 147면)

3 번역·통역·외국어 교육을 맡았던 사역원(司譯院)에서 펴낸 몽골어 학습서다. 언제 간행되었는지는 알 수 없고, 다만 1768년에 몽역관(蒙譯官)이던 이억성(李億成, 1708~?)이 개정하여 간행했다는 기록이 전한다. 현전하는 책은 목판본으로, 1790년 방효언(方孝彦)이 다시 개정하여 간행한

것이다. 『몽어노걸대(蒙語老乞大)』 · 『첩해몽어(捷解蒙語)』와 함께 몽학삼서(蒙學三書)라고 부른다.

4 '모리'는 말(馬)의 몽골어다.

5 『원본국어국문학총림』 17, 대재각, 1985, 408면.

6 위의 책, 409면.

7 위의 책, 512면.

8 古人重畜牧, 不別其色, 無以指名也, 其類極夥.(『星湖僿說』 권6 「萬物門」 '馬形色')

9 掛釜之驪, 雖快於心, 靖難之騾, 尤所不忘.[『國朝寶鑑』 권12, 「世祖朝 3」 8년(계미, 1463)] 이 번역문은 한국고전번역원의 것이다.

10 『辭源』 권4, 商務印書館, 1990, 3,463면.

11 赤色爲之驅, 俗謂之赤多.(『星湖僿說』 권6 「萬物門」 '馬形色')

12 白色只謂之白馬, 白而雜黑毛俗謂之雪騾, 黑色謂之驪, 俗謂之加羅, 鐵色謂之鐵, 赤色謂之騮, 俗謂之赤多, 形白雜毛謂之騢, 亦謂之赭白馬, 俗謂之夫老. 赤黑謂之烏騮, 紫黑謂之紫騮, 靑白雜毛蔥靑色謂之驄, 靑黑雜毛謂之鐵驄, 靑黑而色有淺深似魚鱗斑駁謂之連錢驄. 驪白雜毛謂之䮵, 亦謂之烏駿, 陰白雜毛謂之駰, 亦謂之泥驄, 陰淺黑也, 蒼白雜毛謂之騅, 蒼淺靑也. 黃白雜毛謂之駓, 亦謂之桃花馬, 黃色發白謂之驃. 脊黑俗謂之骨羅, 鬣與身別色俗謂之表, 目黃俗謂之暫佛, 顙白謂之駒, 亦謂戴星. 漫顱徹齒俗謂間者, 喙白俗謂之巨割.(『星湖僿說』 「萬物門」 '馬形色')

13 白馬白色也, 兎鶻馬흰뒤붉은털잇ᄂᆞᆫ馬, 靑馬총이馬, 粉靑부훤총이馬, 沙靑白黑毛셧긴총이馬, 鐵靑쳘쳥총이馬, 灰靑횟빗희총이馬, 貉皮馬츄마물, 紅馬졀다馬, 栗色馬굴형馬, 銀鬃馬갈기와ᄭᅩ리흰졀다굴헝馬, 紅沙馬부루馬, 黑馬가라馬, 棗騮오류馬, 黃馬黃色卽공골馬, 黑鬃黃色갈기와ᄭᅩ리검은고라馬, 海騮ᄆᆞ리온馬, 銀駝흰뒤루른빗잇ᄂᆞᆫ馬, 豹花도화잠불馬, 點子馬雜色點잇ᄂᆞᆫ馬, 花馬어롱馬, 玉眼골희눈馬, 玉面낫흰馬, 燒嘴燒眼눈코불근馬, 線瞼셜간쟈馬, 玉頂쇼틱셩馬, 銀蹄ᄉᆞ죡빅馬, 孤蹄후빌죡馬.(『五洲衍文長箋散稿』 「經史篇-經傳類」 經傳雜說 '經傳俚俗馬名辨證說')

14 二曰游麟靑, 産咸興, 取兀喇, 戰海州, 捷雲峯時所御.(『增補文獻備考』 권125 「兵考」 17 '馬政')

15 지금 남아 있는 그림은 원본이 아니고, 후에 다시 그린 것이다.

16 游麟靑體峯生, 地之類銅之英, 振振之仁瑞聖明, 齒歷延長藝老成, 四蹄艱頑邦以寧, 三十一祀耀厥靈, 死有石槽留雄名, 游麟靑德焉稱.(『東文選』 권50 「銘」 '八駿圖銘') 번역은 1971년 이한조의 것이다.

17 저절로 죽어 희게 된 누에를 말한다.

18 빙허각 이씨(정양완 옮김), 『규합총서(閨閤叢書)』, 보진재, 1987, 317면.

19 당상은 글자 그대로 대청 위를 말하지만, 조선시대에는 정3품 상(上) 이상의 품계(品階)에 해당하는 벼슬을 통틀어 이르는 말이었다. 교의는 의자로, 제사를 지낼 때 죽은 사람의 이름을 적어 그의 혼을 대신하는 신주(神主)나 혼백상자(魂帛箱子) 등을 놓아두는, 다리가 긴 의자를 말하기도 한다. 종이로 만든 신주를 지방(紙榜)이라 하고 나무로 만든 신주를 위패(位牌)라고 한다. 혼백상자는 신주를 만들기 전에 임시로 명주나 모시를 접어서 만든, 혼백을 담는 상자로, 초상(初喪)에만 쓰고 장사를 지낸 뒤에는 신주로 대신한다.

20 국립민속박물관이 주관하여 번역하고 인터넷으로 서비스하는 사이트에 따르면 "말을 타는 사람은 보통 견마잡이를 오른쪽에 두는데, 당상관(堂上官)은 왼쪽에 더 세운다"라는 구절을 "말을 타면 말고삐를 오른쪽에 두고 당긴다. 당상관은 왼쪽에서도 당길 수 있게 한다"고 했는데, 견마(牽馬)의 뜻을 몰랐기 때문이다. 이에 대해서는 진경환, 『경도잡지』 「풍속」 편 번역의 오류 문

제", 〈민족문화〉 제46호, 한국고전번역원, 2015, 218~219면을 참고할 것.

21 이 말은 순우리말로 '일정한 거리를 말을 타고 달려 빠르기를 겨루는 경기'를 의미하는 경마(競馬)가 아니라 남이 탄 말의 고삐를 잡고 말을 모는 일이나 그 고삐를 뜻한다.

22 柳得恭, 「東人御馬」, 『古芸堂筆記』 권4.(김윤조 옮김, 『누가 알아주랴』, 태학사, 2007, 69~71면에서 재인용)

23 박제가(안대회 옮김), 『북학의』, 돌베개, 2003, 83면.

24 집을 사고파는 사람들 사이에 흥정 붙이는 것을 직업으로 하는 사람을 말한다.

25 『燕巖集』 권8 「放璚閣外傳」 '馬駔傳'.

26 '부자유친(父子有親)·군신유의(君臣有義)·부부유별(夫婦有別)·장유유서(長幼有序)·붕우유신(朋友有信)'에서 벗 사귐의 도가 마지막에 있는 것을 말한다.

27 오행설(五行說)에서는 봄에는 나무(木)의 기운이 왕성하고, 여름에는 불(火)의 기운이 왕성하고, 가을에는 쇠(金)의 기운이 왕성하고, 겨울에는 물(水)의 기운이 왕성한 것으로 본다. 흙(土)만 그에 해당하는 계절이 없는 셈인데, 이 모순을 해결하기 위해 각 계절 90일에서 18일씩을 덜어 흙에 배당함으로써 오행에 맞추어 각 계절이 모두 72일씩 고루 안배될 수 있게 한 것을 가리킨다.

28 인의예지(仁義禮智)에다 신(信)을 보태어 오상(五常)이라 한다. 본래 신은 오행설의 유행에 따라 인의예지에 추가된 것이었다.

29 말 거간꾼을 비판하면서 참된 우정에 대해 논하는 송욱(宋旭)·조탑타(趙闒拖)·장덕홍(張德弘)이라는 세 걸인을 말한다.

30 友居倫季, 匪厥疎卑, 如土於行, 寄王四時, 親義別紋, 非信奚爲, 常若不常, 友迺正之, 所以居後, 迺殿統斯, 三狂相友, 遯世流離, 論厥讒諂, 若見鬚眉.(『燕巖集』 권8 「放璚閣外傳」 '自序')

31 그런데 사실 여기에는 우스꽝스러운 반전의 역사가 있다. "당나라 말엽에 사대부들이 사치를 부린다고 하여 말을 타지 못하게 하자 과거시험을 보러 가는 사람들이 모두 나귀를 탔다"는 것이다.(유득공, 『누가 알아주랴』, 78면)

32 落日靑驢背, 襟懷只自知, 暮雲千嶂雪, 何處不宜詩.(『石洲集』 권6 「五言絶句」 '題騎驢圖')

33 武弁家子弟多驕溢, 出入率着幅巾騎驢而行.[『영조실록』 권53, 17년(신유, 1741)]

34 國朝中葉時, 命武臣依中朝例, 不許牽馬. 至今法司糾刻, 未一兩月而罷, 我國禁令之不行例如此, 諺曰高麗公事三日者信矣.(『硏經齋全集』 권57 「筆記類」 '武臣禁牽馬') '고려공사삼일'은 원칙 없이 이랬다저랬다 하는 고려의 정책이 사흘을 못 간다고 중국 사람들이 비꼬아 한 말이다.

35 남태응, 「청죽화사(聽竹畫史)」.(유홍준, 『화인열전』 1, 역사비평사, 2001, 343~344면에서 재인용)

36 이경전(李慶全, 1567~1644)의 「소설시동자(梳說示童子)」 중.(안대회, 『부족해도 넉넉하다』, 김영사, 2009, 191면에서 재인용)

37 門外碧潭春洗馬, 樓前紅燭夜迎人.[이는 한굉(韓翃)의 시 「증이익(贈李翼)」의 두 구절이다]

3. 장가들고 시집가네

1 정종수, "양반들의 성인식, 결혼식의 모든 것", 『조선 양반의 일생』, 글항아리, 2010, 251면.

2 문옥표·이충구 역주, 『증보사례편람 역주본』, 한국학중앙연구원출판부, 2014, 137면.

3 정약용(전성건 옮김), 『다산 정약용의 사례가식』, 사람의무늬, 2015, 80면.

4 "종이로 갈대를 감고 거기에 마유(麻油)를 바른 것"[정약용(전성건 옮김), 『다산 정약용의 사례가

식』, 사람의무늬, 2015, 97면)이다.

5 『한국민족문화대백과사전』 22, '청사초롱', 156~157면.

6 문옥표·이충구 역주, 『증보사례편람 역주본』, 한국학중앙연구원출판부, 2014, 137면.

7 같은 곳.

8 『규합총서』(정양완 역주), 보진재, 1987, 392면.

9 『唐書』「溫造傳」.(諸橋轍次의 『大漢和辭典』 참조)

10 조선시대 고위 관료의 행차 때 선두에서 소리를 질러 행인들을 비키게 하던 일로, 가갈(呵喝), 벽제(辟除), 명편(鳴鞭) 등으로 부르기도 한다.

11 『신증동국여지승람(新增東國輿地勝覽)』 제3권 '한성부(漢城府)'.

12 『동의보감』.(한국전통지식포털, http://www.koreantk.com/servlet/PrescriptDetailServlet?cmd=1&pre_cd=P0001234&searchGbn=prescript&view_type=kor)

13 박현욱, 『성시전도로 읽는 18세기 서울』, 보고사, 2015, 84면.

14 정약용(전성건 옮김), 『다산 정약용의 사례가식』, 사람의무늬, 2015, 81면.

4. 물렀거라, 양반님 나가신다

1 『한양가』(강명관 주해), 신구문화사, 2008, 48면.

2 위의 책, 49면.

3 道逢官人喝道 (……) 必亟下馬, 若徒行, 亦隱身屏處, 以避叱喝. 갈도에 "벼슬아치의 종들이 벽제하는 소리(官人之下隷辟除聲)"라는 협주가 붙어 있다.(『靑莊舘全書』 권28, 「士典」 2 '士小節')

4 『발칙한 한국학』의 '문화건달' 스콧 버거슨(Scott Burgeson)은 서울시의 피맛골 재개발정책을 '피맛골 대학살'이라는 격한 표현을 써가며 비난했다.(『대한민국 사용후기』, 갤리온, 2007, 46면)

5 夾道朱衣呼避馬.(『四佳詩集』 권5 「詩類」 '在諫院封章後, 書示崔獻納') 여기서 '주의'는 귀척(貴戚)이나 대신(大臣)이 외출할 때 붉은 옷차림으로 앞길을 인도하던 아전을 말한다.

6 松間喝道遠尋師, 春盡山花半在枝.(「普門社西樓」, 『東文選』 제16권, 七言律詩)

7 須知喝道殺風景.(「次許郞中詩韻」, 『稼亭集』 제19권, 律詩)

8 참고로 송나라 왕안석(王安石)이 달밤에 산보하고 있을 적에 장지기(蔣之奇)가 발운사(發運使)가 되어 집에 들러 매우 호기를 부리며 전호(傳呼)하자 불쾌하게 여겼는데, 장지기가 선(禪)에 대해 이야기하기를 좋아했으므로, 왕안석이 시를 지어 말하기를 "뜻밖에 보게 되었네 전호하는 살풍경을, 선객이 밤에 찾을 줄은 전혀 몰랐구려(怪見傳呼殺風景 不知禪客夜相投)"라고 풍자했다는 일화가 송나라 소백온(邵伯溫)이 지은 『문견후록(聞見後錄)』 권17에 보인다. 전호는 소리를 전해가며 고함을 친다는 뜻으로, 구종(驅從)이 소리를 질러 일반인의 통행을 금지하는 갈도와 같은 말이다.(한국고전번역원, 이상현 역주, 2007)

9 『교감국역 송남잡지』 10 「방언류」 '살풍경(殺風景)'.(강민구 옮김, 소명출판, 2008, 200면에서 재인용)

10 앞뒤에 각각 하인을 세우고 자신은 그 가운데서 말을 타고 있는 모양이 마치 '산(山)' 자 같다고 해서 붙여진 말이다.

11 公骯髒, 不拘小節. 弘文館本無丘史, 只有還奴一頭, 故爲館員者例借於他司帶率. 公爲應敎, 獨个借丘, 只以懸鑀牌皂卒前導, 跨馬居中, 惟一奴隨後. 道路指笑曰山字官員, 僚員戲曰, 借一丘, 何害

354 　조선의 잡지

於義而失儀容至此耶. 公笑曰, 借丘於人眼前事也, 衛從之多少背後事也, 爲所不見而前傑於人, 吾所不爲. 寧作山字官員, 不願丐丘.(『燃藜室記述』제6권 '成宗朝故事本末') '구사(丘史)'는 임금이 종친과 공신에게 구종(驅從)으로 주거나 고위 관료가 행차하는 말이나 수레 앞에서 길을 인도하며 소리를 질러 사람들의 통행을 금하는 역할을 맡은 관노비를 말한다. '납패(鑞牌)'는 의정부(議政府), 승정원(承政院), 경연청(經筵廳) 등의 하인들이 허리에 찼던, 주석으로 된 네모난 패를 말한다.

12 조선의 관직 가운데 정책 결정에 참여하고 정치적 책임을 갖는 정3품 이상의 자리를 가리킨다. 조정에서 정사를 논의할 때 당(堂) 위에 올라앉을 수 있는 관직이라는 뜻에서 유래했다.

13 솟을대문은 대개 두 짝 판문을 달았고, 문이 높기 때문에 문설주 머리 좌우를 연결하는 상인방 위에 공간이 남아, 여기에는 홍살로 마감하고 편액을 다는 경우가 많았다.

14 수레바퀴의 가장자리를 보강하기 위해 휘갑쳐 싼 쇠를 말한다.

15 한국정신문화연구원, 『한국민족문화대백과사전』 22, 1994, 378면.

16 박제가(안대회 옮김), 『북학의』, 돌베개, 2003, 34~35면.

17 정연식, 『일상으로 본 조선시대 이야기』 1, 청년사, 2001, 68면.

18 위의 책, 69면.

5. 어사화 입에 물고 신나게 놀아보세

1 士有被其容接者, 名爲登龍門.(「李膺傳」)

2 一名龍門, 水險不通, 魚鼈之屬莫能上. 江海大魚, 薄集龍門下數千, 不得上. 上則爲龍. '등용문'은 '어약등문(魚躍登門)'이라고도 한다.

3 제목은 「점액어(點額魚)」이다.[『교감국역 송남잡지』 10 「방언류」 '어변성룡(魚變成龍)'(강민구 옮김, 소명출판, 2008, 155면)]

4 申宅權, 「城市全圖擬應製」.(박현욱, 『성시전도로 읽는 18세기 서울』, 보고사, 2015, 82면)

5 조용진, 『동양화 읽는 법』, 집문당, 1995, 51면.

6 잘 알려진 '자축인묘진사오미신유술해(子丑寅卯辰巳午未申酉戌亥)'는 아래의 단위를 이루는 요소인 지지(地支)다.

7 이 그림의 화제는 "바다 용왕이 있는 곳에서도 옆걸음을 친다(海龍王處也橫行)"로, "조정에 불려가더라도 '그럽죠, 그럽죠' 하지 말고 아닌 것은 아니라고 똑 부러지게 행세하란 주문이다. 게의 별명이 '횡행개사(橫行介士)'다. '옆걸음 치면서 기개 있는 선비'란 말이다".(손철주, 『옛 그림 보면 옛 생각 난다』, 현암사, 2011, 197면)

8 한국정신문화연구원, 『한국민족문화대백과사전』 '진사(進士)'.

9 그러나 그 원칙이 철저히 지켜지지는 않았다. 일반 유생인 유학(幼學)에게도 문과에 응시할 자격이 주어졌던 것이다.

10 "사자(士子)가 새로 대과와 소과에 합격하면 4관(四館)에서 그들을 신래(新來)라고 지목합니다(士子新登大小科者四館, 目之以新來)."[『현종실록』 현종 3년 임인(1662) 2월 19일(계해)]

11 『교감국역 송남잡지』 3 「과거류」 '어사화(御賜花)'.(강민구 옮김, 소명출판, 2008, 190면)

12 己酉以來倣中國, 鄕試殿試仍中書, 有司大設恩榮宴.(『牧隱詩藁』 권24 「詩」 '至正癸巳四月……') 제목이 너무 길어 첫 구절만 밝힌다.

13 경사스러운 일이 있을 때, 조상의 산소를 찾아가 무덤을 깨끗이 하고 제사를 지내는 일이다.

14 고위 관료가 행차할 때 앞길을 트기 위해 종들이 물러서라고 외치는 소리를 말한다.

15 『한양가』(강명관 주해), 신구문화사, 2008, 134면.

16 서울의 군영인 금위영(禁衛營)과 어영청(御營廳)에 소속된 악사인 '세악수'에 대해서는 뒤에서 다시 언급한다.

17 '거리행진'이라 했지만 시험관과 선배 급제자, 그리고 친척을 방문하는 일정 등이 포함되어 있다.

18 조선시대에 생원이나 진사에 합격했을 때, 또는 신래급제(新來及第)가 착용하던 예복(禮服)으로 유생복(儒生服)에서 나왔다고 한다. 앵삼의 '앵(鶯)' 자가 의미하는 것은 꾀꼬리 색을 딴 옷, 즉 녹황색을 의미한다. 여기에 각대(角帶)를 매고 복두를 쓴다.

19 유득공은 "광대로서 무당의 서방이 된 이를 화랑(花郞)이라 부르고, 화랑이 가면을 쓰고 고깔을 머리에 얹고 구걸 다니는 이를 초란(哨卵)이라 부른다. 사람의 양 볼 위쪽에 튀어나온 뼈를 광대뼈라 부르는데, 광대들이 쓰는 가면과 비슷해서 붙여진 것이다. 초란의 의미는 알 수가 없다. (……) 광대가 스스로를 멋대로 화랑이라 일컫는 것은 그들이 초립에 꽃을 꽂고 비단옷을 입었기 때문인가 생각된다"라고 했다.[유득공(김윤조 옮김), 『누가 알아주랴』, 태학사, 2007, 79면에서 재인용]

20 한국정신문화연구원, 『한국민족문화대백과사전』 19, 1994, 338면.

21 신지대, "서울지역 재담소리의 전승 양상 고찰", 『한국어문학국제학술포럼』, 2008, 65~66면.

22 冬菊輳竽天下無, 步繩倒空縋如蟭.(朴齊家, 「城市全圖應令」.(박현욱, 『성시전도로 읽는 18세기 서울』, 보고사, 2015, 64면)

23 서연호, 『한국전승연희학개론』, 연극과인간, 2004, 227~228면.

24 "솟대에 올라 내가 한판 놀아보는데".(경남이야기, http://news.gyeongnam.go.kr/?p=77034)

25 『교감국역 송남잡지』 6 「기술류」 '근두(筋斗)'.(강민구 옮김, 소명출판, 2008, 137면)

26 纔過春榜萃優倡, 名唱携來卜夜良, 歌罷靈山呈演戲, 一場奇絶現春香.

27 石村金教官宅李學官, 有招來之敎, 與鄭先達玄道往之, 則以敎官到門時所用次, 錢文一千五百兩. 債得之意爲言, 難於納白, 從當周旋之意, 答告而歸.(계사년 5월 27일)

28 大小科放榜後, 三日遊街, 聞喜設宴, 卽平時故事, 而當此大無, 不可因循. 遊街雖難猝罷, 娼樂及設宴, 一切禁斷, 以示憂災之意.(『현종실록』 3년 2월 19일)

29 司憲府持平閔暉來啓曰, 今年凶, 所以禁酒者, 欲民之省費也, 請禁遊街. 上曰, 生員進士可禁, 文武科不可禁也.(『성종실록』 23년 3월 30일)

30 「觀優戲 跋」.(윤광봉, 『개정 한국연희시연구』, 박이정, 1997, 126면)

31 이 자료는 판소리를 연구하는 데 대단히 중요하다. 지금은 다섯 마당만 전해지지만, 판소리가 원래 열두 마당이었음을 알려주기 때문이다. 현전하는 다섯 마당은 춘향가·흥보가·심청가·수궁가·적벽가이고, 「관우희」에 기록된 열두 마당은 장끼타령·변강쇠타령·왈자타령·배비장타령·심청가·흥보가·수궁가·춘향가·적벽가·강릉매화타령·가짜신선타령·옹고집타령이다. 그런데 정노식의 『조선창극사』(1940)에는 무숙이타령과 숙영낭자전도 들어 있어 판소리 레퍼토리는 원래 열두 마당 이상이었을 것이다.

32 윤광봉, 『개정 한국연희시연구』, 박이정, 1997, 132면.

33 "지금 등과한 자들은 반드시 광대를 써서 즐거움을 삼는다. 광대들의 연희에는 반드시 유희(儒戲)라는 것이 있다. 다 떨어진 옷과 찢어진 갓을 쓰고 꾸며낸 이야기와 억지웃음으로 온갖 추태를 연출하여 축하연의 즐거움으로 삼는 것이다. 벼슬하는 사람들이 모두 다 유(儒)로서 이름을 삼으면서도, 천한 사람들로부터 이렇게까지 모욕을 당하니, 저 광대들은 책망할 것도 없으려니와, 요즘

사대부들이 수치를 알지 못하는 것이 이상할 뿐이다(今時登科者, 必以倡優爲樂. 有倡優則必有儒
戲. 其破衣弊冠 胡說強笑 醜態百陳, 以資歡宴. 夫今日冠紳之徒, 孰以儒爲名, 而忍令下賤戲辱至
此, 此倡優不足責, 獨怪夫今日士夫之恬然不知愧耳)." 이익이 『성호사설(星湖僿說)』[유선(類選)
권5 하(下), 기예문(技藝門) 이유위희(以儒爲戲)]에서 한 말이다. 이것도 과거 급제자의 신고식
인 신참례(新參禮)와 유사한 것이다.

34 『한양가』(강명관 주해), 신구문화사, 2008, 132면.

35 聞麗末科擧不公, 登第者多貴家子弟, 口尙乳臭者, 故時人目之曰粉紅榜, 人情憤激遂肇侵辱云.(『石
潭日記』上, 隆慶三年己巳)

36 『교감국역 송남잡지』 3 「과거류」 '홍분방(紅粉榜)'.(강민구 옮김, 소명출판, 2008, 178면에서 재
인용)

37 허우대는 좋으나 글자를 모르는 사람을 조롱하는 말이다.

38 위의 책, 187면.

39 及其揭榜而唱名也, 先進者入巷連呼, 新恩者負手出迎. 進之退之, 屈之辱之, 或使之仰天大笑, 或使
之伏地匍匐, 蟒蠏之步, 鴟鵂之鳴, 奇形怪狀, 無所不爲. 其末也, 濃墨蘸筆, 先畫獨眼, 謂之通鈴, 次
畫兩眼, 謂之雙鈴, 畫鼻畫口, 畫眉畫鬢, 徇示稠人, 以供其笑. 乃塗全面, 謂之墨猪, 洒以白粉, 謂之
灰尸, 受者以榮, 觀者以羨.(『經世遺表』 권15 '春官修制 科擧之規 一')

40 『어우야담』.(신익철 외 옮김, 돌베개, 2006, 494면)

41 新入者呼爲新鬼, 侵辱萬狀. 房中有長木如椽, 令鬼擧之, 名曰擎笏, 不能擧則鬼以膝納于先生前, 先
生以拳歐之, 自上而下. 又令鬼作捕魚之戲, 鬼入池水中, 以紗帽挹水, 衣服盡汚. 又鬼作捉蛛之戲,
鬼以手捫摩廚壁, 兩手如漆, 又使盥手, 水甚穢黑, 令鬼飮之, 無不嘔吐. 又鬼以厚白紙刺書織, 日
日投先生家, 又先生無時到鬼家, 鬼倒着紗帽出迎, 設酌堂中, 先生各挾一女而坐, 謂之安枕, 酒酣唱
霜臺別曲, 至臺官齊坐之日, 始令許坐. 翌日凌晨詣廳, 上官臺吏齊行入謁庭中, 禮未畢, 夜直先生自
房內持木枕, 大呼擊之, 新鬼走出, 如或遲回, 必遭其捧.(『慵齋叢話』 권1)

42 심노숭(안대회 외 옮김), 『자서실기』, 휴머니스트, 2014, 583면.

43 『교감국역 송남잡지』 3 「과거류」 '음묵(飮墨)'.(강민구 옮김, 소명출판, 2008, 1,868면)

44 作人之效, 雖非一朝可見, 但弊習傷敎者則不可不革. 今者士之初登第者, 四館目爲新來, 汙辱侵虐,
無所不至. 夫豪傑之士, 尙不以科擧爲念, 況使之毀冠裂服, 宛轉泥水中, 盡喪威儀, 以棄廉恥, 然後
乃登仕版, 則豪傑之士孰肯爲世用乎. 中廟接待新恩, 頗加禮貌, 若聞此事, 則必以爲胡風矣.(『石潭
日記』上, 隆慶三年己巳)

제2장 폼에 살고 폼에 죽고

6. 위엄 있고 탈 없는 집

1 "그림을 그리는 것(꾸미는 일)은 흰 바탕이 있고 난 다음에 할 일이다."(『論語』 「八佾」)

2 古之毂也何可陋, 今之侈也何足夸, 夫古之不可陋, 今之不足夸者, 非以其存乎內者耶, 苟以存乎內
者而已矣.[『谿谷集』 권5 「序」 '送高書狀善行赴京師序'(『韓國文集叢刊』 92)]

3 기축년(1829)에 순조의 40세 생일을 축하하기 위해 마련된 잔치에서 음식물을 올린 의식을 기록한 의궤다.

4 '기(旗)'는 교룡(蛟龍)을, '상(常)'은 일월(日月)을 그린 깃발로 모두 왕의 위엄을 나타내는 깃발이다.

5 '둑[纛]'은 왕이 군대를 사열할 때나 사냥을 나갈 때 호위하는 군사가 세우기도 한 깃발로, 큰 세 가닥 창 밑에 붉은 털 술을 많이 달았다. '모(旄)'는 왕이 타고 가던 가마 또는 군대의 대장 앞에 세우던 큰 의장기로, 검정 소(犛牛)의 꼬리로 장식했다. '독모(纛旄)'는 '두모'로 읽는다.

6 內而朝會, 外而行幸, 苟無儀仗環侍左右, 則孰知人主之尊乎. 國家命攸司凡諸儀衛, 曰旗常曰纛旄曰傘蓋等物, 致其華麗, 無一不完, 吁盛矣哉.(『三峰集』 권14 「朝鮮經國典 下」 '公典')

7 불교 용어로 좋고 아름다운 것으로 국토를 꾸미고, 훌륭한 공덕을 쌓아 몸을 장식하며, 향이나 꽃 등을 부처에게 올려 장식하는 일이다.

8 푸른색으로 장식한 천자(天子)의 일산(日傘)을 말한다. '취개'의 용례는 『大東韻府群玉』 10(소명출판, 2003, 22면)에 보인다.

9 檜者, 今之所謂蔓松也. 俗所云老松. 蟠結爲翠屏翠蓋者是也.(『雅言覺非』 권1 '檜') 참고로 이종묵이 번역하고 해설을 단 홍경모(洪敬謨, 1774~1851)의 『사의당지(四宜堂志), 우리 집을 말한다』(휴머니스트, 2009)에서 "노송문병(老松門屏)"을 설명하면서 '노송'을 "큰 적송(赤松)을 가리킨다"라고 풀이한 것은 잘못이다. 여기서 '문병'이라 한 것은 나무를 말하는 것이 아니고, "바깥에서 집 안이 들여다보이지 않게 대문이나 중문의 안쪽을 가로막아 세워놓은 담이나 널빤지"를 말한다. 이렇게 볼 때, "二在澄懷閣西" 운운을 "두 그루는 징회각 서쪽에 있다"라고 옮기는 것은 적절치 않다.(위의 책, 89~90면)

10 「草木蟲魚」, 『고운당필기(古芸堂筆記)』 권3.(김윤조 옮김, 『누가 알아주랴』, 태학사, 2007, 94~95면에서 재인용)

11 閉窓風不來, 開窓日又烘, 所以架松簷, 誓將避日兼來風.(『牧隱詩藁』 권29 「詩」 '遮陽未得, 吟以舒煩悶')

12 小屋茅簷短, 偏愁溽暑侵, 聊憑歲寒葉, 偸得午時陰.(『石洲集』 권3 「五言律詩」)

13 서유구(안대회 엮어 옮김), 『산수간에 집을 짓고』, 돌베개, 2005, 252면.

14 『林園經濟志』 제3편 「薈蕣志」 권4 '卉類'.(위의 책, 370면)

15 자세한 내용은 진경환의 "학제 간 연구에서 고전 텍스트의 수용 문제 : '노송취병(老松翠屏)'을 중심으로"(〈한국전통조경학회지〉 제33권 4호, 2015)를 참고할 것.

16 "手如柔荑, 膚如凝脂." 운운는 위장공(衛莊公)의 부인 장강(莊姜)의 미모를 묘사한 구절이다.(『詩經』 「衛風」 '碩人')

17 龍鬚草方言謂之骨.(『經世遺表』 「地官修制」 '田制')

18 그런데 18세기의 생활문화백과사전이라 할 수 있는 이시필(李時弼, 1657~1724)의 『소문사설(謏聞事說)』 '마해(馬薢)'에 따르면 '골(骨)'은 "아마도 지금의 관(菅, 골풀)과 같은 종류인 듯하니, 바로 '골'이다. 무늬를 넣으면 용수(龍鬚)라고 부른다"라고 했다.(백승호 외 옮김, 『소문사설, 조선의 실용지식 연구노트』, 휴머니스트, 2011, 145면)

19 隱囊謂之按席, 席作囊以凭之.(『雅言覺非』 '推鉋')

20 乍倚隱囊成午夢, 柳枝深處有啼鶯.(『象村集』 「七言絶句」 '東亭小睡' 중)

21 壯于隱几詁, 隱憑也.(『靑莊館全書』 「雅亭遺稿」 '族姪復初')

22 문짝 등과 같이 짜서 만든 물건의 가장자리를 이루는 뼈대, 곧 문틀이다.

23 문짝을 문설주에 달아 여닫는 데 쓰는 두 개의 쇠붙이로 만든 걸개다.

24 주남철, 『한국의 문과 창호』, 대원사, 2001, 89면.

25 十笏房中卍字牖, 寒天獨臥日遲遲.(『茶山詩文集』 「詩 松坡酬酢」 '夜臥無聊戲爲十絶以抒幽鬱')

26 四圍作交疏, 塗以靑紗, 窓牖間, 琉璃玲瓏, 書畫煒燁. 張之則四望, 闔之則如房室.(『夢經堂日史』 2 「五花沿筆」) ○乙卯年(1855, 哲宗 6) 11월 26일] 『몽경당일사』 다섯 편(1855년 10월 4일~1856년 1월 12일까지의 연행 기록)은 조선 철종 대에 연행 사신(燕行使臣)의 종사관(從事官)으로 수행했던 서경순(徐慶淳, 1804~?)의 사적인 기록이다.

27 今人家新構屋子, 外門書庚申年月日時姜太公造作, 意者以爲, 庚申屬金, 新動土木, 慮或値煞. 克木者, 莫如金, 故書此以壓勝也. 或曰庚申, 卽更新之謂, 亦可爲一解者也. 獨姜太公之義, 莫之考焉.(『五洲衍文長箋散稿』 「人事篇」 '營室制度辨證說')

28 『규합총서』(정양완 역주), 보진재, 1987, 412면.

29 '궁'은 방아 찧는 모습과 유사한 남녀의 성교 행위를 빗대어 붙인 말이다. '궁자타령' 전문은 다음과 같다. "궁 자 노래를 들어라. 궁 자 노래를 들어라. 초분천지 개탁 후, 인정으로 창덕궁, 진시황의 아방궁, 용궁에는 수정궁, 왕자 진의 어묵궁, 강태공의 조작궁, 이 궁 저 궁을 다 버리고, 이 궁 저 궁을 다 버리고, 너와 나와 합궁하면 이 아니 좋더란 말이냐. 어허, 이리 와. 어서 벗어라, 잠자자. 어서 벗어라, 잠자자."(『뿌리깊은나무 판소리전집』 조상현 창 「춘향가」, 한국브리태니커, 1987, 61~62면)

30 발로 디디어 곡식을 찧는 방아를 말한다. 디딜방아는 그 외에도 떡을 찧거나 고추를 빻기도 하며, 메주콩을 이기는 등 요긴한 것이어서 부엌 가까이에 설치한다. 보통 부엌 옆의 부속 건물 한 칸에 방앗간을 차리고 디딜방아를 부설한다.

31 夏四月庚申, 太子, 邀宴安慶公淐, 奏樂達曙, 國俗以道家說, 每至是日, 必會飮, 徹夜不寐, 謂之守庚申.(『高麗史節要』 권18 「元宗順孝大王」 1 '乙丑六年')

32 이에 대해서는 진경환의 『서울·세시·한시』(보고사, 2003, 610면)를 참고할 것.

33 김광언, 『한국의 집지킴이』, 다락원, 2000, 251면.

34 주 문왕의 아버지 태공(太公)이 오래도록 기다리며 바라던(望) 사람이라 하여 태공망(太公望)이라 불렸다는 이야기가 전한다.(『史記』 「齊太夫世家」)

35 『육도(六韜)·삼략(三略)』(유동환 옮김), 홍익출판사, 2005, 15면.

36 사람의 운명과 수명을 맡아 그 사람을 빨리 죽게 한다는 흉한 별들이다.

37 서울대학교 도서관에 있는 「산대도감극」 각본(1930년 3월 17일 조종순 구술·김지연 필사)에 실려 있는 국한문혼용체의 글을 알기 쉽게 풀어서 옮긴 것이다.(박진태, "이철괴를 통해 본 산대놀이의 역사", 〈우리말글〉 제29호, 우리말학회, 2003, 274면)

7. 서재에 사는 네 친구

1 문방은 남성들의 공간으로, 여성들의 공간인 규방(閨房)과 상대되는 공간이다.

2 문방사보는 붓·종이·먹·벼루를 글자 그대로 보물로 여긴 것이고, 문방사후는 그것을 의인화하여 각각에 벼슬, 곧 관성후(管城侯)·묵후(墨侯)·호치후(好時侯)·송자후(松滋侯) 등의 이름을 붙여준 표현이다.

3 史載筆土載言.(『禮記』 「曲禮」)

4   "黃鼠, 鼠狼也", "狼尾筆, 其實黃鼠毛也". 이상은 이익의 『星湖僿說』 권5 「萬物門」 '狼尾栗尾'에서
     재인용한 것이다.

5   所謂狼毛尤爲訛謬, 吾不識狼之爲何獸, 又安得其尾哉. 此鼠狼, 俗名獷, 所謂黃筆者是也.(『熱河日記』
     「關內程史」 '25日 辛丑') 박지원은 이 책 가운데 「양매시화(楊梅詩話)」 서문에서 "우리나라에는
     애초에 이리가 없으니 어찌 그 꼬리로써 만들 수 있었으리요. (……) 이리 털이란 우리나라에서 말
     하는 황모(黃毛)이니, 곧 족제비(鼲鼠)다[吾東本無狼, 安得其尾以爲筆哉. (……) 狼毫卽東俗所稱
     黃毛, 黃毛卽鼲鼠]"라고 했다.

6   희고 견고한 종이라는 뜻으로, 닥나무 껍질을 원료로 하여 삶고 표백해서 닥풀로 된 점즙(粘汁)을
     섞은 다음 치밀한 대나무 발로 떠내어 말려서 만드는데, 특히 두껍게 떠서 풀까지 먹여 잘 다듬기
     때문에 빳빳하고 윤기가 나며 한결 질겨서 오래 보존할 수 있다.

7   我朝名書, 當以安平爲第一, 而以狼尾筆, 書白硾紙, 韓濩獨得其妙.(『弘齋全書』 권163 「日得錄」 3
     '文學' 3)

8   鼬鼠出高麗. 俗呼黃鼠狼 (……) 其尾高麗以作泌.(『海東繹史』 권27 「物産志」 2 獸類 '鼬鼠')

9   其管小如箭篠, 鬚長寸餘, 鋒銳而圓.(『海東繹史』 권27 「物産志」 2 文房類 '筆')

10   高麗狼尾筆, 寶重於天下 (……) 惟取其强毫爲心, 次以稍耎圍柱, 而磨其心, 又以强毫爲衣, 而幾與
     心齊, 皆鎔蠟把定, 然後固之以膠液.(『星湖僿說』 권4 「萬物門」 '筆妙')

11   書問紀尙書�’喜書, 兼致黃鼠筆三十枝.[『燕行記』 권3 「起圓明園至燕京」 ○庚戌(1790, 정조 14) 8월 壬
     戌(14일)]

12   尾有秀毛可爲筆, 其美擅天下, 謂之黃毛筆.(『谿谷先生集』 권4 '說' '筆說')

13   特爲異邦故, 實而名之, 非爲其能佳於書畵也. (……) 常含强悍怒磔之意, 如恣意東西之頑童.(『熱河
     日記』 「關內程史」 '25日 辛丑')

14   黃毛筆東人所尙, 微有麤滑.(『阮堂全集』 권8 「雜識」)

15   박제가(안대회 옮김), 『북학의』, 돌베개, 2003, 127면.

16   鼠鬚筆則雖若剛靭, 其末甚尖纖, 則必柔亦不能獨自造成, 必以黃鼠毛爲心 鼠鬚爲飾然後佳 (……)
     余曾試之, 黃鼠之心尙存, 而外裹鼠鬚已禿反, 不若純用黃鼠者也.(『星湖僿說』 권4 「萬物門」 '鼠鬚
     筆') 참고로 왕희지가 「난정기(蘭亨記)」를 쓸 때 비단종이인 잠견지(蠶絹紙)에 서수필을 사용했
     다고 한다.

17   吾友李生喜書, 嘗乞於人而得之, 毫秀而銳, 色燁而澤, 以爲大美. 拂拭之, 其中薾然有異, 濡墨以試
     之, 撓而曲, 字不可成. 孰視之, 其心蓋狗毛, 而燁而秀者外被之也, 遂愕然以歎.(『谿谷先生集』 권4
     「說」 '筆說')

18   黃毛筆恐有詐術, 五枝解而見之, 其中一枝, 其內以惡毛束之.[『선조실록』 28년(1595) 을미(4월)
     을축(23일)]

19   허영휘, 『양반의 사생활』, 푸른역사, 2009, 132면.

20   정선영, "설화지에 대한 연구", 〈한국도서관정보학회지〉 제38권 1호, 2007, 367면.

21   用淳昌雪華紙塗飾.(『茶山詩文集』 권14, 「題」, '題黃裳幽人帖') 순창에서 나는 설화지는 상화지
     (霜花紙)라고도 불렀다.

22   雪花五色等紙地, 官員朔下之事.[『인조실록』 권13 병인(1626) 6월 경진(9일)] "地"는 잘못 들어
     간 것 같다. "삭하"는 원래 하급 벼슬아치나 밑에 부리는 사람에게 돈이나 무명으로 주던 급료를
     말한다.

23   柳希春日記曰, 伏覩御筆題目, 方正輝煥, 不勝歎慶, 卽招畵員, 模寫於雪花紙.[『선조실록』 권7 계유

(1573) 4월 계해(14일)]

24　待爾同泛桃花水, 更畫春山雪花紙.(『石北先生文集』 권6「詩○驪江錄」下 '崔北雪江圖歌') 조선 영조 때의 문인으로, 궁핍과 빈곤 속에서 전국을 유람하며 민중의 애환과 풍속을 시로 절실하게 노래한 신광수가 기행으로 이름났던 화가 최북(崔北, 1712~1786)에게 준 시의 한 구절이다.

25　雪紙鶴翩翮, 金環鼠開目.(『東國李相國後集』 권9「古律詩 五十八首」'得本省所送鶴翎扇分人')

26　세자나 왕비 등을 책봉하는 임금의 명령을 이르던 말로, 그 지위의 존귀함을 강조하고 책임을 다 할 것을 가르치고 타이르는 내용이다.

27　"교명 전문(箋文)의 초안을 그리고 쓰는 데 필요한 초주지 반 장, 죽청지 반 장."(『嘉禮都監儀軌 英祖貞純王后』「一房儀軌」'稟目秩') '전문'은 중국 한나라 때부터 기념일에 맞춰 축하하는 목적으로 썼으며, 우리나라에서는 고려시대 이후부터 썼다.

28　1900년 어진 모사의 전말을 기록한 『영정모사도감의궤(影幀模寫都監儀軌)』에 따르면, 인용한 영조 어진은 화원(畫員)인 조석진(趙錫晉, 1853~1920)과 채용신(蔡龍臣, 1848~1941)이 주관했다. 여기서 '모사'란 이미 그려진 어진이 훼손되었거나 새로운 전각에 봉안하게 될 경우, 기존 본을 범본으로 하여 신본(新本)을 그릴 때를 일컫는 말이다.

29　이상은 종로에 있던 시장 거리의 상점들인 육주비전(六注比廛), 곧 비단 등속을 팔던 선전(縇廛), 면포를 팔던 면포전, 명주실로 무늬 없이 짠 면주(綿紬)를 팔던 면주전, 종이를 팔던 지전(紙廛), 모시를 팔던 저포전(苧布廛), 각종 어산물을 팔던 내어물전(內魚物廛)과 중국의 삼승포(三升布)와 양털·담요·모자 등속을 팔던 청포전(靑布廛)을 합한 가게 등 여섯 개 중 지전에서 팔던 종이의 일부이다.

30　고연희, "조선 후기 시전지(詩箋紙), 일상 속의 예술", 『조선 후기 지식인의 일상과 문화』, 이화여자대학교출판부, 2009, 141면.

31　風花日將老, 佳期猶渺渺, 不結同心人, 空結同心草.

32　『김억 한시역선』, 한국문화사, 2005, 276면.

33　'방각본'이란 원래 중국의 남송(南宋) 이후 영리를 목적으로 하는 서점에서 출판한 사각본(私刻本)을 일컫는 말이다. 한국에서 '방각'이라는 용어는 일본인 서지학자 마에마 교사쿠(前間恭作)에 의해 처음 사용되었다. 그는 돈을 내어 새기게 하는 주체인 판주(板主)에 따라 관각(官刻), 사각(寺刻), 사각(私刻), 방각(坊刻) 등으로 나누고 상인들에 의해 판각되어 판매된 책자를 방각본이라 했다.

34　그렇다고 조선의 먹이 중국의 것보다 질적으로 나았다고 주장할 수는 없다. 박제가는 이렇게 말했다. "우리나라의 먹은 해가 지나면 벌써 광택이 없어지고, 다시 한 해가 지나면 아예 갈 수조차 없다. 아교가 벌써 단단하게 굳었기 때문이다. 그러나 중국의 먹은 오래 쓰면 쓸수록 더욱 가치가 있다. 소동파가 '사람이 먹을 가는 것이 아니라 먹이 사람을 간다'고 한 말이 이를 가리킨다."[박제가(안대회 옮김), 『북학의』, 돌베개, 2003, 83면]

35　입춘, 곧 봄이 온 것을 축하하기 위해 '입춘대길(立春大吉), 건양다경(建陽多慶)'이라는 글씨를 써서 대문에 붙였다. "봄이 시작되니 크게 길하고, 경사스러운 일이 많이 생기기를 기원합니다"라는 뜻이다. 그런데 '건양'이 대한제국(大韓帝國)의 연호(年號)이므로, 이 글귀가 그 당시에 만들어져 대한제국의 앞날을 축원한 것이라는 설명이 인터넷상에 떠돌고 있다. 어처구니없는 일이 아닐 수 없다. '건양'이란 말은 이미 『주역(周易)』에 나오고, 정조 때 지어진 『경도잡지』「세시(歲時)」에 입춘첩의 하나로 '건양다경'이 소개되고 있다.

36　『백운필』.(『완역 이옥 전집』 2, 실시학사 고전문학연구회 옮김, 휴머니스트, 2009, 115면)

37 김구, 『백범일지』.(도진순 주해, 돌베개, 1977, 27~28면) '계방'은 공역의 면제나 다른 도움을 얻으려고 미리 관아의 하급 실무 아전에게 돈이나 곡식을 주는 일을 말한다.(도진순의 주석)

38 허영환, 『양반의 사생활』, 푸른역사, 2009, 133면.

39 磨頂修玄德, 捐躬盡厥衷.(『玉潭詩集』「玉潭私集」「萬物篇 ○ 文房類」'墨')

40 오석이란 마그마가 급격히 식으면서 만들어진 화산암의 흑요암(黑曜巖)으로, 바탕이 단단하지 않고 빛이 검은 바윗돌이다. 벼루뿐 아니라 비석(碑石)이나 도장(圖章)을 만드는 데에도 두루 쓰인다.

41 안대회, 『천년 벗과의 대화』, 민음사, 2011, 112면. 흡연 혹은 흡석연은 중국 강서성(江西省) 상요시(上饒市) 무원현(婺源縣)에서 나는 고급 벼루이고, 단계연 역시 중국 광동성(廣東省) 단계(端溪)에서 나는 최고의 벼루를 말한다.

42 余少好蓄硯, 多聚佳品, 然東國之産, 無及藍浦之産.(『硏經齋全集』15, 「文 ○ 銘」'藍浦花草石銘')

43 在都下, 善硏工金道山, 道山洪州吏也 (……) 洪之隣藍浦也, 藍浦産硯材, 故好製硯, 工旣成, 棄吏役, 遊都下賣硯以自食.(『硏經齋全集』12, 「文 ○ 雜著」'硯譜') 여담이지만, 김도산 같은 이들은 「허생전(許生傳)」의 허생처럼 남산 아래 묵정동(墨井洞), 곧 먹골에 모여 살았을 것이다.

44 (余)入燕都, 朝士爭求藍浦石曰, 非國硯比也.(『林下筆記』권25「春明逸史」'禁中古硯')

45 靑者似歙石, 紅者似端石, 然紋理少麤. 佳品常在積水中, 用人力甚衆乃可得.(『林下筆記』권25「明逸史」'禁中古硯')

46 유득공(김윤조 옮김), 『누가 알아주랴』, 태학사, 2007, 35~36면에서 재인용.

47 춘추시대에 진(晉)나라 영공(靈公)의 무덤에서 옥두꺼비 하나가 나왔는데, 그 크기가 주먹만 하고 배 속은 비어서 5홉의 물이 들어갈 수 있었으며, 새로 만든 것처럼 광택이 있었기에 연적으로 사용했다는 이야기가 전한다. 이후 두꺼비는 연적을 의미하게 되었다. 그 근거는 『교감국역 송남잡지』3「문방류」'연적(硯滴)'(강민구 옮김, 소명출판, 2008, 217면)을 참고할 것.

48 侄郎逢我使, 遠寄玉蟾蜍, 圓正依天體, 中空像太虛, 涓涓泉出渾, 滴滴露凄舒, 筆硯從玆潤, 書懷卽有餘.(『玉潭詩集』「玉潭遺稿」'妻侄金由善寄送硯滴')

49 "속세 피해 사는 이 취미도 소박하지(幽人耽野趣)"(『四佳詩集』권4「詩類」'到村家')라고 한 서거정의 시구에서 보듯, 야취는 숨어 사는 이가 즐기는 소박한 취미를 뜻한다.

50 銅性猛烈, 貯水久矣. 有毒, 多脆筆毫. 磁者本好, 而莫若竹. 取一節長二寸許, 以小竹揷作觜. 甚是標格淸致, 誠野人之物也.(『山林經濟』권4「雜方」'硯滴')

51 戊子六月晦, 余與尹景止秉鉉柳運玉璉朴在先, 憩于夢踏亭, 剗抬參瓜. 搜在先袖得白牋, 於竈得煤, 於溪畔得甃, 詩成而顧無筆, 余拈淡竹莖, 景止韻府敗紙, 運玉削酸梨枝, 在先嚼蒲芽, 寫之于荷香蟬音瀑沫之裏.(『靑莊館全書』권9「雅亭遺稿」'夢踏亭共賦')

8. 꽃 키우고 나무 심고

1 정선이 양천현감으로 부임할 때 지기이자 예술적 동반자였던 사천(槎川) 이병연(李秉淵, 1671~1751)과의 이별을 아쉬워하며 주고받은 시와 그림을 모은 화첩이다. 겸재가 한강 주변의 경승을 그려 사천에게 보내주면, 사천은 그 그림을 보고 시를 썼다.

2 최완수는 그림 속 저 선비가 정선 자신일 개연성이 크다고 추론한 바 있다. 그 근거 중 하나는 책장문에 장식된 그림과 쥘부채의 그림이 겸재의 것이라는 점이다.(『겸재의 한양진경』, 동아일보사,

2004, 21~22면)

3 그림 속 주인공이 정선 자신이라는 최완수의 추론과 "(그는) 망연히 화분에 정신을 빼앗긴 상태다. 화리(畵理)를 탐구하는 화성(畵聖)다운 면모"(위의 책, 22면)라는 설명에 따르면 이 추측도 가능하다.

4 정민, 『18세기 조선 지식인의 발견』, 휴머니스트, 2007, 33면.

5 朴齊家, 「百花譜序」.[정민 외 옮김, 『정유각집(貞蕤閣集)』(하), 돌베개, 2010, 146면에서 재인용]

6 정민, 위의 책, 37면.

7 자세한 내용은 정민의 『18세기 조선 지식인의 발견』(휴머니스트, 2007) 중 "18~19세기 문인 지식인층의 원예 취미"(181~201면)를 참고할 것.

8 『백운필』.(『완역 이옥 전집』 3, 실시학사 고전문학연구회 옮김, 휴머니스트, 2009, 220면)

9 과실나무와 채소 따위를 심어 가꾸는 뒤란이나 밭을 말한다.

10 하지영, "南羲采의 『樂香國春秋』 소고", 〈한국한문학연구〉 제51호, 한국한문학회, 2013, 602면에서 재인용.

11 강이천(姜彛天, 1769~1801), 『한경사(漢京詞)』.(방현아, "중암 강이천의 『한경사』 연구", 성균관대학교 석사학위 논문, 1993, 35면)

12 聞人家有異蓄, 雖千金而必求, 窺海舶之閟藏, 在萬里者亦致.(『冷齋集』 권13 「金谷百花菴上梁文」)

13 방현아, 위의 논문, 37면에서 재인용.

14 용의 새끼로, 빛이 붉고 양쪽에 뿔이 있다고 한다.

15 愛松老人. 愛松甚, 徧求華山十餘年, 得三盤九曲松. 樹之大盆. 虬龍老幹, 苔蘚其皮. 對客自詫曰, 趙八龍不羨卿相之祿, 陶之富工.(趙秀三, 『秋齋集』 권7 「紀異」)

16 조수삼(안대회 옮김), 『추재기이』, 한겨레출판, 2010, 69면.

17 공자와 도위는 각각 지체가 높은 집안의 젊은이와 임금의 사위를 말한다.

18 "화리(花梨)·자단(紫檀)·강진(降眞)·오목(烏木)·침향(沈香) 같은 나무들은 남쪽 변방에서 생산되는 것인데, 이것은 다만 귀한 집의 완기(翫器)로서만 쓰인다(其花梨紫檀降眞烏木沉香之屬, 出自南徼外, 只供貴家翫器而已)."(『湛軒書』 外集 권10 「燕記」 '器用') 화리는 화리(華梨)와 같다. 화리는 주로 악기의 재료로 사용되었는데, 옛 음악에서 악절의 끝이나 시작 또는 춤사위의 변화를 지시하기 위해 사용하는 박(拍)이 대표적이다.

19 『花菴隨錄』 「花木九等品第」.(이병훈 옮김, 『養花小錄』, 을유문화사, 1973, 141면)

20 蘇鐵木, 木死釘鐵則活, 所以謂之蘇鐵.(『日東記游』 권3 「物産」 26則)

21 蘇鐵, 性甚喜燥惡濕, 故欲枯則拔置屋上, 以鐵釘, 其膚更生, 此乃物性之甚怪者. 名以蘇鐵者, 以鐵而復蘇也.(『東槎錄』 「聞見總錄」 3월 5일)

22 葉大細裂, 見甚奇異.(『赴燕日記』 「主見諸事」 '樹木')

23 중국의 전설에 나오는 나무 또는 지명이다. 동쪽 바닷속 해가 뜨는 곳에 있는 신목(神木)으로, 뜻이 바뀌어 해가 뜨는 곳을 지칭한다.

24 운향과의 상록활엽교목으로 높이는 3미터 정도이고 가시가 있으며, 잎은 두껍고 귤나무의 잎보다 크다. 열매는 약, 조미료, 향료로 쓴다. 인도가 원산지로, 따뜻한 지방에서 자란다.

25 日本之爲邦, 波壓所蕩溢, 其藪則樼木, 其次則賓日, 女紅則文繡, 土宜則橙橘, 魚之怪章擧, 木之奇蘇鐵.[「海覽篇」, 신호열·김명호 옮김, 『연암집』(하), 돌베개, 2007, 202면]

26 徐有榘, 『林園經濟志』 「藝畹志」.(윤지안, "조선 후기 화훼문화의 확산과 화훼지식의 체계화", 〈농업사 연구〉 제15권 1호, 한국농업사학회, 2016, 53면에서 재인용)

27 같은 곳.

28 幹無傍枝而直上, 根不盤錯而直下, 葉發於顚, 四散如傘.(『海槎錄』上, 4월 17일)

29 其葉如鳳尾可翫.(『東槎錄』「聞見總錄」3월 5일)

30 강판권,『역사와 문화로 읽는 나무사전』, 글항아리, 2015, 22면.

31 樹樹春風鐵樹花.(『梅泉集』권3「詩○己亥稿」'爲善吾壽其伯父斗山老人回甲')

32 棕櫚樹有盆種者, 根大如芭蕉, 而□茸被毛, 織之爲席, 又便造帚, 葉小摺扇漸開之狀.[『赴燕日記』「主見諸事」'樹木'(□는 미상)]

33 辛卯春, 回卸于釜山, 行李蕭然, 惟石菖蒲椶櫚木數盆而已. 過安東不入家, 還朝以舍人復命.('有明朝鮮國贈嘉義大夫吏曹參判行嘉善大夫慶尙道觀察使金公神道碑銘 幷序', 「碑銘」,『鶴峯先生文集附錄』권3)

34 홍경모(이종묵 옮김),『사의당지, 우리 집을 말한다』, 휴머니스트, 2009, 91면.

35 嶺南梱衙, 有一棕櫚, 長過數丈, 葉展如傘, 淸陰加愛, 以其得土之宜也, 爲武帥者, 替致京中, 裁培數年, 終至屢枯, 見者惜之.(『林下筆記』권28「春明逸史」'南中棕櫚')

36 '액정서'는 왕명의 전달, 알현 및 왕이 쓰는 붓과 벼루의 공급, 궐문 자물쇠와 열쇠의 관리, 궐문 안에 있는 정원의 설비 등을 맡은 기관을, '하례'는 관아에서 상전의 명령을 받고 심부름하는 하인을 말한다.

37 冬十月, 上命拔後園舊種棕櫚木, 送還民間本土. 上嘗求棕櫚木, 聞前安岳郡守洪萬恢家有之, 使掖隸求之. 盖以萬恢卽永安尉洪柱元季子爲國戚故也. 萬恢下庭伏曰, 頂踵國恩, 髮膚不敢惜, 況卉木乎. 但雖名國戚屬疎爲外臣以卉木進, 有罪不敢也. 臣亦不敢復留之, 卽拔去之. 掖隸白其狀, 上稱善, 遂有是命.(『國朝寶鑑』권49 숙종 18)

38 일본과 중국 등 남부에서는 삿갓이나 지붕으로도 쓰였다고 한다. 특히 일본에서는 네 벽을 모두 종려나무로 꾸미기도 했는데, 그런 집을 종려간(椶櫚間)이라 했다(四壁皆畫椶櫚, 而以椶櫚間名之者也).(『奉使日本時聞見錄』乾 3월 11일)

39 『교감국역 송남잡지』4「농정류」'종망복전(棕網覆田)'.(강민구 옮김, 소명출판, 2008, 157면)

40 빙허각 이씨(정양완 옮김),『규합총서』, 1987, 291면.

41 昔有婦人, 懷人不見, 恒灑淚於北墻之下. 後灑處生草, 其花甚媚, 名曰斷腸花.(『林下筆記』권32「旬一編」'秋海棠')

42 『백운필』.(『완역 이옥 전집』3, 실시학사 고전문학연구회 옮김, 휴머니스트, 2009, 219면)

43 文一平,『花下漫筆』.[『호암 문일평 전집(수필기행편)』, 1994, 민속원, 385면]

44 假寐雙飛蜨, 亦能具簪珥, 復憐秋海棠, 瀟灑伴簾几.[『정유각집』(하), 정민 외 옮김, 돌베개, 2010, 475면에서 재인용]

45 강이천,『한경사』.(방현아, "중암 강이천의『한경사』연구", 성균관대학교 석사학위 논문, 1993, 42면)

46 궁중에서 음식의 조리를 맡았던 정9품 관직으로, 왕실에서 사용할 음식물의 검수 및 위생에 관한 일을 맡았다.

47 (사)우리문화가꾸기, "(18세기 궁중 온실) 창순루(蒼筍樓)의 역사적 고찰".(유인물)

48 이에 대해서는 조동우 외, "15세기 조선 온실 건축의 기능 및 실내 환경 특성에 관한 연구"(〈대한건축학회 논문집〉제20권 12호, 2004)를 참고할 것. 1619년에 처음 난로로 가온했다는 유럽의 온실보나 170여 닌 앞선 것이라고 한다.

49 이호철, "조선 전기 '동절양채(冬節養菜)' 농법의 탄생-채소농법과 온돌기술의 결합을 중심으

　　로", 〈농업사 연구〉 제2권 1호, 한국농업사학회, 2003, 62면.

50 같은 곳.

51 冲之賦性, 貪縱靐靐. 光海之末, 攀緣曲徑, 獻諂逢惡, 千態萬狀. 冬月則必大作土室, 種菜其中, 蓋取
　　其味新也. 饌品極其甘美, 朝夕進供, 因以取寵, 致位崇班, 往來街中, 雖三尺童子, 必日之曰'雜菜判
　　書', 人無不唾鄙者.[『光海君日記』광해군 즉위년 무신(1608) 12월 10일(계해)]

52 물론 겨울에 움 속에서 자란, 빛이 누런 움파와 같은 것은 일종의 재배이기는 하지만, 그렇다고 그
　　것이 "종채기중(種菜其中)", 곧 그 안에 채소를 심어 경작하는 것은 아니다.

53 李奎報, '壞土室說', 『東文選』 권96 「說」.

54 『壺山外記』 「張友璧傳」.(『조희룡 전집』 6, 실시학사 고전문학연구실 역주, 한길아트, 1998, 75면)

55 이인상(박희병 옮김), 『능호집』(상), 돌베개, 2016, 493면.

56 강희안(서윤희 외 옮김), 『양화소록』, 눌와, 1999, 45면.

57 빙허각 이씨(정양완 옮김), 『규합총서』, 보진재, 1987, 284면.

58 실시학사 고전문학연구실 역주, 『조희룡 전집』 3, 「漢瓦軒題畵雜存」, 한길아트, 1998, 48~49면.

59 실시학사 고전문학연구실 역주, 『조희룡 전집』 1, 「石友忘年錄」, 한길아트, 1998, 147면.

60 강희안(서윤희 외 옮김), 『양화소록』, 눌와, 1999, 46면.

61 진계유(陳繼儒, 1558~1639). 명나라 말기 송강부(松江府) 화정(華亭) 사람으로 자는 중순(仲醇)
　　이고, 호는 미공(眉公) 혹은 미공(麋公)이다. 어려서부터 글재주가 뛰어났고, 고아(高雅)함을 숭
　　상했다. 젊어서 동기창(董其昌), 왕형(王衡)과 함께 명성을 나란히 했다. 『금병매(金甁梅)』를 지
　　은 왕세정(王世貞)으로부터 존경을 받았다. 스물아홉 살 때 유자(儒者)의 의관을 태워버리고 관
　　료의 길을 포기한 뒤 소곤산(小昆山) 남쪽에 은거했다. 나중에 동사산(東佘山)에 살면서 저술에
　　전념했다.

62 전설 속의 선녀 이름이다. 구의산(九嶷山)에서 득도(得道)한 여자 나욱(羅郁)이 진 목제(晉穆帝)
　　때 양권(羊權)의 집에 밤에 내려와 시 한 편과 선물을 주었다는 내용이 남조(南朝) 양(梁) 도홍경
　　(陶弘景)의 『진고(眞誥)』 「운상(運象)」에 나온다. 또 악록(萼綠)은 원래 꽃잎이 푸르스름한 매화
　　를 뜻하는 말로, 녹영매(綠英梅) 혹은 녹악매(綠萼梅)라고도 하는데, 그 모습이 특별히 청고(淸
　　高)하기 때문에 호사가(好事家)들이 구억산의 선녀인 악록화에 견주었다는 기록이 송나라 범성
　　대(范成大)의 『범촌매보(范村梅譜)』에 나온다.

63 每恨描眞圖畵家, 和鉛嫌俗墨疑鴉, 對君始悟藥公妙, 獨寫仙人萼綠華.(『竹石館遺集』 「嘗見陳眉公
　　題自寫梅花曰仙人萼綠華, 今余所藏梅, 甚似眉公所寫, 心異之書此」)

64 『壺山外記』 「張友璧傳」.(『조희룡 전집』 6, 실시학사 고전문학연구실 역주, 한길아트, 1998, 88~89면)

65 「석치에게 보냄 4」, 『연암집』.[신호열·김명호 옮김, 『연암집』(중), 돌베개, 2007, 417면]

66 三四踈枝苗古査, 小盆藏得畵屛斜, 莫道凌冬開冷藥, 君看盡在貴豪家.(『無名子集 詩藁』 제4책
　　「詩」 '富貴家四物四首' 중 첫 수)

67 강희안(서윤희 외 옮김), 『양화소록』, 눌와, 1999, 37면.

68 『백운필』.(『완역 이옥 전집』 3, 실시학사 고전문학연구회 옮김, 휴머니스트, 2009, 220면)

69 강이천의 「이화관총화(梨花館叢話)」에 나오는 말이다.(안대회, 『조선의 명문장가들』, 휴머니스
　　트, 2016, 497면)

70 近時洛中, 花盆種菊甚盛.(『蘆沙集』 권1 「詩」)

71 『백운필』.(『완역 이옥 전집』 3, 실시학사 고전문학연구회 옮김, 휴머니스트, 2009, 206면)

72 百六十三多品第.(『阮堂全集』 권10 「詩」 '謝菊')

73 그런데 일본에서 들어온 국화 중 일부는 그리 인기가 많지 않았던 것 같다. "근세에 일본 국화가 많이 흘러나오지만 북실북실하여 볼 만한 것이 없다."(심능숙의 「白雲朶記」 중. 정민의 「18~19세기 문인 지식인층의 원예 취미」, 『18세기 조선 지식인의 발견』, 휴머니스트, 2008, 211면에서 재인용) 참고로 신위(申緯, 1769~1845)는 "국화 품종에 완전히 흰색은 없는데, 뒤늦게 백운타를 얻게 되었다. 그런데 이미 시들어가니 참으로 애석하다(菊品無一白者, 最後得白雲朶, 已向衰可惜也)"(『警修堂全藁』 제26책 「覆瓿集」 '菊')고 했다.

74 "국화 가꾸는 솜씨는 또 세상에 없이 절묘하여, 품격이 좋은 것만 48종이 핀다(菊花之業尤絶世, 四十八種標格尊)."(『茶山詩文集』 권4 「詩」 '薇源隱士歌')

75 "학령이 마침내는 무리 중에 첫째로세(鶴翎竟出群雄)."(『阮堂全集』 권10 「詩」 '謝菊')

76 삼학령은 홍학령(紅鶴翎)·황학령(黃鶴翎)·백학령(白鶴翎)을 말한다.

77 정민, 「18~19세기 문인 지식인층의 원예 취미」, 『18세기 조선 지식인의 발견』, 휴머니스트, 2008, 211면.

78 "근래에 서울에서 화분에다가 국화를 심는 일이 매우 성행하였다. 누런 것을 황학령이라 하고, 흰 것을 백학령이라 하였는데, 이것이 더욱 인기가 높았다(近時洛中, 花盆種菊甚盛, 有黃者曰黃鶴翎, 白者曰白鶴翎, 尤擅名勝)."(『蘆沙集』 권1 「詩」) 인용은 시 제목의 일부이다.

79 주나라 때 천자국의 대학(大學)은 물이 그 주위를 벽옥처럼 둥글게 에워싸고 있다고 해서 벽옹(辟雍)이라 부르거나 혹은 그 물을 영소(靈沼)라 하고 학교를 영대(靈臺)라 일컫은 데 반해, 제후국의 대학은 물이 그 주위를 반쪽만 둘러싸고 있다고 해서 그 물을 반수(泮水)라 하고 학교를 반궁(泮宮)이라 했다. 여기서는 성균관 주위를 흐르는 물을 말한다. 이 시의 제목은 '반인에게서 국화 모종을 구하며(從泮人覓菊叢栽)'인데, 반인은 성균관에 딸려 주로 쇠고기 장사를 하는 사람을 이르던 말이다. 이 시에 따르면 그들은 국화 같은 꽃의 모종을 팔기도 했다.

80 平生性癖愛寒花, 爲乞幽叢泮水涯, 若得三翎兼禁醉, 會看寂寞變繁華.(『無名子集 詩稿』 제2책 「詩」 '從泮人覓菊叢栽')

81 국립민속박물관에서 웹으로 서비스하는 내용을 보니, "금원(禁苑), 황취(黃醉), 양비(楊妃) 등의 이름이 있다"라고 했다. 시급히 수정해야 마땅하다.

82 일본에서 보내온 사절(使節)에 대한 답례(答禮)로 조선에서 일본으로 보내던 사절을 말한다.

83 일본과 내왕한 공식 외교문서를 말한다.

84 鳥紅菊, 若儲則惠送.(『선조실록』 1603년 6월 14일)

85 해마다 동지(冬至)에 정기적으로 명과 청에 보내던 사신으로, 설날에 보내던 정조사, 황제와 황후의 생일을 축하하기 위해 보내던 성절사와 함께 삼절사(三節使)라 했다.

86 『燕途紀行』(下) 「日錄」 ○병신년 순치(順治) 13년(1656, 효종 7) 11월 4일(무신). 권별(權鼈, 1589~1671)은 그의 『해동잡록(海東雜錄)』에서 이렇게 말하고 있다. "동방에 심는 국화는 명품이 많지 않다. 오홍이라 하는 것이 제일 귀하니, 빛은 붉고 꽃술이 있으며 아주 번화하게는 피지 않는다. 가장 늦은 것은 학정홍(鶴頂紅)이라 하는데 희고 꽃잎이 고르지 않는 것이 오래되면 꽃송이가 점점 커져서 짙은 홍색(紅色)이 된다. 약간 일찍 피는 것을 규심홍(閨深紅)이라 하는데 주황색이니 이 세 가지를 서울 사람들이 즐겨 심는다(東方所種菊花, 品名不多, 曰烏紅最貴, 色紅而有擅心, 未甚繁開. 最晚曰鶴頂紅, 色白花瓣不齊, 久則花瓣漸大, 深作紅色. 開稍早曰閨深紅, 朱黃色, 此三品都下人喜種之)."(『海東雜錄』 권3 「本朝」 '曹伸')

87 "작은 기예에 탐닉한 나머지 원대한 뜻을 잃는 것을 말한다. 송유(宋儒) 사양좌(謝良佐)가 사서(史書)를 잘 외우며 박학다식한 것을 자부하자, 정명도(程明道)가 '잘 외우고 많이 알기만 하는

것은 장난감을 가지고 놀면서 본심을 잃는 것과 같다(以記誦博識, 爲玩物喪志)'라고 경계한 말이 『정씨유서(程氏遺書)』권3에 수록되어 있다."(『簡易集』권9「稀年錄」'贈吳秀才竣竝序'에서 '완물상지'에 대한 이상현의 주석을 재인용했다)

88 심노숭(안대회 외 옮김), 『자서실기』, 휴머니스트, 2014, 58면.

89 의원은 심원(沁園), 오유원(烏有園), 장취원(將就園) 등으로도 불렀다.

90 유만주(김하라 편역), 『일기를 쓰다 2 : 흠영선집』, 돌베개, 2015, 239면.

91 안대회, "18~19세기의 주거문화와 상상의 정원", 〈진단학보〉제97호, 2004, 120~121면.

92 위의 논문, 134~135면.

93 이용휴(李用休, 1708~1782)의 「구곡유거기(九曲幽居記)」. (위의 논문, 118면에서 재인용)

94 이에 대한 정치사상적 해석은 여기서 하지 않기로 한다. 다만 그것이 '있는 자'들의 제스처나 포즈였을 가능성을 간과하거나 무시할 수 없을 것이라는 점만은 간략히 밝혀둔다. 저들이 바랐던 저 '탈속'의 의미가 예를 들어 짐짓, 그리고 굳이 '야취(野趣)'를 추구하던 그 심정과 모종의 선이 닿아 있지 않을까 추정해보는 것이다. 이 추정에 일말의 진실이 묻어 있다면, 그들의 저 '현실의 불우'는 한갓 제스처 혹은 포즈일지 모르기 때문이다. 참고로 '야취'는 "속세 피해 사는 이 취미도 소박하지(幽人耽野趣)"(『四佳詩集』권4「詩類」'到村家')라고 한 서거정(徐居正, 1420~1488)의 시구에서 보듯이, 숨어 사는 이가 즐기는 소박한 취미를 뜻한다. 이 문제에 대해서는 별도로 논문에서 논의해보고자 한다.

95 권섭(이창희 역주), 『내 사는 곳이 마치 그림 같은데』, 도서출판 다운샘, 2003, 12면.

96 "화장기조(花庄奇兆)." (위의 책, 121면)

97 余創意鑄蠟爲梅, 毛藥紙跗. 綴於靑條, 皎朗堪愛. (……) 輪回梅者, 蜂采花爲蜜, 蜜生蠟蠟復爲花, 猶佛氏輪回前後之說也. 余嘗編鑄花事, 宜著輪回梅十箋, 不檢此書, 不知此詩之妙也. (『靑莊館全書』권35「淸脾錄 四」'輪回梅')

98 풍륜은 불가(佛家)에서 말하는 사륜(四輪), 곧 땅속에서 이 세상을 받치고 있다는 네 개의 바퀴 중 하나로, 이 세상을 붙들어 받치고 있는 맨 밑에 있는 바퀴를 말한다.

99 目擊生花釀蠟時, 旋看梅發候騰枝, 風輪幻化從渠覺, 不信他生我是誰. (『靑莊館全書』권62「輪回梅十箋」)

100 "一國顚狂總爲花." [睦萬中, 『餘窩集』「甁花對人酬韻」(안대회, 『조선의 프로페셔널』, 휴머니스트, 2007, 258면에서 재인용)]

101 원래는 불교의 향적여래(香積如來)가 다스리는 나라로 대개는 절을 가리키는데, 그 말을 가져다가 '향기로운 꽃들의 나라'라는 의미로 전용한 것이다.

102 金遠鳴, 安東吏. 父喪, 廬墓三年. 服闋後, 猶素食不輟, 日必往哭父墓. 室中置其父服, 用以寓終身之慕, 佳木異卉, 無不植於墓前. [유재건(실시학사 고전문학연구회 옮김), 『이향견문록』, 글항아리, 2008, 155면에서 재인용]

9. 여덟 칸짜리 비둘기 집

1 其飛也, 遠屋數迊而上. (『鵓鴿經』, 정우봉, "『東國金石文』의 자료적 가치", 〈민족문화연구〉제37호, 고려대민족문화연구원, 2002, 영인본 124면)

2 千百爲群, 旣夕飛還, 各尋其家. (『燕巖集』권15 ○別集 『熱河日記』「銅蘭涉筆」) 이것은 물론 박지

원이 중국에 가다가 요동(遼東)의 점방(店房)에서 바라다본 장관이지만, 조선의 사정도 크게 다르지 않았을 것이다.

3 鵓鴿名字過數十, 雕籠彩縏風旖旎.[朴齊家,「城市全圖應令」(박현욱,『성시전도로 읽는 18세기 서울』, 보고사, 2015, 65~66면)]

4 산비둘기는 구(鳩)라 한다.

5 정민,『18세기 조선 지식인의 발견』, 휴머니스트, 2008, 232면.

6 위의 책, 232~233면.

7 嘴欲白, 眼欲黃, 項欲大, 尾欲富, 翅欲多羽, 眼眶墳起者.(『鵓鴿經』, 정우봉, “『東國金石文』의 자료적 가치”,〈민족문화연구〉제37호, 고려대민족문화연구원, 2002, 영인본 123면)

8 有一眼靑, 一眼黃爲奇格.(같은 곳)

9 후한 말 응소(應劭)가 편찬한『풍속통의(風俗通義)』에 나오는 말이다. “俗說: 高祖與項羽戰, 敗於京索間, 遁叢薄中, 羽追求之, 時鳩正鳴其上, 追者以爲必無人, 遂得脫, 及即位, 異此鳥, 故作鳩杖以賜老人也.”

10 有恒匹, 群處不亂, 非離亡則不改.(정우봉, 같은 곳)

11 傍有雌, 徊徨久之, 雌雄相與呚舌, 故曰鴿性淫.(정우봉, 위의 영인본, 124면)

12 鴿性㑧, 養鴿之家治閣極其雕飾.(위와 같은 곳)

13 鴿閣, 閣謂之藏. 有八間龍隊藏, 閣之最佳者爲八間.(위와 같은 곳)

14 『백운필』.(『완역 이옥 전집』3, 실시학사 고전문학연구회 옮김, 휴머니스트, 2009, 65면)

15 1문은 10전이니, 100문은 1,000전이다. 참고로 정조 때 공물로 바치는 녹용 한 대의 값이 거의 200문(文)에 가깝다고 했다.[『정조실록』8년 갑진(1784) 윤 3월 10일(을축)]

16 『백운필』.(『완역 이옥 전집』3, 실시학사 고전문학연구회 옮김, 휴머니스트, 2009, 65면)

17 以貯八目鴿, 喜鬪故必各處之.(『鵓鴿經』, 정우봉, “『東國金石文』의 자료적 가치”,〈민족문화연구〉제37호, 고려대민족문화연구원, 2002, 영인본 124면)

18 『백운필』.(『완역 이옥 전집』3, 실시학사 고전문학연구회 옮김, 휴머니스트, 2009, 66면)

19 雕欄高架爛靑朱, 竭粟養鴿供翫娛, 聲性淫何所取, 不如仁理在鷄雛.(『無名子集 詩稿』제4책「詩」'詠富貴家四物 四首')

20 余之齠齔時, 閭巷俗尙, 亦及見之, 今則絶無聞焉, 可異.(『五洲衍文長箋散稿』「萬物篇○鳥獸類」'鳥')

21 『백운필』.(『완역 이옥 전집』3, 실시학사 고전문학연구회 옮김, 휴머니스트, 2009, 66면)

22 家又豪富, 年十七親往遼東, 貿鵓鴿以還.(『燃藜室記述』권8「古事本末」'己卯黨籍')

23 鴿矢甚毒, 蛇虺臭蟲, 莫敢近之. 能腐屋瓦, 山家養鴿虎亦避之云.(『鵓鴿經』, 정우봉, “『東國金石文』의 자료적 가치”,〈민족문화연구〉제37호, 고려대민족문화연구원, 2002, 영인본 124면)

24 店中大石槽, 預灌灰水, 鵓鴿朝出遼野, 飽豆而歸, 爭飮灰水, 皆吐豆則以飼馬.(『燕巖集』권15 ○別集『熱河日記』「銅蘭涉筆」)

25 정민,『새문화사전』, 글항아리, 2014, 426면.

10. 술 한 잔, 고기 안주

1   十月穫稻, 爲此春酒, 以介眉壽.(『詩經』「國風」'豳風' 七月; 윤영춘 옮김, 『시경』, 한국교육출판공
    사, 1986, 222면)

2   造酒吉日 (……) 宜春氏箕夏亢秋奎冬危.(『山林經濟』권2「治膳」'醸酒')

3   精鑿粳米一斗, 算籌百洗, 作末盛陶盆, 淨水二甁, 合米末滓湯沸, 以湯水和末, 均調候冷, 和以碎麴
    一升五合, 至七日, 又以精鑿米二斗, 如前百洗, 先以水湯沸, 每一斗水二甁. 酒均候冷, 以前醸雜調
    之入瓮. 至三七日, 澄淸後用之.(위의 책, 같은 곳)

4   元月, 將精鑿粳米二斗五升, 百洗作末, 活水二斗五升湯沸, 和均候冷, 調麴末眞末各一升入瓮, 待桃
    花盛開. 復以粳米粘米各三斗, 百洗經宿合蒸, 活水六斗湯沸, 候冷均調. 又待飯冷, 取桃花二升, 先
    納瓮底, 並前醸和入, 以桃花二三枝挿其中, 待熟上槽. 本方雖如此, 初醸減水五升, 合醸亦減三四升,
    味尤佳, 常置寒冷處待熟.(위의 책, 같은 곳)

5   걸러놓은 술에 뜬 밥알을 말한다.

6   『규합총서』(정양완 역주), 보진재, 1987, 18~19면.

7   문화재청 문화재검색 참조.(http://www.cha.go.kr/korea/heritage/search/Culresult_Db_
    View.jsp?mc=NS_04_03_01&VdkVgwKey=17,00860200,34) 면천 두견주는 1986년 국가무형
    문화재 제86-2호로 지정되었다. 술의 색은 연한 황갈색이고 단맛이 나며 점성이 있는데, 신맛과
    누룩 냄새가 거의 없고 진달래 향기가 일품이다. 알코올 도수는 21도 정도이다. 혈액순환을 촉진
    하고 피로 회복에도 효과가 있으며, 특히 콜레스테롤을 낮춰주어 성인병 예방에도 효과가 있다고
    한다. 하지만 진달래꽃의 꽃술에는 독성분이 있으므로 술을 담글 때 꽃술이 섞여 들어가지 않도록
    조심해야 한다.

8   최남선, 『조선상식문답(朝鮮常識問答)』.(『육당 최남선 전집』3, 고려대학교 아세아문제연구소 육
    당전집편찬위원회, 현암사, 1973, 35면)

9   終古笙歌咽綠窓, 書生何事怨盈腔, 長城捲去靑山疊, 大野飛來白鳥雙, 日日離情堤上草, 年年別淚
    臉邊江, 詩腸到此無端豔, 澆盡甘紅露一缸.(『林下筆記』권33「華東玉糝編」'洱上樂府') 이 시에 대
    해서 이유원(李裕元, 1814~1888)은 다음과 같은 설명을 부기하고 있다. "자하(紫霞)가 정지상
    (鄭知常)의 '푸른 창 붉은 문에 생가 소리 우렁차게 나고(綠窓朱戶笙歌咽)'라는 시구와 김황원(金
    黃元)의 '장성의 한 면엔 질펀히 흐르는 물 / 대야의 동쪽 머리엔 흩어져 있는 산(長城一面溶溶水,
    大野東頭點點山)'이란 시구를 모으고, 또 정지상의 '비 개니 긴 언덕에 풀빛이 짙푸르다(雨歇長堤
    草色多)'라는 시구와 '이별의 눈물이 해마다 푸른 물결을 보탠다(別淚年年添綠波)'라는 시구를
    모으고, 또 '감홍로'를 넣어 시 한 편을 이루었다. (……) 이 시를 부채에 써서 평양의 시인 김건(金
    楗)에게 주었다. 내가 대동강에서 놀 때 어떤 기녀 하나가 부채를 흔들면서 시가를 불렀는데, 바로
    이 시였다[紫霞集鄭知常句綠窓朱戶笙歌咽, 金黃元句, 長城一面溶溶水, 大野東頭點點山, 又集鄭
    司諫句, 雨歇長堤草色多, 及別淚年年添綠波, 又入甘紅露, 成篇 (……) 此詩題扇頭, 贈洱上詩人金
    楗. 余遊洱江, 一妓女搖扇唱詞, 卽此詩也]."

10 "풍원군이 웃으며 '바로 네 후배(後陪)냐?' 하고는, 나를 불러들여 큰 술잔에 술 한 잔 부어주고, 자
    신도 홍로주 일곱 잔을 따라 마시고 초헌(軺軒)을 타고 나갔지."[『연암집』(하), 김명호 옮김, 돌베

개, 2007, 183면]

11 『계산기정』의 저자가 이해응임은 최근 김미경에 의해 밝혀졌다.("19세기 연행록에 나타난 민속
    연희",〈실천민속학연구〉제6호, 2004. 6, 134면)

12 "千日酒, 百花酒, 梨薑, 竹瀝之名, 皆是味佳者."[『薊山紀程』권3 '留館' 갑자년(1804, 순조 4) 1월]

13 임금에게 경서(經書)와 왕도(王道) 등을 해설하던 신하를 말한다.

14 조선시대에 궁중의 의약(醫藥)을 맡아보던 관아를 이른다. 내국(內局)이라고도 한다.

15 兩南進貢靑大竹, 民弊甚多. 故孝宗朝筵臣請減其數, 孝宗敎曰, 非但爲御藥, 士大夫家若非內局竹
    瀝, 何以救急病乎. 勿減也. 聖祖美意槩可想也.[『國朝寶鑑』권58, 영조조 2·3년(정미, 1727)]

16 『오하기문(梧下記文)』(김종익 옮김), 역사비평사, 1994, 318면.

17 김정(金淨, 1486~1521)은 "송진(松津)을 넣어서 술을 빚어 벽향춘(碧香春)이라 이름 지었다(造
    釀松醪, 名以碧香春)"라고 했다.(『海東雜錄』권2 '本朝' 2 '金淨')

18 鯨呑千慮散, 牛吸百憂空.(李應禧, 『玉潭詩集』「玉潭私集」'萬物篇○飮食類'酒)

19 "18세기 조리 관련 자료에는 100여 가지가 넘는 술이 기록되어 있다. 이 중 기록된 빈도가 가장 높
    은 술이 삼해주다. 삼해주는 가장 많이 기록되어 있을 뿐만 아니라 『온주법』에는 세 가지 주조법
    이, 『증보산림경제』에는 두 가지 제조법이 기록되어 있으니 당시 조선인들에게 가장 사랑받는 술
    이었던 것으로 짐작된다."(차경희, "정월 돼지날에 빚은 술 : 조선인이 즐긴 술, 삼해주", 『18세기
    의 맛』, 문학동네, 2015, 228면)

20 최남선, 『조선상식』「풍속편」.(『육당 최남선 전집』 3, 고려대학교 아세아문제연구소 육당전집편
    찬위원회, 현암사, 1973, 478면)

21 주영하 역시 '소주(燒酎)'라는 명칭을 반대하는데, 그 이유는 그것이 "일본 사람들이 만들어낸 것
    이"기 때문이라는 것이다.(『음식전쟁 문화전쟁』, 사계절, 2000, 132면)

22 박록담, 『전통주』, 대원사, 2004, 30~31면.

23 주영하, 『음식전쟁 문화전쟁』, 사계절, 2000, 144면.

24 『조선무쌍신식요리제법』, 영창서관, 1924, 39~61면.

25 "새의 날개에 여러 빛깔로 물을 들여서 전립 위에 다는 것을 속칭 상모라 한다[以羽毛染彩, 或懸扵
    戰笠之上 (……) 是也俗稱象毛]."(『星湖僿說』「萬物門」'氈韃')

26 "큰 도적이 있다. 큰 깃발을 세우고 큰 양산을 받치고 큰 북을 치고 큰 나팔을 불면서 쌍 말의 교자
    (轎子)를 타고 옥로가 달린 모자를 쓰고 있다(有大盜於此. 樹大旗擁大蓋擊大鼓吹大角, 乘雙馬之
    驕, 戴玉鷺之帽)"는 증언(『茶山詩文集』권12 '論' '監査論')에서 보듯이, 옥로는 갓 등의 쓰개에
    해오라기 모양으로 만들어 단 장신구를 말한다.

27 肉好刉圃, 陰陽凹凸腹.[『교감국역 송남잡지』 5 「의식류」'전골(氈骨)'(강민구 옮김, 소명출판,
    2008, 200면)에서 재인용]

28 『조선무쌍신식요리제법』, 영창서관, 1924, 68~69면.

29 강명관, 「그림이 있는 조선풍속사」, '한겨울의 고기 굽기', 〈서울신문〉, 2008년 11월 17일.

30 "香蘑肉膊上頭珍."

31 截肉排氈鐵, 分曹擁火爐, 煎膏略回轉, 放筯已虛無.[신광하(申光河, 1729~1796)의 「벙거짓골에
    소고기를 굽다(詠氈鐵煮肉)」, 안대회의 『새벽 한시』, 태학사, 215·154면에서 재인용]

32 油調饙廗雜葷蔥, 爐上撑鍋炭熾紅, 酒後大爐圍四座, 消寒勝會自初冬.[홍석모(洪錫謨,
    1781~1857)가 지은 '난로(煖爐)'라는 제목의 시이다. 서울 지방의 세시풍속을 126수의 칠언절
    구(七言絶句)로 엮어 만든 『도하세시기속시(都下歲時記俗詩)』에 실려 있다. 자세한 것은 진경환,

『서울·세시·한시』, 보고사, 2003, 521면을 참고할 것]

33 우유를 응고시킨 우락(牛酪)에 백강, 정향, 계심, 꿀 등을 섞어 곰(膏)을 만들어 먹는 음식이다. 고려시대에는 팔관회(八關會) 때 별식으로 먹었고, 조선시대에는 동짓날 내의원에서 만들어 계절 특식으로 신하들에게 나누어 주었다.

34 煖會端宜亞歲供, 爐鍋圍坐禦寒冬, 盤中新味紅煎藥, 內院分來一桄封.[서울의 풍속을 월별로 나누어 읊은 유만공(柳晚恭, 1793~1869)의『세시풍요(歲時風謠)』171번째 시]

35 「만휴당기(晚休堂記)」,『연암집』.[신호열·김명호 옮김,『연암집』(중), 돌베개, 2007, 77면]

36 시식(時食)이란 제철에 맞추어 먹는 음식을 말한다. 최남선은『조선상식문답』에서 이렇게 적고 있다. "춘하추동 사시와 일 년 열두 달 그때마다 철 맞추어 먹는 음식을 시식이라고 이르니, 대개 그때그때의 명일(名日)을 중심으로 하여 새로 나는 물건이나 먹을 맛있는 음식의 종류를 선택하여 마련되었던 것입니다. 이를테면 설의 떡국, 대보름의 약밥, 정 이월의 물쑥 청포, 한식(寒食)의 개피떡, 삼월 삼일의 화전(花煎), 초파일의 도미국수, 단오의 수단(水團, 쌀가루로 만든 경단을 끓는 물에 삶아내어 꿀물에 넣고 잣을 띄운 음료), 유두(流頭)의 밀쌈, 추석의 송편, 구일(九日)의 국화전, 동지의 팥죽, 납향[臘享, 납일(臘日) 또는 납평(臘平)이라고도 한다. 동지 뒤 셋째 미일(未日)로 이날에는 한 해 동안 지은 농사 형편과 그 밖의 일들을 여러 신에게 고하는 납향(臘享), 곧 납평제(臘平祭)를 지내는 날인데, 보통은 납일이라고 한다. 납향에는 멧돼지와 산토끼 등의 고기를 올린다]의 고기구이 등이 그 주요한 것입니다."[최남선,『조선상식문답』(『육당 최남선 전집』3, 고려대학교 아세아문제연구소 육당전집편찬위원회, 현암사, 1973, 36면)]

37 파, 마늘 따위와 같이 특이한 냄새와 자극성이 있는 채소를 말한다. 참고로 오훈채(五葷菜)는 불가(佛家)에서는 마늘·달래·무릇·김장파·실파를 가리키고, 도가(道家)에서는 부추·자총이·마늘·평지·무릇을 이른다. 모두 음욕과 분노를 불러일으키는 음식이라 하여 금식한다. '훈채'에 대해서는『완역 이옥 전집』3, 실시학사 고전문학연구회 옮김, 휴머니스트, 2009, 317~320면을 참고할 것.

38 '입을 즐겁게 하는 탕'이란 뜻이다. 육당 최남선은 이 신선로가 중국의 '훠궈르(火鍋兒)'에서 온 것이라고 했다. 다만 "중국에서는 이것을 여러 가지 이음으로 부르건마는 신선로라는 문자만은 보이지 아니하니, 이름만이 아마 조선에서 생긴 것일까 한다"고 했다.[최남선,『조선상식문답』「풍속편」(『육당 최남선 전집』3, 고려대학교 아세아문제연구소 육당전집편찬위원회, 현암사, 1973, 34면)] 신선로에 대해서는 18세기의 생활문화백과사전이라 할 수 있는 이시필의『소문사설, 조선의 실용지식 연구노트』(백승호 외 옮김, 휴머니스트, 2011, 107면)를 참고할 것.

39 진경환,『서울·세시·한시』, 보고사, 2003, 521~522면.

40 조태일,「난로회(煖爐會)」1.(『조태일 전집』1, 창작과비평사, 2009)

41 스기야키(杉燒)는 스키야키(鋤燒)와 다른 음식이다. 이에 대해서는 안대회의『조선의 탐식가들』(따비, 2012, 265면)을 참고할 것.

42 西洋鏡白眸開眩, 南國鍋紅胃鎭饑.(『靑莊館全書』권10「雅亭遺稿」2 '素玩亭冬夜小集')

43 鍋如笠子, 燒肉爲煖爐會. 此俗自自日本來.(『史外異聞』, 신구문화사, 1976, 82면에서 재인용) 그런데 서울대학교 규장각에 소장되어 있는 규장도서번호 奎4917에는 이 주석이 보이지 않는다.

44 위의 책, 같은 곳. 문일평은 "일본 것의 수입"을 일방적으로 언급하지 않았다. 그 역방향, 곧 "조선사행(朝鮮使行)을 따라 (일본에서) 수입되었는지도 모른다"라고도 했다. 한편 신광하는 그것이 여진의 풍속에서 온 것이라 했다. "온 나라에 유행하는 새 요리법은 / 근자에 여진에서 들어온 풍속 / 의관을 갖추고서 달게 먹지만 / 군자라면 부엌을 멀리해야지(擧國仍成俗, 新方近出胡, 衣冠

甘飽餞, 君子遠庖廚)."[「벙거짓골에 소고기를 굽다(詠氈鐵煮肉)」, 안대회의 『새벽 한시』, 태학사, 215·154면에서 재인용]

45 粲粲豪門子, 朱顔粱肉腸 (……) 中堂煖爐會, 匙筯羣鏘鏘, 持炙已色難, 唼鱐反吐剛, 脂膩不可想, 苦待春蔬嘗.[『洛下生集』飢民 十四章 13(『韓國文集叢刊』290)]

46 『書經』 「洪範條」의 "치우치고 편들지 않으면 정치가 평탄해질 것이다(無偏無黨, 王道蕩蕩, 無黨無偏, 王道平平)"라는 글에서 유래한 말이다.

47 『송남잡지』 5(강민구 옮김), 소명출판, 2008, 195면.

48 蔬菜等屬, 沉菜熟菜生菜雜葅.[『順菴先生文集』 권14, 「雜著」(『韓國文集叢刊』229)]

49 『규합총서』(정양완 역주), 보진재, 1987, 47면. 여기에 섞박지 담그는 법이 아주 상세하게 설명되어 있다.

50 葦魚卽鱭魚也, 京江最好, 而湖南二月已有之, 關西五月方有之, 皆佳.[『惺所覆瓿稿』 권26 「說部」 5 「屠門大嚼」(『韓國文集叢刊』74)]

51 丁若鏞, 『雅言覺非』 권3 '紫魚'. 한편 다산의 형인 정약전(丁若銓, 1758~1816)의 『자산어보(玆山魚譜)』에 봄철에 잃은 입맛을 단번에 자른다고 해서 웅어를 달리 도어(刀魚)라 한다는 설명이 보인다.

52 『규합총서』(정양완 역주), 보진재, 1987, 65면.

53 『조선무쌍신식요리제법』, 영창서관, 1924, 177~178면.

54 행주(幸州)와 행주(杏州)를 함께 쓰는 경우가 많아 행주 아래 넓은 한강물을 행호(杏湖) 또는 행호(幸湖)라 했다.

55 『경교명승첩(京郊名勝帖)』에 실려 있다. 이 화첩은 정선이 양천현감으로 부임할 때 지기이자 예술적 동반자였던 사천(槎川) 이병연과의 이별을 아쉬워하며 주고받은 시와 그림을 모은 것이다. 겸재가 한강 주변의 경승을 그려 사천에게 보내주면, 사천은 그 그림을 보고 시를 썼다.

56 春晚河豚羹, 夏初葦魚膾, 桃花作漲來, 網逸杏湖外. 최완수는 마지막 구절을 "어망(漁網)을 행호 밖에서 잃겠구나"(『겸재의 한강진경』, 동아일보사, 2004, 303면)라고 번역했는데, 마찬가지 의미라고 보인다. 웅어가 가득 잡혀 그물이 강물 속에 잠길 정도였다는 것을 '잃겠다'고 표현한 것이기 때문이다.

57 생선과 시장은 그 신선도 혹은 부패 시간과 밀접하게 연관되어 있다. 산지에서 어상(魚商)이 짊어지거나 이고 온 생선이 부패하지 않고 매매될 수 있는 거리 내에 장이 서는 것이다.

58 促網江中設, 葦魚盡一群, 細尾銀光出, 長腰玉尺驤, 可把霜鋌切, 宜加鐵井燔, 佳名播萬口, 眞味動千門.(『玉潭詩集』 「玉潭私集」 '萬物篇 ○ 魚物類' 葦魚)

59 복어는 하돈(河豚)이라 불렸다. 『경도잡지』에서도 복(어)국을 '하돈갱(河豚羹)'이라 했다. '복어(鰒魚)'라고 하면 전복을 가리켰다. '돈어(豚魚)'라고도 불렸다.

60 細雨桃花漲碧漪, 好是河豚方有味.[『四佳詩集』 권20, 시류(詩類), '聞河豚已上, 悠然起興, 有作']

61 "京江最佳."[『惺所覆瓿稿』 권26 「說部」 5 「屠門大嚼」(『韓國文集叢刊』74)] 복어를 설명하면서 나오는 말인데, 인용한 다음의 내용은 "독이 있어 사람이 많이 죽는다. 영동(嶺東) 지방에서 나는 것은 맛이 조금 떨어지지만 독은 없다(而多殺人, 關東則味稍不及, 而無毒)"는 것이다.

62 方春漢水的河豚, 憶在桃花未發辰, 芹煮香油和甘汁, 羹分美味餉嘉賓.(안대회의 『새벽 한시』, 태학사, 215·170면에서 재인용)

63 以河豚和靑芹油醬爲羹, 味甚珍美.(『東國歲時記』 「三月」 '月內')

64 『조선무쌍신식요리제법』, 영창서관, 1924, 75면. 여기서 '서자라는 계집'은 월나라의 미녀 서시

(西施)를 말한다.

65 『교감국역 송남잡지』 12 「어조류」 '하돈해돈(河豚海豚)'.(강민구 옮김, 소명출판, 2008, 260면)

66 풍수지리설에 따라 집터나 묏자리 따위의 좋고 나쁨을 가려내는 사람으로, '지사(地師)'라고도 한다.

67 大丈夫雖處窮閻, 菽水不繼, 然長使吾腹中惻然有好施與救窮乏之意思. 取旨味而啖河豚羹, 惑地師 掘遷祖先墳墓, 使子弟專溺於浮華程式之文, 而不親近經書者, 皆余所惑焉而不解者也.(『青莊館全書』 권53 「耳目口心書」 3)

68 이는 물론 소동파가 복어를 두고 '죽음과도 바꿀 만한 가치가 있는 맛'이라고 한 것을 추종한 바 없지 않다. 그래서 중국에서는 복어의 수컷 정소(이리)를 서시유(西施乳), 곧 서시의 뽀얀 젖에 비유했고, 조선에서도 "천계옥찬(天界玉饌)"이니 "마계기미(魔界奇味)"니 "귀불수어하(貴不數魚鰕)" 같은 말들이 나왔다.

69 안대회, "죽을 때 죽더라도 지나치지 못할 진미 : 치명적 유혹의 맛, 복어국", 『18세기의 맛』, 문학동네, 2015, 38면.

70 빙허각 이씨(정양완 옮김), 『규합총서』, 보진재, 1987, 345면.

71 喫蒸魚, 問其名, 曰, 此處稱海鯽, 俗名大頭魚, 貴俗云何. 余曰, 我處甚多, 號禿尾魚. 此魚之美在頭, 其妙處又在二目.(『燕臺再遊錄』 4월 15일)

72 오창현, "물고기, 어업기술, 민족관습 : 식민시기 어업 경제 구조에 대한 경제인류학적 연구", 〈문화인류학〉 제48권 1호, 2015, 56~58면.

73 앞의 논문, 60면.

74 『해동죽지(海東竹枝)』에서는 도미찜을 '기생보다 낫다'는 뜻의 '승가기(勝佳妓)'라 하면서, 해주 명물인 그것이 서울의 도미국수와 흡사하다고 했다. 한편 '승기악탕(勝妓樂湯)'이라는 요리도 있었는데, 이기문은 그것을 일본 스기야키(衫燒)에서 온 차용어라 했다.("어원탐구 : 승기악탕", 〈새국어생활〉 제17권, 2007, 115~121면) 그러나 실제로 승기악탕이 무슨 요리를 지칭했는지는 확실치 않다. 『조선요리학(朝鮮料理學)』(1940)에서는 그것을 도미찜이라 했지만, 『규합총서』(1809)에서는 닭을 넣은 왜관 요리로, 『진찬의궤(進饌儀軌)』(1848)에서는 '승지아탕(勝只雅湯)'이라 하여 숭어와 농어를 반 마리씩 넣은 요리로, 『진찬의궤(進饌儀軌)』(1887)에서는 숭어와 오리를 넣은 요리로, 『조선요리제법(朝鮮料理製法)』(1913)과 『조선무쌍요리제법(朝鮮無雙料理製法)』(1924)에서는 숭어를 넣은 요리로 각각 설명했다.(이상은 오창현의 앞의 논문 57면 참조) 요컨대 최남선의 말대로 "자의(字義)에 부회(附會)한 망설"[최남선, 『조선상식』 「풍속편」(『육당 최남선 전집』 3, 고려대학교 아세아문제연구소 육당전집편찬위원회, 현암사, 1973, 225면)]은 피해야 할 것이다.

75 西海皆有, 而京江最好. 羅州所提則極大, 平壤則凍者爲佳.[『惺所覆瓿稿』, 권26 「說部」 5 '屠門大嚼'(『韓國文集叢刊』 74)]

76 주영하, 『그림 속의 음식, 음식 속의 역사』, 사계절, 2005, 37~38면.

77 美品傳來久, 佳名得不虛, 小鼎銀輝動, 高盤雪色舒.(『玉潭詩集』 「玉潭私集」 '萬物篇 ○ 魚物類' 秀魚)

78 『백운필』.(『완역 이옥 전집』 3, 실시학사 고전문학연구회 옮김, 휴머니스트, 2009, 114면)

11. 차 한 잔, 담배 한 모금

1 入唐廻使大廉, 持茶種子來, 王使植地理山. 茶自善德王時有之, 於此盛焉.(『三國史記』「新羅本紀」 '興德王')

2 一僧被衲衣負櫻筒. 一作荷簀. 從南而來. 王喜見之. 邀致樓上. 視其筒中. 盛茶其已. 曰: "汝爲誰 耶?"僧曰: "忠談." 曰: "何所歸來?"僧曰: "僧每重三重九之日, 烹茶饗南山三花嶺彌勒世尊, 今玆 旣獻而還矣." 王曰: "寡人亦一甌茶有分乎?"僧乃煎茶獻之, 茶之氣味異常.(『三國遺事』「紀異」 '景 德王忠談師表訓大德')

3 납차(蠟茶)의 오기(誤記)다. 납차는 중국 건주(建州)에서 생산되는 차로, 납면차(蠟面茶)라고도 한다. 이에 대해서는 두 가지 설이 있다. 하나는 찻잎을 떡같이 굳혀서 그 표면에 꿀을 발랐으므로 납차라 한다는 설이고, 다른 하나는 이 차를 끓는 물에 넣으면 젖 같은 기름이 뜨는데 그것이 녹인 꿀 같다고 해서 납차라 한다는 설이다.

4 북송(北宋) 황제가 내린 용봉차(龍鳳茶)를 말한다. 찻잎을 둥그런 떡 덩어리같이 만들어 용과 봉 황의 무늬를 새긴 틀에 넣어 그 무늬를 찍어낸 것으로, 송나라 인종(仁宗) 때부터 좋은 차의 질을 확보하기 위해 궁중의 북원(北園)에서 제조했다. 당시 최상품의 차로 꼽았다.

5 土產茶, 味苦澁, 不可入口, 惟貴中國臘茶, 幷龍鳳賜團. 自錫賚之外, 商賈亦通販, 故邇來, 頗喜飲 茶, 益治茶具.(『宣和奉使高麗圖經』 권32 「器皿」 3 '茶俎') 송나라 사신으로 고려를 다녀간 서긍(徐 兢)이 『고려도경』을 지은 해는 1123년이다.

6 『선조실록』 31년(1598) 6월 23일.

7 최남선, 『조선상식문답』.(『육당 최남선 전집』 3, 현암사, 1973, 27면)

8 강동오(매암차문화박물관장), "전통 작설차는 녹차가 아닌 발효 홍차", 〈한국일보〉, 2009년 3월 1일.

9 玉浮臺下有七佛禪院, 坐禪者常晩取老葉, 晒乾然柴, 煮鼎如烹菜羹, 濃濁赤色, 味感苦澁.(『東茶 頌』) 번역은 김운학의 『한국의 차문화』(이른아침, 2004, 부록 214면)를 참고하면서 필자가 보충 했다.

10 『山林經濟』 권2 「牧養」 '養牛'.

11 薑橘茶, 橘仁三錢, 生薑五片, 雀舌一錢, 同煎如茶法, 和蜜飲之.(『五洲衍文長箋散稿』, 人事篇○服 食類, 茶煙)

12 이덕리(李德履, 1728~?)의 『동다기(東茶記)』.(정민, "차, 표류선이 깨워준 미각", 『18세기의 맛』, 문학동네, 2015, 164면에서 재인용)

13 霜林蚪卵寄曾先, 春焙雀舌分亦屬, 師雖念舊示不忘, 我自無功愧多取.(『益齋亂藁』 권4 「詩」 '松廣 和尚寄惠新茗, 順筆亂道, 寄呈丈下')

14 產于順天者最佳, 邊山次之.(『惺所覆瓿稿』 권26 說部 5 「屠門大嚼」 '其他')

15 中蕈毒, 吐瀉不止, 細茶芽, 卽雀舌茶爲末, 新汲水調服, 神效.(『山林經濟』 권4 「救急」 '菌蕈毒')

16 東人認茶字如湯丸膏飲之類, 凡藥物之單煮者, 總謂之茶, 薑茶橘皮茶木瓜茶桑枝茶松節茶五果茶, 習爲恒言, 非矣. 中國似無此法.(『雅言覺非』 권1 '茶')

17 進薑橘茶淸心元 (……) 進蔘橘茶, 調竹瀝三匙.[『순조실록』 34년(1834) 11월 12일]

18 試進薑橘茶數匙, 則似有溫氣.[『영조실록』 52년(1776) 3월 3일]

19 糯米炒黃爲末二錢, 新水調服卽止.(『山林經濟』 「救急」 '疠衄血')

20 杉者俗之所謂檜也.(『雅言覺非』 권1 '杉') 전나무는 "젓나무라고도 한다. 젓나무라는 표기는 한국

의 식물학자인 이창복이 전나무에서 젖이 나온다고 해서 전나무를 젓나무로 고친 데서 비롯되었다"(네이버 백과사전)라고 한다.

21 백산차나무의 정확한 학명은 'Ledum palustre var. diversipilosum'이다.

22 김운학, 『한국의 차문화』, 이른아침, 2004, 15면.

23 "처음 들어왔을 무렵 담배 한 근 값이 말 한 필 값이었다."[『煙經』(『완역 이옥 전집』 3, 실시학사 고전문학연구회 옮김, 휴머니스트, 2009, 411면)]

24 南靈草吸煙之法, 本出日本. 日本人謂之淡泊塊, 言其草出自南洋諸國云. 我國自二十年前始有之, 今則上自公卿下至輿臺蒭牧, 無不服之.[『谿谷漫筆』 권1 「漫筆」 '南靈草吸煙'(『韓國文集叢刊』 92)]

25 不可輕試也 自公卿士大夫, 下逮婦孺隸儓, 無不嗜烟.(『海東繹史』 권26 物産志 1 「草類」 '烟草')

26 上自宰下興臺, 內至閨房外邑妓, 人之有口孰不嗜.[申宅權, 「城市全圖擬應製」(박현욱, 『성시전도로 읽는 18세기 서울』, 보고사, 2015, 79면)]

27 『백운필』.(『완역 이옥 전집』 3, 실시학사 고전문학연구회 옮김, 휴머니스트, 2009, 382면)

28 최남선, 『조선상식문답』.(『육당 최남선 전집』 3, 고려대학교 아세아문제연구소 육당전집편찬위원회, 현암사, 1973, 28면)

29 중국 고대의 삼황(三皇) 중 한 명인 신농씨(神農氏)를 가리킨다. 신농씨가 농사를 가르치고 백초(百草)를 맛보아 약초를 가려냈다고 한다.

30 炎帝嘗無前.(『玉潭詩集』 「玉潭遺稿」 '南草')

31 각각 습기와 바람 때문에 생기는 병을 말한다.

32 一封靈草自南傳, 擊濕攻風氣獨專, 要得可人勞杖屨, 共携鵝管坐靑烟.(『玉潭詩集』 「玉潭遺稿」 '偶得南靈奉邀金上舍共酌')

33 『煙經』.(『완역 이옥 전집』 3, 실시학사 고전문학연구회 옮김, 휴머니스트, 2009, 397면)

34 홍현주(洪顯周, 1793~1865)의 「벽설(癖說)」 중.(안대회, 『부족해도 넉넉하다』, 김영사, 2009, 91면에서 재인용)

35 이우성·임형택 편역, 『이조한문단편집(李朝漢文短篇集)』(중), 일조각, 1982, 227면.

36 『煙經』.(『완역 이옥 전집』 3, 실시학사 고전문학연구회 옮김, 휴머니스트, 2009, 287면)

37 『이재난고』 제5책, 권28.(강신항 외, 『이재난고로 보는 조선 지식인의 생활사』, 한국학중앙연구원, 2008, 500면)

38 "金光遂, 成仲癖於古."(『圓嶠集選』 권10 「書訣」)

39 방유능(方幼能).(안대회, 『부족해도 넉넉하다』, 김영사, 2009, 92면 참조)

40 『煙經』.(『완역 이옥 전집』 3, 실시학사 고전문학연구회 옮김, 휴머니스트, 2009, 448~449면)

41 위의 책, 439~440면.

42 이에 대해서는 정민의 『18세기 조선 지식인의 발견』(휴머니스트, 2007)이 상세히 설명하고 있다.

43 벌목한 지 3~4년이 지난 소나무 뿌리 주위에 기생하여 혹처럼 크게 자라는 균사체 덩어리로, 땅속 20~50센티미터 깊이에 있다. 본초학(本草學)에서는 "복령은 소변을 잘 보게 하고 심신을 편하게 하며, 속이 역겨워 구역이 나려는 증세인 구역증(嘔逆症)과 입 마름을 낫게 한다"고 했다.

44 擊疾延年應在此, 蔘苓何必駐衰顔.(『玉潭詩集』 「玉潭私集」 '詠烟茶')

45 百草之中, 利於用而益於人者, 莫過於南靈之草.(『弘齋全書』 권52 「策問」 5 '南靈草')

46 今世嗜南草者, 亦言飢能使之飽, 飽能使之飢, 寒能使之煖, 熱能使之凉.(『谿谷漫筆』 권1 「漫筆」 '稱頌南草之效能')

47 淡婆今始出, 遷客最相知, 細吸涵芳烈, 微噴看臬絲淡婆今始出, 遷客最相知, 細吸涵芳烈, 微噴看臬
絲.(『茶山詩文集』권4「詩」 '煙' 일부)

48 명나라의 마지막 황제인 의종(毅宗, 재위 1628~1644)의 연호이다.

49 이옥 지음(안대회 옮김), 『연경, 담배의 모든 것』, 휴머니스트, 2008. 133면.

50 인용은 위의 책, 각각 139~140면, 132면, 33면.

51 '서귀(西貴)'라고도 하는데, 값이 매우 비쌌다. 그러다 보니 가짜도 생겨났다. 모양은 서귀와 같고
색깔도 서귀와 같으나 단지 향기와 맛이 서귀와 달랐던 것이다.[『煙經』(『완역 이옥 전집』 3, 실시
학사 고전문학연구회 옮김, 휴머니스트, 2009, 416면)]

52 삼등과 성천 이외에도 전라도 진안(鎭安), 경상도 고령(高嶺)에서 나는 것도 '명초(名草)'로 꼽혔
는데, 이것들을 특히 '향초(香草)'라고 한다는 이야기가 대마도 통역관이던 오다 이쿠고로(小田
幾五郎, 1754~1831)의 『상서기문(象胥紀聞)』(구리타 에이지 역주, 이회, 2005, 159면)에 나온다.

53 田家連畛種之, 將利倍于種穀, 故良田美畦, 無不種烟. 其出于平安黃海兩道者, 號曰西草, 味尤香洌,
價亦倍蓰.(『海東繹史』, 같은 곳)

54 『茶山詩文集』 권3「詩」.

55 言中國稱南草爲煙酒, 或稱煙茶.(『谿谷漫筆』, 같은 곳)

56 『연경, 담배의 모든 것』, 95면. 여기서 유철(油鐵)이라 한 것은 놋쇠를 뜻하는 유철(鍮鐵)일 가능
성도 있다고 한다.

57 한국정신문화연구원, 『한국민족문화대백과사전』 6, 1994, 175~176면.

58 조선시대에 군국(軍國)의 사무를 맡아보던 관아이다. 임진왜란 후에는 의정부를 대신해 최고의
정치 및 군사 기관으로 발전했다.

59 각각 "諸臣之會備局者, 詼諧, 吸南草而已"(『인조실록』 6년 8월 19일), "常時則班行不多, 而冊后賀
禮時序立者, 可近萬, 拜禮叩頭等事, 整齊可觀, 而但任意平坐, 或亂吸南草矣"(『현종실록』 7년 9월
20일), "無或飮酒吸烟"(『숙종실록』 '행상(行狀)').

60 吸煙大害婦德, 非精潔之習也. (……) 且煙屑一涉飮食, 全烹盡棄, 豈婦人之所可近也. 常惡轎後婢
子持煙具而隨之也.(『靑莊館全書』 권30「士小節」 7 婦儀 2 '事物')

61 童子吸煙, 非美行也. 薰骨髓, 燥血氣, 毒液汚書冊, 殘燼燕衣服. 含烟盃, 相嬉嬲爭競, 而破脣缺齒,
甚至貫腦衝咽, 豈不可畏. 或有對客, 抽長筒與之接火, 何其慢且炆也. 亦有長者切禁, 以至楚扑, 而
屛身偸吸, 竟不悛改, 亦或有父兄使之勸吸者, 何其陋也. 烟草盛行, 殊非美事也.[『靑莊館全書』 권
31「士小節」 8 童規 3 '事物'(『韓國文集叢刊』 258)]

62 今世長幼之倫, 尊卑之序, 所以掃地盡者惡乎在, 在南草. 南草非能壞之也, 人之所以壞之者, 由南草
也. 吾未知天意將以南草壞滅了長幼尊卑之等而混淆, 爲囫圇圖世界耶.[『無名子集』「文」 '論長幼尊
卑之壞於南草'(『韓國文集叢刊』 256)]

63 『樊巖先生集』 권24「疏箚」 5 "辨趙鎭井疏誣, 仍乞遞解相職疏".

64 染成煙竹鬱金光, 小岱烏銅太極匡, 媿爾當壚三五女, 也須啁著丈來長.[『洛下生集』 冊十三 '金官紀
俗詩'(백원철, "金官紀俗詩 연구", 〈한국한문학연구〉 제13호, 1990, 334면에서 재인용-)]

65 붉은빛이 도는 살담배, 곧 잘게 썬 담배를 말한다.

66 『煙經』.(『완역 이옥 전집』 3, 실시학사 고전문학연구회 옮김, 휴머니스트, 2009, 447면)

67 古有一男子, 鍾街烟肆, 聽人讀稗史, 至英雄最失意處, 忽裂眦噴沫, 提截烟刀, 擊讀史人, 立斃
之.[『靑莊館全書』「雅亭遺稿」 '銀愛傳'(『韓國文集叢刊』 258)]

68 불량배들이라고 생각하면 적당하다. 기타 악소년(惡少年), 무뢰배(無賴輩), 방시악소(坊市惡少)

등으로도 불렀다.

69 심노숭(김영진 옮김), 『눈물이란 무엇인가』, 태학사, 2001, 159면.

12. 과일 사랑, 호박 반찬

1   최남선, 『조선상식문답 속편(朝鮮常識問答續編)』.(『육당 최남선 전집』 3, 고려대학교 아세아문제 연구소 육당전집편찬위원회, 현암사, 1973, 27면)
2   '하늘배' 이하는 허균이 「도문대작(屠門大嚼)」에서 언급한 배들이다. 각각에 이런 설명이 붙어 있다. "성화(成化) 연간에 강릉에 사는 진사 김영(金瑛)의 집에 갑자기 배나무 한 그루가 돋아났는데 열매가 사발만 하였다. 지금은 많이 퍼졌는데 맛이 달고 연하다", "정선군(旌善郡)에 많다", "평안도의 산 고을에 있다. 검푸른 색인데 물이 많고 꿀맛이다", "석왕사(釋王寺)에서 난다. 붉고 큰데 맛이 산뜻하다", "속칭 부리(腐梨)라고 한다. 산중에 많은데 곡산(谷山)과 이천(伊川)의 것이 매우 크고 맛도 제일이다".
3   『백운필』.(『완역 이옥 전집』 3, 실시학사 고전문학연구회 옮김, 휴머니스트, 2009, 279면)
4   오다 이쿠고로, 『상서기문』.(구리타 에이지 역주, 이회, 2005, 174면)
5   瓦甑蒸梨出, 書堂盡意嘗, 微酸生齒舌, 餘熱入肝腸, 食氣俄消歇, 眠魔便走藏, 燕京欲深夜, 曾記叫門墻.(『牧隱詩藁』 권32 「詩」)
6   『규합총서』(정양완 역주), 보진재, 1987, 269면.
7   『백운필』.(『완역 이옥 전집』 3, 실시학사 고전문학연구회 옮김, 휴머니스트, 2009, 279면)
8   위의 책, 265면.
9   『增補山林經濟』 권8 「晩學志」 권2 類 「柿」.(박순철 역주, 소와당, 2010, 207면)
10 허균은 「도문대작」에서 지리산에서 나는 오시(烏柿)라고 하면서 "검푸른 색에 둥글고 끝이 뾰족하다. 맛은 그런 대로 좋으나 물기가 적다. 꼬챙이에 꿰어 말려 곶감으로 만들어 먹으면 더욱 좋다"라고 했다. 참고로 남양산 각시(角柿)도 언급했다.
11 『백운필』.(『완역 이옥 전집』 3, 실시학사 고전문학연구회 옮김, 휴머니스트, 2009, 264~265면)
12 위의 책, 265면.
13 『규합총서』(정양완 역주), 보진재, 1987, 269~270면.
14 樹欲靜而風不止, 子欲養而親不待.(『韓詩外傳』 권9)
15 심노숭(안대회 외 옮김), 『자서실기』, 휴머니스트, 2016, 55면.
16 '신도'를 '신다'라고 표현한 글이나 책이 많다. '신도'에서 '도' 자는 '茶'인데 그것을 '다(茶)' 자와 혼동한 결과이다.
17 제사를 받지 못하는 귀신 혹은 돌림병으로 죽은 사람의 혼령이다.
18 『五洲衍文長箋散稿』 「人事編」 1 '두역(痘疫)의 신(神)이 있다는 데 대한 변증설'.(진경환, 『서울·세시·한시』, 보도사, 2003, 82면)
19 위의 책, 104~105면.
20 인용은 모두 『용재총화(慵齋叢話)』 권1과 권2의 것이다.(위의 책, 598면)
21 종묘의 제례에 쓰던 삶은 개고기를 말한다.
22 『백운필』.(『완역 이옥 전집』 3, 실시학사 고전문학연구회 옮김, 휴머니스트, 2009, 281~282면)
23 "어떤 사람은 삼천의 천을 일천의 천으로 볼 것이 아니라, 갑자를 세 번 옮겼다는 뜻의 옮길 천(遷)

으로 해석하여 삼천갑자(三遷甲子)로 보아야 된다고 말하기도 한다. 그러면 60년(甲子)×3=180년이 되므로 이치에 맞는다는 주장이다."(조용진,『동양화 읽는 법』, 집문당, 1995, 115~116면)

24 『음식디미방』, 경북대학교출판부, 2005, 167면.

25 金橘金柑萬顆香, 年年貢舶漢挐鄕, 用供籩實多恩賚, 頒試靑衿亦寵光.(진경환,『서울·세시·한시』, 보고사, 2003, 561면)

26 위의 책, 562면.

27 같은 곳.

28 『육전조례』「예전(禮典)」 '성균관'.(위의 책, 563면)

29 주(州), 부(府), 군(郡), 현(縣)과 면(面) 사이를 오가면서 심부름하던 면주인(面主人)을 말한다.

30 관(官)에서 발부하는 공문서를 말한다.

31 강판권,『역사와 문화로 읽는 나무사전』, 글항아리, 2015, 603면.

32 민호(民戶)의 자산(資産)이 많고 적음에 따라 등급을 나눈 것으로, 중등의 자산을 소유한 민호가 중호이고, 하등의 자산을 소유한 민호가 하호이다. 일반적으로 국가에서 부세와 부역의 균평(均平)을 기하기 위해 민호(民戶)의 등급을 상호, 중호, 하호로 나누었다.

33 聞土人言, 數十年前村家柚樹, 處處成林, 每於秋冬之際, 黃色耀林, 望如雲錦, 邇間村民有柚樹者, 自官成籍, 秋熟時遣吏逐樹點數而收之. 民旣多供吏之費, 且有納官之勞, 至或點數後有因風搖落者, 則不免他買而益之, 以充其數. 故除官吏品官, 稍有力勢者外, 凡下戶小民則皆燒根斫株, 以絶其弊. 以此種柚家比前殆減十之七八云.(『藥泉集』詠柚詩 二十首○幷序)

34 조용진,『동양화 읽는 법』, 집문당, 1995, 89~90면.

35 이선,『우리와 함께 살아온 나무와 꽃』, 수류산방, 2006, 650면.

36 宮中舊有石榴花五六百盆, 命布置燕寢庭中.(『弘齋全書』권175「日得錄」15 '訓語' 2)

37 인용한 부분은 진호(陳淏)의『화력신재(花曆新栽)』에 나오는 말이다.(진경환,『서울·세시·한시』, 보고사, 2003, 216면)

38 이시필(백승호 등 옮김),『소문사설, 조선의 실용지식 연구노트』, 휴머니스트, 2011, 132면.

39 강명관 풀어 엮음,『사라진 서울 : 20세기 초 서울 사람들의 서울 회상기』, 푸른역사, 2010, 364면.

40 『백운필』.(『완역 이옥 전집』3, 실시학사 고전문학연구회 옮김, 휴머니스트, 2009, 266면)

41 『한양가』(강명관 주해), 신구문화사, 2008, 71면.

42 『백운필』.(『완역 이옥 전집』3, 실시학사 고전문학연구회 옮김, 휴머니스트, 2009, 266~267면)

43 「옥갑야화」.[이우성·임형택 편역,『이조한문단편집』(하), 301면]

44 『백운필』.(『완역 이옥 전집』3, 실시학사 고전문학연구회 옮김, 휴머니스트, 2009, 275면)

45 허균은「도문대작」에서 수박에 대해 이렇게 말했다. "고려 때 홍다구(洪茶丘, 1244~1291)가 처음 개성에다 심었다. 연대를 따져보면 아마 홍호(洪皓)가 강남에서 들여온 것보다 먼저일 것이다. 충주에서 나는 것이 상품인데 모양이 동아(冬瓜)처럼 생긴 것이 좋다. 원주 것이 그다음이다(前朝洪茶丘始種于開城. 考其年則殆先於洪皓之歸江南也. 忠州爲上, 形如冬瓜者爲佳. 而原州次之)."(『惺所覆瓿藁』권26「說部」5)

46 참과(參瓜)라고도 했다.(『青莊館全書』권9「雅亭遺稿」 '夢踏亭共賦')

47 『완역 이옥 전집』3, 실시학사 고전문학연구회 옮김, 휴머니스트, 315면. 이옥은 이 설명에 이어 두 가지 흥미로운 이야기를 전하고 있다. 먼저 참외치기(打甛瓜)다. "건달꾼들이 참외 가게에 모여, 꼭지의 냄새를 맡아보고 잘 익었는지 아닌지를 구분해놓고, 곧 참외를 쪼개어 비교하는데, 단 것을 맞힌 사람이 이기고, 이기면 진 사람에게 가게 전체의 참외 값을 물게 한다"라는 것이다. 다음은

가렴주구(苛斂誅求)다. "내가 남양에 이르렀을 때, 밭일하는 사람들이 관리들의 가렴주구를 이기지 못하여 참외를 심지 않은 것이 이미 서너 해가 되었다"는 것이다.(같은 책, 316면) 앞에서 본 귤이나 유자의 경우와 다를 바 없다.

48 『교감국역 송남잡지』 11 「초목류」 '호박(胡朴)'.(강민구 옮김, 소명출판, 2008, 300면)

49 『백운필』.(『완역 이옥 전집』 3, 실시학사 고전문학연구회 옮김, 휴머니스트, 2009, 309~310면) 그런데 『송남잡지』에는 이와 조금 다른 이야기가 전한다. "(호박은) 지금도 제사에 쓰이지 않는데 영조가 처음 반찬으로 쓰면서 귀인들이 먹게 되었다"는 것이다. 아울러 "우리나라 사람들은 지혜의 구멍이 대부분 호박에 의해 막힌다고 생각한다. 대개 호박은 우리나라에 나기 전에는 인재가 성한 시대였고 호박이 난 뒤로는 인재가 쇠한 때인 듯한데, 재주와 지혜를 연마할 생각은 하지 않고 오직 호박만을 탓하니 호박 노릇하기도 난처하겠구나"라는 우스갯소리도 덧붙였다.(『교감국역 송남잡지』, 같은 곳)

50 "이옥의 생애와 작품".(『완역 이옥 전집』 3, 실시학사 고전문학연구회 옮김, 휴머니스트, 2009, 21면)

51 『백운필』.(『완역 이옥 전집』 3, 실시학사 고전문학연구회 옮김, 휴머니스트, 2009, 308면)

52 『화한삼재도회(和漢三才圖會)』라고도 하는데, 명대의 왕기(王圻)와 그의 아들 사의(思義)가 함께 지은, 그림으로 이해를 도운 백과사전인 『삼재도회(三才圖會)』를 18세기 초엽 일본 승려 양안상순(良安尙順)이 모방하여 편찬한 책이다. 이덕무, 유득공 등 조선 후기의 실학파가 많이 읽었다.

53 『백운필』.(『완역 이옥 전집』 3, 실시학사 고전문학연구회 옮김, 휴머니스트, 2009, 310면)

54 『정자통(正字通)』은 명나라의 장자열(張自烈)이 지은 음운 자서(字書)로, 청나라의 요문영(廖文英)이 자휘(字彙)의 형식을 따라 새로 12권으로 편집·간행하였다.

55 鮸正字通石首魚一名鮸. 今者大小二種. 俗呼其大者爲民魚, 鮸與民音相近也.(『海東繹史』 권27 物産志 2 '魚類')

56 『자산어보』(정명현 옮김), 서해문집, 2016, 35면.

57 위의 책, 38면.

58 鮸魚謂之民魚.(『雅言覺非』 권3, 일지사, 2001, 237면)

59 『자산어보』(정명현 옮김), 서해문집, 2016, 38면.

60 복날에 그해의 더위를 물리치는 뜻으로 고기 등 영양가 있는 음식을 먹는 풍습을 말한다.

61 정문기, 『어류박물지(魚類博物志)』, 일지사, 1974, 145면.

62 『조선무쌍신식요리제법』, 영창서관, 1924, 63면.

63 정문기, 위의 책, 199면.

13. 안성맞춤 놋그릇

1 조수삼(안대회 옮김), 『추재기이』, 한겨레출판, 2010, 72면.

2 홍정실, 『유기』, 대원사, 1999, 70~71면.

3 안귀숙, 『유기장』, 화산문화, 2002, 31면.

4 二十日戊辰, 宿安城鍮店.(『澤堂先生別集』 권11 「啓山志」 '遷葬雜錄')

5 당시 이식은 문과 급제 후 왕세자의 교육을 담당한 시강원(侍講院)에서 세자에게 경사(經史)와 도의(道義)를 가르친 정7품의 관직인 설서(說書), 곧 세자의 가정교사 신분이었다.

6   안귀숙, 위의 책, 32면.

7   이규상(李奎象, 1727~1799), 『병세재언록(幷世才彦錄)』 「방기록(方伎錄)」 '최천약(崔天若)'.
     (민족문학사연구소 한문학분과 옮김,『18세기 조선 인물지』, 창작과비평사, 1997, 164면)

8   祭器皆用木器, 未知如何. 此儉素無苟費之意, 恐無害也.(『宋子大全』 권106 「書」 '答李子達')

9   磁器隨毁改備, 木器限三年, 鍮器限十年, 鐵器限五年, 限內有頉則陵官論罪事.(『萬機要覽』 「財用
     編」 4 '戶曹各掌事例' 別例房)

10   戊辰春, 龍年十六, 告母曰, 冬春再而父不歸也, 兒今當訪父. 歲春出臘入, 終不負言, 母愼母念兒
     (……) 卽日作褓商往嶺南, 旣而歎曰, 褓商者市而已, 不可以窮搜索, 其惟鍮器商乎. 乃改裝鉢盂匕
     箸之屬, 逐門叫買, 殘閭僻塢, 以至荒林曠郊窮嶼敗刹, 豹虎鬼魅之窟, 氷飧霧宿, 无所不至. 東入萊
     釜. 南放于眈羅之海, 西溯馬訾以環不咸之趾.(『梅泉集』 권7 「傳」)

11   조선시대에 살인 사건이 발생했을 때 담당 관원이 시체를 검증하고 검안서(檢案書)를 작성하던
     일을 말한다.

12   己石失鍮器, 疑林往不里, 火烙卽日致死, 掘檢.(『審理錄』 권5 辛丑(1781) 2 ○全羅道 '全州李己
     石獄')

13   龍文偸任女鍮器, 受笞於官, 仍逞憾揮打, 卽日致死.(위의 책, 권11 癸卯(1783) 3 ○平安道 '順安韓
     龍文獄')

14   福同及崔德順, 以鎭卒, 疑朴女鍮器爲贓物, 縛打, 翌日致死.(위의 책, 권21 庚戌(1790) 1 ○忠淸道
     '忠州金福同獄')

15   命采失鍮器, 疑姜成德毆之, 卽日致死.(위의 책, 권30 丁巳(1797) 3 ○慶尙道 '東萊尹命采獄')

16   典獄署囚白丁趙亡乃, 强奪人鍮盆, 斬不待時.(『燕山君日記』 권47 8년(1502) 10월 17일(병진)]

17   目今閭巷常賤, 皆用鍮器, 銅安得不貴乎.(『정조실록』 22년 3월 28일)

18   常時行用食器, 羹器, 行器, 匙箸, 祭器, 盞臺, 燭臺, 銅爐口, 沙用, 古五里, 湯煮, 唾器, 大也, 所羅, 溺
     江, 十五種外器皿, 潛鑄和買現露者, 制書有違之律, 從重科斷……(『燃藜室記述』 別集 11권 「政敎
     典故」 '錢貨綿布')

19   〈조선중앙일보〉, 1934년 7월 19일, 3면.

20   나라의 은혜에 보답하기 위해 국민이 농업 생산물이나 기물 따위를 의무적으로 정부에 내어놓는
     것을 말한다.

21   〈중외일보〉, 1930년 3월 23일, 3면.

22   〈매일신보〉, 1945년 3월 13일.

23   "문교부, 국민식생활·의복개선요령을 제정", 〈서울신문〉, 1945년 8월 27일.

24   정미경·이미영·박종현, "놋그릇에서의 Gram-Negative 식중독세균 사멸 효과", 한국영양학회
     연합학술대회, 2003년 5월 24일, 235면.

14. 시장엔 온갖 먹거리에 사기꾼과 이야기꾼

1   李鈺, 「桃花流水館小藁」.[이우성·임형택 편역, 『이조한문단편집』(중), 일조각, 1982, 226면]

2   梨峴鍾樓及七牌, 是爲都城三大市.(박현욱, 『성시전도로 읽는 18세기 서울』, 보고사, 2015, 61면)

3   世傳神武門外北, 古有市場, 卽周禮後市之義云, 而今不可考. 凡有四處, 鐘樓街上, 梨峴, 七牌, 昭義
     門外.(『東國輿地備考』 제2편 「漢城府」 '場市')

4   참고로 순조의 명으로 서영보(徐榮輔, 1759~1816)와 심상규(沈象奎, 1766~1838)가 편찬한『만
    기요람(萬機要覽)』에서도 종가, 이현, 칠패를 들고 있다.[行商所聚交易而退者, 謂之場. (……) 如
    鍾街, 梨峴, 七牌是也(「財用編」5 “各廛”‘六矣廛’)]

5   “경중에 있는 상인들 집은 모두 이층이다.”[오다 이쿠고로,『상서기문』(구리타 에이지 역주, 이회,
    2005, 29면)]

6   四達交街接白門, 懸鐘閣下漸雲屯, 重樓日午垂簾子, 梨峴南頭鬧一番.(방현아, “중암 강이천의『한
    경사』연구”, 성균관대학교 한문학과 석사학위 논문, 1993, 30면)

7   『한양가』(강명관 주해), 신구문화사, 2008, 72면.

8   이건영,『서울 이야기』, 나남출판, 1994, 33면.

9   여기서 칠패는 훈련도감에 속하는 것이 아니라 금위영에 속한 곳이다.

10 따라서 그 지역에 들어오는 상인들은 강력한 외어물전 세력을 무시할 수 없었을 뿐 아니라 그들과
    협조하는 일이 많았던 것이다. 이에 따라 내어물전은 어물시장권 확보를 위해 관리들과 결탁하여
    외어물전 폐지를 주장하고 외어물전에 대한 도매를 억제하여 내어물전에 종속시키려 했다. 또한
    외어물전과 신흥 상인 세력인 중개상인, 도고 등 배오개, 칠패, 다락원 상인들이 결부되는 것을 막
    으려고 끈질긴 투쟁을 전개했다.

11 순청동은 지금의 중구 순화동과 봉래동 1가에 걸쳐 있는 마을이고, 만리재는 중구 만리동 2가에
    서 마포구 공덕동으로 넘어가는 고개이며, 작작동(雀雀洞)이라고도 한 작작동은 용산구 서계동
    에 있던 마을이다. 특히 매갈잇간, 곧 벼의 왕겨만 벗기고 속겨는 그대로 둔 쌀을 도정하는 정미소
    들이 모여 있던 이 작작동은 관악산과 청계산, 용산강에서 들어오는 볏짚이나 땔나무의 집결지이
    기도 했다.(이에 대해서는 ‘서울특별시사편찬위원회 편,『동명연혁고』5, 서울시, 1980’을 참고할
    것)

12 고동환,『조선시대 서울도시사』, 태학사, 2008, 170~172면.

13 위의 책, 166~167면.

14 “君獨不見夫朝趨市者乎. 明旦側肩爭門而入, 日暮之後過市朝者, 掉臂而不顧. 非好朝而惡暮, 所期
    物忘其中.”(『史記』「列傳」‘孟嘗君’) 빙환이 맹상군에게 한 말이다. 이 중에 “시장으로 몰려가는
    사람들”이 바로 “추시자”이다.

15 임종국,『한국사회풍속야사』, 서문당, 1980, 66면. 임종국이『외국인이 본 조선 외교 비화』라는 책
    에서 인용한 것인데, 그 책은 고사카 사다오(小坂貞雄, 1899~1942)가 1934년에 발간한『外人の
    観たる朝鮮外交秘話』를 말한다.

16 五更三點四門開, 馬載車輪一簇來, 無數魚鹽無數菜, 紛紛買趁巳前回.(「漢京詞」, 방현아, “강이천
    과『한경사』”, 〈민족문학사연구〉 제5호, 1994, 203면)

17 『한양가』(강명관 주해), 신구문화사, 2008, 70면.

18 위의 책, 80면.

19 『조선무쌍신식요리제법』, 영창서관, 1924, 192면.

20 이태원 지음,『현산어보를 찾아서 2』, 청어람미디어, 2002, 344면.

21 昆布之小者, 方言云多土麻.(『經世遺表』권14「均役事目追議」1, ‘關北’)

22 『본초강목집해(本草綱目集解)』의 전언을 조재삼이 재인용한 것이다.[『교감국역 송남잡지』11
    「초목류」‘곤포(昆布)’(강민구 옮김, 소명출판, 2008, 307면)]

23 고동환, 위의 책, 175~176면.

24 원문은 “서문(西門)”이다. 글자 그대로 보면 서쪽의 문이니 반드시 서대문일 이유는 없을지 모른

다. 넓게 보면 서소문도 서문에 속한다. "정서(正西)는 돈의문(敦義門)이고, 서북은 창의문(彰義門)이며, 소북(小北)은 소덕문(昭德門), 곧 서소문인 것이다."(『태조실록』 5년 9월 24일) 돈의문은 물론 서대문이다.

25 이우성·임형택 편역, 『이조한문단편집』(하), 일조각, 1982, 199~200면.

26 이우성·임형택 편역, 『이조한문단편집』(중), 일조각, 1982, 228~229면.(대화체 형식으로 바꾼 것은 필자임)

27 이우성·임형택 편역, 『이조한문단편집』(하), 일조각, 1982, 199면.

28 정동유(안대회 외 옮김), 『주영편』, 휴머니스트, 2016, 37면. 『경국대전(經國大典)』에 따르면 1~3품의 당상관은 금 또는 옥으로 관자를 하고, 4품 이하 서민에 이르기까지는 뼈나 뿔, 호박, 대모(玳瑁), 마노(瑪瑙) 등을 사용하며, 상인은 소 발톱으로 만들어 사용했다. 『오주연문장전산고(五洲衍文長箋散稿)』에서는 좀 더 자세히, 1품은 만옥권(漫玉圈), 속칭 옥환(玉環)을 하였고, 2품은 견우화양(牽牛花樣)·매화양(梅花樣)·고화양(苽花樣)의 금권(金圈), 3품은 견우화양·매화양·잡조화양(雜雕花樣)의 옥권(玉圈)을 하였다고 했다.

29 雜貨東西十二廛, 珠璣聯絡帶條懸, 誼寓不管團毛席, 譯頌方言演義編.(정우봉, "『東國鉐文』의 자료적 가치", 〈민족문화연구〉 제37호, 고려대민족문화연구원, 2002, 영인본 41면)

30 이우성·임형택 편역, 『이조한문단편집』(중), 일조각, 1982, 335면.

31 『浣巖集』 '林俊元'.[이우성·임형택 편역, 『이조한문단편집』(중), 일조각, 1982, 122면]

32 임형택, 『한국문학사의 시각』, 창작과비평사, 1984, 443면.

33 〈황성신문〉, 광무 4년(1900) 10월 9일.

34 최남선, 『조선상식문답』 「풍속편」.(『육당 최남선 전집』 3, 고려대학교 아세아문제연구소 육당전집편찬위원회, 현암사, 1973, 36면)

35 南酒以産於長興會賢者爲第一. 其釀色味雙絶, 一盞卽醺, 旣醒無渴, 可謂通國之名醞.(『警修堂全藁』 제4책 「戊寅錄」 '長興坊雜詠')

36 강명관 풀어 엮음, 『사라진 서울 : 20세기 초 서울 사람들의 서울 회상기』, 푸른역사, 2010, 358면.

37 이건영, 『서울 이야기』, 나남출판, 1994, 42면.

38 『한경지략(漢京識略)』에 따르면 "약을 파는 곳은 모두 동현 좌우에 늘어서 있다. 각처에 흩어져 있는 약포는 문 옆에 '신농유업', '만병회춘'의 구호를 써 붙였으며, 창은 가로 쪽으로 나 있는데 반드시 갈대로 엮은 발을 내렸다(賣藥之局, 皆在銅峴列於左右. 其散在各處者, 門傍必書付神農遺業萬病回春之號, 必垂簾箔)".(권2 「市廛」, 서울사료총서 제2권, 1956, 310면) 참고로 "신농유업"은 두레의 노동에서 세워놓던 농기(農旗)에도 쓰였다.

39 『한양가』(강명관 주해), 신구문화사, 2008, 85~88면.

40 이우성·임형택 편역, 『이조한문단편집』(중), 일조각, 1982, 193면.

41 靈草神根法製良, 每經銅峴已知香, 上頭詑希材蓄, 南土新來好異方.(방현아, "강이천과 『한경사』", 〈민족문학사연구〉 제5호, 1994, 206면)

42 文命曰, 尹萬億, 常時與槭親密, 常常往來, 而其日則不來云矣. 上曰, 常漢乎? 文命曰, 藥契奉事也.[『승정원일기(承政院日記)』 영조 6년(1730) 11월 24일]

43 한국사연구회 http://www.koreanhistory.org

44 이흥기, "19세기 말 20세기 초 의약업의 변화와 개업의", 〈의사학〉 19-2(통권 제37호), 2010, 347면에서 재인용.

15. 꽃놀이는 여기서

1 이옥(李鈺, 1760~1812)의 「중흥유기총론(重興遊記總論)」에 나오는 구절 "가고래(佳故來)"를 인용한 것이다.(심경호, 『선생, 세상의 그물을 조심하시오』, 태학사, 2001, 303면)

2 잠실이 있게 한 봉우리다. '잠두봉 누에'가 먹고 살라고 저 아래쪽에 뽕나무밭을 크게 조성했던 것이다.

3 "두 산은 실로 한 집이요 / 천 그루 나무도 한 동산이로다(兩山眞一戶, 千樹亦同園)"라는 구절이 일시에 전송되었다는 기록이 『열양세시기(洌陽歲時記)』에 보인다.

4 雲攢霧簇, 盡一月不衰.(『洌陽歲時記』 '三月')

5 한자와 설명은 강명관의 『한양가』(신구문화사, 2008, 90~92면)를 참고할 것.

6 최남선, 『조선상식』 「세시편(歲時篇)」.(『육당 최남선 전집』 3, 고려대학교 아세아문제연구소 육당전집편찬위원회, 현암사, 1973, 211면)

7 참고로 문일평이 뽑은 1930년대의 경성팔경은 "경원화조(慶苑花鳥), 한강연월(漢江煙月), 남산취람(南山翠嵐), 북악청설(北岳晴雪), 낙봉조일(駱峯朝日), 노량모우(鷺梁暮雨), 검정분계(劍亭奔溪), 종현청반(鐘峴淸磐)이다.[『영주만필(永畫漫筆)』(『호암 문일평 전집(수필기행편)』, 1994, 민속원, 406면)]

8 眼中街市眞棋局.(『無名子集 詩藁』 제1책 「詩」 '弼雲臺')

9 上使改白岳曰拱極, 而自注曰: "此山居北故言", 副使改仁王曰弼雲, 自注曰: "取右弼雲龍之義."(『중종실록』 32년 3월 14일)

10 石壁刻弼雲臺三大字, 是先生手筆也.(『林下筆記』 권27 「春明逸史」 '弼雲臺')

11 『新增東國輿地勝覽』 권3 「東國輿地備考」 제2편 '漢城府'.

12 斜陽條斂魂, 上明下幽靜, 花下千萬人, 衣鬢各自境…….(『燕巖集』 권4 「映帶亭雜咏 ○詩」 '弼雲臺 看杏花')

13 聞君白峽來, 拉向城鹵曲. 杏花已爛熳, 沽酒坐晴麓. 思君積懷抱, 日斜話諄復.[『貞蕤閣集』 「詩」 '壬寅春季之六 携綸菴李君 登弼雲 眺杏花 小飮于山底園屋 走筆'. 정민 외 옮김, 『정유각집』(상), 돌베개, 2010, 367면에서 재인용]

14 강판권, 『역사와 문화로 읽는 나무사전』, 글항아리, 2015, 249면.

15 이상은 『신증동국여지승람』 권3 「동국여지비고(東國輿地備考)」 제2편 '한성부'의 내용이다. 그런데 "유만주(兪晩柱, 1755~1788)의 글(「다시 성북동에서」)에 따르면, 이와 같은 성북동의 명성은 조선 후기에서야 이루어진 것으로서, 애초에 명화적이 소굴을 삼을 정도로 황폐한 골짜기였으나 정순왕후의 아버지인 김한구(金漢耉, 1723~1769)가 어영둔창을 설치하고 주민을 모집한 것이 계기가 되어 엄청난 규모의 복숭아 과수원이 조성되었다고 한다. 복사꽃 만발한 성북동 골짜기는 그저 유원지가 아니라 실은 부지런한 백성들의 생업의 터전이라는 점, 꽃 시절도 아름답지만 복숭아가 주렁주렁 열린 모습도 그에 못지않은 장관이었으며, 온 서울에서 다들 복숭아를 즐겨 먹었다는 점 등 성북동의 옛 모습과 관련하여 미처 생각지 못한 이야기를 전하고 있다".(김하라 편역, 『일기를 쓰다 2 : 흠영선집』, 돌베개, 2015, 190면)

16 桃花滿眼舒, 色之以綠柳, 深紅映淺紅, 霞蒸亘原畝.(『無名子集 詩藁』 제3책 「詩」)

17 시 "혜화문을 나서서 성을 따라 서쪽으로 가니, 2리쯤 되는 곳에 성북둔이라는 창고가 있다. 백성들이 모두 복숭아를 심어 붉은 안개가 성에 어린 듯하다. 언덕을 사이에 두고 무너진 절터가 있으니, 이른바 북사동이라는 곳이다. 두 수(出惠化門 循城而西 二里有倉曰城北屯 居民皆種桃 紅霧蒸城 隔岡有破寺所 謂北寺洞者 二首)"라는 긴 제목에 나오는 말이다.

18 北屯桃花天下紅, 短籬家家碧溪泩, 金城天府儘美哉, 壽域春臺亦樂只.(李德懋, 「城市全圖」. 박현욱, 『성시전도로 읽는 18세기 서울』, 보고사, 2015, 53면)

19 『신증동국여지승람』 권3 『동국여지비고』 제2편 '한성부'.

20 정자목은 정자를 지어놓고 나서 그늘과 의지할 수 있게 심어놓은 나무를, 풍치목은 자연의 멋스러운 정취를 더하기 위하여 심는 나무를 말한다.

21 평양은 예로부터 버드나무를 많이 심어 류경(柳京)이라고 불렀다.

22 이선, 『우리와 함께 살아온 나무와 꽃』, 수류산방, 2006, 605면.

23 萬柳如眠綠迤邐.(『靑莊館全書』 권20 「雅亭遺稿」 12 "應旨各體" '城市全圖')

24 각각 원문은 이렇다. 楊柳何靑靑, 長條拂綺楹, 願君莫漫折, 此樹最多情 / 樓頭種楊柳, 擬繫郎馬住, 如何折作鞭, 催向章臺路 / 楊柳千萬絲, 絲絲結心曲, 願作月下繩, 好結春消息.

25 "도성 동쪽에 있는데, 고려 남경 때의 종류산 아래로 양류촌이라 부른다(在都城內東, 高麗南京時種柳山下, 號楊柳村)."(『三溟詩集』 6編 「詩○漢京雜詠」)

26 창덕궁 안에 있는 장헌세자(莊獻世子)와 그의 비 헌경왕후(獻敬王后)의 사당이다.

27 "신상국광한의 옛집이 여기에 있다(申相國光漢故宅在此)"는 주석이 달려 있다. 기재(企齋)는 신광한(申光漢)의 호이다.

28 漢陽諸山酪山小, 城東一枝柳絲裊, 南挹興仁門, 西對 景慕園, 一帶閭閻似畫圖, 傳是高麗種楊村, 我欲移家住山下, 企齋園亭最秀野, 臨溪小閣合蕭灑, 蔭用靑茅不用瓦.(『三溟詩集』 6編 「詩○漢京雜詠」)

29 범어(梵語) 군디카(Kundika)로부터 유래한 것으로, 음역(音譯)하여 군지(軍持) 또는 군치가(桾雉迦)라 하고, 수병(水甁)이라고도 한다. 즉 물을 담는 병으로, 물 가운데서도 가장 깨끗한 물을 넣는 병을 이른다. 정병에 넣는 정수(淨水)는 또한 중생들의 고통과 목마름을 해소해주는 감로수(甘露水)와도 서로 통하여 감로병 또는 보병(寶甁)이라고도 일컫는다.

30 亭以池勝, 池於近都最大, 且饒芙蓉. 遂取天然去雕飾之義, 名亭云.(『阮堂全集』 권6 '天然亭重修記')

31 서대문 밖에 있다 하여 흔히 서지라 불렀는데, 반송방(盤松坊) 옆에 있었기 때문에 반지(盤池) 혹은 반송지(盤松池/蟠松池)라고도 했다. 지금의 서대문구 천연동 금화초등학교 자리에 있었다.

32 天然亭在敦義門外西池邊. 此亭本來李海重之書齋也. 今爲京畿監營之中營公廳, 而池荷最盛, 都人夏月賞蓮處, 賴有此亭耳.(『漢京識略』 「名勝」 '天然亭')

33 杏始華一會, 桃始華一會, 盛夏甝果旣熟一會, 新涼西池賞蓮一會, 菊有華一會, 冬大雪一會, 歲暮盆梅放花一會. 每陳酒殽筆硯, 以供觴詠, 少者先爲之辦具, 至于長者, 周而復之. 有擧男者辦, 有出宰者辦, 有進秩者辦, 有子弟登科者辦.(『茶山詩文集』 권13 「序」 '竹欄詩社帖序')

34 1916년 6월 25일~8월 16일 〈동아일보〉에 연재된 「경성백승」.(1929년 동아일보사 출판부에서 단행본으로 출간. 강명관 풀어 엮음, 『사라진 서울 : 20세기 초 서울 사람들의 서울 회상기』, 푸른역사, 2010, 302면)

35 予獨愛蓮之出於泥而不染, 濯淸漣而不夭, 中通外直, 不蔓不枝, 香遠益淸, 亭亭淨植, 可遠觀而不可褻翫焉. 予謂 菊花之隱逸者也, 牡丹花之富貴者也, 蓮花之君子者也.

36 淸晨纔罷浴, 臨鏡力不持, 天然無限美, 摠在未粧時.(『東文選』권19「五言絶句」)

37 秋淨長湖碧玉流, 蓮花沈處繫蘭舟, 逢郎隔水投蓮子, 或被人知半日羞.(『惺所覆瓿藁』권26「鶴山樵談」)

38 萬柄荷花一境淸, 茅茨如畫渚禽鳴, 儂非解飮還凝絶, 君豈緣詩太瘦生, 玉井船來風引影, 碧筒珠滴露無聲, 會須滌盡朱炎苦, 池館停杯待月明.(『眉山集』권3「詩」'天然亭賞荷與申白坡尹蓮史同賦')

39 碧筒如象鼻, 勝事謝乾坤.(『牧隱詩藁』권24「詩」'七月初七日……')

40 李胤永, '西池賞荷記'.(이종묵, "조선 선비의 꽃구경과 운치 있는 시회", 〈한국한시연구〉 제20호, 한국한시학회, 2012, 315면에서 재인용)

41 조선 후기 야담집인 『어수신화(禦睡新話)』 '아비대객(啊婢待客)'에 나오는 이야기다.[이우성·임형택 편역, 『이조한문단편집』(중), 일조각, 1982, 230~232면]

42 흉년이나 재난을 만나 굶주린 백성을 돌보고 구제하는 데 쓰는 쌀을 진휼미(賑恤米)라 하고, 그 업무를 관장하던 관청과 관원을 각각 진휼청, 진휼사라 하였다.

43 亭名洗釖, 左有立石, 鐫曰鍊戎臺.(『靑莊館全書』권3「嬰處文稿」1 '記遊北漢')

44 成宗朝, 有薥生于昌慶宮後苑, 一幹九枝, 時謂瑞蔥. 後燕山時, 築臺于此, 號瑞蔥臺, 今蕩春臺.(『林下筆記』권13「文獻指掌編」'瑞蔥臺')

45 『新增東國輿地勝覽』권3「東國輿地備考」제2편'漢城府'.

46 水卽循臺而左, 間兩峽而流. 蓋其洞皆石而盤, 其地皆沙而白. 石故其流汩而鳴, 沙故其流淸而潔, 雖撓之無所渾, 與石又與水相遇也. 故皆滑而若磨, 明而燦如, 日光沙色, 瑩然而相映. 淸飆翠松, 悅爾而成韻, 蓋山間之絶勝也.(『霞谷集』「詩書類」'蕩春臺記')

47 『蒼巖集』권1「五言絶句」.

48 北嶽看天陰, 登臨屬素秋, 帆檣來沁島, 雲樹見楊州.(『玉吾齋集』권4「詩」'蕩春臺 往審城址')

49 苦苦吏曹參議, 尙未解否. 雨餘蕩春臺下, 瀑泉方盛, 惜不能翻翻同往也.(『茶山詩文集』권18「書」'與蔡邇叔 弘遠')

50 出門騎馬一相笑, 鳴鞭直向蕩春臺, 恨無呼鷹獵平野, 且復典衣傾金盃, 岩間草芽半靑出, 此行可得尋寒梅, 雪罷天晴聳華岳, 高樓縱酒春風來, 萬古風景如昨日, 一時英豪安在哉, 請君有酒更秉燭, 不見白髮長相催.

51 吾友姜君光之有山響齋, 多蓄法札名畫, 琴書蕭散. 余嘗造焉, 出示蕩春臺遊春詩一軸. 蕩春者國北門外地勝也. 峙者峨峨, 流者洋洋, 又有傑構新亭, 丹碧輝照, 殆可謂三絶. 國之大夫士約會於亭, 光之以布衣與焉. 乃口號容春長句, 灑墨爲帶草眞行, 四坐無不歎賞. 旣又描寫作圖, 其意想微密, 出於狀物之外, 彼名源絶景, 光之能以一管敵之. 於是諸大夫士從而和之, 列書姓名字號, 合之爲軸也.(『星湖全集』권52「序」'姜光之世晃蕩春臺遊春詩軸序')

52 宗工撰述等摸天, 天覆深仁廿七年, 草藁剩看湔白水, 神謨渾已入靑編, 仙腔咽耳春官押, 法酒盈罍內史宣, 善繼元來稱達孝, 恩榮此日豈徒然.(『東江遺集』권7「七言律詩」'先朝實錄罷後蕩春臺宴謹次白軒李相國韻')

53 弟昨日與永叔在先, 出往蕩春臺, 搨拈武藝圖譜, 絲管轟嘲, 盃盤交錯, 盡日膺騰而歸耳.(『靑莊館全書』권16「雅亭遺稿」8 書 '成士執 大中')

54 다른 군사 서적들이 전략과 전술 등 주로 이론을 다루었다면, 이 책 『무예도보통지(武藝圖譜通志)』는 전투 동작 하나하나를 그림과 글로 상세히 설명한 실전 훈련서이기 때문에, 책을 편찬하면서 실제로 동작을 연습해보았을 것이다. "이덕무는 문헌을 고증하는 책임을, 박제가는 고증과 함께 판목 대본의 글씨 쓰는 일을, 백동수는 무예를 실기로 고증하는 일과 편찬 감독을 맡"았다.(김

영호, 『조선의 협객 백동수』, 푸른역사, 2007, 16면)

55 山向京師寶帳開, 八門城堞自紆回. 饒知面面供奇賞, 春到爭誇歷踏來.(姜彝天, 「漢京詞」. 정우봉, "강이천의 『한경사』에 대하여", 〈한국학보〉 제75호, 1994, 46면에서 재인용)

56 '서울 한양도성' 홈페이지(http://seoulcitywall.seoul.go.kr/front/kor/sub05/sub0501.do) 참조.

57 정동유(안대회 외 옮김), 『주영편』, 휴머니스트, 2016, 44면.

16. 연주하고 춤추고 연극하고

1 우에무라 유키오, "조선 후기 세악수의 형성과 전개", 〈한국음악사학보〉 제11호, 1993, 471면.

2 "삼현육각은 북, 장구, 해금, 피리(1쌍), 횡적(橫笛)을 이르니, 삼현육각의 어의는 진실로 명백치 아니하되 대개 삼현은 해금을 따로 친 것이요 육각은 악기의 총수를 말한 것인 모양입니다. 삼현 육각 대신에 「六잡이」란 별칭도 있습니다."[최남선, 『조선상식문답 속편』(『육당 최남선 전집』 3, 고려대학교 아세아문제연구소 육당전집편찬위원회, 현암사, 1973, 148면)]

3 그런데 내취와 세악수는 서로 섞이기도 했다. '세악겸내취(細樂兼內吹)'란 말에서 보듯이 영문의 세악수 중에서 우수한 자를 선전관청 소속의 내취로 승격한 경우도 있었던 것이다.

4 우에무라 유키오, 앞의 논문, 483면.

5 이우성·임형택 편역, 『이조한문단편집』(중), 일조각, 1982, 213면. '철의 거문고'에서 '철'은 당시 거문고의 명수에 대한 호칭으로 김철석(金哲石)인 듯하고 '안의 젓대'니, '동의 장구'니, '복의 피리'에서 안과 동과 복이 누구인지는 미상이다. 유우춘은 용호영(龍虎營)의 악사였으며, 유우춘의 지음이던 호궁기도 누군지 알 수 없다.

6 취타는 실내나 잔치 같은 곳에서 연주하기에는 적절치 않아 소수의 세악수와 같은 전문 연주가들이 요구되었을 텐데, 그로 인해 새로운 장르의 음악이 출현하게 되고 음악 문화가 비약적으로 발달하기 시작한다.

7 이우성·임형택 편역, 『이조한문단편집』(중), 일조각, 1982, 213면.

8 임형택, "18세기 예술사의 시각", 『실사구시의 한국학』, 창작과비평사, 2000, 235면.

9 최남선, 『조선상식문답 속편』.(『육당 최남선 전집』 3, 고려대학교 아세아문제연구소 육당전집편찬위원회, 현암사, 1973, 149면)

10 임형택, 위의 책, 241면.

11 雅俗樂漸以促急, 殆無古意.(『存齋集』 권13 「雜著」 ○格物說 '事物')

12 東俗歌詞有大葉調, 四方同然, 聚無長短之別. 其中又有慢中數三調 (……) 慢者極緩, 人厭廢久, 中者差促亦鮮好者, 今之所通用即大葉數調也.(『星湖僿說』 권13, 「人事門」 '國朝樂章')

13 然六十年前民間俗樂, 猶不甚煩促, 歌唱則中大葉, 平調界面之類, 聽者足以忘憂慎養和適, 舞者亦容止舒暢, 意態安閒, 鼓節則有靈山會上者, 有聲無辭, 而其聲曳曳平適, 可以節舞, (……) 近年以來, 中大葉以下遂以全亡, 古老盡殁, 談者亦無, 世俗所用, 是登曲之尤甚者也.(『存齋集』 권13 「雜著」 ○格物說 '事物')

14 壬辰亂前, 民間始有登曲, 煩急亂聒.(위와 같은 곳)

15 『난중잡록(亂中雜錄)』 1에 딸린 주석은 다음과 같다. "당시 이것을 주창한 사람은 정효성(鄭孝誠), 백진민(白震民), 유극신(柳克新), 김두남(金斗南), 이경전(李慶全), 정협(鄭協), 김성립(金誠

立) 등 30여 인이었고 이들을 추종하여 법석을 떤 자들은 부지기수였다. 동인과 서인의 싸움이 이 때부터 더욱 심각해져서 각자가 자기의 이해를 도모하고 나랏일은 버려두고 잊어버려서, 기축년 (1589, 선조 22)의 화에는 선비들이 살육되었고 임진왜란에는 나라가 거의 망할 뻔했으니, 아! 비 통하다. 당시 가곡(歌曲)에는 낙시조(樂時調)가 있었는데 그 소리가 처량하며, 모양인즉 머리를 내젓고 뒷덜미를 놀리곤 하여 부끄러움도 없이 몸을 움직인다. 또 계면조(啓眠調)가 있는데 그 소 리가 슬프며 가련하고 서글펐다. 또 오평조(於平調)·우조(偶調)·막막조(邈邈調)는 다 비참한 것 을 숭상하고, 옷은 흰 것을 숭상하여, 식자들은 소리가 애처롭고 옷이 희다 해서 상서롭지 못한 징 조라고 여긴다."(한국고전번역원 DB)

16 "이른바 이별곡(離別曲)이라는 곡이 만들어지기에 이르러 사람들이 점점 새로운 것을 좋아하고 옛것을 싫어하게 되었지만, 그래도 여전히 함께 유행하면서 번갈아 연주되었다(其所謂離別曲者 作, 而人漸悅新而厭古, 然猶並行而迭奏)."(같은 곳)

17 신경숙, "가곡 연창방식에서의 '중대엽·만대엽과 대가'",〈민족문화연구〉제49호, 2008, 33면.

18 같은 곳.

19 『교감국역 송남잡지』10「방언류」'동무(同僚)'.(강민구 옮김, 소명출판, 2008, 47면)

20 恨無萬尺長袖, 獨舞斜陽遠天.(『白沙別集』권5「朝天錄」上 '次海月高平野韻')

21 老年田舍幽情熟, 歸當日班行物望, 上國早知通桂籍, 高堂晚獨舞萊衣.(『牧隱詩藁』권6「詩」'次安 政堂韻, 奉送安密直歸山')

22 강명관, "조선 후기 기녀제도의 변화와 京妓",〈한국고전여성문학연구〉제18호, 2009, 11~12면.

23 위의 논문, 24~25면.

24 위의 논문, 17면.

25 1725년 청나라 사신 아극돈(阿克敦)을 영접하기 위해 마련된 재인들의 잡희를 묘사한 7폭 그림 으로, 북경중앙민족대학교에 소장되어 있다.

26 "산처럼 붕(棚)을 엮어 그 안에서 놀이를 베푼다(結棚如山, 設戲其中)."(李晩永, 『才物譜』, 647면)

27 사진실, "산희와 야희의 공연 양상과 연극사적 의의",〈공연문화연구〉제3호, 2001, 255면.

28 산(狻)과 예(猊)는 모두 사자라는 뜻이다.

29 최남선, 『조선상식문답 속편』「연극(演劇)」.(『육당 최남선 전집』3, 고려대학교 아세아문제연구 소 육당전집편찬위원회, 현암사, 1973, 162면)

30 http://koreangate.tistory.com/609

31 사진실, 위의 논문, 280~281면.

32 조동일, "민속극의 전개와 발전 과정",『구비문학의 세계』, 새문사, 1980, 277면.

33 방상씨는 나례를 거행하는 나자(儺者)들 중 하나로, 네 개의 금빛 눈이 있고, 방울이 달린 곰 가죽 으로 만든 큰 탈을 쓰고 있으며, 붉은 옷에 검은 치마를 입고 창과 방패를 지녔다. 이 방상씨는 눈이 네 개여서 사람이 볼 수 없는 존재를 볼 수 있었다고 한다. 상여 제일 앞에 둔 것은 시신을 묻는 구 덩이에 살고 있는, 사람의 눈으로는 볼 수 없는 악귀를 보고 쫓아낼 수 있다고 여겼기 때문이다. 어 떤 방상씨는 눈이 두 개인데, 사람의 눈보다 훨씬 컸다. 이와 관련된 풍속이 소위 '야광귀(夜光鬼)' 이다. 섣달 그믐날 인가에 내려와 신발을 훔쳐가는 귀신을 막기 위해 대청마루에 체를 걸어두는 풍속이다. 야광귀가 와서 체의 '눈'을 세다가 눈이 너무 많은 관계로 헷갈려서 처음부터 다시 세고 다시 세고 하다가 아침에 닭이 울면 돌아갔다는 것이다. 자세한 것은 진경환의『서울·세시·한시』 를 참고할 것.

34 김학주, 『한·중 두 나라의 가무와 잡희』, 서울대학교출판부, 1994, 40면. 그런데 여기서 '산대희'

라고 한 것은 '야희'의 잘못인 것으로 보인다.

35 사진실, 앞의 논문, 258~259면.

17. 글 읽고 지어서 읊조리고

1   "力闇曰, 貴處小兒始讀何書. 余曰, 始讀千字文, 次讀史略, 次讀小學而及於經書."(『湛軒書』外集
    권2 '乾淨衕筆談')

2   "我俗蒙學, 必先授通史."(『靑莊館全書』권3「嬰處文稿」1 '記福建人黃森問答')

3   "옛날에 아주 머리가 둔한 아이가 있었는데 '천지현황'을 삼 년 동안 꾸준히 익혔단다. 그래서 나
    중에 문장을 지었는데, '천지현황(天地玄黃)을 삼년독(三年讀)하니 언재호야(焉哉乎也)를 하시
    독(何時讀)'고'라고 했단다. 너도 그러면 된다. 책 덮고 나가 놀아라." 김성동 작가가 무위당 장일순
    선생에게서 들은 이야기라고 한다.(『김성동 천자문』, 청년사, 2003) 또 김정국과 관련된 일화가
    전한다. 글을 읽지 못하던 김정국은 매일 그의 아내에게서 재미있는 이야기를 들었다. 어느 날 부
    인이 이야기를 해주지 않자, 김정국이 그 많은 이야기를 어디서 들었느냐고 물었다. 이에 부인이
    책에서 읽었다고 하니, 그날부터 김정국은 『천자문』을 읽었다. 그런데 진도가 나가지 않자 부인이
    물으니, 김정국은 이렇게 대답했다. "『천자문』의 첫 대목이 '천지현황'인데, 아무리 쳐다봐도 하늘
    이 까맣다는 말은 도저히 이해가 안 되오. 이해가 안 가는 글을 대체 어떻게 외우겠소?"

4   제해성, "『천자문』 해제".(김근 지음, 『욕망하는 천자문』, 삼인, 2003, 704~705면)

5   위의 책, 705~706면.

6   『유합』은 1,515자의 한자를 수목(數目), 천문(天文), 중색(衆色), 방위(方位) 등으로 유별(類別)
    하여 4언으로 대구(對句)를 만들고 한글로 새김과 독음을 붙여 만든 한자 독본(讀本)이다. 그런데
    정약용은 이 『유합』을 서거정의 저작으로 보았다. 그러나 『오주연문장전산고』에 따르면 "혹자는
    사가(四佳) 서거정(徐居正)이 지은 것이라 하니, 속어(俗語)에서 『거정』이라고 일컫는 것은 이 때
    문인데 누구 손에서 나온 것인지는 알 수 없다"라고 했다.

7   "周興嗣天文, 不如徐居正類苑, 蓋徐所作猶有爾雅急就之遺意, 千文卽一時戲作, 非以族聚, 不可訓
    蒙者也."(『與猶堂全書』補遺 ○ 敎穉說)

8   한국정신문화연구원, 『한국민족문화대백과사전』 14, 1994, 375~376면. 참고로 이 책에는 한자와
    함께 영어, 중국어, 일본어와 그 발음이 병기되어 있다.

9   曾先之史略 (……) 首一章已屬誕罔, 非常視毋誑之義. (……) 江鎔通鑑節要 (……) 江氏無學, 世以
    醫名而已. (……) 十五卷千數百葉, 消了五六年光陰, 雖剛靭者不能不倦, 童稚與文爲讐, 未必非此
    書所爲也.(『與猶堂全書』補遺 ○ 敎穉說)

10 김풍기, 『조선 지식인의 서가를 탐하다』, 푸르메, 2009, 196~200면.

11 한국정신문화연구원, 『한국민족문화대백과사전』 6, 1994, 226면.

12 여름철에 마을 주민이 더위를 피하여 휴식하기 위해 세운 마을의 공유·공용 건물로, 여름에만 사
    용하기 때문에 방이 없이 마루로만 구성된 작은 규모의 초가지붕 건물이다.

13 『한국민족문화대백과사전』, 같은 곳.

14 이 일화는 정민의 『미쳐야 미친다』(푸른역사, 2004, 58면)에서 재인용한 것이다. 이 일화의 출처
    가 나와 있지 않아, 성민이 나음 일화를 소개하면서 "역시 홍한주의 『지수염필』에 보인다"(같은
    곳)라고 했기에, 『지수염필』에서 김득신을 언급한 '송재(誦才)'를 확인해보니, 그곳에도 나오지

않았다.

15 밀을 갈아 껍질을 벗기는 일이다.

16 무엇을 넣기 위하여 새끼를 그물처럼 떠서 만든 물건이다.

17 『백범일지』(도진순 주해), 돌베개, 1997, 31면.

18 「추향정기(秋香亭記)」가 부록으로 들어가 총 21편인 이본도 전한다.

19 김풍기, 『조선 지식인의 서가를 탐하다』, 푸르메, 2009, 35면.

20 지금 전하는 『금오신화』에는 「만복사저포기(萬福寺樗蒲記)」를 포함해 총 다섯 편의 소설이 들어
    있는데, 그 책 표지에 "천(天)"이라고 쓰여 있는 것으로 보아 최소한 열다섯 편은 되었을 것으로
    보인다.

21 "전등신화(剪燈新話)에 대한 변증설".(『오주연문장전산고』 경사편 4)

22 '도필'은 종이가 발명되기 이전 죽간(竹簡)에 글씨를 쓰던 붓과 잘못 쓴 글씨를 깎아내던 칼을 말
    한다. 후에는 아전배들의 문장이나, 그런 문장을 다루는 아전을 낮추어 부르게 되었다.

23 "전등신화(剪燈新話)에 대한 변증설".(『오주연문장전산고』 경사편 4)

24 심노숭(김영진 옮김), 『눈물이란 무엇인가』, 태학사, 2001, 144면.

25 한국정신문화연구원, 『한국민족문화대백과사전』 10, 1994, 148~149면.

26 夏課, 習赴擧詩賦.(『東國李相國集』 권7 「古律詩」 97수 '次韻金學士敞見和夏課詩'의 주석)

27 用韻法, 棋子三十, 每書一韻, 貯之瓶中, 任寫一棋, 點綴成文.(『茶山詩文集』 권3 「詩」)

28 하영섭·황필홍, 『한시 작법의 정석』, 단국대학교출판부, 2009, 55면.

29 "통상 '행시'라는 명칭은 '과시(科詩)'와 같은 뜻으로 쓰였다. '행문(行文)'의 용례를 살펴보면 대
    략 '과문(科文)'과 그 개념이 비슷하며 더 정확하게는 과문 가운데 사륙문(四六文)과 달리 글자 수
    가 일정한 여문(儷文)을 지칭한 듯하다. 따라서 행시 또한 행문의 하위 개념으로 보아 '과시'의 일
    반적 이칭(異稱)으로 보는 것이 타당할 듯하다."(이상욱, "조선 과문 연구", 연세대학교 박사학위
    논문, 2015, 84면)

30 「과문록(科文錄)」.(민족문학사연구소 한문학분과 옮김, 『18세기 조선 인물지』, 창작과비평사,
    1997, 152면)

31 환운(換韻)하지 않고 처음부터 끝까지 똑같은 운을 쓰는 시법이다.

32 ④·⑤는 강제적인 형식 규정은 아니다. 위와 같은 과시의 형식적 내용은 주로 18세기 중반 이후 형
    성된 과시작법을 기준으로 한 것이다.(이상욱, 앞의 논문, 68면)

33 『서포만필(西浦漫筆)』(홍인표 역주), 일지사, 1997, 372면. '과제시'는 과체시를, '월과시'는 궁중
    의 경서와 사적을 관리하고 왕에게 학문적 자문을 하던 옥당(玉堂)의 아전에게 매월 시제(詩題)
    에 따라 지어 올리게 했던 시를, '황화수응시'는 중국 사신들과 서로 화답하여 지은 시를 말한다.

34 '측리'는 가는 털과 같은 이끼를 섞어서 가로로 무늬가 드러나게 뜬 종이이고, '취우'는 비취색으
    로 물들인 일종의 색종이로 무엇인가를 장식할 때 쓴다.

35 시 짓기나 편지 쓰기는 품위 있고 고상한 행위였기 때문에 아무 종이에나 적지 않았다. 당시로서
    는 대단히 화려하게 문양을 넣거나 아름다운 색상을 입힌 종이에 시와 편지를 썼는데, 대개는 목
    판에 그림이나 문양을 새겨서 여러 번 찍어내어 활용했다. 보통 선비들의 절개와 지조를 상징한다
    는 의미에서 사군자 문양이 많이 들어갔는데 연꽃, 새, 병에 담긴 꽃 등 다양한 길상(吉祥)의 문양
    이나 상서로운 글자를 그려 넣기도 했다. 단지 멋을 내자는 것이 아니라 자신의 행위를 좀 더 의미
    있게 하거나 상대방에 대한 친근한 정을 담고자 한 것이다.

18. 멋진 글씨, 뜻 깊은 그림

1 「書家錄」 '李漵'.(민족문학사연구소 한문학분과 옮김, 『18세기 조선 인물지』, 창작과비평사, 1997, 142면)

2 위의 책, 70면.

3 족제비 꼬리털로 만든 붓을 말한다.

4 안평대군의 별호이다.

5 我朝名書, 當以安平爲第一, 而以狼尾筆, 書白硾紙, .韓濩獨得其妙. 故東國之學操筆者, 皆不出匪懈石峯門戶. 自故判書尹淳之出, 擧一世靡然從之, 書道一大變, 而眞氣索然, 漸啓枯澁之病. 今欲回淳返樸, 宜自爾等先習爲蜀體.(『弘齋全書』 권163 「日得錄」 3)

6 「書家錄」 '尹淳'.(민족문학사연구소 한문학분과 옮김, 『18세기 조선 인물지』, 창작과비평사, 1997, 122면)

7 위의 책, 125면.

8 이에 대한 평가는 여기서 하지 않기로 한다. 별도로 본격적인 논의가 필요하기 때문이다.

9 李穡, 「流沙亭記」 중.(안대회, 『부족해도 넉넉하다』, 김영사, 2009, 13면에서 재인용·)

10 이완우, 『서예 감상법』, 대원사, 2001, 66~67면.

11 한국의 편액, http://pyeonaek.ugyo.net/sitemenu/view.do?langCode=1&menuCode=7

12 최남선, 『조선상식문답』 「서학(書學)」.(『육당 최남선 전집』 3, 고려대학교 아세아문제연구소 육당전집편찬위원회, 현암사, 1973, 173면)

13 서법(書法)의 하나로, 붓놀림이 가로획에서 세로획으로, 또는 세로획에서 갑자기 위로 채는 등으로 변화하는 일, 또는 그 변화된 부분을 말한다.

14 이완우, 『서예 감상법』, 대원사, 2001, 70면.

15 최남선, 『조선상식문답』 「서학」.(『육당 최남선 전집』 3, 고려대학교 아세아문제연구소 육당전집편찬위원회, 현암사, 1973, 173~174면)

16 『교감국역 송남잡지』 4 「실옥류(室屋類)」 '숭례입게(崇禮立揭)'.(강민구 옮김, 소명출판, 2008, 233면)

17 『林下筆記』 권32 「旬一編」 '淇城雜記'.

18 현재 경포대의 편액 '천하제일강산(天下第一江山)' 등도 다름 아니라 미불의 글씨와 연광정의 편액을 모사한 것이다.

19 정동유(안대회 외 옮김), 『주영편』, 휴머니스트, 2016, 317면.

20 한편 최남선은 조금 다른 입장이었다. "우리나라의 서체는 물론 중국의 서법을 배우는 것이지만, 일가(一家) 혹은 수가(數家)의 법을 배운 뒤에 스스로 한 중심을 이루어 운필(運筆) 혹은 작서(作書)에 독자의 색태(色態)를 가지면 그것을 좋아하는 이가 서로 전습(傳習)하여 '누구의 서체'라는 이름이 생긴다. 우리나라에서 생긴 서체 중 중요한 것들을 들면 첫째 신라의 김생체(金生體), 고려의 탄연체(坦然體), 그다음 조선 김구(金絿)의 인수체(仁壽體), (……) 김상숙(金相肅)의 직하체(稷下體), 현재덕(玄在德)의 엄산체(弇山體), 김정희(金正喜)의 추사체(秋史體), 정학교(丁學敎)의 향수체(香壽體) 등이며, 이 밖에 국부적인 것에는 신덕린(申德隣)의 덕린체(德隣體), (……) 박종훈(朴宗薰)의 두계체(荳溪體), 이종우(李鍾愚)의 석농체(石農體), 이삼만(李三晩)의 창암체(蒼巖體), 모수명(牟受明)의 모체(牟體) 등이 있다."[『조선상식문답』 「서학」(『육당 최남선 전집』 3, 고려대학교 아세아문제연구소 육당전집편찬위원회, 현암사, 1973, 173면)]

21 유홍준·이태호,『문자도』, 대원사, 1998, 27면. '팔분체'는 서체의 종류 가운데 한대(漢代)의 예서
(隷書)를 일컫는 말로, 이에 대한 견해는 다양하지만 일반적으로 예서에 전서의 형태가 팔분(八
分) 남아 있고 이분(二分)이 변하여 된 것이기 때문에 그렇게 일컫는다고 한다.

22 허균,『전통미술의 소재와 상징』, 교보문고, 1991, 135면. 말하자면 군신 간의 화합을 강조한 것
이다.

23 한국정신문화연구원,『한국민족문화대백과사전』'혁필화'.

24 진경환,『서울·세시·한시』, 보고사, 2003, 45면.

25 한방에서 돌림병(염병·유행성 열병)을 이르는 말이다. 여역(癘疫)·온역(瘟疫)·역질(疫疾)이라
고도 한다.『오주연문장전산고』에 "역(疫)은 역(役) 자의 뜻으로, 귀(鬼)가 행역(行役, 각처를 돌
면서 임무를 수행하는 것)하는 것을 말한다"라고 하였고,『설문해자(說文解字)』에 "역(疫)은 온
백성이 다 병에 걸리는 것을 말한다"라고 하였는데, '온 백성이 다 병에 걸리는 것'은 바로 전염병
이다.

26 진경환, 위의 책, 85면.

27 위의 책, 82~83면. 인명이나 특정 용어 등에 대해서는 이 책을 참고할 것.

28 각각, 위의 책, 81면과 83면.

29 이상에 대해서는 위의 책, 81~90면을 참고할 것.

30 이능화(이재곤 옮김),『조선무속고(朝鮮巫俗考)』, 동문선, 2002, 225면. 필자가 약간 윤문하였다.

31 인간의 수명을 관장한다는 수성(壽星)을 말하는데, 원시에서 '태상선관(太上仙官)'이라 한 것은
이 수성을 인격화한 것이다.『사기(史記)』「천관서(天官書)」에 따르면 수성이 나타날 때에는 나라
가 편안해지고 왕의 수명이 연장되는 반면, 보이지 않을 때에는 전란이 일어난다. 사람들은 추분
새벽과 춘분 저녁에 남교(南郊)에서 수성이 나타나기를 기다린다. 이 수성은 노인성(老人星)·남
극성(南極星)·수노인(壽老人)·남극노인(南極老人) 등의 별칭을 지니고 있으며, 세화의 주요 대
상이다. 수성을 그린 수성도는 신선 사상을 배경으로 한 수성 신앙에 바탕을 두고 회갑 축하와 장
수 축원 등 축수용(祝壽用)으로 많이 그려졌으며, 수노인도(壽老人圖)·노인성도(老人星圖)·남
극성도(南極星圖) 또는 남극노인도(南極老人圖)라고도 한다. 대체로 작은 키, 흰 수염, 큰 머리,
튀어나온 이마에 발목까지 덮은 도의(道衣) 차림을 한 웃음 짓는 노인의 모습으로 그려진다. 손에
두루마리 책이나 불로초, 복숭아 등을 들고 있기도 하고, 나무를 배경으로 사슴이나 학·선동자와
함께 묘사되기도 한다. 당대(唐代)에 도상적(圖上的)인 특징이 성립되었으며, 우리나라에서는
조선 초기부터 노인성 신앙의 팽배와 더불어 세화로도 많이 그려졌다. 조선 중기에는 김명국(金
明國)을 중심으로 감필법(減筆法, 형식적인 면을 극도로 생략하는 동양화의 화법)의 수묵선종화
풍(水墨禪宗畵風)이, 후기에는 채색풍이 성행하였다. 대표작으로는 일본에 있는 김명국의「수노
인도」, 간송미술관과 국립중앙박물관에 각각 소장된 윤덕희(尹德熙)의「남극성도」, 김홍도(金弘
道)의「수성도」등이 있고, 민화풍의 그림도 다수 전한다. 자세한 것은 위의 책, 46~48면을 참고
할 것.

32 특정한 날을 담당한 신장이라는 뜻인데, 구체적인 내용은 알 수 없다.

33 진경환, 위의 책, 45면.

34 박철상, "병풍 속의 서예",『병풍 속 글씨와 그림의 멋』, 수원박물관, 2011.

35 그런데 금강산에 대한 상찬만 있었던 것은 아니다. 홍대용 같은 이는 금강산이 그저 그런 산의 하
나에 불과하다고 폄하한다. "금강산은 우리나라에서는 장관이지만, 태호에서 나는 좋은 돌 하나
에 불과한 것이어서 미불(米芾, 1051~1107)의 절 한 번 정도 받을 정도일 뿐인데, 우리나라 사람

들은 망령되게도 금강산을 신선이 사는 봉래산이라고 부른다(剛爲東方偉觀, 然直一太湖佳品, 可供米顚一拜, 東人妄呼爲蓬萊, 謂有仙人居焉)."(『湛軒書內集』권3「序」'送從弟金剛山序')

36 "後世好事之人, 見遊觀之難得而盡如此, 憂其力之不辦 則圖寫名山, 張之坐間, 以寓目而寄趣, 謂之臥遊, 其亦便於自謀矣."(『西溪集』「臥遊錄序」)

37 금광복, 『전통의 창 민화 : 상징성과 원류』, 도서출판 주영, 2013, 212면.

38 위의 책, 136~137면.

39 조용진, 『동양화 읽는 법』, 집문당, 1995, 87~88면.

40 Jon Cater Covell, "Goddess of Love, Beauty and Immorality(So Wang-mo)", 『Korea's Cultural Roots』, Hollym, 1986, pp. 36~39.

41 조용진, 『동양화 읽는 법』, 집문당, 1995, 92~98면.

42 병풍을 꾸밀 그림이나 글씨, 또는 그것을 그린 종이나 비단을 말한다.

43 『한양가』(강명관 주해), 신구문화사, 2008, 81~82면.

19. 투전판 타짜들

1 '육임'에 대한 자세한 설명은 〈경향신문〉(1974년 12월 16일) 기획 연재 기사 "근세풍물야화(近世風物夜話) 58" '화투(花鬪)'를 볼 것.

2 이상은 한국정신문화연구원, 『한국민족문화대백과사전』5, 1994, 670~671면의 '노름' 항목을 요약·인용한 것임.

3 雜技之害, 投錢尤甚.(『정조실록』15년 9월 신묘) 정약용도 "여러 가지 내기 중에서도 심보가 나빠지고 재산을 탕진하며 가문과 친족들의 근심이 되게 하는 것은 투전이 첫째가 되고, 쌍륙과 골패가 그다음이다(諸賭之中, 其壞心術, 破財産, 爲父母宗族憂者, 馬弔爲首, 雙陸江牌次之)"라고 했다.[『牧民心書』「刑典」6조 제5조 禁暴 '賭博爲業開場群聚者禁之'. 한편 이마무라 도모(今村鞆)는 20세기 투전의 방법으로 '동동(同同)', '증부어(蒸鮒魚)', '카-코', '동당치기', '요츠판메'를 들었다.(『조선풍속집-제국의 경찰이 본 조선풍속』, 민속원, 2011, 257~259면 참조)]

4 최남선, 『조선상식』「풍속편」.(『육당 최남선 전집』3, 고려대학교 아세아문제연구소 육당전집편찬위원회, 현암사, 1973, 231면) 육당이 참고한 것은 『오주연문장전산고』의 "八目八十牋之稱, 號曰數投牋"이다.

5 위의 책, 231~232면. 참고로 일제강점기 때 경찰 고위 간부를 지내면서 조선민속학회를 주도한 이마무라 도모 등을 소개하고 있다.[『조선풍속집』(홍양희 옮김, 민속원, 2011, 257~259면)] 그런데 육당과 이마무라 도모의 설명을 참고하더라도 투전의 노름 방식을 정확히 이해하기는 어렵다. 조지훈은 "수투전고"라는 논문에서 그 '놀이法'에 대해 상세히 설명했지만, 사정은 역시 마찬가지다.(『조지훈 전집』7, 일지사, 1973, 200~206면)

6 최남선, 위의 책, 232면. 여기서 육당은 수투전을 '인텔리성'이 있는 기호적(記號的) 투전이라면서, 노름판에서 멋대로 자행되고 있는 것은 대중성의 승리라고 보았다.

7 鬪牋之戲, 不知始於何代, 而崇禎末, 張炫得之於燕以來.(『靑城雜記』권3「醒言」)

8 『오주연문장전산고』의 해당 구절을 최남선이 옮긴 것이다.[『조선상식』「풍속편」(『육당 최남선 전집』3, 고려대학교 이세아문제연구소 육당전집편찬위원회, 현암사, 1973, 232면]

9 임진왜란 때 명나라가 조선에 원군을 보낸 일을 말한다.

10 최남선, 위의 책, 231면.

11 투전에 쓰인 모양이 전서(篆書)도 아니고 주서(籀書)도 아니라는 말이다. '주서'는 소전(小篆)의 전신(前身)으로 대전(大篆)이라고 한다.

12 최남선, 위의 책, 232면.

13 上自搢紳子弟, 下至閭巷匹庶, 賣舍鬻田, 破産傾財.[『정조실록』 15년 신해(1791) 9월 19일(신묘)]

14 재산이나 세력이 있는 집안의 자손으로서 집안의 재산을 몽땅 털어먹는 난봉꾼을 이르는 말이다.

15 彼破落戶常漢輩, 固無論已, 卿相士夫之子弟, 金馬玉堂之才望, 亦無不招朋引類, 如恐不及, 以爲能事.(『無名子集』 3책 「庭誥」)

16 甚至於大小別味, 朔望紙筆, 春秋蒲薦, 皆爲出賣取錢, 以爲投牋賭戲之費.(『存齋集』 권3 「疏」 '封事代黃司諫槺')

17 제사 비용으로 쓰기 위해 마련한 전답으로, 제위답(祭位畓)이라고도 한다.

18 임형택·고미숙 엮음, 『한국고전시가선』, 창작과비평사, 1997, 179~183면.

19 俗語至曰不吸南草, 不爲投牋, 豈爲人乎.(『無名子集』 13책 「論長幼尊卑之壞於南草」)

20 今之談者曰, 人而不爲投牋, 不爲戲辱, 不可以結交而行世.(『無名子集』 3책 「庭誥」)

21 村夫厭事事, 嗜好惟投牋, 終日仍達夜, 招朋以賭錢, 囚首寢赤眼, 其狀似狂顚, 囊中錢已竭, 身上衣無全, 債貸又典賣, 欺騙更篆穿, 鄰里尙皆憎, 親戚誰復憐, 有妻哭且罵, 呼天訴所天, 投牋是何物, 使我心腸煎, 有裳攫以偸, 有鼎鬻如捐, 邇來三日飢, 一去不復旋, 獨夜空歎息, 衆稚啼不眠, 惟願溘然昧, 痛苦淚如泉, 夫也聞婦言, 瞋目邊當前, 萬事從吾好, 誰敢數昔愆, 財物時有無, 明月尙缺圓, 我今年已長, 豈以汝言悛, 父母不能禁, 官司猶失權, 女人好細言, 應欲飽吾拳, 死生任汝爲, 遊戲終吾年, 蹴破盆罌出, 意氣揚揚然.(『無名子集』 6책 「詩」 '投牋者')

22 世之自暴自棄, 敗家亡身, 而一或陷溺, 迷不知反者有三, 曰酒曰色曰投牋.(『無名子集』 3책 「庭誥」)

23 數日之內, 判決五度完決, 而皆由於投錢與酗酒.(『審理錄』 권32 '東部金重喆獄')

24 "應聲懷金一孫沮戲賭錢毆踢, 第六日致死."(『審理錄』 권32 '北部金應聲獄')

25 擧皆若狂, 嘯聚綢繆, 罔晝夜額頷, 惑溺則醇醪, 豔饁不足比也, 賭勝則一擲百萬不足多也.(『無名子集』 11책 「井上閒話 十一」 '雜戲技')

26 이학규(정우봉 옮김), 『새벽은 언제 오는가』, 태학사, 2006, 106~107면.

27 父母泣止而不聽, 國禁申嚴而不戢, 朋友責之, 反被怒絕, 妻子諫之, 反肆呵叱.(『無名子集』 11책 「井上閒話 十一」 '雜戲技')

28 『교감국역 송남잡지』 6 「기술류」 '구전(鬮牋)'.(강민구 옮김, 소명출판, 2008, 114면)

29 雜技中投錢之弊事, 士夫亦皆陷汚云者, 一言而蔽之曰羞恥事. 家各有父兄, 而厥父兄視之不禁, 寧不爲世道寒心處乎?([『정조실록』 15년 신해(1791) 9월 19일(신묘)]

30 紙板長裁花摋翻, 深圍屛幕沒朝昏, 賭來多局成高手, 擲盡千金無一言.(姜彝天, 「漢京詞」. 정우봉, "강이천의 『한경사』에 대하여", 〈한국학보〉 제75호, 1994, 49면에서 재인용)

31 백원철, 「금관기속시연구」, 〈한국한문학연구〉 제13호, 1990, 339면. 여기서 말하는 '사내'는 마작을 익히자 골패도 익힌 다방면의 타짜였다.

32 炫始稱國手, 未幾偏於國中, 人之耽之, 甚於博奕.(『靑城雜記』 권3 「醒言」)

33 심노숭(안대회 외 옮김), 『자저실기』, 휴머니스트, 2016, 480면에서 재인용.

34 南西之分黨久矣, 老少論又將分矣. 然人皇在焉, 掌國命者, 必也老, 鱗羽並網羅之物, 而萃於老, 敗則必隊殄矣. 星之用在夜, 雖文明, 難乎其專局矣. 虎與鶩同耦, 傷人必多. 馬者午也, 南人必與少合, 然不過八十年則並息矣.(『靑城雜記』 권3 「醒言」)

35 『한국민속종합조사보고서』권3(경남편) '민속', 1972, 829~830면.

36 『열하일기』(김혈조 옮김), 돌베개, 2009. 각각 「도강록」 7월 1일과 2일의 기사이다.

37 김준근의 「협창도골패(挾娼賭骨牌)」에서 보듯이, 골패는 남녀가 함께 노름을 했지만 투전은 남
    자들만 한 것으로 보인다.

조선의 잡지

초판 1쇄 발행 ｜ 2018년 7월 16일
초판 3쇄 발행 ｜ 2019년 5월 20일

지은이 ｜ 진경환
펴낸이 ｜ 박남숙

펴낸곳 ｜ 소소의책
출판등록 ｜ 2017년 5월 10일 제2017-000117호
주소 ｜ 03961 서울특별시 마포구 방울내로9길 24 301호(망원동)
전화 ｜ 02-324-7488
팩스 ｜ 02-324-7489
이메일 ｜ sosopub@sosokorea.com

ISBN 979-11-88941-06-3 03910
책값은 뒤표지에 있습니다.

이 도서의 국립중앙도서관 출판예정도서목록(CIP)은 서지정보유통지원시스템 홈페이지(http://seoji.nl.go.kr)와
국가자료공동목록시스템(http://www.nl.go.kr/kolisnet)에서 이용하실 수 있습니다. (CIP제어번호 : CIP2018019585)